MANEGOLD

Thorsten Manegold

Zum Spannungsverhältnis zwischen abfallrechtlicher Produktverantwortung und Kartellverbot

Ist die abfallrechtliche Produktverantwortung wettbewerbsfeindlich?

Tectum Verlag
Marburg 2004

Umschlagabbildung:
Ausschnitte aus Heinrich Zille: Ungewohnter Blick
auf Gewohntes, Müllhalde in Charlottenburg

Bibliografische Information Der Deutschen Bibliothek

Die Deutsche Bibliothek verzeichnet diese Publikation in der Deutschen Nationalbibliografie; detaillierte bibliografische Daten sind im
Internet über http://dnb.ddb.de abrufbar

MANEGOLD, THORSTEN:
*Zum Spannungsverhältnis zwischen abfallrechtlicher Produktverantwor-
tung und Kartellverbot – Ist die abfallrechtliche Produktverantwortung
wettbewerbsfeindlich?* von Thorsten Manegold
Zugl.: Trier, Univ. Diss. 2004
ISBN 3-8288-8722-8

Meinen Eltern gewidmet

Die vorliegende Arbeit wurde im Sommersemester 2004 vom Fach-
bereich Rechtswissenschaft der Universität Trier als Dissertation angenommen. Rechtsprechung und Literatur befinden sich auf dem
Stand von Oktober 2003.

Mein besonderer Dank gilt Herrn Prof. Dr. Reinhard Hendler, der
die Wahl des Themas angeregt hat und diese Arbeit durch eine Mit-
arbeiterstelle am Institut für Umwelt- und Technikrecht der Universität Trier ermöglicht hat. Ferner danke ich Herrn Prof. Dr. Peter
Marburger für die Erstellung des Zweitgutachtens.

Frankfurt, im Juli 2004   Thorsten Manegold

ÜBERSICHT

INHALTSVERZEICHNIS

ALBER, SIEGBERT ET AL.: *Produktverantwortung : Chancen – Verwirklichungsformen – Fehlentwicklungen : Tagung des Instituts für Umwelt- und Technikrecht vom 19. bis 20. März 2002,* Berlin: Erich Schmidt 2002, Umwelt- und Technikrecht Bd. 63, ISBN 3-503-06652-7

ARNDT, HANS-WOLFGANG/KÖHLER, MARKUS: *Rechtspflicht des Verbrauchers zur Nutzung des „Dualen Systems"?* NJW 1993, 1945-1949

AUSSCHUSS FÜR UMWELT, NATURSCHUTZ UND REAKTOR- SICHERHEIT: *Bericht zu dem Gesetzesentwurf der Bundesregierung – Drucksache 12/5627 –,* 1994

BAARS, BODO A.: *Die Rechtmäßigkeit dualer Systeme gem. § 6 III VerpackV auf dem Prüfstand,* NVwZ 2000, 42-46

BAHR, CHRISTIAN: *Die Verhinderung, Einschränkung oder Verfälschung des Wettbewerbs in § 1 GWB,* WuW 2000, 954-965

BARTLING, HARTWIG: *Grüner Punkt: Reformbedarf wettbewerblicher Rahmenbedingungen,* WuW 1995, 183-196

BASTIANS, UDA; ENGEL, CHRISTOPH/HÉRITIER, ADRIENNE (HRSG.): *Verpackungsregulierung ohne den Grünen Punkt?* Baden-Baden: Nomos Verlagsgesellschaft 2002 (zugl. Dissertation, Osnabrück 2001), Gemeinschaftsgüter: Recht, Politik und Ökonomie Volume 4, ISBN 3-7890-7836-0

BAUDENBACHER, CARL: *Kartellrechtliche und verfassungsrechtliche Aspekte gesetzesersetzender Vereinbarungen zwischen Staat und Wirtschaft – Ein Beitrag zu den staatlich inspirierten Selbstbeschränkungsabkommen,* JZ 1988, 689-697

BAUERNFEIND, STEFAN; MICHAEL KLOEPFER (HRSG.): *Rücknahme- und Rückgabepflichten im Umweltrecht,* Berlin: Duncker & Humblot 1999 (zugl. Dissertation, Universität Bonn 1998), Schriften zum Umweltrecht Bd. 95, ISBN 3-428-09803-X (zitiert: Rücknahme- und Rückgabepflichten)

BAUMS, THEODOR: *GWB-Novelle und Kartellverbot,* ZIP 1998, 233-235

BECHTHOLD, RAINER: *Das neue Kartellgesetz,* NJW 1998, 2767-2774

BECKER-SCHWARZE, KATHRIN: *Steuerungsmöglichkeiten des Kartellrechts bei umweltschützenden Unternehmenskooperationen*

– *Das Beispiel Verpackungsverordnung*, Baden-Baden: Nomos Verlagsgesellschaft 1997 (zugl. Dissertation, Universität Bremen 1997), Schriftenreihe des Zentrums für Europäische Rechtspolitik an der Universität Bremen (ZERP) Bd. 25, ISBN 3–7890–4976–X (zitiert: Steuerungsmöglichkeiten des Kartellrechts)

BECKMANN, MARTIN: *Rechtsprobleme der Rückgabe- und Rücknahmepflichten*, in: *Kreislauf oder Kollaps im Abfallwirtschaftsrecht? : 10. Trierer Kolloquium zum Umwelt- und Technikrecht vom 14. bis 16. September 1994*, hrsg. v. BREUER, RÜDIGER ET AL.. Heidelberg: R. v. Decker's Verlag, Hüthing GmbH 1995, Umwelt und Technikrecht : Schriftenreihe des Instituts für Umwelt- und Technikrecht der Universität Trier Bd. 30, ISBN 3–7685–1695–4, 91–127 (zitiert: UTR Bd. 30, 91)

——— *Rechtsprobleme der Rücknahme- und Rückgabepflichten*, DVBl. 1995, 313–322

——— *Produktverantwortung – Grundsätze und zulässige Reichweite*, UPR 1996, 41

——— *Anmerkungen zur kartellrechtlichen Abgrenzung von Märkten auf dem Gebiet der Abfallentsorgung*, WuW 2002, 16–24

BELLANDVISION: *Beschreibung der modifizierten Selbstentsorger-Konzeption BellandVision vom 17. April 2003*, ⟨URL: http://www.belland-vision.de/beschreibung.php⟩ – Zugriff am 14. 5. 2003

——— *Der handelsweite und systemübergreifende Abrechnungsstandard*, ⟨URL: http://www.belland-vision.de/abrechnungsstandard.php⟩ – Zugriff am 14. 5. 2003

——— *Hintergrundinformationen von BellandVision zum Selbstentsorger-Modell : Drogeriemärkte sind Vorreiter für Wettbewerb vom 19. 9. 2001*, ⟨URL: http://www.belland-vision.de/logs/news/nfo_1001055668.pdf⟩ – Zugriff am 14. 5. 2003

——— *Landgericht Kön weist DSD-Klage gegen BellandVision ab*, ⟨URL: http://www.belland-vision.de/logs/news/nfo_1034849172.pdf⟩ – Zugriff am 14. 5. 2003

——— *Das Leistungspaket BellandVision: Grafische Darstellung*, ⟨URL: http://www.belland-vision.de/leistungspaket.pdf⟩ – Zugriff am 14. 5. 2003

——— *Modifizierte Selbstentsorger-Konzeption BellandVision führt zur einvernehmlichen Lösung mit den Ministerien*, ⟨URL: http://www.belland-vision.de/logs/news/nfo_1034849172.pdf⟩ – Zugriff am 14. 5. 2003

BENZLER, GUIDO ET AL.: *Wettbewerbskonformität von Rücknahmeverpflichtungen im Abfallbereich*, Essen: RWI 1995, Untersuchungen des Rheinisch-Westfälischen Instituts für Wirtschaftsforschung Heft 17, ISBN 3–928739–16–6 (zitiert: Wettbewerbskonformität)

BERG, WILFRIED/HÖSCH, ULRICH: *Die Produktverantwortung nach § 22 KrW-/AbfG*, in: *Jahrbuch des Umwelt und Technikrechts 1997*, hrsg. v. MARBURGER, PETER/REINHARDT, MICHAEL/SCHRÖDER, MEINHARD. Berlin: Erich Schmidt Verlag GmbH & Co. 1998, Umwelt und Technikrecht : Schriftenreihe des Instituts für Umwelt- und Technikrecht der Universität Trier Bd. 40, ISBN 3–503–04326–8, 83 (zitiert: JUTR 1997 Bd. 40, 83)

BIRN, HELMUT: *Rechtliche Instrumente zur Steuerung der Abfall- und Reststoffströme*, NVwZ 1992, 419–425

BMU: *Transportverpackungen, Umverpackungen und Verkaufsverpackungen – Hinweise zur Abgrenzung nach der Verpackungsverordnung*, Umwelt 1991, 460–463

—— *Abfallwirtschaftsbilanz 1993 vorgestellt – Rückgang der Abfallmengen in Wirtschaft und privaten Haushalten bei steigenden Verwertungsquoten –*, Umwelt 1996, 120–122

BOCK, MATTHIAS: *Entsorgung von Verkaufsverpackungen und Kartellrecht*, WuW 1996, 187–203

BONBERG, WOLFGANG/KIEFER, GÜNTHER: *Private Verantwortung macht frei – oder: Wie viel Staat verträgt die Abfallwirtschaft*, UPR 2001, 381–386

BONUS, HOLGER: *Umweltschutz und Wettbewerb aus ökonomischer Sicht*, In PETER MARBURGER ET. AL (HRSG.): *UTR Bd. 38*, 11–34 (zitiert: UTR Bd. 38, 11)

BROHM, WINFRIED: *Rechtsgrundsätze für normersetzende Absprachen – Zur Substitution von Rechtsverordnungen, Satzungen und Gesetzen durch kooperatives Verwaltungshandeln*, DÖV 1992, 1025–1035

BRÜCK, WOLFRAM/FLANDERKA, FRITZ: *Verpackungsrecht*, Heidelberg: Hüthig Verlag GmbH 1995, Stand: 4. Erg. Lfg. Juni 1995

BUCHNER, NORBERT: *Kunststoffverwertung: ein Appell an die Vernunft*, Müll und Abfall 1996, 448–453

BÜLOW, PETER: *Gleichförmiges Unternehmensverhalten ohne Kommunikation : die kartellrechtliche Bewertung des bewußten*

Parallelverhaltens nach dem Gesetz gegen Wettbewerbsbeschränkungen und des Rechts der Europäischen Gemeinschaften; zugleich ein Beitrag zum kartellrechtlichen Mißbrauchsbegriff, Berlin: Duncker & Humblot 1983 (zugl. Habil.-Schr., Universität Saarbrücken 1980), Schriften zum Wirtschaftsrecht Bd. 45, ISBN 3-428-05275-7

BUNDESKARTELLAMT: *Ausschreibung der Leistungsverträge durch Duales System wettbewerbskonform; Pressemitteilung vom 26. 2. 2003,* ⟨URL: http://www.bundeskartellamt.de/26_02_2003.html⟩ – Zugriff am 28.,4.,2003

—— *Bundeskartellamt verhängt Bußgelder von über 4 Millionen Euro wegen Aufruf zum Boykott in der Entsorgungswirtschaft,* Pressemitteilung vom 23. 1. 2003, ⟨URL: http://www.bundeskartellamt.de/23_01_2003.html⟩ – Zugriff am 28. 4. 2003

—— *Bericht des Bundeskartellamtes über seine Tätigkeit im Jahre 1962 sowie über die Lage und Entwicklung auf seinem Aufgabengebiet (§ 50),* in: *BT-Drucksache 4/1220,* 1962 (zitiert: BKartA, Tätigkeitsbericht 1962, BT-Drs. 4/1220)

—— *Bericht des Bundeskartellamtes über seine Tätigkeit im Jahre 1964 sowie über die Lage und Entwicklung auf seinem Aufgabengebiet (§ 50),* in: *BT-Drucksache 4/3752,* 1964 (zitiert: BKartA, Tätigkeitsbericht 1964, BT-Drs. 4/3752)

—— *Bericht des Bundeskartellamtes über seine Tätigkeit im Jahre 1976 sowie über die Lage und Entwicklung auf seinem Aufgabengebiet (§ 50 GWB),* in: *BT-Drucksache 8/704,* 1976 (zitiert: BKartA, Tätigkeitsbericht 1976, BT-Drs. 8/704)

—— *Schreiben vom 27. 8. 1991, Gesch-Z.: B 10-763400-A-7/90 abgedr. in,* WuW 1992, 32

—— *Bericht des Bundeskartellamtes über seine Tätigkeit in den Jahren 1991/92 sowie die Lage und Entwicklung auf seinem Aufgabengebiet,* in: *BT-Drucksache 12/5200,* 1993 (zitiert: BKartA, Tätigkeitsbericht 1991/92, BT-Drs. 12/5200)

—— *Bericht des Bundeskartellamtes über seine Tätigkeit in den Jahren 1993/94 sowie die Lage und Entwicklung auf seinem Aufgabengebiet,* in: *BT-Drucksache 13/1660,* 1995 (zitiert: BKartA, Tätigkeitsbericht 1993/94, BT-Drs. 13/1660)

—— *Bericht des Bundeskartellamtes über seine Tätigkeit in den Jahren 1995/96 sowie die Lage und Entwicklung auf seinem Auf-*

gabengebiet, in: *BT-Drucksache 13/10195*, 1997 (zitiert: BKartA, Tätigkeitsbericht 1995/96, BT-Drs. 13/10195)

BÜNEMANN, AGNES/MENKE-GLÜCKERT, PETER/RACHUT, GUNDA: *Der neue Kreislauf in der Wirtschaft : Praxishilfen zum Kreislaufwirtschafts- und Abfallgesetz einschließlich seines ungesetzlichen Regelwerkes*, Bonn: Economica Verlag GmbH 1997, ISBN 3-87081-216-8 (zitiert: Kreislauf)

BÜNEMANN, AGNES/RACHUT, GUNDA: *Der Grüne Punkt – Eine Versuchung für die Wirtschaft*, Karlsruhe: C. F. Müller 1993, ISBN 3-7880-9867-8

BUNTE, HERMANN-JOSEF: *Abschied vom »gemeinsamen Zweck« und den »gleichgerichteten Interessen«?* WuW 1997, 857–865

—— *Die 6. GWB-Novelle – das neue Gesetz gegen Wettbewerbsbeschränkungen*, Der Betrieb (DB) 1998, 1748–1754

BURCHARDI, WOLRAD E./SACKSOFSKY, EIKE: *Wettbewerbspolitische und kartellrechtliche Probleme der deutschen Entsorgungswirtschaft*, in: *Jahrbuch des Umwelt und Technikrechts 1994*, hrsg. v. BREUER, RÜDIGER ET AL.. Heidelberg: v. Decker 1994, Umwelt und Technikrecht : Schriftenreihe des Instituts für Umwelt- und Technikrecht der Universität Trier Bd. 27, ISBN 3-7685-2694-1, 23–50 (zitiert: JUTR 1994 Bd. 27, 23)

CHRISTILL, MICHAEL: *Öffnung zur energetischen Verwertung von Kunststoffverpackungen*, In HANS-PETER MICHLER (HRSG.): *Neue Verpackungsverordnung*, 51–63 (zitiert: energetische Kunststoffverwertung)

COSSON, RAINER: *Duale Systeme – Probleme des Wettbewerbs*, In HANS-WERNER RENGELING (HRSG.): *Kreislaufwirtschafts- und Abfallrecht : neue Entwicklungen in der Bundesrepublik Deutschland und der Europäischen Gemeinschaft; Referate und Diskussionsberichte Zweite Osnabrücker Gespräche zum deutschen und europäischen Umweltrecht*, 157

—— *Vergabe von Entsorgungsleistungen im Wettbewerb*, In HANS-PETER MICHLER (HRSG.): *Neue Verpackungsverordnung*, 42–50

COSTA, CHRISTINE/FRANKE, ANGELA: *Handelsunternehmen im Spannungsfeld umweltpolitischer Anforderungen : der Weg von der Abfall- zur Kreislaufwirtschaft in der Distribution*, München 1995, Ifo-Studien zu Handels- und Dienstleistungsfragen 48, ISBN 3-88512-257-X

DANNER, WOLFGANG: *Das Energiesicherungsgesetz 1975*, NJW 1975, 361–365

DER RAT VON SACHVERSTÄNDIGEN FÜR UMWELTFRAGEN: *Sondergutachten Abfallwirtschaft 1990*, in: *BT-Drucksache 11/8493*, 1990 (zitiert: SRU, Sondergutachten Abfallwirtschaft 1990)

—— *Umweltgutachten 1994, Für eine dauerhaft umweltgerechten Entwicklung*, in: *BT-Drucksache 12/6995*, 1994 (zitiert: SRU, Umweltgutachten 1994)

—— *Umweltgutachten 1996, Zur Umsetzung einer dauerhaft umweltgerechten Entwicklung*, in: *BT-Drucksache 13/4108*, 1996 (zitiert: SRU, Umweltgutachten 1996)

—— *Umweltgutachten 1998, Umweltschutz: Erreichtes sichern – Neue Wege gehen*, in: *BT-Drucksache 13/10195*, 1998 (zitiert: SRU, Umweltgutachten 1998)

—— *Umweltgutachten 2000, Schritte ins nächste Jahrtausend*, in: *BT-Drucksache 14/3363*, 2000 (zitiert: SRU, Umweltgutachten 2000)

DI FABIO, UDO: *Die Verfassungskontrolle indirekter Umweltpolitik am Beispiel der Verpackungsverordnung*, NVwZ 1995, 1–8

DREHER, MEINRAD: *Der Rang des Wettbewerbs im europäischen Gemeinschaftsrecht*, WuW 1998, 656–666

DUALES SYSTEM DEUTSCHLAND AG: *Geschäftsbericht 1995*, Köln

—— *Geschäftsbericht 2001*, Köln

—— *Duales System richtet Unternehmensstrategie neu aus – Pressemitteilung vom 29.4.2003*, ⟨URL: http://www.gruener-punkt.de/de/artikel_id.php3?id=4807&back=1⟩ – Zugriff am 15.5.2003

—— *Satzung der Der Grüne Punkt – Duales System Deutschland Aktiengesellschaft*,

—— *Zeichennutzungsvertrag für das Zeichen „der Grüne Punkt"*, 2002

—— *Zusatzvereinbarung zum Zeichennutzungsvertrag entsprechend § 4 Abs. 1 Satz 2 des Zeichennutzungsvertrages*, 2003

EBEL, HANS-RUDELF: *Kartellrecht GWB und EG-Vertrag*, Hermann Luchterhand Verlag GmbH Okt. 2000 (zitiert: Kartellrechtskommentar)

EKKENGA, JENS: *Die Verpackungsverordnung zwischen Administration und privatwirtschaftlicher Kooperation*, Betriebs-Berater (BB) 1993, 945–949

ELSNER, THOMAS/RUMMLER, THOMAS: *Die Rücknahmepflicht für Hersteller und Vertreiber von Transportverpackungen nach der Verpackungsverordnung*, NVwZ 1992, 243

EMMERICH, VOLKER: *Die Auslegung von Art. 85 Abs. 1 EWG-Vertrag durch die bisherige Praxis der Kommission*, EuR 1971, 295

―― *Kartellrecht*, 7. Auflage. München: C. H. Beck 1994, Schriftenreihe der Juristischen Schulung Heft 27

―― *Kartellrecht*, 8. Auflage. München: C. H. Beck 1999, Schriftenreihe der Juristischen Schulung Heft 27, ISBN 3 406 449077

―― *Kartellrecht*, 9. Auflage. München: C. H. Beck 2001, Juristische Kurz-Lehrbücher, ISBN 3 406 48133 7

EMSLANDER, TINA: *Das duale Entsorgungssystem fuer Verpackungsabfall : ein effizientes Regulierungsinstrument?* Wiesbaden: Dt. Univ.-Verlag 1995 (zugl. Dissertation, Universität Augsburg 1995), Gabler Edition Wissenschaft, ISBN 3–8244–6235–4

FABER, ANGELA: *Altautoentsorgung: Umweltschutz und Wettbewerb*, UPR 1997, 431–439

FINCKH, ANDREAS; HOFFMANN-RIEM, PROF. DR. WOLFGANG (HRSG.): *Regulierte Selbstregulierung im Dualen System : Die Verpackungsverordnung als Instrument staatlicher Steuerung*, Baden-Baden: Nomos Verlagsgesellschaft 1998 (zugl. Diss., Hamburg 1997), Schriften zur rechtswissenschaftlichen Innovationsforschung 2, ISBN 3–7890–5140–3 (zitiert: Regulierte Selbstregulierung)

FK: *siehe unter*, Glassen, Helmut/von Hahn, Helmuth/Kersten, Hans-Christian (Hrsg.)

FLANDERKA, FRITZ: *Struktur und Ausgestaltung des dualen Systems in der Bundesrepublik Deutschland*, Betriebs-Berater (BB) 1996, 649–652

―― *Verpackungsverordnung – Kommentar*, Heidelberg: C. F. Müller 1999, ISBN 3–8114–4899–4

―― /WINTER, BERNHARD: *Die Rücknahmepflicht von Transportverpackungen nach der Verpackungsverordnung*, Betriebs-Berater (BB) 1992, 149–153

FLUCK, JÜRGEN: *Ausgewählte Rechtsfragen der Verpackungsverordnung*, DB 1992, 193–198

FLUCK, JÜRGEN: *Ausgewählte Rechtsfragen der Verpackungsverordnung*, Der Betrieb (DB) 1993, 211–217

—— *Schützt die Verpackungsverordnung das Duale System vor kommunaler Konkurrenz?* DÖV 2000, 657

FRENZ, WALTER: *Das Duale System zwischen öffentlichem und privatem Recht*, GewArch 1994, 145–157

—— *Monopolmissbrauch und Duales System*, WuW 2002, 962–968

FRIEGE, HENNING: *Acht-Punkte-Katalog zur Reform der Verpackungsverordnung*, ZAU 1993, 456–458

FRITZSCHE, JÖRG: *„Notwendige" Wettbewerbsbeschränkungen im Spannungsfeld von Kartellverbot und Freistellung nach Art. 85 EGV*, ZHR 1996, 31–58

FUCHS, ANDREAS: *Kartellrechtliche Immanztheorie und Wettbewerbsbeschränkungen in Genossenschaftssatzungen*, BB 1993, 1983–1898

GAMMELIN, CERSTIN: *Reformen oder Recyceln*, Entsorga 2001, 46–50

GAWEL, ERIK: *Produktverantwortung zur Steuerung abfallwirtschaftlicher Produktrisiken*, Zeitschrift für angewandte Umweltfragen (ZAU), Sonderheft 10/1999 Umweltrisikopolitik 1999, 188–205

—— *Produktverantwortung aus ökonomischer Sicht*, in: *Stoffstromsteuerung durch Produktregulierung – Rechtliche, ökonomische und politische Fragen*, hrsg. v. MARTIN FÜHR. Baden-Baden: Nomos Verlagsgesellschaft 2000, Umweltrechtliche Studien Bd. 26, ISBN 3-7890-6962-0, 143–160 (zitiert: Produktverantwortung)

GLASSEN, HELMUT/HAHN, HELMUTH VON/KERSTEN, HANS-CHRISTIAN (HRSG.): *Frankfurter Kommentar zum Kartellrecht*, Mit Kommentierung des GWB, des EG-Kartellrechts und einer Darstellung ausländischer Kartellrechtsordnungen, Band II, Kurzdarstellungen §§ 1–20 GWB n. F., Köln: Dr. Otto Schmidt Verlag 2000, Stand: Lfg. 52 Dezember 2002 (zitiert: BEARBEITER in: FK II)

—— *Frankfurter Kommentar zum Kartellrecht*, Mit Kommentierung des GWB, des EG-Kartellrechts und einer Darstellung ausländischer Kartellrechtsordnungen, Band IV, §§ 81–131 ff. GWB 1999 [n. F.] Sachregister n. F. /§§ 1–20 GWB a. F., Köln: Dr. Otto Schmidt Verlag 2000, Stand: Lfg. 52 Dezember 2002 (zitiert: BEARBEITER in: FK IV)

GÖTZ, GERO: *Wettbewerbs- und europarechtliche Aspekte des Dualen Systems*, ZLR 1993, 534–554

GRUNEBERG, RALF: *Die Rechtsstellung der Kommunen in der Verpackungsverordnung 1998*, In HANS-PETER MICHLER (HRSG.): *Neue Verpackungsverordnung*, 18–41

GUNDERT, MARTIN: *Prüfung der ordnungsgemäßen Entrichtung der Lizenzentgelte für „Der Grüne Punkt"*, Betriebs-Berater (BB) 1998, 1302–1309

HAAS, HOLGER: *Statement zum Entsorgungskonzept für Verpackungsabfälle des Lahn-Dill Kreises*, In HANS-PETER MICHLER (HRSG.): *Neue Verpackungsverordnung*, 76–78

HECHT, DIETER/WERBECK, NICOLA: *Rücknahmeverpflichtungen als Instrument der Abfallwirtschaft – eine ökonomische Analyse am Beispiel des Dualen Systems*, ZfU 1995, 49–79

HENSELDER-LUDWIG, RUTH: *Verpackungsverordnung 1998: VerpackV; Textausgabe mit einer Einführung, Anmerkungen und ergänzenden Materialien*, 2. Auflage. Köln: Bundesanzeiger Verlagsges. mbH 1999, ISBN 3–88784–809–8 (zitiert: VerpackV 1998)

HILF, JULIANE: *Neue Regeln für Entsorgung von Elektroschrott*, FAZ 26 März 2003, S. 25

HOFFMANN, MICHAEL: *Abfallrechtliche Produktverantwortung nach §§ 22 KrW-/AbfG*, DVBl. 1996, 898–905

—— *Verfassungsrechtliche Anforderungen an Rechtsverordnungen zur Produktverantwortung nach dem Kreislaufwirtschafts- und Abfallgesetz*, DVBl. 1996, 347–354

HOFMANN-HOEPPEL, JOCHEN: *»Flächendeckung« i. S. von § 6 Abs. 3 Satz 1 VerpackV – Zur Auslegung eines unbestimmten Rechtsbegriffs*, DVBl 1993, 873–879

HOLTOFF-FRANK, KLAUS: *Kartellrechtliche Probleme und marktstrukturelle Auswirkungen der dualen Abfallwirtschaft*, München 1995 In COSTA/FRANKE: *Handelsunternehmen im Spannungsfeld*, ISBN 3–88512–257–X (zitiert: Kartellrechtliche Probleme)

I/M: *siehe unter*, Immenga, Ulrich/Mestmäcker, Ernst Joachim (Hrsg.)

IMMENGA, ULRICH/MESTMÄCKER, ERNST JOACHIM (HRSG.): *Gesetz gegen Wettbewerbsbeschränkungen*, GWB; Kommentar, 2. Auflage. München: C. H. Beck 1992 (zitiert: I/M GWB 2. Aufl.)

—— *Gesetz gegen Wettbewerbsbeschränkungen*, GWB; Kommentar, 3. Auflage. München: C. H. Beck 2001 (zitiert: I/M GWB)

KAHL, WOLFGANG: *Die Privatisierung der Entsorgungsordnung nach dem Kreislaufwirtschafts- und Abfallgesetz*, DVBl. 1995, 1327–1336

KAHLENBERG, HARALD: *Novelliertes deutsches Kartellrecht*, Betriebs-Berater (BB) 1998, 1593–1599

KAIMER, MARTIN/SCHADE, DIETHARD: *Zukunftsfähige Hausmüllentsorgung : Effiziente Kreislaufwirtschaft durch Entlastung der Bürger*, Berlin: Erich Schmidt Verlag 2002, Abfallwirtschaft in Forschung und Praxis Band 126, ISBN 3–503–07021–4

KARENFORT, JÖRG/SCHNEIDER, HARTMUT: *Das Dosenpfand – Verstoß gegen die Warenverkehrsfreiheit durch Unterlassen?* EuZW 2003, 587–591

KIETHE, KURT/SPROLL, HANS-DIETER: *Die Privatisierung der Abfallentsorgung am Beispiel der Verpackungsverordnung*, ZIP 1994, 275–281

KIRCHGÄSSNER, GEBHARD: *Das Verursacherprinzip: Leerformel oder regulative Idee?* JZ 1990, 1042–1046

KLEPPER, GERNOT/MICHAELIS, PETER: *Will the „dual system" manage packaging waste?* Kiel: Institut für Weltwirtschaft an der Universität Kiel 1992, Kiel working papers Nr. 503

KLOEPFER, MICHAEL: *Umweltschutz als Kartellprivileg?* Juristenzeitung (JZ) 1980, 781–790

——— /WIMMER, NORBERT: *Die Belastung von Endverbrauchern aufgrund der Verpackungsverordnung als Verfassungsproblem*, UPR 1993, 409–416

KLOWAIT, JÜRGEN: *Die Beteiligung Privater an der Abfallentsorgung*, Baden-Baden: Nomos Verlagsgesellschaft 1995 (zugl. Dissertation, Bochum 1994), Nomos Universitätsschriften : Recht Band 161, ISBN 3–7890–3568–8

KOCH, HANS-JOACHIM: *Vereinfachung des materiellen Umweltrechts*, NVwZ 1996, 215–222

——— *Die neue Verpackungsverordnung*, NVwZ 1998, 1155–1158

KÖHLER, HELMUT: *Abfallrückführungssysteme der Wirtschaft im Spannungsfeld von Umweltrecht und Kartellrecht*, Betriebs-Berater (BB) 1996, 2577–2582

——— *Zulässigkeit von Wettbewerbsbeschränkungen beim Energievertrieb*, WuW 1999, 445–459

KÖLLER, HENNING V.: *Kreislaufwirtschafts- und Abfallgesetz*,

2. Auflage. Berlin: Erich Schmidt Verlag 1996, Abfallwirtschaft in Forschung und Praxis 77, ISBN 3–503–03920–1

KRAUSE, LARS: *Anforderungen und Chancen einer nachhaltigen Siedlungsabfallbehandlung : VerpackV und TASi-Fortentwicklung auf dem Prüfstand,* Berlin: VWF, Verlag für Wissenschaft und Forschung GmbH 2001 (zugl. Dissertation, Universität 2000), Akademische Abhandlungen zu den Rechtswissenschaften, ISBN 3–89700–299–X

KRETSCHMER, FRIEDRICH: *Meinungen zur 6. GWB-Novelle,* WuW 1998, 654–655

KROEGER, MICHAEL: *Die Selbstüberlistung des Jürgen Trittin,* Spiegel-Online 2 Oktober 2003 ⟨URL: http://www.spiegel.de/wirtschaft/o,1518,267986,00.html⟩ – Zugriff am 2.10.2003

KÜFFNER, GEORG: *PET-Flasche und Aludose kurz vor der ökologischen Verträglichkeit – Innovationsklausel unerwünscht: Pfandpflicht ist politisch begründet,* FAZ 3 Juni 2003, T6

—— *Das Verwirrspiel um das Schicksal leerer Getränkeverpackungen : Systemlos und teuer: Die „vereinfachte Pfandpflicht" ist ohne innere Logik / Willkür ersetzt Sachlichkeit,* FAZ 29 April 2003, T1–T2

LAGA-AUSSCHUSS „PRODUKTVERANTWORTUNG UND RÜCKNAHMEPFLICHTEN": *Beschluß dess LAGA-Ausschusses „Produktverantwortung und Rücknahmepflichten" (APV) auf der 7. Sitzung am 29./30. Januar 2002 in Münster,* ⟨URL: http://www.belland-vision.de/beschluss.pdf⟩ – Zugriff am 14.5.2003

LANGEN, EUGEN/BUNTE, HERMANN-JOSEF (HRSG.): *Kommentar zum deutschen und europäischen Kartellrecht,* Band Band 1, 8. Auflage. Neuwied, Kriftel: Luchterhand 1998 (zitiert: BEARBEITER in: LANGEN/BUNTE GWB Voraufl.)

—— *Kommentar zum deutschen und europäischen Kartellrecht,* Band Band 1, 9. Auflage. Neuwied, Kriftel: Luchterhand 2001 (zitiert: BEARBEITER in: LANGEN/BUNTE GWB)

MARBURGER, PETER/REINHARDT, MICHAEL/SCHRÖDER, MEINHARD (HRSG.): *Umweltschutz und Wettbewerb : 12. Trierer Kolloquium zum Umwelt- und Technikrecht vom 22. bis 24. September 1996,* Berlin: Erich Schmidt Verlag GmbH & Co. 1997, Umwelt und Technikrecht : Schriftenreihe des Instituts für Umwelt- und Technikrecht der Universität Trier Bd. 38,

ISBN 3-503-04093-5 (zitiert: PETER MARBURGER ET. AL (HRSG.) UTR Bd. 38)

MEIER, GERT: *Der deutsche Einzelhändler – Müllmann der Nation? Zur Verfassungswidrigkeit der §§ 6-8 der VerpackVO*, Betriebs-Berater (BB) 1995, 2381–2387

MICHAELIS, PETER: *Ökonomische Aspekte der Abfallgesetzgebung*, Tübingen: Mohr 1993, Kieler Studien 254, ISBN 3-16-146117-7, 3-16-146118-5 (zitiert: Aspekte)

—— *Verpackungsverordnung und Duales System aus ökonomischer Sicht*, UPR 1998, 210–216

MICHLER, HANS-PETER (HRSG.): *Neue Verpackungsverordnung : Problembereiche und Auswirkungen auf die Praxis – 2. Birkenfelder Tagung zu aktuellen Fragen des Wirtschafts- und Umweltrechts vom 29. bis 30. April 1999*, Rothenburg/Tbr: Petra Bülow Verlag 2000, Schriftenreihe des Studiengangs Wirtschafts- und Umweltrecht der FH Trier, Umwelt-Campus Birkenfeld Band 2, ISBN 3-925185-13-5

MONOPOLKOMMISSION: *Zehntes Hauptgutachten der Monopolkommission 1992/1993*, in: BT-Drucksache 12/8323, 1994 (zitiert: Monopolkommission, 10. Hauptgutachten)

—— *Elftes Hauptgutachten der Monopolkommission 1994/1995*, in: BT-Drucksache 13/5309, 1996 (zitiert: Monopolkommission, 11. Hauptgutachten, BT-Drs. 13/5309)

MÜLLER, KERSTIN ANDREA; FRIEDRICH KÜBLER, HANS-JOACHIM MERTENS, ECKARD REHBINDER, RUDOLF WIETHÖLTER (HRSG.): *Produktverantwortung und ihre Durchsetzung – Eine kartellrechtliche Beruteilung von Selbstverpflichtungen im Umweltrecht aus deutscher und europäischer Sicht unter besonderer Berücksichtigung der Altautoentsorgung*, Frankfurt am Main, Berlin, Bern, Bruxelles, New York, Wien: Peter Lang 1999 (zugl. Dissertation, Universität Frankfurt (Main) 1999), Frankfurter wirtschaftsrechtliche Studien Band 31, ISBN 3-631-35399-5

MÜLLER-HENNEBERG, HANS/SCHWARTZ, GUSTAV: *Gesetz gegen Wettbewerbsbeschränkungen und Europäisches Kartellrecht*, Gemeinschaftskommentar. Loseblattausgabe. 4. Auflage. C. Heymanns Verlag 1980

NICKEL, THOMAS: *Kein Zahlungsanspruch von Systembetreibern gegen „Trittbrettfahrer"*, NVwZ 2003, 317–318

NIEMEYER, HANS-JÖRG: *Der »Jahrhundertvertrag« nach deutschem Kartellrecht*, Köln, Berlin, Bonn, München: Heymann 1990 (zugl. Dissertation, Universität Münster (Westfalen) 1989), Recht – Technik – Wirtschaft 58, ISBN 3–452–21810–4

OHNE VERFASSER: *Entsorger ziehen sich aus DSD zurück – Aufsichtsratsposten aufgegeben / Keine Kapitalverflechtung mehr*, FAZ 29 April 2003, Wirtschaftsteil S 13

—— *Kartellamt verschont Grünen Punkt : Vorerst kein Verbot des Dualen Systems / Kooperationsbereitschaft des Unternehmens belohnt*, FAZ Wirtschaftsteil 23 Juli 2003, S. 9

—— *DSD-Chef Wolfram Brück droht den Drogerien mit Konsequenzen: Wir werden kündigen*, Entsorga 2001, 51–57

—— *Das Zwangspfand verteuert den Grünen Punkt – Dem dualen System werden 290 Millionen Euro entzogen / Die Rückstellungen reichen nur ein Jahr*, FAZ 10 Februar 2002, S. 18

—— *Das Duale System stellt die Mülltrennung in Frage*, FAZ 20 Juni 2003, S. 19

—— *Hessen läßt Konkurrenz zum Dualen System zu – Umweltminister schafft Wettbewerb durch Landbell AG*, FAZ 6 August 2003, S. 41

OSSENBÜHL, FRITZ; JOSEF ISENSEE, PAUL KIRCHHOF (HRSG.): *Handbuch des Staatsrechts der Bundesrepublik Deutschland*, Band 3, Das Handeln des Staates, 2. Auflage. Heidelberg: C. F. Müller 1996, ISBN 3–811–1697–9

—— *Entsorgung von Elektrogeräten : Verfassungsrechtliche Zulässigkeit von Rücknahmepflichten*, Köln, Berlin, Bonn, München: Carl Heymnns Verlag KG 2000, Recht Technik Wirtschaft Bd. 82, ISBN 3–452–24542–X

PASCHKE, MARIAN: *Umweltschutz und Wettbewerb aus kartellrechtlicher Sicht*, In PETER MARBURGER ET. AL (HRSG.): *UTR Bd. 38*, 35–66 (zitiert: UTR Bd. 38, 35)

PERNICE, INGOLF: *Rechtlicher Rahmen der europäischen Unternehmenskooperation im Umweltbereich unter besonderer Berücksichtigung von Art. 85 EWGV*, EuZW 1992, 139–143

PETERSEN, FRANK: *Kreislaufwirtschafts- und Abfallgesetz – quo vadis?* NVwZ 1998, 1113–1121

—— /RID, URBAN: *Das neue Kreislaufwirtschafts- und Abfallgesetz*, NJW 1995, 7–14

PHILIPP, ANDREA: *Das Duale System auf dem Prüfstand – Zielvorstellungen und Erfolgsbedingungen im Vergleich zu anderen Instrumenten der Abfallpolitik*, Forschungsinstitut für Wirtschaftspolitik an der Universität Mainz 1993, Aufsätze zur Wirtschaftspolitik 39, ISSN 0938–0973

PRÜFER, RALF MICHAEL; KÜNKEL, KLAUS/SIMONIS, UDO ERNST (HRSG.): *Die Verpackungsverordnung und ihre ökologischen Alternativen*, Frankfurt am Main, Berlin, Bern, New York, Paris, Wien: Peter Lang 1999 (zugl. Dissertation, Freie Universität Berlin 1998), Beiträge zur kommunalen und regionalen Planung Bd. 17, ISBN 3–631–34398–1 (zitiert: ökologische Alternativen)

QUEITSCH, PETER: *Kreislaufwirtschafts- und Abfallrecht : erläuterte Ausgabe*, Köln: Bundesanzeiger-Verlag 1995, ISBN 3–88784–600–1 (zitiert: Kreislaufwitschafts- und Abfallrecht)

—— *Rechtliche Problemfelder der Verpackungsverordnung*, UPR 1995, 246–252

—— *KrW-/AbfG, Kreislaufwirtschafts- und Abfallgesetz: systematische Darstellung zum Kreislaufwirtschafts- und Abfallgesetz mit ergänzenden Vorschriften*, 2. Auflage. Köln: Bundesanzeiger-Verlag 1999, Stand Juli 1999, ISBN 3–88784–951–5 (zitiert: KrW-/AbfG)

RENGELING, HANS-WERNER (HRSG.): *Kreislaufwirtschafts- und Abfallrecht : neue Entwicklungen in der Bundesrepublik Deutschland und der Europäischen Gemeinschaft; Referate und Diskussionsberichte Zweite Osnabrücker Gespräche zum deutschen und europäischen Umweltrecht*, Köln, Berlin, Bonn, München: Heymann Verlag 1994, Schriften zum deutschen und europäischen Umweltrecht 4, ISBN 3–452–23047–3

RIESENKAMPFF, ALEXANDER: *Die private Abfallentsorgung und das Kartellrecht*, Betriebs-Berater (BB) 1995, 833–840

RINDTORFF, ERMBRECHT: *Götterdämmerung für die kommunale Hausmüllentsorgung?* DVBl. 2001, 1038–1040

RITTNER, FRITZ: *Wettbewerbs- und Kartellrecht : Eine systematische Darstellung des deutschen und europäischen Rechts für Studium und Praxis*, 6. Auflage. Heidelberg: C. F. Müller Verlag, Hüthig GmbH 1999, Jurathek Praxis, ISBN 3–8114–8999–2

—— *Keine Doppelkontrolle für Vertikalvereinbarungen!* WuW 2000, 696–705

———— *Schlusswort: Keine Doppelkontrolle für Vertikalvereinbarungen*, WuW 2000, 1204–1205

ROCKHOLZ, ARMIN/DIHT; DEUTSCHER INDUSTRIE- UND HANDELSTAG (DIHT) (HRSG.): *Die novellierte Verpackungsverordnung*, Adenaueralle 148; D-53113 Bonn 1998

RUMMLER, THOMAS/SCHUTT, WOLFGANG: *Verpackungsverordnung: Praxishandbuch mit Kommentar*, Hamburg: B. Behr's Verlag GmbH & Co. 1991, ISBN 3–86022–022–5 (zitiert: VerpackVO)

RUMMLER, THOMAS: *Neue Anforderungen der Verpackungsverordnung und Reformziele der Bundesregierung*, In HANS-PETER MICHLER (HRSG.): *Neue Verpackungsverordnung*, 9–17 (zitiert: Neue Anforderungen der Verpackungsverordnung)

RUTKOWSKY, SVEN/TEGNER, HENNING: *Rücknahmepflicht als Instrument der Abfallpolitik*, ZAU 1996, 507–519

SACKSOFSKY, EIKE: *Wettbewerbsrechtliche Probleme der Entsorgungswirtschaft*, WuW 1994, 320–322

SCHÄPER, SIEGFRIED: *Vortag im Rahmen der Sondertagung »Produktverantwortung: Chancen – Verwirklichungsformen – Fehlentwicklungen« des Instituts für Umwelt und Technikrecht vom 19. bis 20. März 2002 : Produktverantwortung aus Sicht eines Industrieunternehmens – Zielkonflikt ökologischer Prioritäten: Recyclingquoten versus Leichtbau*, 2002

SCHIER, THORSTEN: *Die Verpackungsverordnung vom 12.6.1991 : Problemstellungen des Dualen Systems*, ZLR 1993, 431–452

SCHINK, ALEXANDER: *Auswirkungen des Kreislaufwirtschafts- und Abfallgesetzes auf die Entsorgungsstrukturen*, DÖV 1995, 881–891

SCHMIDT, KARSTEN: *„Altes" und „neues" Kartellverbot – Kontinuität statt Umbruch durch die Neufassung des §1 GWB*, Die Aktiengesellschaft (AG) 1998, 551–561

SCHMIDT-PREUSS, MATTHIAS: *Verpackungsverordnung und Kartrecht*, in: *Festschrift für Otfried Lieberknecht zum 70. Geburtstag*, hrsg. v. NIEDERLEITLINGER, PROF. DR. ERNST/WERNER, ROSEMARIE/WIEDEMANN, DR. GERHARD. München: C. H. Beck 1997, ISBN 3–406–42224–1, 549–570

———— *Funktionsbedingungen selbstregulativer Gemeinwohlverwirklichung – zur Recyclingzuständigkeit eines dualen Systems*, DVBl. 2001, 1095–1102

SCHMIDT-PREUSS, MATTHIAS: *Zur Zulässigkeit sog. Selbstentsorgergemeinschaften als Alternative zum Dualen System*, Der Betrieb (DB) 2002, 775–780

SCHMITZ, MATTHIAS: *Kartellverfahren gegen den Grünen Punkt: Dokumentation der Pressekonferenz des Bundeskartellamtes vom 23. August 2002*, NeueNachricht 29 August 2002 ⟨URL: www.neuenachricht.de⟩ – Zugriff am 6. Februar 2003

—— *Dosenpfand verteuert Grünen Punkt – Mittelstandsverband formuliert Aktionsbündnis gegen Müllkartell*, NeueNachricht 6 Januar 2003 ⟨URL: www.neuenachricht.de⟩ – Zugriff am 6. Februar 2003

SCHMITZ, STEFAN: *Doch eine Rule of Reason im deutschen Kartellrecht?* WuW 2002, 7–16

SCHOLZ, RUPERT/AULEHNER, JOSEF: *Grundfragen zum Dualen System*, Betriebs-Berater (BB) 1993, 2250–2265

SCHRADER, CHRISTIAN: *Produktverantwortung, Ordnungsrecht und Selbstverpflichtungen am Beispiel der Altautoentsorgung*, NVwZ 1997, 943–949

SCHULTE, INE-MARIE: *Die kartellrechtliche Behandlung von Einkaufsgemeinschaften und Verkaufsgemeinschaften*, WuW 1980, 227–235

SCHULTZ, KLAUS-PETER: *Duale Systeme – Probleme des Wettbewerbs*, In HANS-WERNER RENGELING (HRSG.): *Kreislaufwirtschafts- und Abfallrecht : neue Entwicklungen in der Bundesrepublik Deutschland und der Europäischen Gemeinschaft; Referate und Diskussionsberichte Zweite Osnabrücker Gespräche zum deutschen und europäischen Umweltrecht*, 141–155 (zitiert: Probleme des Wettbewerbs)

—— *Wettbewerb in der Entsorgungswirtschaft*, In PETER MARBURGER ET. AL (HRSG.): *UTR Bd. 38*, 107–133 (zitiert: UTR Bd. 38, 107)

SCHULZ, PAUL-MARTIN: *Auswirkungen des Kreislaufwirtschafts- und Abfallgesetzes*, DB 1996, 77–79

SCHUMACHER, KAI: *Sonstige Kartelle, § 7 GWB, und Umweltschutzkartelle*, WuW 2002, 121–131

SCHWARZ, GÜNTER CHRISTIAN: *Kartellvertrag und sonstige wettbewerbsbeschränkende Verträge – das Merkmal „zu einem gemeinsamen Zweck" in § 1 Abs. 1 S. 1 GWB*, Köln, Berlin, Bonn, München: Heymann 1984, FIW Schriftenreihe 107, ISBN 3-452-20030-2

SCHWINTOWSKI, HANS-PETER: *Wettbewerb und Ordnung auf Energiemärkten nach Wegfall der §§ 103, 103a GWB – zugleich eine dogmatische Neubestimmung der Immanenztheorie –*, WuW 1997, 769–781

SELMAYR, MARTIN: *Wettbewerbswidrige Praktiken bei der Entsorgung von Verkaufsverpackungen im Rahmen des „Dualen Systems"*, UPR 1998, 99–102

SIMON, HEINZ-WILHELM: *In der Zwickmühle*, Entsorga 2002, 14–20

SPROLL, HANS-DIETER: *Zur Verpackungsverordnung 1998*, UPR 1999, 129–135

SRU: *siehe unter*, Der Rat von Sachverständigen für Umweltfragen

STATISTISCHES BUNDESAMT: *Statistisches Jahrbuch 1996 für die Bundesrepublik Deutschland*, Stuttgart: Metzler-Poeschel 1996, ISBN 3–8246–0542–2

STAUDT, ERICH ET AL.; STAUDT, ERICH (HRSG.): *Die Verpackungsverordnung – Auswirkungen eines umweltpolitischen Großexperimentes*, Bochum: Institut für angewandte Innovationsforschung IAI 1997, Innovation: Forschung und Management Band 11, ISBN 3–928854–1111–9 (zitiert: Großexperiment)

STRECK, THILO: *Abfallrechtliche Produktverantwortung : Ein Beitrag zum dritten Teil des Kreislaufwirtschafts- und Abfallgesetzes*, Frankfurt am Main, Berlin, Bern, New York, Paris, Wien: Peter Lang 1998 (zugl. Diss., Universität Göttingen 1998), Europäische Hochschulschriften : Reihe 2, Rechtswissenschaft Bd. 2446, ISBN 3–631–33680–2

STRECKER, ARTHUR: *Transport- und Umverpackungen aus Sicht der Verpackungsverordnung*, Betriebs-Berater (BB) 1991, 1499–1500

—— /BERNDT, DIETER: *Kommentar zur Verpackungsverordnung*, Heidelberg: Verlag Recht und Wirtschaft GmbH 1992, Taschenkommentare des Betriebs-Beraters, ISBN 3–8005–1090–1 (zitiert: VerpackVO 1991)

STREINZ, RUDOLF: *Das Problem „umgekehrter Diskriminierung"* im Bereich des Lebensmittelrechts, ZLR 1990, 487–517

STÜWE, HEINZ: *Wettbewerb für den Grünen Punkt*, FAZ 7 August 2003, S. 9

TETTINGER, PETER J.: *Rechtliche Bausteine eines modernen Abfallwirtschaftsrechts*, DVBl. 1995, 213–221

TETTINGER, PETER J./ASBECK-SCHRÖDER, CORNELIA/
MANN, THOMAS: *Vorrang der Abfallverwertung : eine Analyse des Bundesabfallgesetzes*, Berlin, Heidelberg: Springer 1993, ISBN 3–540–56916–2

THOMSEN, SILKE; HOFFMANN-RIEM, WOLFGANG/KOCH, HANS-JOACHIM/RAMSAUER, ULRICH (HRSG.): *Produktverantwortung : Rechtliche Möglichkeiten und Grenzen einer Kreislaufwirtschaft*, Baden-Baden: Nomos Verlagsgesellschaft 1998 (zugl. Dissertation, Universität Hamburg 1996), Forum Umweltrecht 25, ISBN 3–7890–5241–8 (zitiert: Produktverantwortung)

TOMÉ-KOZMIENSKY, SOPHIE: *Die Verpackungsverordnung, Rechtmäßigkeit, ‚Duales System‘, Europarecht*, Berlin: Dunker & Humblot 1994 (zugl. Dissertation, Freie Universität Berlin 1993), Schriften zum Umweltrecht 42, ISBN 3–428–08101–3 (zitiert: Die Verpackungsverordnung)

UMWELTBUNDESAMT: *Daten zur Umwelt 2000*, ⟨URL: http://www.umweltbundesamt.org/dzu/default.html⟩ – Zugriff am 8.5.2003

VELTE, RAINER; ERNST-JOACHIM MESTMÄCKER, WERNHARD MÖSCHEL UND MANFRED E. STREIT (HRSG.): *Duale Abfallentsorgung und Kartellverbot – Eine Untersuchung zur Zulässigkeit von Umweltschutzkartellen nach deutschem und europäischem Recht am Beispiel des Dualen Systems für Verkaufsverpackungen*, Baden-Baden: Nomos Verlagsgesellschaft 1999 (zugl. Dissertation, Universität Göttingen 1998), Wirtschaftsrecht und Wirtschaftspolitik 159, ISBN 3–7890–5915–3 (zitiert: Duale Abfallentsorgung und Kartellverbot)

VERSTEYL, LUDGER-ANSELM: *Die Verpackungsverordnung – Anfang vom Ende der Wegwerfgesellschaft?* NVwZ 1991, 848–852

—— /WENDENBURG, HELGE: *Änderungen des Abfallrechts – Anmerkungen zum Kreislaufwirtschafts- und Abfallgesetz sowie den Gesetzen zu dem Baseler Übereinkommen*, NVwZ 1994, 833–843

WEBER, BERNHARD: *Ordnungspolitische und fusionsrechtliche Fragen der Entsorgungswirtschaft*, Recht der Energiewirtschaft (RdE) 1995, 91–97

WEIDEMANN, CLEMENS: *Die behördliche Feststellung nach § 6 Abs. 3 Verpackungsverordnung – Voraussetzungen, Rechtsnatur und Rechtsfolgen*, DVBl. 1992, 1568–1577

WEIDEMANN, CLEMENS: *Umweltschutz durch Abfallrecht*, NVwZ 1995, 631–639

—— *Übergangsprobleme bei der Privatisierung des Abfallwesens – Zum Inkrafttreten des Kreislaufwirtschafts- und Abfallgesetzes*, NJW 1996, 2757–2764

—— *Zum Verhältnis von privater Verwertungs- und kommunaler Entsorgungspflicht*, NVwZ 2000, 1131

WELLENHOFER-KLEIN, MARINA: *Das neue Kartellverbot und seine Abgrenzung zu den Vertikalvereinbarungen*, WuW 1999, 557–567

WIEDEMANN, GERHARD (HRSG.): *Handbuch des Kartellrechts*, München: C.H. Beck Verlag 1999 (zitiert: BEARBEITER in: Handbuch des Kartellrechts)

WINTERFELD, DETLOFF VON: *Die Verpackungsverordnung – rechtliche Rahmenbedingungen der Verpackungsverordnung in der deutschen und EG-Gesetzgebung*, in: *Europarecht, Kartellrecht, Wirtschaftsrecht : Festschrift für Arved Deringer*, hrsg. v. ULRICH EVERLING. Baden-Baden: Nomos-Verlagsgesellschaft 1993, ISBN 3–7890–3000–7, 195–209 (zitiert: Rahmenbedingungen der VerpackVO)

WOLF, ANDREAS: *Der „Jahrhundertvertrag" im Lichte des deutschen und europäischen Kartellrechts*, Betriebs Berater (BB) 1989, 160–169

WUPPERMAN, BEATRIX: *Zwei Jahre Verpackungsverordnung: Weitere Machtkonzentration statt Müllvermeidung*, ZAU 1993, 448–455

ZEZSCHWITZ, FRIEDRICH VON: *Wirtschaftliche Lenkungstechniken: Selbstbeschränkungsabkommen, Gentlemen's agreement, Moral Suasion, Zwangskartell*, JA 1978, 497–505

§ 1 PROBLEMAUFRISS

Schon seit geraumer Zeit wird die grundsätzliche Inkompatibilität von Ökologie bzw. Umweltschutz und moderner Industriegesellschaft bemängelt.

In marktwirtschaftlichen Wirtschaftssystemen erfolgt eine Wirtschaftslenkung im Grundsatz über die Aktivierung der Selbststeuerungskräfte des Marktes. Aufgabe des Staates ist dabei, den gesetzlichen Rahmen für das Handeln im Markt festzulegen. Obwohl es daher eine unüberschaubare Vielzahl von Märkten für Produkte und Dienstleistungen gibt, die in den meisten Fällen ohne staatlichen Dirigismus zu einer effektiven Verteilung der knappen Resourcen anhand des Marktpreises führen, so gilt dies für die Nutzung der ebenfalls knappen Umweltresourcen meist nicht.

Bis noch vor wenigen Jahrzehnten war die Umweltnutzung für den Einzelnen kostenlos. Die Inanspruchnahme des Allgemeingutes Umwelt brachte jedoch wirtschaftlichen Nutzen, da Kosten, die eine Umweltbelastung vermeiden könnten, eingespart werden konnten. Ferner können durch die Umweltnutzung auch Einnahmen erzielt werden, da die kostenlos genutzten Resourcen, bspw. Rohstoffe, verkauft werden können. Das Allgemeingut Umwelt hat somit einen wirtschaftlichen Wert. Solange dieser Wert aber nicht als Kostenfaktor in der betriebswirtschaftlichen Kalkulation auftaucht, und die Umweltnutzung als externe Kosten nur der Allgemeinheit zur Last fällt, werden die Selbststeuerungskräfte des Marktes dazu führen, daß es zu einem »Wettbewerb um weniger Umweltschutz« kommt. Betriebswirtschaftlich handelnde Unternehmen werden nämlich Einsparungspotentiale zu nutzen versuchen, die sich durch die kostenlose Nutzung der Umwelt ergeben, während Resourcenschonung und mehr Umweltschutz unerwünschte und damit zu vermeidende betriebswirtschaftliche Kostenfaktoren darstellen.

Dieser Effekt ist im Abfallrecht besonders ausgeprägt. Sobald Abfall anfällt, hat dieser nämlich meist einen negativen Marktwert, da mit seiner Entsorgung Kosten verbunden sind. Der umgekehrte Fall ist dagegen unproblematisch, da bei noch gegebenem positivem Marktpreis des Abfalls erwartet werden kann, durch die Selbststeuerungskräfte des Marktes Lösungen zur Nutzung dieses Restwerts zu finden.[1] Selbst in diesem Fall ist aber zu erwarten, daß irgendwann kein wirtschaftlich nutzbarer Restwert des Abfalls vorhanden sein wird, so daß dann wieder ein durch die Entsorgungskosten vorgegebener negativer Marktpreis vorliegt. Der negative Marktwert bildet einen wirtschaftlichen Anreiz, Kosten durch Nutzung des Allgemeinguts Umwelt im Wege einer ungeregelten sog. »wilden« Entsorgung einzusparen. Dabei führen hohe Anforderungen an die Entsorgung durch den Abfallbesitzer, die aus ökologischen Gesichtspunkten wünschenswert sind, zu höheren Kosten. Mit der Kostenhöhe steigt aber auch der Anreiz, diese – gegebenenfalls auch illegal – zu umgehen.[2] Eine wilde Entsorgung ist in ordnungsrechtlicher Hinsicht selbstverständlich inakzeptabel, da mit dem Eintrag der Abfälle eine Umweltzerstörung verbunden wäre, die Rückwirkungen auf alle hat. Die zwangsweise Durchsetzung eines ordnungsrechtlichen Verbots ist jedoch aufgrund der hohen Zahl der Abfallbesitzer mit sehr hohem Kontrollaufwand verbunden. Sie wird um so schwieriger, je höher das Einsparungspotential für die zur Entsorgung Verpflichteten wird. Bei hohen und damit kostenintensiven Umweltstandards ist eine zwangsweise Durchsetzung daher nur unter hohem Kontrollaufwand möglich.

Es kann daher sinnvoll sein, diese Konfrontation soweit wie möglich zu vermeiden, indem die Entsorgung für die Abfallbesitzer möglichst einfach und billig gehalten wird. Eine insbesondere bei einer Vielzahl von Abfallbesitzern nur mit sehr hohem Aufwand betriebene repressive Verhinderung einer Umgehung wäre nämlich nicht mehr nötig, wenn der gewünschte Entsorgungsweg in den allermeisten Fällen als der Weg des geringsten Widerstandes erschiene. Das gewünschte Verhalten würde dann in den meisten Fällen schon aus Eigeninteresse der Verpflichteten erfolgen, ohne repressiv erzwungen werden zu müssen. Wenn die Entsorgungskosten darüberhinaus pauschaliert, also mengenunabhängig erhoben werden, entfällt auch der ökonomische Anreiz sich des Abfalls außerhalb der vorgesehenen Wege zu entledigen. Dies hat aber den Nachteil, daß nun auch kein ökonomischer Anreiz für den Abfallerzeuger besteht, Umweltressourcen durch Abfallvermeidung zu schonen.

Folglich ist eine Verhaltensbeeinflussung im Sinne von mehr Umweltschutz über Entsorgungskosten an der Anfallstelle nur begrenzt

1. Wegen eines Informationsdefizites kann jedoch auch die Nutzung des Restwertes unterbleiben (dazu BENZLER et al. Wettbewerbskonformität, S. 27).
2. HECHT/WERBECK ZfU 1995, 49, (51), BIRN NVwZ 1992, 419, (420).

erfolgversprechend. Entweder wird – mit hohen Kosten für die Überwachung und hohen Kosten für die Entsorgung – das Ziel »weniger Abfall« angestrebt, oder es fällt – bei bei geringen Kosten für die Entsorgung – mehr Abfall an.

Eine Lösung dieses Dilemmas muß jedoch gefunden werden, da das Ökosystem nur begrenzt belastbar ist, was insbesondere für ein dicht besiedeltes Land wie die Bundesrepublik Deutschland gilt. Wie alle anderen Güter auch, sind nämlich auch die Umweltressourcen erschöpflich. Gleiches gilt für Rohstoffe, obgleich in diesem Bereich zu erwarten ist, daß eine effektive Steuerung im Hinblick auf die Verknappung über den Preis erfolgt. Weil die Rohstoffförderung mit wirtschaftlichen Kosten verbunden ist, besteht ein gewisser Anreiz, mit ihnen nicht allzu verschwenderisch umzugehen. Auch ist zu erwarten, daß im Zuge einer Verknappung von Rohstoffen deren Marktpreis steigt, und folglich eine Rückgewinnung aus Abfällen wirtschaftlich attraktiv werden kann.[3] In manchen Bereichen wie bspw. Glas, Papier und Metall ist das schon länger der Fall. Obgleich somit die Schonung der Rohstoffressourcen auch über Marktkräfte erfolgt, kommt es jedoch bezüglich vieler Rohstoffe aufgrund der gegebenen Weltmarktpreise noch auf absehbare Zeit zu nur geringen Einsparungsanreizen. Ferner berücksichtigt der Preis die ökologischen Kosten der Rohstoffförderung allenfalls nur ansatzweise.

Insbesondere zur Vermeidung der ökologischen Kosten der Rohstoffförderung wäre es daher wünschenswert, wenn Rohstoffe weitestgehend wiederverwertet, und dadurch in einem Kreislauf geführt würden. Die Schonung der Rohstoffressourcen ist dabei ein zusätzlicher Bonus. Dieser Gedanke war schon im AbfG[4] angelegt und wurde im KrW-/AbfG[5] nun auch dem Namen nach im Sinne einer Kreislaufwirtschaft ausgeweitet.

Im Rahmen eines marktwirtschaftlichen Ansatzes ist der gedankliche Ansatzpunkt dabei, die nötige Internalisierung externer Kosten in die betriebswirtschaftliche Kalkulation herbeizuführen. Denn wenn erreicht werden könnte, daß die Marktpreise möglichst genau auch die externen Kosten der Allgemeinheit – hier also insbesondere die Kosten der Umweltnutzung – enthalten, so würde über die Marktkräfte ein Anreiz gegeben, die externen Kosten ebenso wie die internen Kosten zu minimieren. Damit würde insbesondere die

---

3. Dazu BENZLER et al. Wettbewerbskonformität, S. 27.
4. Abfallgesetz vom 27. 8. 1986, BGBl. I, S 1410.
5. Kreislaufwirtschafts- und Abfallgesetz vom 27. 9. 1994 BGBl. S. 2705.

bisher kostenlose Umweltnutzung zu einem betriebswirtschaftlichen Kostenfaktor gemacht, der minimiert werden müßte. Dabei bedeutet »minimiert« nicht, daß die Umweltnutzung auf das absolut geringste denkbare oder machbare Maß gesenkt würde, da die Reduzierung externer Kosten interne Kosten verursacht, die ebenso minimal gehalten werden sollen. Gemeint ist also eine Optimierung der Kosten, die zu dem wirtschaftlich gesehen unvermeidlichen Minimum an (internalisierten) externen Kosten führt.[6]

Diese Minimierungsbemühungen könnten dann zu einer Eingliederung bzw. Zusammenführung von Ökosystem und Wirtschaftssystem führen, da nun ein Grund für einen Wettbewerb um *mehr* Umweltschutz gegeben wäre. Die gleichberechtigte Berücksichtigung ökologischer Belange im Rahmen wirtschaftlicher Entscheidungen, also die Vermarkt(wirtschaftlich)ung von Umweltnutzung könnte helfen, den Widerspruch zwischen Ökologie und Ökonomie aufzulösen.

Der sich aus der Vermarkt(wirtschaftlich)ung ergebende Markt für Umweltnutzung würde die Selbststeuerungskräfte der Märkte nutzen und könnte damit Ergebnisse im Umweltschutz erzielen, die durch staatliche direkte Steuerung wegen der Komplexität der Sachverhalte und unzureichender Information sowie Kontrolle unmöglich wären. Die Aufgabe des Staates könnte sich auf die Schaffung des entsprechenden rechtlichen Rahmens beschränken.

Im Abfallrecht soll insbesondere der Gedanke der abfallrechtlichen Produktverantwortung die gewünschte Internalisierung externer Kosten und damit den erhofften Wettbewerb um mehr Umweltschutz herbeiführen. Danach soll sich die Verantwortung der Produzenten für ihre Produkte auch auf deren Entsorgung erstrecken. Der Idee nach soll der Produzent am Ende des Lebenszyklusses seines Produkts mit dessen Entsorgung konfrontiert werden. Dies hätte eine Rückkopplung zur Folge, die den Produzent dazu animieren soll, die umweltgerechte Beseitigung seiner Produkte schon bei deren Konzeption einzubeziehen und somit »vom Abfall her«[7] zu denken.

Wie im weiteren noch auszuführen sein wird, haben die bisherigen Umsetzungsbemühungen dieses Ziel bisher jedoch nur ansatzweise erreicht, da es insbesondere im Verpackungsbereich bisher zu einer Vielzahl wettbewerblicher Probleme gekommen ist, die dem marktwirtschaftlichen Ansatz widersprechen.

---

6. GAWEL Produktverantwortung, 143, (S. 151 f.).
7. BECKMANN UTR Bd. 30, 91, (104 u. 112), RUTKOWSKY/TEGNER ZAU 1996, 507, (507).

A Fragestellung

Ziel der Arbeit ist eine Untersuchung der wettbewerbsrechtlichen Probleme der abfallrechtlichen Produktverantwortung in der bisherigen Ausgestaltung. Im Zentrum steht dabei die VerpackVO[1] und insbesondere die Umsetzung durch das System der DSD-AG[2]. Obwohl es seit seiner Errichtung vielfältiger Kritik ausgesetzt ist und besonders im Hinblick auf seine Monopolstellung wettbewerbsrechtlich kontrovers diskutiert wird, ist dieses System nämlich mittlerweile zu einem festen Bestandteil der Entsorgungslandschaft geworden.[3] Außerdem wird die VerpackVO als Vorlage für weitere Regelungen der abfallrechtlichen Produktverantwortung herangezogen, so daß sich eine Beschäftigung mit der Produktverantwortung stark mit der VerpackVO auseinandersetzen muß.

Die Frage, inwieweit die im Verpackungsbereich festzustellenden Wettbewerbsbeschränkungen der gesetzlichen Regelung der Produktverantwortung einerseits oder der privatwirtschaftlichen Umsetzung andererseits zuzuschreiben ist, bildet den Kern der Arbeit. Dabei konzentriert sich die Darstellung auf die Zulässigkeit des DSD-Systems nach nationalem Kartellrecht. Das europäische Kartellrecht wird zwar ebenfalls dargestellt, aber nicht weiter vertieft, da sich in diesem Bereich in den letzten Jahren kaum Veränderungen ergeben haben, und in der Literatur eine hinreichende und noch weitestgehend aktuelle Aufarbeitung vorliegt.[4] Die Ausführungen gehen in diesem Bereich daher nur so weit, wie dies in Anbetracht der Ergebnisse der nationalen Prüfung und neuerer Entwicklungen erforderlich ist.

Wegen der ergangenen Kommissionsentscheidung zu den Zeichennutzungsverträgen des DSD-Systems, erscheint es für eine vollständige Darstellung des DSD-Systems nach EG-Recht sinnvoll, insoweit

---

1. VerpackVO 1991 BGBl. I 1991, 1234; VerpackVO 1998 BGBl I 1998, 2379.
2. »Der Grüne Punkt – Duales System Deutschland Gesellschaft für Abfallvermeidung und Sekundärrohstoffgewinnung Aktiengesellschaft«. Die Abkürzung »DSD« ist firmenmäßig von der DSD Dilinger Stahlbau GmbH geschützt (vgl. FLANDERKA VerpackVO, S. 115). Dennoch ist allgemein und auch in der juristischen Literatur die Abkürzung »DSD« üblich. Sie soll daher unter Zusatz der Gesellschaftsform (AG bzw. GmbH) auch hier verwendet werden.
3. BARTLING WuW 1995, 183, (183).
4. Siehe dazu VELTE Duale Abfallentsorgung und Kartellverbot, S. 260 ff.

auch auf Art. 82 EG einzugehen. Auf andere Fragestellungen wird nur insoweit eingegangen, wie sie für das Verständnis hilfreich sind.

B Gang der Darstellung

Zunächst wird die Entwicklung zum Gedanken der Produktverantwortung und deren rechtliche Umsetzung in den §§ 22 ff. KrW-/AbfG und anhand der VerpackVO dargestellt. Anschließend werden die Organisation der DSD-AG mit den maßgeblichen rechtlichen Rahmenbedingungen geschildert. Die Ausführungen beschränken sich dabei auf die für die weitere Prüfung und das Gesamtverständnis erforderlichen Aspekte.

Auf dieser Grundlage kann dann auf die kartellrechtlichen Probleme genauer eingegangen werden. Letzteres erfolgt zunächst in nationaler und anschließend in europarechtlicher Hinsicht. Schwerpunkt der Darstellungen ist zum einen die Frage der Übertragbarkeit des bisherigen Meinungsstandes in die Prüfung des neuen Kartellrechtstatbestandes und zum anderen, inwieweit realistische Handlungsalternativen gegenüber dem Dualen System vorhanden waren bzw. sind. Als Vergleichsmaßstab für die Vermeidbarkeit von Wettbewerbsproblemen und für alternative Lösungen im Verpackungsbereich wird im Anschluß das in Großbritannien praktizierte Konzept in Grundzügen geschildert. Die Darstellung der dortigen Lösung erfolgt dabei besonders im Hinblick auf ihre wettbewerbsrechtlichen Auswirkungen.

Die abschließende Zusammenfassung sucht aus den gewonnenen Erkenntnissen die wesentlichen Gründe für die Probleme des Wettbewerbs herauszustellen und diese dem vorangegangenen Ausblick zu den gegenwärtigen Entwicklungen gegenüberzustellen. Außerdem werden mögliche Ansätze für die Auflösung oder doch zumindest für die Verbesserung des Spannungsverhältnisses abfallrechtlicher Produktverantwortung und Wettbewerb diskutiert.

§ 3 DIE ABFALLRECHTLICHE PRODUKTVERANTWORTUNG

A   Abgrenzung zu anderen Formen der Produktverantwortung

Die Idee der Produktverantwortung ist nicht neu.[1] Die abfallrechtliche Produktverantwortung muß daher gegenüber anderen Formen der Produktverantwortung abgegrenzt werden. Als weitere Form sei hier die zivilrechtliche Produktverantwortung[2] bspw. aus § 823 BGB und dem ProdHaftG, die bei Schäden durch ein Produkt einen Schadenersatzanspruch gewähren, sowie aus §§ 1, 2 UmwHaftG und § 3 GSG[3] genannt.[4] Ferner gibt es auch eine strafrechtliche Verantwortung für ein Produkt[5], die jedoch zum Teil in allgemeinen Strafrechtstatbeständen enthalten ist (bspw. fahrlässige Tötung bzw. fahrlässige Körperverletzung § 222 StGB bzw. § 230 StGB).

Rechtliche Abgrenzungsschwierigkeiten ergeben sich für die hier interessierenden Fragen jedoch keine. Wenn im folgenden von Produktverantwortung die Rede ist, bezieht sich dies immer nur auf die abfallrechtliche Produktverantwortung[6].

B   Historische Entwicklung

Den Hintergrund der Entwicklung hin zum Gedanken der Produktverantwortung stellte die Entwicklung des Abfallaufkommens und der Entsorgungssituation seit 1948 dar. Während das Abfallaufkommen 1948 ca. 20 Mio t[7] betrug, verdoppelte es sich bis 1962 und umfaßte ein Volumen von 40 Mio. Kubikmeter[8]. Im Jahre 1987 war es auf 237 Mio. t und 1990 auf 374,002 Mio. t[9] angewachsen. Da-

---

1.   MÜLLER Produktverantwortung und ihre Durchsetzung, S. 52.
2.   Dazu STRECK Abfallrechtliche Produktverantwortung, S. 55 ff.
3.   Gesetz über technische Arbeitsmittel (Gerätesicherheitsgesetz) v. 11.5.2001 BGBl. I S. 866.
4.   MÜLLER Produktverantwortung und ihre Durchsetzung, S. 52, BAUERNFEIND Rücknahme- und Rückgabepflichten, S. 127.
5.   Dazu STRECK Abfallrechtliche Produktverantwortung, S. 51 ff.
6.   Ausführlich zur Produktverantwortung THOMSEN Produktverantwortung.
7.   Siehe VELTE Duale Abfallentsorgung und Kartellverbot, S. 39.
8.   VELTE Duale Abfallentsorgung und Kartellverbot, S. 39.
9.   STATISTISCHES BUNDESAMT Statistisches Jahrbuch 1996 für die Bundesrepublik Deutschland, S. 688; BMU Umwelt 1996, 120.

von entfielen auf Siedlungsabfall, seit 1977 schwankend, aber leicht ansteigend, etwa 30 Mio. t.[10]

Die Entsorgung erfolgte noch bis zum Erlaß des Abfallbeseitigungsgesetzes vom 10. Juni 1972[11] zu 97 % auf »wilden« Ablagerungen und Deponien. In der »Wegwerfgesellschaft« der Nachkriegszeit fand eine Verwertung von Abfällen so gut wie nicht statt.[12] Dies änderte sich auch nicht durch das Abfallbeseitigungsgesetz[13], das eine staatliche Kontrolle das Deponiewesens[14] und eine umfassende Regelung des bisher zersplitterten Abfallrechts[15] brachte. Die hygienischen und ökologischen Gefahren des ungeordneten Deponiewesens waren zwar erkannt worden. So sah das Abfallbeseitigungsgesetz vor, daß eine Behandlung, Lagerung und Ablagerung von Abfällen nur noch in genehmigten Anlagen erlaubt war.[16] Die Abfallbeseitigung wurde jedoch weiterhin als einzige Entsorgungsalternative verstanden. Auch verblieb die Entsorgungsverantwortung als hoheitliche Aufgabe bei den Gebietskörperschaften. Ein privater Entsorgungsmarkt konnte sich – abgesehen von der Beauftragung durch die Gebietskörperschaften – kaum entwickeln. Das Gleiche galt für Marktwirtschaftliche Verwertungsstrukturen.[17]

Wegen der weiterhin primären Entsorgungsart der Deponierung von Abfällen – je nach Quelle 73 % – 89 % für die alten Bundesländer[18] – wurde der trotz Ausweitung der Deponiekapazitäten verfügbare Restraum an öffentlichem Deponieraum immer knapper.[19] So wurden im Rahmen der öffentlichen Abfallentsorgung 1990

10. EMSLANDER duales Entsorgungssystem, S. 8, SRU Sondergutachten Abfallwirtschaft 1990, S. 155; Der Hausmüll incl. Sperrmüll und hausmüllähnlichen Gewerbeabfällen hatte am gesamten Abfallaufkommen 1987 fast unverändert etwa einen Gewichtsanteil von 10 % (SRU Sondergutachten Abfallwirtschaft 1990, S. 150 Tz. 544).
11. BGBl. I, S. 873.
12. TETTINGER/ASBECK-SCHRÖDER/MANN Vorrang der Abfallverwertung : eine Analyse des Bundesabfallgesetzes, S 4.
13. BGBl. I, S. 873.
14. VELTE Duale Abfallentsorgung und Kartellverbot, S. 41.
15. TETTINGER/ASBECK-SCHRÖDER/MANN Vorrang der Abfallverwertung : eine Analyse des Bundesabfallgesetzes, S 4, KLOWAIT Beteiligung Privater, S. 22.
16. VELTE Duale Abfallentsorgung und Kartellverbot, S. 41, 73.
17. VELTE Duale Abfallentsorgung und Kartellverbot, S. 73.
18. SRU Sondergutachten Abfallwirtschaft 1990, S. 154 Tz. 554 nennt 70,1 % Deponierung in 1987 für Hausmüll. Siehe auch VELTE Duale Abfallentsorgung und Kartellverbot, S. 41.
19. FINCKH Regulierte Selbstregulierung, S. 49, BÜNEMANN/MENKE-GLÜCKERT/RACHUT Kreislauf, S. 115.

30 Mio. t Hausmüll bzw. hausmüllähnlicher Gewerbeabfall entsorgt. Davon entfielen 10 Mio. Tonnen auf Verpackungen,[20] die einen Volumenanteil von 50 %[21] und einen Gewichtsanteil von 35 %[22] hatten. Zwar stieg die Verwertungsquote bis 1990 auf 25 %,[23] angesichts der Steigerung des Gesamtabfallaufkommens wurde jedoch trotzdem damit gerechnet, daß spätestens bis Mitte der neunziger Jahre der Entsorgungsnotstand eintreten würde, wenn nicht eine grundlegende Änderung in der Abfallpolitik erfolgte.[24] So gingen Prognosen davon aus, daß im Jahr 1998 etwa 50 % der Deponiekapazitäten aufgebraucht seien.[25]

Das Abfallbeseitigungsgesetz wurde daher mit dem Abfallgesetz v. 27.8.1986[26] weiterentwickelt. Es führte die Verwertung von Abfällen (stofflich oder thermisch) als Entsorgungsart ein und regelte damit erstmals die Möglichkeit einer Kreislaufwirtschaft. Auch räumte es der Abfallvermeidung und -verwertung Vorrang vor der sonstigen Entsorgung ein und statuierte das Vermeidungsgebot (§ 1a AbfG).[27] Es stellte daher einen Versuch der grundlegenden Neuregulierung der Abfallwirtschaft dar.[28] Neu war dabei insbesondere auch die Regelung des § 14 AbfG, dem herausragende Bedeutung zukam, weil er die Rechtsgrundlage für den Erlaß von Rechtsverordnungen der Bundesregierung, wie der VerpackVO 1991 darstellte.

Ab 1990 erfolgte daher ein Umdenken von der Abfallbeseitigung hin zur ökologischen Kreislaufwirtschaft. Die Steigerung der Verwer-

---

20. Prof. Dr. KLAUS TÖPFER in: RUMMLER/SCHUTT VerpackVO, S. 5.
21. SRU Sondergutachten Abfallwirtschaft 1990, S. 244 Nr. 840, MONOPOLKOMMISSION 10. Hauptgutachten 1992/93, BT-Drs. 12/8323, Tz. 32, BARTLING WuW 1995, 183, (191).
22. (1/6 des volkswirtschaftlichen Gesamtaufkommens) BARTLING WuW 1995, 183, (191).
23. STATISTISCHES BUNDESAMT Statistisches Jahrbuch 1996 für die Bundesrepublik Deutschland, S. 689.
24. PRÜFER ökologische Alternativen, S. 27, VELTE Duale Abfallentsorgung und Kartellverbot, S. 42, VON WINTERFELD Rahmenbedingungen der VerpackVO, 195, (S. 195).
25. VON WINTERFELD Rahmenbedingungen der VerpackVO, 195, (S. 195); Nach SCHIER ZLR 1993, 431, (433) befürchtete die Bundesregierung in vielen Fällen sogar eine Erschöpfung der Kapazitäten in zwei bis fünf Jahren. Die Befürchtung des Entsorgungsnotstands stellte sich jedoch im Nachhinein als Irrtum heraus (EWERS Diskussionsbeitrag in PETER MARBURGER ET. AL (HRSG.) UTR Bd. 38, Podiumsdiskussion S. 176).
26. BGBl. I, S 1410.
27. VELTE Duale Abfallentsorgung und Kartellverbot, S. 73; siehe auch BÜNEMANN/MENKE-GLÜCKERT/RACHUT Kreislauf, S. 115.
28. PRÜFER ökologische Alternativen, S. 27.

tungsquoten und ein starker Rückgang der Abfallmengen im öffentlich-rechtlichen Bereich führte nun jedoch zu Überkapazitäten im
Deponiebereich,[29] so daß sich der sog. Müllnotstand mittlerweile in
sein Gegenteil verkehrt hat und schon von einem »Kampf um den
Müll« gesprochen werden kann.[30]

C Idee und intendierte Wirkungsweise

Um den befürchteten Entsorgungsnotstand abzuwenden, und um die
als zu hoch erkannte Umweltbelastung zu reduzieren, fand eine Abkehr von der Entsorgung von Abfall hin zu Vermeidung und Verwertung von Abfall statt.

Die Verwertung, und um so mehr auch die Vermeidung, waren
jedoch nicht vom Staat alleine umzusetzen. Dieser besaß weder das
nötige Know-How, noch verfügte er über die für eine effektive und kostendeckende Verwertung erforderlichen Informationen über die Ma-
terialzusammensetzung des Abfalls. Es war deshalb klar, daß das Ziel
der Vermeidung und Verwertung nicht ohne die Einbindung der Wirtschaft umzusetzen war.[31] So verfügen die Hersteller der Produkte,
die sich später im Abfall wiederfinden, über die für eine Verwertung
notwendigen Informationen und sind außerdem in der Lage, ihre Produkte verwertungsfreundlicher zu gestalten.[32] Auch können sie durch
ressourcenschonendere Produktion, langlebige und reparaturfreund-
liche Auslegung, möglichst hochwertig recyclebare Gestaltung usw.
dazu beitragen, das Abfallaufkommen zu verringern.

Grundgedanke der Produktverantwortung ist also, daß Vermeidung und Verwertung nicht erst am Ende des Wirtschaftskreislaufs
(»end of pipe«) ansetzen, sondern schon bei der Konzeption der Produkte einfließen sollen.[33]

Um die Hersteller dazu zu bringen, entsprechend zu handeln, ist jedoch die Einbeziehung des Faktors Umwelt in den Produktionsprozeß
Voraussetzung, die allerdings fast immer mit höheren betriebswirt-

---

29. WEIDEMANN NJW 1996, 2757, (2758).
30. BONBERG/KIEFER UPR 2001, 381, (381); auch WEIDEMANN NVwZ
    2000, 1131, (1131), PETERSEN NVwZ 1998, 1113, (1113).
31. MÜLLER Produktverantwortung und ihre Durchsetzung, S. 128, GAWEL
    Produktverantwortung, 143, (S. 155).
32. KIETHE/SPROLL ZIP 1994, 275, (275); auf VerpackVO bezogen vgl.
    FINCKH Regulierte Selbstregulierung, S. 75.
33. Siehe dazu auch BAUERNFEIND Rücknahme- und Rückgabepflichten,
    S. 102, GAWEL ZAU Sonderheft 10/1999, 188, (194).

schaftlichen Kosten verbunden ist.[34] Ein im Wettbewerb mit Konkurrenten stehendes Unternehmen wird diese Kosten nur dann auf sich nehmen, wenn es entweder wie seine Konkurrenten ordnungsrechtlich dazu gezwungen ist oder sich davon insgesamt, oder in anderer Hinsicht, einen Wettbewerbsvorteil verspricht.[35]

Im bisherigen Wirtschaftssystem ist es allerdings fast immer so, daß die sich aus der wirtschaftlichen Tätigkeit ergebenden Umweltbelastungen nicht durch den Markt gelöst werden[36]. Stattdessen verhält es sich gerade umgekehrt. Durch die Nutzung des Gemeinschaftsgutes Umwelt entstehen für die Volkswirtschaft in ihrer Gesamtheit Kosten. Für den, der die Umweltressourcen in Anspruch nimmt, schlagen sich diese jedoch nicht in entsprechenden betriebswirtschaftlichen Kosten nieder.[37] Daher bestehen für die Unternehmen ohne staatliches Tätigwerden im allgemeinen – außer u. U. wegen Image- oder Marketingüberlegungen – kaum Anreize, den Faktor Umwelt zu schonen. Im Gegenteil: Wenn sich durch stärkere Inanspruchnahme des kostenlos nutzbaren Gutes Umwelt eine betriebswirtschaftliche Kostenreduzierung erreichen läßt, stellt dies ein Wettbewerbsvorteil dar. Die fehlende Internalisierung volkswirtschaftlicher externer Kosten führt folglich dazu, daß der Marktpreis für Umweltgüter trotz ihres hohen Wertes häufig gleich oder nahe Null ist.[38] Aufgrund des gegenüber dem wirklichen Wert zu niedrigen Marktpreises ist es wenig verwunderlich, daß es zu einer Fehlallokation und Übernutzung der Umwelt kommt.[39] Dabei findet eher ein Wettbewerb um umwelt-

---

34. HECHT/WERBECK ZfU 1995, 49, (50), BARTLING WuW 1995, 183, (191), GAWEL Produktverantwortung, 143, (S. 156); vgl. FINCKH Regulierte Selbstregulierung, S. 126.
35. Bspw. wenn es die Konsumenten fordern und bei fehlender Umweltorientierung zu andere Herstellern abwandern (COSTA/FRANKE Handelsunternehmen im Spannungsfeld, S. 13 f.).
36. Vgl. MÜLLER Produktverantwortung und ihre Durchsetzung, S. 126.
37. BONUS UTR Bd. 38, 11, (21), PASCHKE UTR Bd. 38, 35, (39). Für andere Wirtschaftsteilnehmer kann dies durchaus anders sein. Oft gewähltes Beispiel ist hier die Gewässerverschmutzung durch eine Papierfabrik, wodurch es zu betriebswirtschaftlichen Einbußen flußabwärtsgelegener Betriebe (Forellenzucht o. ä.) kommt, ohne daß Entschädigungsleistungen zu zahlen wären (vgl. dazu und zu externen Effekten ausführlich PRÜFER ökologische Alternativen, S. 9 ff.). Auch im Rahmen einer »normalen« Entsorgung entstehen externe Kosten (bspw. Luftbelastung bei Verbrennung), die nicht in den Entsorgungskosten enthalten sind (COSTA/FRANKE Handelsunternehmen im Spannungsfeld, S. 17).
38. BONUS UTR Bd. 38, 11, (14).
39. BONUS UTR Bd. 38, 11, (15); ähnlich auch PASCHKE UTR Bd. 38, 35, (39).

schädlicheres Verhalten, als um umweltschonendes Verhalten statt,[40] weil im Ergebnis eine systematische Subventionierung von Umweltnutzung erfolgt.[41]

Eine dirigistische Lösung dieser Fehlallokation mittels ordnungsrechtlicher Ge- und Verbote führt jedoch leicht zu kontraproduktiven Ergebnissen und ist außerdem schwerfällig[42]. Nicht nur, daß sie sehr detaillierter und komplexer Regelungen bedarf[43] und einen immensen Verwaltungs- und Kontrollaufwand erfordert; sie vermag auch nicht, die Innovationsbereitschaft der Unternehmen im Hinblick auf besseren Umweltschutz zu steigern. Es besteht im Gegenteil die Gefahr, daß die Innovationskraft auf die Entwicklung von Umgehungsmöglichkeiten und auf bestmögliche Ausnutzung der verbliebenen Freiräume verwendet wird, statt darauf, das Ziel möglichst weitgehenden Umweltschonung zu erreichen.

Eine Lösung, die sich den Wettbewerb zunutze macht, kann hingegen eher erreichen, was ein dirigistischer Ansatz nicht erreichen kann.[44] Das der Marktwirtschaft zugrundeliegende Organisationsprinzip der Rückkopplung unzähliger, simultaner und spontaner Entscheidungen, die jeweils vielfältige Parameter berücksichtigen, ließe sich unmöglich durch einen zentralen Plan ersetzen. Ähnlich einem natürlichen Ökosystem muß die Kapazität zur dezentralen, selbständigen Regelung auch im Rahmen der vergleichbar komplexen heutigen Volkswirtschaften genutzt werden, wenn Ökologie und Ökonomie in Einklang gebracht werden sollen, und ein Scheitern nicht vorprogrammiert sein soll.[45] Der Idee nach sollte es bei entsprechender Ausgestaltung möglich sein, eine weitgehende Konvergenz zwischen den Interessen der Allgemeinheit und denen der Unternehmen zu erreichen.[46]

Dabei wird von der liberalen Vorstellung ausgegangen, daß das Individuum sein Handeln zumindest in nicht unerheblichem Maße von Eigeninteressen leiten läßt[47]. Die »unsichtbare Hand« des Marktes

40. KLOEPFER JZ 1980, 781, (781); zustimmend PASCHKE UTR Bd. 38, 35, (39).
41. BONUS UTR Bd. 38, 11, (16).
42. DI FABIO NVwZ 1995, 1, (1), BARTLING WuW 1995, 183, (192).
43. KOCH NVwZ 1996, 215, (218), zustimmend FINCKH Regulierte Selbstregulierung, S. 91, der die selbst bereits recht komplexe VerpackVO als »Vereinfachung des materiellen Umweltrechts« ansieht.
44. BARTLING WuW 1995, 183, (195).
45. BONUS UTR Bd. 38, 11, (20).
46. BARTLING WuW 1995, 183, (192 ff.), BONUS UTR Bd. 38, 11, (15 u. 20).
47. BARTLING WuW 1995, 183, (195).

sorgt dabei dafür, daß durch das Gewinnstreben des Einzelnen die knappen Ressourcen effizient eingesetzt werden und dadurch indirekt auch eine Maximierung des gesellschaftlichen Nutzens eintritt.[48] Voraussetzung für das Funktionieren dieses Ansatzes ist jedoch, daß ein funktionierender transparenter Markt besteht,[49] in dem die Akteure die vollständigen Kosten für ihr Handeln tragen.[50]

Um die »unsichtbare Hand« des Marktes in den Dienst des Umweltschutzes zu stellen, muß das im Allgemeininteresse liegende Verhalten einer weitgehenden Schonung von Umweltressourcen zu Wettbewerbsvorteilen, also insbesondere zu betriebswirtschaftlichen Kostenvorteilen, führen.[51] Dies allein würde schon zu einer gewissen Internalisierung von externen Kosten führen und hätte damit zumindest schon zur Folge, daß Unternehmen ein umweltfreundlicheres Verhalten in ihre Überlegungen überhaupt mit einbeziehen. Inwieweit dieses Einbeziehen jedoch auch zu einer Entlastung der Umwelt führt, hängt davon ab, wie groß der zu erwartende Wettbewerbsvorteil des umweltfreundlichen Verhaltens ist, und ob nach Berücksichtigung der damit verbundenen betriebswirtschaftlichen Kosten[52] insgesamt ein Kostenvorteil und damit ein Wettbewerbsvorteil verbleibt.

Umgekehrt müßte ein umweltschädliches Verhalten die damit verbundenen externen Kosten der Allgemeinheit in die Produktionskosten internalisieren,[53] und somit zu entsprechenden Wettbewerbsnachteilen führen.

Sofern die externen Umweltkosten vollständig internalisiert würden und damit die Umweltnutzung ihren wirklichen Kosten entsprechend als Produktionsfaktor kalkuliert würde, wäre zu erwarten, daß sich im Wege der Selbststeuerung des Marktes eine in ökonomischer wie ökologischer Hinsicht optimale Lösung herausbildet.[54] Damit wird allerdings meist keine Maximallösung in der einen oder anderen Hinsicht erreicht werden. Das Optimum wird vielmehr eine

48. FINCKH Regulierte Selbstregulierung, S. 122, BARTLING WuW 1995, 183, (192 ff.).
49. Also keine Vermachtung über Kartelle u. ä., da sie als marktwidrig einzustufen sind.
50. KIRCHGÄSSNER JZ 1990, 1042, (1043).
51. BECKMANN UTR Bd. 30, 91, (118).
52. SCHULZ DB 1996, 77, (78).
53. BARTLING WuW 1995, 183, (193 ff.); die Internalisierung der Entsorgungskosten war nach RUMMLER Neue Anforderungen der VerpackVO, 9, (S. 10) Ziel der VerpackVO.
54. GAWEL Produktverantwortung, 143, (S. 151 f.).

unter Abwägung der widerstreitenden Interessen und beide Aspekte berücksichtigende Lösung sein, in der die Marktpreise die ökologische Wahrheit sagen.[55] Wenn dies erreicht würde, wäre der bisherige Widerspruch zwischen Ökologie und Ökonomie aufgelöst. Mit dem umweltrechtlichen Verursacherprinzip wird versucht, diesem Ideal näher zu kommen. Im Abfallbereich muß dabei eine verursachergerechte Kostenanlastung aller – also auch nicht monetärer – Kosten für den gesamten Lebensweg des Produkts erfolgen, damit durch die Internalisierung solcher externer Kosten ein Anreiz zum Umweltschutz[56] und zur Abfallvermeidung gesetzt wird.[57]

D Implementierung in den §§ 22 ff. KrW-/AbfG

Die Produktverantwortung ist in den §§ 22 ff. KrW-/AbfG, einem Kernstück des KrW-/AbfG[58], geregelt.[59] § 22 KrW-/AbfG enthält die Grundsätze für Hersteller und Produzenten und soll dem Verursacherprinzip Rechnung tragen.[60] Danach erstreckt sich die Verantwortung desjenigen, der ein Produkt in den Wirtschaftskreislauf entläßt, auch darauf, daß dieses oder die enthaltenen Stoffe verwertet oder gemeinwohlverträglich beseitigt werden.[61] Den §§ 22 ff. KrW-/AbfG liegt das abfallpolitische Ziel zugrunde, die Möglichkeiten der Vermeidung von Abfällen und die stoffliche bzw. energetische Verwertung weitestgehend auszuschöpfen.[62] Dazu soll die Wirtschaft sowohl die Produktionsprozesse bei der Herstellung der Produkte, als auch die produzierten Konsum- bzw. Investitionsgüter in Zukunft so ausgestaltet, daß nach Möglichkeit kein zu beseitigender Abfall anfällt.[63]

---

55. BONUS UTR Bd. 38, 11, (22).
56. BONUS UTR Bd. 38, 11, (12).
57. COSTA/FRANKE Handelsunternehmen im Spannungsfeld, S. 17, GAWEL Produktverantwortung, 143, (S. 155).
58. BÜNEMANN/MENKE-GLÜCKERT/RACHUT Kreislauf, S. 115, STRECK Abfallrechtliche Produktverantwortung, S. 49.
59. Eine eingehende Darstellung zu den §§ 22 ff. KrW-/AbfG findet sich in THOMSEN Produktverantwortung, S. 49–79, STRECK Abfallrechtliche Produktverantwortung, S. 67.
60. QUEITSCH KrW-/AbfG, S. 66 Rn. 124 ff., THOMSEN Produktverantwortung, S. 224 ff..
61. PETERSEN/RID NJW 1995, 7, (10).
62. QUEITSCH KrW-/AbfG, Rn. 124.
63. BÜNEMANN/MENKE-GLÜCKERT/RACHUT Kreislauf, S. 116, VERSTEYL/WENDENBURG NVwZ 1994, 833, (839), QUEITSCH KrW-/AbfG, Rn. 124.

Die §§ 23, 24 KrW-/AbfG enthalten jeweils Verordnungsermächtigungen zur Erreichung dieser Ziele.[64] So nennt § 23 KrW-/AbfG eine Reihe von Verboten und Beschränkungen für die Produktgestaltung sowie Kennzeichnungspflichten, die per Rechtsverordnung geregelt werden können.[65] Von besonderer Bedeutung sind die in § 24 KrW-/AbfG enthaltenen Verordnungsermächtigungen für die Statuierung von Rückgabe- und Rücknahmepflichten[66], sowie die Zuweisung der dafür und für die anschließende Verwertung anfallenden Kosten. Dabei wird in den Rücknahmepflichten ein für die Bewirkung einer kreislaufgerechten Produktion wesentlicher Aspekt gesehen, da sich die Produzenten darauf einstellen müssen, daß ihre Produkte eines Tages mit ihren Entsorgungsproblemen zu ihnen zurückkommen werden. Dies stelle eine sich organisch in die Marktwirtschaft einfügende Möglichkeit dar, das Verursacherprinzip umzusetzen. Schon hier sei jedoch darauf hingewiesen, daß dieser Ansatz nur funktionieren kann, wenn eine herstellergenaue Zuordnung des Produkts am Ende seiner »Lebenszeit« möglich ist, und die Rückgabe für den Letztbesitzer ohne wesentlichen Aufwand und ohne Kosten möglich ist.[67]

Das prominenteste Beispiel einer Verordnung mit den §§ 22 ff KrW-/AbfG als Ermächtigungsgrundlagen ist die VerpackVO 1998, die mit dem Ziel einer Kreislaufwirtschaft im Verpackungsbereich erlassen wurde.[68]

Die Produktverantwortung der §§ 22 ff. KrW-/AbfG setzt in §§ 22 und 23 KrW-/AbfG bei den einzelnen Erzeugnissen an und statu-

---

64. Auch das AbfG von 1986 enthielt entsprechende Ermächtigungen. So war die VerpackVO 1991 noch auf Basis des § 14 AbfG erlassen worden. Eine diesbezügliche Übersicht der Regelungen zur Produktverantwortung in AbfG und KrW-/AbfG enthält BÜNEMANN/MENKE-GLÜCKERT/RACHUT Kreislauf, S. 119.
65. BÜNEMANN/MENKE-GLÜCKERT/RACHUT Kreislauf, S. 117.
66. In monografischer Breite dazu BAUERNFEIND Rücknahme- und Rückgabepflichten.
67. BIRN NVwZ 1992, 419, (423).
68. § 23 Nr. 6 KrW-/AbfG bspw. erlaubt die für Umverpackungen vorgesehene Verpflichtung zum Hinweis auf die gegebene Rückgabemöglichkeit (§ 5 II VerpackVO vgl. dazu § 4 A II. 1.) auf Seite 40).
   Ungewöhnlich ist die nach § 59 KrW-/AbfG vorgesehene Mitwirkung des Bundestages beim Erlaß der Rechtsverordnungrn, weil diese Mitwirkung nicht im Grundgesetz vorgesehen ist. HOFFMANN DVBl. 1996, 347, (350 f.) lehnt dieses Mitwirkungsrecht wegen der Durchbrechung der verfassungsrechtlichen Kompetenzordnung als problematisch ab. Es läßt sich jedoch auch argumentieren, daß eine Verordnungsermächtigung als Minus auch unter einem Mitbestimmungsvorbehalt eingeräumt werden kann.

iert damit eine abfallrechtliche Verantwortung des Herstellers für seine (eigenen) Produkte, also eine insoweit »enge« oder individuelle Produktverantwortung. Wegen der Ermächtigung zur Statuierung von Rücknahmeverpflichtungen ohne Beschränkung auf eigene Erzeugnisse in § 24 KrW-/AbfG sind die §§ 22 ff. KrW-/AbfG jedoch nicht auf eine solche »enge« Produktverantwortung beschränkt. Unter Beibehaltung der individuellen Anknüpfung treten kollektive Elemente hinzu und erweitern somit die individuellen abfallrechtlichen Verpflichtungen. Im folgenden ist der Begriff der »Produktverantwortung« daher in diesem Sinne einschließlich dieser Erweiterung zu verstehen. Daneben kann begrifflich auch eine nicht auf die selbst in Verkehr gebrachten Produkte bezogene kollektive Verantwortlichkeit als Produzent oder Vertreiber unterschieden werden, die lediglich an der Gruppenzugehörigkeit anknüpft und – anders als die §§ 22 ff. KrW-/AbfG – keine abfallrechtliche Verantwortlichkeit für das eigene Produkt umfaßt. Für diese Art der Verantwortlichkeit soll hier der Begriff der Produzentenverantwortung verwendet werden.

E   verbindliche Rechtswirkungen der §§ 22 ff. KrW-/AbfG

Den §§ 22 KrW-/AbfG konkrete unmittelbare abfallrechtliche Pflichten zu entnehmen, erscheint fraglich.[69] Zwar unterscheidet der Gesetzgeber zwischen dem Tragen und der Wahrnehmung von Produktverantwortung.[70] Auch nennt § 22 IV 1 KrW-/AbfG die »Verpflichteten« der Produktverantwortung,[71] wobei er sich auf § 22 I und II KrW-/AbfG bezieht. Den Verantwortlichen obliegt auch, für die ressourcenschonende Herstellung, Nutzung und Verwertung zu sorgen.[72] Konkret verpflichtende Anforderungen sind aber nicht geregelt.[73] Da keine Rechtsfolgen bei Nichtbefolgen normiert sind, ergeben sich zumindest auch keine gegebenenfalls erzwingbaren Verpflichtungen.[74]

---

69. Dazu STRECK Abfallrechtliche Produktverantwortung, S. 63; ausführlich zu dieser Frage BAUERNFEIND Rücknahme- und Rückgabepflichten, S. 112 ff.
70. HOFFMANN DVBl. 1996, 898, (900).
71. BAUERNFEIND Rücknahme- und Rückgabepflichten, S. 111.
72. MÜLLER Produktverantwortung und ihre Durchsetzung, S. 54.
73. COSTA/FRANKE Handelsunternehmen im Spannungsfeld, S. 29; auch nach HOFFMANN DVBl. 1996, 347, (348) ergibt sich eine konkrete Verpflichtung erst aus den zu erlassenden Verordnungen.
74. MÜLLER Produktverantwortung und ihre Durchsetzung, S. 54; auch BAUERNFEIND Rücknahme- und Rückgabepflichten, S. 137, v. KÖLLER KrW-/AbfG, S. 206, WEIDEMANN NVwZ 1995, 631, (634).

Im Ergebnis stellt die Regelung damit kaum mehr als eine »latente Grundpflicht mit Appellcharakter« dar.[75] Zur Konkretisierung dieser Grundpflicht[76] bedarf es einer Ausgestaltung durch Rechtsverordnung.[77] Auch die Formulierung von § 22 IV KrW-/AbfG, die klarstellt, daß erst durch zu erlassende Rechtsverordnungen bestimmt wird, »welche Verpflichteten die Produktverantwortung [...] zu erfüllen haben« (§ 22 IV 1 KrW-/AbfG) und »für welche Erzeugnisse und in welcher Art und Weise die Produktverantwortung wahrzunehmen ist« (§ 22 IV 2 KrW-/AbfG), ist ein Indiz für eine lediglich latente Grundpflicht.[78]

In jedem Fall aber ergibt sich, daß die Verantwortlichen in Eigeninitiative entsprechende Maßnahmen ergreifen können, um die durch den Gesetzgeber in §§ 22 ff. KrW-/AbfG zum Ausdruck gebrachten Anliegen umzusetzen. Obwohl sie das strenggenommen immer können, wird durch die formulierten Ziele doch die gewünschte Richtung vorgegeben und ein gewisser Druck ausgeübt. Durch diesen mit der Möglichkeit der Schaffung von durchsetzbaren Verpflichtungen im Wege von Rechtsverordnungen verbundenen Druck, werden also schon bereits gewisse Steuerungseffekte erzielt.[79]

Relevant wird der Streit, ob den §§ 22 ff. KrW-/AbfG unmittelbare Pflichten zu entnehmen sind, erst bei der Frage, inwieweit bei zu erlassenden Rechtsverordnungen im Rahmen der Rückwirkung ein schützenswertes Vertrauen besteht und zu beachten ist.[80] Sanktio-

---

75. Vgl. nur HOFFMANN DVBl. 1996, 898, (900), PETERSEN/RID NJW 1995, 7, (10), VERSTEYL/WENDENBURG NVwZ 1994, 833, (839), QUEITSCH KrW-/AbfG, Rn. 126; nach GAWEL Produktverantwortung, 143, (S. 152) enthält das KrW-/AbfG nur ein System »potentieller Instrumente«.
76. Eine Grundpflicht wird bspw. angenommen von: PETERSEN/RID NJW 1995, 7, (10), HOFFMANN DVBl. 1996, 898, (899 f.), SCHRADER NVwZ 1997, 943, (944), THOMSEN Produktverantwortung, S. 65; dagegen: BECKMANN UPR 1996, 41, (45), BECKMANN DVBl. 1995, 313, (315).
77. THOMSEN Produktverantwortung, S. 65, SCHRADER NVwZ 1997, 943, (944), MÜLLER Produktverantwortung und ihre Durchsetzung, S. 54; von einer auch ohne Verordnung bestehenden Rechtspflicht zur Produktverantwortung geht BAUERNFEIND aus. Rechtsverordnungen haben danach nur konkretisierende Wirkung (BAUERNFEIND Rücknahme- und Rückgabepflichten, S. 121). Diese seien jedoch nicht durchsetzbar (aaO. S. 137).
78. Siehe dazu: WEIDEMANN NVwZ 1995, 631, (634); BECKMANN UPR 1996, 41, (45).
79. MÜLLER Produktverantwortung und ihre Durchsetzung, S. 56, BERG/HÖSCH Die Produktverantwortung nach § 22 KrW-/AbfG, 83, (S. 89); krit. BECKMANN UPR 1996, 41, (43).
80. In Bezug auf Altprodukte geht BAUERNFEIND Rücknahme- und Rückgabepflichten, S. 137 (ausf. S. 227 ff.) davon aus, daß ein solches für nach In-

nierbare Pflichten entstehen aufgrund der §§ 22 ff. KrW-/AbfG für die Verantwortlichen in jedem Fall keine.[81]

Die Grundpflicht der Produktverantwortung wird außerdem in § 22 III KrW-/AbfG eingeschränkt, da »neben der Verhältnismäßigkeit der Anforderungen entsprechend § 5 Abs. 4, die sich aus anderen Rechtsvorschriften ergebenden Regelungen zur Produktverantwortung und zum Schutz der Umwelt sowie die Festlegungen des Gemeinschaftsrechts über den freien Warenverkehr zu berücksichtigen« sind (§ 22 III KrW-/AbfG). Diese Schranken hat auch der Verordnungsgeber beim Erlaß der konkretisierenden Rechtsverordnungen zu beachten.[82]

Kernproblem zukünftiger weiterer Verordnungen nach §§ 23, 24 KrW-/AbfG zur Realisierung der »Wahrnehmung« der Produktverantwortung mit dem Ziel der Abfallvermeidung, sowie für deren Umfang, ist immer die Frage der Kostentragung für Rücknahme, Beförderung, evtl. Sortierung und Verwertung der zu entsorgenden Produkte. Im Ergebnis wird dies letztenendes immer der Endverbraucher sein müssen.[83] Entweder werden die Kosten über den Verkaufspreis auf ihn umgelegt, oder er hat sie später separat als Abfallgebühr oder als Rücknahmegebühr zu zahlen.[84] Nur wenn die Hersteller sämtliche genannten Kosten, für die sie »im Wege der Wahrnehmung der Produktverantwortung« aufkommen müssen, umlegen, ergibt sich jedoch aufgrund des dann höheren Verkaufspreises für die Hersteller ein Anreiz, ihre Produkte unter abfallrechtlichen Gesichtspunkten zu optimieren.[85]

§ 4 UMSETZUNG DER ABFALLRECHTLICHEN
PRODUKTVERANTWORTUNG IN DER
VERPACKUNGSVERORDNUNG

Die Bundesregierung hat bisher auf Grundlage des KrW-/AbfG in einigen Produktbereichen Rechtsverordnungen erlassen. Bei den drei ersten handelt es sich um die Produkte Alt-Autos, Batterien und Ver-

krafttreten des KrW-/AbfG am 7. 10. 1996 vertriebene Produkte nicht mehr besteht.
81. MÜLLER Produktverantwortung und ihre Durchsetzung, S. 54.
82. Vgl. PETERSEN/RID NJW 1995, 7, (10), BECKMANN UPR 1996, 41, (47).
83. Nach PHILIPP DS auf dem Prüfstand, S. 11 f. wurde jedoch teilweise behauptet, der Handel würde Kosten nicht umlegen können.
84. Ebenso: BECKMANN UPR 1996, 41, (46).
85. QUEITSCH KrW-/AbfG, Rn. 128.

packungen, für die auch jeweils eine europäische Richtlinie existiert. Kern der folgenden Darstellungen wird jedoch nur die Verpackungsverordnung sein, obwohl gelegentlich Vergleiche auch zu den beiden anderen Verordnungen gezogen werden. Die folgenden Darstellung der VerpackVO dient als Überblick über deren wesentliche Regelungen. Auf wichtige Probleme wird zwar eingegangen, soweit möglich erfolgt jedoch eine Beschränkung auf für diese Arbeit relevante Aspekte.

A Regelungsinhalt

Die Verpackungsverordnung gilt weithin als Vorbild für die neue Abfallgesetzgebung und zur Umsetzung der Produktverantwortung auf Verordnungsebene. Die Verordnung über die Vermeidung von Verpackungsabfällen (VerpackVO 1991) wurde noch auf Basis des § 14 II 3 Nr. 2 und 3 AbfG am 12. Juni 1991 erlassen.[1] Sie hat seitdem mehrfache Änderungen erfahren. Die aktuelle Fassung der Bekanntmachung vom 21. August 1998[2] (VerpackVO) wurde zuletzt durch Verordnung vom 15. Mai 2002[3] geändert. Mit der Verpackungsverordnung begann die Bundesregierung im Bereich der Verpackungen die Privatisierung der Abfallwirtschaft[4] mit dem Ziel, die bisherige öffentliche Abfallbewirtschaftung in eine duale[5] Kreislaufwirtschaft umzugestalten.

Nach § 1 S. 1 VerpackVO ist deren Zweck, »die Auswirkungen von Abfällen aus Verpackungen auf die Umwelt zu vermeiden oder zu verringern«. Um diese abfallwirtschaftlichen Ziele zu erreichen, wird eine Prioritätenhierarchie – Vermeidung, Wiederverwendung, stoffliche Verwertung, sonstige Verwertung und schließlich Beseitigung – festgelegt.

Erreicht werden sollen diese Ziele durch die Einführung von Rücknahme- und Verwertungspflichten für Verpackungen. Dabei soll die Produktverantwortung dem Verursacherprinzip Ausdruck verleihen. Es liegt die Annahme zugrunde, daß Hersteller und Vertreiber mög-

---

1.   BGBl. I S. 1234.
2.   BGBl. I S. 2379; Der Neuerlaß setzt die RL 94/62/EG des Europäischen Parlaments und des Rates vom 20. Dezember 1994 über Verpackungen und Verpackungsabfälle (ABl. EG Nr. L 365 S. 10) um.
3.   BGBl. I S. 1572.
4.   KIETHE/SPROLL ZIP 1994, 275, (276).
5.   Nach BURCHARDI/SACKSOFSKY JUTR 1994 Bd. 27, 23, (25 f.) wurde die Idee zu einer »dualen« Abfallwirtschaft zuerst von GRAF LAMBSDORFF, Handelsblatt v. 4. 1. 1990, entwickelt.

lichst wenig bzw. wiederverwendbare oder möglichst leicht verwertbare Verpackungen einsetzen werden, wenn die in den Verkehr gebrachten Verpackungen an sie zurückfließen.[6]

Zunächst ist nach der VerpackVO zwischen Transport-, Um- und Verkaufsverpackungen zu trennen,[7] da sie in den §§ 4, 5 und 6 VerpackVO jeweils eigenen Regelungen unterworfen werden. Die Definitionen dieser Begriffe sind in § 3 I Nr. 2–4 VerpackVO enthalten und wurden, da die frühere unpräzise Differenzierung der VerpackVO 1991 zu Schwierigkeiten bei der Abgrenzung führte,[8] in der VerpackVO neu definiert.

Eine detaillierte Auseinandersetzung mit diesen Definitionen bedarf es hier jedoch nicht, da es für die Zwecke dieser Arbeit ausreicht die folgenden Begriffsbestimmungen zugrundezulegen: Danach dienen *Verkaufsverpackungen* (§ 3 I Nr. 2 VerpackVO) dem Endverbraucher zum Transport sowie dem Ver- bzw. Gebrauch der Ware. Zusätzliche Verpackungen um Verkaufsverpackungen sind *Umverpackungen* (§ 3 I Nr. 3 VerpackVO). Sie sollen u. a. die Selbstbedienung erleichtern, sichern die Ware vor Diebstahl oder werden für die Werbung genutzt. *Transportverpackungen* schließlich sind Verpackungen, die die Ware während des Transports vom Hersteller zum Vertreiber/Händler schützen sollen bzw. für die Transportsicherheit erforderlich sind (§ 3 I Nr. 4 VerpackVO).[9]

I. Verkaufsverpackungen

Für das Thema von besonderem Interesse sind die Regelungen der VerpackVO hinsichtlich der Verkaufsverpackungen, da sie in ihrer noch zu behandelnden Umsetzung besonders zu wettbewerblichen Problemen geführt haben. Hier erfolgt zunächst eine knappe Darstellung der einschlägigen Vorschriften und der Umsetzung durch die DSD-AG (also insbesondere in Bezug auf § 6 III VerpackVO).

---

6. HECHT/WERBECK ZfU 1995, 49, (S. 49); i. R. d. VerpackVO FRENZ GewArch 1994, 145, (151), BENZLER et al. Wettbewerbskonformität, S. 33; o. V. amtl. Begründung des Entwurfs zur VerpackVO BR-Drs. 817/90, S. 27.

7. Die Anteile am Verpackungsabfallaufkommen in der Bundesrepublik Deutschland sind etwa 88 % Verkaufs-, 21,5 % Transport- und 0,5 % Umverpackungen (MICHAELIS UPR 1998, 210, (211 Fn. 11)).

8. VERSTEYL NVwZ 1991, 848, (850), FLANDERKA/WINTER BB 1992, 149, (150), STRECKER BB 1991, 1499, (1499 f.).

9. Vgl. auch VERSTEYL NVwZ 1991, 848, (850); Zu diesen Begriffsbestimmungen vgl. auch das Merkblatt zur VerpackVO – Hinweise zur Abgrenzung zwischen Transport-, Um-, Verkaufsverpackungen – des Bundesumweltministers v. 29. 8. 1991; abgedruckt in: BMU Umwelt 1991, 460.

1.) Rücknahme- und Verwertungspflichten für Verkaufsverpackungen

Nach § 6 I 1 VerpackVO müssen Verkaufsverpackungen vom Vertreiber[10] am Ort der tatsächlichen Übergabe oder in dessen unmittelbarer Nähe kostenlos vom Endverbraucher zurückgenommen werden. Diese gemäß § 6 I 1 VerpackVO zurückgenommenen Verpackungen müssen alle Hersteller und Vertreiber[11] vorgelagerter Vertriebsstufen ihrerseits unentgeltlich zurücknehmen (§ 6 II 1 VerpackVO).

Die Rücknahmepflicht der Einzelhändler, Hersteller und Großhändler beschränkt sich dabei auf Verpackungen, die in Art, Form und Größe den Verpackungen aus ihrem jeweiligen Sortiment entsprechen (§§ 6 I 4 bzw. 6 II 3 VerpackVO). Lediglich für Kleinbetriebe mit weniger als 200m² Verkaufsfläche besteht eine weitergehende Beschränkung auf Verpackungen der dort in Verkehr gebrachten Marken (§ 6 I 5 VerpackVO). Auch letztere müssen somit – wenn auch eingeschränkt – Fremdverkaufsverpackungen zurücknehmen, ohne das eine Beschränkung auf die verkaufte Verpackungsmenge möglich wäre.[12]

Praktisch würde das kleinen Einzelhändlern aber wohl kaum helfen, da das Ausüben der ihnen gegebenen Rücknahmeverweigerung hinsichtlich nicht vertriebener Marken erforderte, daß vor der Rücknahme jede zur Rücknahme vorgelegte Verkaufsverpackung darauf geprüft werden müßte, ob sie den in der jeweiligen Verkaufsstelle vertriebenen Marken entspricht. Der dafür nötige Aufwand dürfte den erzielbaren Nutzen deutlich übersteigen. Ein Ausweg über ein Zu-

---

10. Mit »Vertreiber« ist hier der an den Endverbraucher abgebende Letztvertreiber also der Einzelhandel gemeint. Die Bedeutung ist somit enger, als in der Legaldefinition des § 3 VIII VerpackVO, da die Rücknahmepflicht nur dem Endverbraucher gegenüber besteht und § 6 II VerpackVO die Rücknahmepflichten der vorgelagerten Handelsstufen und Hersteller speziell regelt (FLANDERKA VerpackVO, S. 94, PRÜFER ökologische Alternativen, S. 49).

11. Der Begriff »Vertreiber« weicht auch hier von der Legaldefinition des § 3 VIII VerpackVO ab, der von der Vertriebsstufe unabhängig ist. Da jedoch nach § 6 II VerpackVO nur eine Rücknahmeverpflichtung gegenüber den Rücknehmern des § 6 I 1 VerpackVO – also dem Einzelhandel – und nicht gegenüber dem Endverbraucher besteht, ist mit »Vertreiber« nur der Großhandel gemeint (FLANDERKA VerpackVO, S. 100 f.).

12. BAUERNFEIND Rücknahme- und Rückgabepflichten, S. 421, i. Erg. auch KIETHE/SPROLL ZIP 1994, 275, (278); a. A. RUMMLER/SCHUTT Verpack-VO, S. 110, der auch von einer mengenmäßigen Beschränkung ausgeht, ohne dafür jedoch im Wortlaut einen Rückhalt zu haben oder dies weiter zu begründen.

rückweisungsrecht bezüglich des gesamten Gemischs von Verkaufsverpackungen, sofern es auch nicht rücknahmepflichtige Verpackungen enthält, (was dem Kunden das Sortieren auferlegen würde) läßt sich § 6 I 5 VerpackVO wohl nicht entnehmen.

Diese Vorschriften gehen mithin davon aus, daß grundsätzlich eine Verpflichtung zur Rücknahme auch von Verkaufsverpackungen anderer Vertreiber bzw. Hersteller besteht. Eine Zuordnung zu dem jeweiligen konkreten Vertreiber, der die jeweilige Verpackung in Verkehr gebracht hat, erfolgt also grundsätzlich nicht. Der Verbraucher ist vielmehr frei, die bei Wahrenhaus A gekauften Verpackungen bei Warenhaus B zurückzugeben. Nur hinsichtlich nicht von letzterem geführter Artikel/Marken besteht keine Rücknahmeverpflichtung.

Für die theoretisch denkbare »Weiterreichung« zurückgenommener Verkaufsverpackungen durch den Einzelhandel an vorgelagerte Vertriebsstufen, bedeutet dies, daß durch den Einzelhandel eine Trennung nach den jeweiligen Sortimenten der beliefernden Großhändler erfolgen müßte, bevor dieser die Verkaufsverpackungen vom Einzelhandel zurücknehmen müßte. Für die weitere Rückgabe an weitere Vertriebsstufen gilt entsprechendes.

Die zurückgenommenen Verkaufsverpackungen müssen vom Einzelhandel (§ 6 I 1 VerpackVO), sowie von Großhandel und Herstellern (§ 6 II 1 VerpackVO) einer Verwertung zugeführt werden, die den Anforderungen der Nr. 1 des Anhangs I (zu § 6) VerpackVO entspricht. Dabei sind insbesondere die dort genannten Verwertungsquoten einzuhalten. Zulässig ist danach weitestgehend lediglich eine stoffliche[13], nicht jedoch eine energetische Verwertung[14] oder gar thermische Beseitigung[15],[16] obwohl in bestimmten Situationen bspw. eine energe-

---

13. Damit sind Verfahren gemeint, bei denen die stofflichen Eigenschaften der zu verwertenden Verpackungsmaterialien genutzt werden. Für Kunststoffe wird sogar in gewissem Umfang eine sog. »werkstoffliche« Verwertung gefordert, d. h. es müssen Verfahren angewandt werden, die ein Recyclingprodukt hervorbringen, das stoffgleiches Neumaterial ersetzen kann oder den Kunststoff für eine weitere stoffliche Nutzung erhält (vgl. Anhang I (zu § 6) Nr. 1 II S. 6).
14. Dabei wird der Energiewert des Materials genutzt, es also insbesondere als Ersatzbrennstoff genutzt. Um als energetische Verwertung zu gelten, muß der zu verwertende Abfall einen gewissen Mindestbrennwert besitzen.
15. Diese liegt vor, wenn die Mindestwerte für eine energetische Verwertung nicht erreicht werden, und/oder die Verbrennung primär der Volumenreduzierung und/oder der Inertisierung und/oder der Beseitigung dient.
16. In der VerpackVO 1991 bestand diese Verpflichtung ausschließlich. Siehe FLUCK DB 1993, 211, (211 ff.), der diese Beschränkung für mit der Ermächtigungsnorm (noch bezogen auf das AbfG a. F.) und dem Verhältnismäßigkeitsprinzip unvereinbar und damit nichtig hält. Die Novelle der VerpackVO, nun

tische Verwertung ökologisch und ökonomisch sinnvoller sein kann.[17] Seit der Novelle der VerpackVO 1998 ist für 40% der zu verwertenden Kunststoffe (also für 24 % der vertriebenen Kunststoffe) eine nicht-stoffliche Verwertung zulässig (Nr. 1 Abs. 2 S. 5 des Anhangs I (zu § 6) VerpackVO). Andererseits müssen nun 60 % der Verwertungsquote (i. H. v. 60 %), also 36 % der Kunststoffe, nicht nur einer stofflichen, sondern einer werkstofflichen Verwertung[18] zugeführt werden (Nr. 1 Abs. 2 S. 6 des Anhangs I (zu § 6) VerpackVO). Nicht quotierte Materialmengen müssen einer stofflichen Verwertung zugeführt werden, soweit dies technisch möglich und wirtschaftlich zumutbar ist (Nr. 1 Abs. 4 S. 1 des Anhangs I (zu § 6) VerpackVO).[19] Eine energetische Verwertung ist nur dann der stofflichen gleichgestellt, wenn nachwachsende Rohstoffe verwendet wurden (Nr. 1 Abs. 4 S. 2 des Anhangs I (zu § 6) VerpackVO).

Diese Verwertungsanforderungen können auch durch eine Weitergabe an Vertreiber bzw. Hersteller vorgelagerter Vertriebsstufen erfüllt werden (§ 6 I 2 VerpackVO). Weiterhin müssen Vertreiber und Hersteller gem. Nr. 2 des Anhangs I (zu § 6) VerpackVO Nachweise über die Erfüllung ihrer Rücknahme- und Verwertungspflicht führen.

Zwar sieht die VerpackVO nach der Novelle von 1998 in Nr. 1 des Anhangs I (zu § 6) statt auf das Gesamtverpackungsaufkommen bezogener Erfassungsquoten[20] nun Verwertungsquoten hinsichtlich der am (jeweiligen) System teilnehmenden bzw. vom Vertreiber/Hersteller in Verkehr gebrachten Verkaufsverpackungen vor;[21] auch diese können jedoch nur bei entsprechendem Verbraucherverhal-

---

gestützt auf das KrW-/AbfG, hat der Argumentation nicht die Grundlage entzogen.

17. Vgl. SACKSOFSKY WuW 1994, 320, (321).

18. Vgl. Fn. 13 auf der vorherigen Seite.

19. SCHMIDT-PREUSS DB 2002, 775, (776).

20. Diese kollektive Anforderung an das Duale System hatte besonders wettbewerbsfeindliche Auswirkungen. Nach SRU Umweltgutachten 1996, S. 166 (Kasten) ließe diese kollektive Quote die Entscheidungen und besonderen Anstrengungen eines von mehreren Systemen über seine Tätigkeit irrelevant werden. Schlecht arbeitende Systeme würden von gut arbeitenden profitieren und hatten überdies meist einen Kosten- und damit Wettbewerbsvorteil. Um eine systematische Quotenverfehlung zu vermeiden, bedürfe es damit einer kollektiven Organisation in Form der DSD. Auf den Punkt gebracht bedeutet dies nichts anderes, als daß es im Rahmen dieser Quotenvorgaben nur ein befreiendes System pro Bundesland geben konnte, da bei unabhängigen Systemen keines von ihnen die Quoten erfüllen könnte (selbst wenn sie 100 % der von ihnen lizenzierten Verpackungen erfaßten).

21. SPROLL UPR 1999, 129, (133), vgl. HENSELDER-LUDWIG VerpackV 1998, S. 77.

ten erfüllt werden. Eine direkte Pflicht für den Verbraucher, seinen Verpackungsmüll zurückzugeben besteht jedoch nicht.[22] Allenfalls indirekt, durch Ausschluß der Entsorgung über die öffentliche Abfallentsorgung kann sich eine Verpflichtung ergeben.[23] Die Erfüllung der Verwertungsquoten hängt folglich für Vertreiber und Hersteller von der Verbraucherakzeptanz ab.

2.) Erfüllung durch Dritte

Eine Erfüllung der dargestellten Pflichten durch Dritte ist nach § 11 1 VerpackVO möglich,[24] wobei aber die individuelle Verantwortlichkeit bestehen bleibt.[25]

3.) Befreiung von individueller Rücknahmepflicht durch Teilnahme an einem System nach § 6 III VerpackVO

Neben der individuellen Rücknahme von Verkaufsverpackungen durch Dritte sieht § 6 III VerpackVO eine Befreiungsmöglichkeit von der primären Rücknahmepflicht für die Verpackungen[26] vor, für die sich Hersteller oder[27] Vertreiber an einem im einzelnen geregelten flächendeckenden privatwirtschaftlichen System beteiligen. Anders

---

22. TOMÉ-KOZMIENSKY Die Verpackungsverordnung, S. 172, ARNDT/KÖHLER NJW 1993, 1945, (1947 ff.); nach EKKENGA BB 1993, 945, (945 Fn. 10) ist dies unstreitig.

23. Auch dadurch läßt sich ein Ausweichen des Verbrauchers jedoch nicht unterbinden, da die Verweigerung der öffentlich-rechtlichen Abfuhr gegen bundesrechtliche Entsorgungspflichten verstößt (FRENZ GewArch 1994, 145, (153), ARNDT/KÖHLER NJW 1993, 1945, (1947 ff.)).

24. Diese Vorschrift dient lediglich der Klarstellung, da es selbstverständlich ist, daß bei Fortbestehen der Verpflichtung eine Erfüllung durch Beauftragung Dritter grundsätzlich möglich ist (BUNDESREGIERUNG Begründung zur Änderung der VerpackVO BT-Drs. 13/10943, S. 28).

25. SCHMIDT-PREUSS DB 2002, 775, (776).

26. Hier hat sich durch die Novellierung der VerpackVO 1998 insofern eine Änderung ergeben, daß nun die Befreiung für die jeweils am System teilnehmende Verpackung erlangt wird. In der VerpackVO 1991 waren die Hersteller und Vertreiber die Bezugspunkte, so daß nur eine Alles oder Nichts Lösung bezüglich aller Verpackungen möglich war (vgl. COSSON Duale Systeme – Probleme des Wettbewerbs, 157, (160)).

27. Dies ist eine Neuerung durch die VerpackVO 1998. Zuvor lautete es »und«, so daß sich für die Befreiung alle in der Vertriebskette am System beteiligen mußten. Nun reicht eine Beteiligung irgendwo in derselben (BUNDESREGIERUNG Begründung zur Änderung der VerpackVO BT-Drs. 13/10943, S. 26).

als bei Um- bzw. Transportverpackungen[28] handelt es sich hier um eine Befreiung von den Pflichten des § 6 I und II VerpackVO. Diese Befreiung betrifft aber nur Verkaufsverpackungen, die über dieses System beim privaten Endverbraucher anfallen. Für Verkaufsverpackungen, für die das nicht gilt – die also bspw. beim Großgewerbe anfallen – gibt es keine Befreiungsmöglichkeit nach § 6 III VerpackVO. Sie werden wie Transportverpackungen[29] behandelt (§ 6 I 10 VerpackVO).[30]

Eine Verpflichtung zur Teilnahme an einem befreienden System nach § 6 III VerpackVO besteht grundsätzlich nicht. Wenn also vereinzelt davon ausgegangen wird, daß die Teilnahme eine Obliegenheit darstelle, da die Nicht-Teilnahme durch die Rücknahmepflicht sanktioniert sei,[31] so ist dem nicht zu folgen. Die den Handel sicher schwer treffende Rücknahmepflicht läßt sich nicht als (Straf-)Sanktion bezeichnen. Sie stellt nach Wortlaut und Systematik der Vorschrift lediglich eine Alternative dar. Daß sie im Vergleich zu anderen Möglichkeiten (wohl auch intendiert) praktisch fast immer unattraktiv ist und daher nur selten tatsächlich genutzt wird, ändert daran nichts. Eine Teilnahmeverpflichtung läßt sich daraus daher nicht herleiten.

Eine Teilnahmeverpflichtung ergibt sich jedoch insoweit, als Selbstentsorger die Pflichten des § 6 I 1 VerpackVO nicht erfüllen (§ 6 I 9 VerpackVO), also insbesondere die in Anhang I (zu § 6) VerpackVO vorgesehenen Verwertungsquoten nicht einhalten.[32] Soweit die Quoten nicht erreicht werden, ist folglich für den für die Erreichung notwendigen Teil eine Systemteilnahme erforderlich.[33]

Diese Regelung soll helfen, das sog. »Trittbrettfahrer«-Problem in den Griff zu bekommen,[34] welches in mehreren Formen vorkommen kann. Einerseits kann im Rahmen des DSD-Systems eine Kennzeichnung mit dem Grünen Punkt erfolgen, wobei aber – bei bestehender Teilnahme am DSD-System – keine, oder wegen zu ge-

---

28. Vgl. § 4 A II. 2.) auf Seite 42.
29. Vgl. dazu § 4 A II. 1.) auf Seite 39.
30. FLANDERKA VerpackVO, S. 100.
31. SCHOLZ/AULEHNER BB 1993, 2250, (2250) und FINCKH Regulierte Selbstregulierung, S. 52.
32. BASTIANS Verpackungsregulierung, S. 53, FLANDERKA VerpackVO, S. 99.
33. FLANDERKA VerpackVO, S. 99 f.; nach BUNDESREGIERUNG BT Drs. 13/7761, S. 24 war dies als »Sanktion für die Nichterfüllung« gedacht.
34. BUNDESREGIERUNG Begründung zur Änderung der VerpackVO BT-Drs. 13/10943, S. 1, BUNDESREGIERUNG BT Drs. 13/7761, S. 18, 24; SCHMIDT-PREUSS DB 2002, 775, (776); dazu KOCH NVwZ 1998, 1155, (1157).

ringer Mengenangaben, zu wenig Lizenzgebühren bezahlt werden.[35] Andererseits können Hersteller den »Grünen Punkt« auf Verpackungen aufbringen, ohne einen Zeichennutzungsvertrag abgeschlossen zu haben.[36] Beide Alternativen stellen ein Controling-Problem der DSD-AG dar[37] und werden durch die vorgenannte Regelung nicht berührt. Diese ist für den Fall gedacht, daß ein Händler, der nicht am Dualen System der DSD-AG teilnimmt, und dessen Verkaufsverpackungen daher auch nicht mit dem »Grünen Punkt« gekennzeichnet sind, darauf vertraut, daß der Verbraucher die Verkaufsverpackungen nicht zu ihm zurückbringt,[38] sondern sie dem System der DSD-AG (oder der öffentlich-rechtlichen Entsorgung) übergibt. Die DSD-AG müßte diese dann ebenfalls verwerten, obwohl für diese Verpackungen kein Lizenzentgelt gezahlt wurde.[39] So könnte er vom Dualen System profitieren, ohne dafür einen Beitrag zu leisten.[40] Da er nun aber als Selbstentsorger seit der Novelle der VerpackVO denselben Quotenvorgaben wie befreiende Systeme nach § 6 III VerpackVO unterliegt und über § 6 I 9 VerpackVO zur Systemteilnahme verpflichtet ist, soweit er die geforderten Verwertungsquoten nicht erfüllt, soll ihm diese Möglichkeit des Trittbrettfahrens genommen werden. Im Rahmen der VerpackVO 1991 war dies noch anders.

35. BÜNEMANN/RACHUT Der Grüne Punkt, S. 131; dazu auch FRENZ GewArch 1994, 145, (152 f.).

36. BÜNEMANN/RACHUT Der Grüne Punkt, S. 132.

37. Das führte 1993 dazu, daß nach Angaben der damaligen DSD-GmbH 1993 nur für ca 50 % der Produkte auch die Lizenzentgelte bezahlt wurden (BÜNEMANN/RACHUT Der Grüne Punkt, S. 132). Mittlerweile ist das Controling der DSD-AG besser. Zum Prüfungsverfahren siehe GUNDERT BB 1998, 1302, (1302 ff.).

38. Weil durch die Existenz des Dualen Systems faktisch keine Rückgabe im Einzelhandel mehr möglich wäre, müßte der Verbraucher die Verkaufsverpackungen dort zurückgeben, wo er sie gekauft hat. Da die anderen Vertreiber durch ihre Teilnahme am DSD-System alle von der Rücknahme befreit sind, könnte er nämlich nicht weitestgehend auf andere Händler ausweichen, wie es nach der VerpackVO andernfalls möglich wäre. (Vgl. zur Rücknahme von Fremdverpackungen § 4 A I. 1.) auf Seite 22).

39. Zahlungsansprüche können in diesem Fall mangels Vertragsverhältnis vom Systembetreiber nicht geltend gemacht werden (NICKEL NVwZ 2003, 317, (317); bestätigt in dem dort besprochenen Entscheidung: BGH Beschluß vom 26. 9. 2002 – III ZR 18/02 (München), NVwZ 2003, 375 = NJW 2003, 138, 138). Weiterhin können Ansprüche aus Anhang I (zu § 6) Nr. 3 Abs. 5 VerpackVO nur geltend gemacht werden, wenn der Systembetreiber nachweist, in welchem Umfang er nicht am System teilnehmende Verpackungen entsorgt hat (aaO. S. 318).

40. FRENZ GewArch 1994, 145, (152), COSTA/FRANKE Handelsunternehmen im Spannungsfeld, S. 41.

Die Nichtteilnahme mit den damit eingesparten Lizenzkosten war ohne Quotenvorgaben für Selbstentsorger relativ einfach und wirtschaftlich attraktiv[41] und wurde daher auch von einigen Herstellern bzw. Vertreibern praktiziert. Diese aus wettbewerblicher Sicht unvermeidliche Folge, war bereits in dem kollektiven und einem freien Wettbewerb widersprechenden System-Ansatz der VerpackVO 1991 angelegt. Die Wirtschaft versuchte, diesem Aufflackern eines Wettbewerbs durch die Marktmacht des Handels mit marktwidrigen Strukturen gegenzusteuern.[42]

Die Regelung des § 6 III VerpackVO stellt den Kern und die eigentliche gesetzgebungstechnische Besonderheit der VerpackVO dar.[43] Sie bildet die Basis des zu ihrer Umsetzung von der DSD-AG errichteten Dualen Systems für Verkaufsverpackungen, welches den wesentlichen Kristallisationspunkt der kartellrechtlichen Problematik der VerpackVO darstellt.

a) Anforderungen an die Befreiung von der individuellen Rücknahmepflicht nach § 6 III VerpackVO

Im nachfolgenden sollen daher die für ein Grundverständnis der Systemanerkennung erforderlichen Voraussetzungen dargestellt werden. Dabei erfolgt eine Konzentrierung auf die wesentlichen und in den weiteren Ausführungen besonders relevanten Aspekte.

aa) ein System

§ 6 III 1 VerpackVO enthält zwar keine Regelungen für die konkrete Organisation, den Aufbau oder die Rechtsform befreiender Systeme,[44] so daß diesbezüglich ein weiter rechtlicher Rahmen besteht. Der Formulierung läßt sich aber entnehmen, daß zumindest eine umfassende Erfassungs-, Sortier- und Verwertungslogistik erforderlich ist,[45] die grundsätzlich unabhängig neben der öffentlich-rechtlichen

---

41. BASTIANS Verpackungsregulierung, S. 52.
42. Vgl. FINCKH Regulierte Selbstregulierung, S. 125; Zu der Möglichkeit, von der Existenz des DSD-Systems ohne Kostenbeteiligung zu profitieren vgl. dessen »Nutzung« im Rahmen des Entsorgungskonzepts der Drogerieketten *dm* und *Schlecker* § 5 C III. 5.) a) bb) auf Seite 140.
43. FINCKH Regulierte Selbstregulierung, S. 52.
44. SCHIER ZLR 1993, 431, (444), FINCKH Regulierte Selbstregulierung, S. 53, RUMMLER/SCHUTT VerpackVO, S. 116.
45. FLANDERKA BB 1996, 649, (649).

Hausmüllentsorgung zu unterhalten ist. Auch muß die Organisation auf Dauer mit festen Organisationsstrukturen[46] angelegt sein.

Während insofern also ein weiter Gestaltungsspielraum besteht, sind die zu erreichenden Ziele[47] und die zu erfüllenden Anforderungen an die Anerkennung als ein befreiendes System sehr eng geregelt.[48]

bb) Regelmäßige Abholung beim Verbraucher oder in dessen Nähe

Für eine Entsorgung ist zunächst immer erst die Erfassung der Abfälle nötig. Dementsprechend fordert § 6 III 1 VerpackVO, daß befreiende Systeme die anfallenden Verkaufsverpackungen regelmäßig »beim privaten Endverbraucher oder in dessen Nähe« abholen müssen. Möglich sind damit neben der Abholung beim Verbraucher – analog der üblichen Hausmüllentsorgung – auch Sammelbehälter in geringer Entfernung.[49] Wie sich schon aus dem Wortlaut ergibt, ist die Aufstellung von Sammelbehältern bei den Vertreibern oder Herstellern jedoch nicht vorgesehen.

Die Abholung muß schließlich in regelmäßigen Intervallen sichergestellt sein. Dabei müssen die Intervalle so bemessen sein, daß eine regelmäßige Überfüllung vermieden wird.[50]

cc) Flächendeckung

Die endverbrauchernahe Erfassung hat flächendeckend zu erfolgen. Dies stellt die wohl mit den größten Problemen verbundene Anforderung des § 6 III 1 VerpackVO an ein befreiendes System dar.[51] Flächendeckend bedeutet dabei, daß sich das System auf das Ein-

46. FLUCK DB 1993, 211, (212).
47. RUMMLER/SCHUTT VerpackVO, S. 116.
48. BASTIANS Verpackungsregulierung, S. 54.
49. Dieser Ansatz wurde während des Aufbaus des DSD-Systems auch praktiziert. Mittlerweile ist er aber – wenn überhaupt – die absolute Ausnahme. Bei der Wahl ist nämlich für den Sammelerfolg zu bedenken, daß der Verbraucher auf die Hausmüllerfassung ausweichen kann, wenn es ihm nicht hinreichend einfach genug gemacht wird, seine Verkaufsverpackungen dem befreienden System zuzuführen (BECKMANN UTR Bd. 30, 91, (S. 119)).
50. FLANDERKA VerpackVO, S. 104.
51. Auch HAAS Konzept Lahn-Dill-Kreis, 76, (S. 77) sieht in der Notwendigkeit, in allen Landkreisen eines Bundeslandes eine Freistellung gleichzeitig zu benötigen, ein großes Handicap, da ein potentieller Systembetreiber im gesamten Bundesland sofort gleichzeitig tätig werden muß.

zugsgebiet des Herstellers bzw. Vertreibers erstrecken muß. § 3 IX VerpackVO definiert als Einzugsgebiet mindestens das ganze Bundesland, in dem der Hersteller bzw. Vertreiber seine Verpackungen in Verkehr bringt.[52] Diese Anforderung soll sicherstellen, daß eine Beschränkung des Systems auf Ballungsgebiete unterbleibt.[53]

dd) Erfüllung der Anforderungen des Anhang I (zu § 6) VerpackVO

Der Erfassung der Verkaufsverpackungen muß sich eine Verwertung anschließen, die den Anforderungen des Anhang I (zu § 6) Verpack-VO entspricht (§ 6 III S. 1 a. E., 2 VerpackVO). Dieser Anhang regelt strenge Anforderungen an die Erfassungseffizienz und die Verwertung der gesammelten Verkaufsverpackungen. Um die Systemanerkennung zu erlangen und zu behalten, müssen diese eingehalten werden (§ 6 III S. 11 u. IV VerpackVO). Damit soll sichergestellt werden, daß die Ziele der VerpackVO auch beim Ruhen der individuellen Rücknahme- und Verwertungspflichten erreicht werden.[54]

Von besonderer Bedeutung für die folgenden Ausführungen sind die Quotenvorgaben in Anhang I (zu § 6) VerpackVO, wonach insbesondere bestimmte, auf die am System teilnehmenden Verpackungsmengen bezogene, stoffliche Verwertungsquoten einzuhalten sind.

Gegenüber der VerpackVO 1991 stellen diese Quoten eine Erleichterung für befreiende Systeme dar, da zuvor auf das gesamte Verpackungsaufkommen im Entsorgungsbezirk bezogene Erfassungsquoten zu erfüllen waren. Die Bezugsgröße dieser Erfassungsquoten machte es unmöglich, innerhalb eines Bundeslandes mehr als ein System zu betreiben, da dann keines von beiden die Erfassungsquoten hätte erreichen können. Außerdem führte es dazu, daß der Fortbestand eines Systems davon abhing, bis zu welchem Grad Hersteller und Vertreiber es nutzten. So wäre es auch dann unmöglich gewesen, die Erfassungsquoten zu erreichen, wenn bspw. nur die Hälfte der Hersteller bzw. Vertreiber an dem System teilnimmt und ihre Verkaufsverpackungen über dieses entsorgt. Folglich bewirkten die Erfassungsquoten der VerpackVO 1991 einen nicht unerheblichen

---

52. BASTIANS Verpackungsregulierung, S. 55, RUMMLER/SCHUTT Verpack-VO, S. 116, FLANDERKA BB 1996, 649, (649), FLANDERKA VerpackVO, S. 103, FRENZ GewArch 1994, 145, (153); ausführlich dazu: HOFMANN-HOEPPEL DVBl 1993, 873, (873 ff.).
53. FRENZ GewArch 1994, 145, (S. 153).
54. FINCKH Regulierte Selbstregulierung, S. 53.

Druck, eine möglichst umfassende Beteiligung am Dualen System der DSD-AG herbeizuführen,[55] und wirkten daher sehr wettbewerbsfeindlich.

Durch die Novelle der VerpackVO 1998 hat sich dies nun geändert. Die neue Bezugsgröße der Quotenvorgabe ermöglicht nun – zumindest theoretisch – konkurrierende Systeme.[56] Der Übergang zu Verwertungsquoten, bezogen auf die am System teilnehmenden Verpackungen, stellt ferner auch deshalb eine Verbesserung dar, da deren Erfüllung nun zwar noch nicht völlig, aber zumindest besser durch das System kontrollierbar ist. Nachdem der Übergang zu Verwertungsquoten auch eine Verschärfung für Selbstentsorger bedeutet, weil diese nun – anders als vorher – dieselben Quoten erfüllen müssen, und damit den gleichen Effizienzanforderungen unterliegen wie befreiende Systeme, wurde ein Wettbewerbsnachteil befreiender Systeme somit beseitigt. Zumindest theoretisch sind damit neben einem Systemwettbewerb auch ein Selbstentsorgerwettbewerb möglich.[57]

Unverändert geblieben ist allerdings die Abhängigkeit des Fortbestands eines Systems von der Bereitschaft der Verbraucher, dem System Verkaufsverpackungen zuzuführen. Falls die Verbraucher, nachdem sie durch die VerpackVO weder verpflichtet sind noch einen ökonomischen Vorteil davon haben[58], Verkaufsverpackungen über ein System zu entsorgen, sich verweigern und stattdessen ihre Verkaufsverpackungen in die kommunale Abfallentsorgung geben, können auch die neuen Verwertungsquoten nicht erreicht werden. Trotzdem hat es die DSD-AG bisher – trotz der mit der Trennung für den Bürger verbundenen Unannehmlichkeiten – mit großem Werbeaufwand erreicht, den Bürger von der Sinnhaftigkeit der Trennung der Verpackungsabfälle zu überzeugen.[59]

55. FINCKH Regulierte Selbstregulierung, S. 77.
56. BUNDESREGIERUNG BT Drs. 13/7761, S. 2; BASTIANS Verpackungsregulierung, S. 64 f..
57. Inwieweit das auch praktisch möglich ist vgl. § 5 C III. 5.) b) auf Seite 143 ff.
58. BURCHARDI/SACKSOFSKY JUTR 1994 Bd. 27, 23, (30); ausführlich dazu ARNDT/KÖHLER NJW 1993, 1945, (1945 ff.), FINCKH Regulierte Selbstregulierung, S. 67; zwar existiert in manchen Gemeinden eine satzungsrechtliche Regelung, daß eine Trennung zu erfolgen hat. Es ist jedoch zweifelhaft, daß dies der Grund für die erfolgte Trennung ist, zumal da eine solche Regelung dem Bürger wohl kaum bekannt sein dürfte, und sie nur mit enormem Aufwand zwangsweise durchzusetzen ist. Dennoch wird sich – höchst ineffizient – teilweise darauf verstiegen, den Inhalt der Mülltonnen zu überprüfen und den »Übeltäter« zu ermitteln (»sog. Abfallsheriffs«). Ferner ist die Zulässigkeit zweifelhaft (vgl. FRENZ GewArch 1994, 145, (153), siehe schon Fn. 23 auf Seite 24).
59. BASTIANS Verpackungsregulierung, S. 66.

Der Fortbestand eines Systems hängt damit auch weiterhin von Umständen ab, die außerhalb der direkten Kontrolle des Systems liegen. Inwieweit Quotenvorgaben überhaupt sinnvoll sind, ist zumindest fraglich.

Die vom System umfaßten Verpackungsmengen und -materialien, sowie die darauf basierenden Verwertungsquoten sind der zuständigen Behörde aufgeschlüsselt nach Materialien nachzuweisen. Das System muß nach Anhang I (zu § 6) Nr. 3 Abs. 3 Nr. 1 VerpackVO auch hinreichende Verwertungskapazitäten besitzen, um die ihm übergebenen Verpackungen verwerten zu können.[60]

ee) Abstimmung mit kommunalen Entsorgungsträgern (§ 6 III 4 VerpackVO)

Schließlich bedarf es für die Systemanerkennung noch einer Abstimmung des beabsichtigten befreienden Systems mit dem jeweiligen kommunalen Entsorgungsträger. Die Abstimmung umfaßt dabei insbesondere die Gestaltung der Erfassungssysteme, den Abholrhythmus und die Containerstandorte.[61] Sie soll zu einer effizienteren Nutzung von Entsorgungseinrichtungen führen und damit zur ökonomisch sinnvollen Kostenreduzierung für die Abfallentsorgung insgesamt beitragen.[62]

Erforderlich ist jedoch nur eine Abstimmung auf *vorhandene* Sammel- und Verwertungssysteme, also auf den Ist-Zustand bei Einführung des Systems ohne Verpflichtung zur Anpassung an spätere Änderungen.[63] Wie diese Abstimmung erfolgte, war im Rahmen der VerpackVO 1991 freigestellt. Neben einer vertraglichen Abstimmung war somit auch eine tatsächliche Einbeziehung vorhandener Systeme möglich.[64] Nach der Novelle der VerpackVO hat sich dies geändert, da nun eine schriftliche Abstimmung zu erfolgen hat (§ 6 III S. 5 VerpackVO). Eine lediglich tatsächliche Einbeziehung reicht somit nicht mehr aus.[65]

60. BASTIANS Verpackungsregulierung, S. 55.
61. Vgl. KAIMER/SCHADE Zukunftsfähige Hausmüllentsorgung, S. 81.
62. KOCH NVwZ 1996, 215, (219), FINCKH Regulierte Selbstregulierung, S. 53.
63. FLANDERKA VerpackVO, S. 105; vgl. dazu auch VG GIESSEN Urteil vom 31. 1. 2001 – 6 E 1972/97, NVwZ 2002, 238.
64. FLUCK DB 1993, 211, (215), zustimmend: VELTE Duale Abfallentsorgung und Kartellverbot, S. 98 differenziert: RUMMLER/SCHUTT VerpackVO, S. 118 f., a. A. TOMÉ-KOZMIENSKY Die Verpackungsverordnung, S. 78.
65. FLANDERKA VerpackVO, S. 106.

Nachdem es unter der VerpackVO 1991 häufiger dazu gekommen war, daß die Kommunen auf die Auswahl der Entsorgungsunternehmen Einfluß nahmen, indem sie nur eine Abstimmungserklärung für den von ihnen gewünschten Entsorger abgaben[66] (nicht selten ein Kommunalbetrieb oder ein Betrieb mit Beteiligung der Kommune), wurde in der Novelle der VerpackVO nunmehr aufgenommen, daß die Vergabe der Entsorgung im Wettbewerb zu erfolgen hat und daß die Abstimmung letzterem nicht entgegenstehen darf (§ 6 III S. 9 VerpackVO).[67] Über die Dauer der Abstimmung können die Beteiligten grundsätzlich frei entscheiden, wobei ein »ewiger Bestand« nicht möglich ist.[68]

ff) Berücksichtigung anderer Belange der öffentlich rechtlichen Körperschaft

Daneben sind auch weitere Belange der entsorgungspflichtigen Körperschaft besonders zu berücksichtigen (§ 6 III S. 7 VerpackVO), sofern sie einen konkreten Bezug zur Tätigkeit des Systems haben.[69]

gg) Systemanerkennung (§ 6 III 11 VerpackVO)

Schließlich ist für den Status des befreienden Systems und damit für das Erbringen der Befreiungsleistung gegenüber den Verpflichteten die Systemfeststellung nach § 6 III 11 VerpackVO erforderlich. Die Feststellung ist bei Vorliegen der Voraussetzungen des § 6 III S. 1 und der erfolgten Abstimmung (vgl. § 6 III S. 6 VerpackVO) zu erteilen.

b) Die Umsetzung des § 6 III VerpackVO in Funktionsweise und Aufbau des DSD-Systems

Gesetzestechnisch ist die System-Lösung des § 6 III VerpackVO zwar lediglich als Möglichkeit ausgestaltet, der ordnungsrechtlich verbindlichen individuellen Rücknahme- und Verwertungsverpflichtung zu entgehen. Aufgrund der immensen faktischen Probleme,

---

66. FLANDERKA VerpackVO, S. 107, HOLTOFF-FRANK Kartellrechtliche Probleme, S. 178; ähnlich auch COSSON Neue Verpackungsverordnung, 42, (S. 43).
67. FLANDERKA VerpackVO, S. 107.
68. GRUNEBERG Rechtsstellung der Kommunen, 18, (S. 30).
69. FLANDERKA VerpackVO, S. 106.

die Verpflichtungen insbesondere im Einzelhandel zu erfüllen,[70] war aber bereits vor dem Verordnungserlaß klar, daß die kollektive Erfüllung der – wohl auch vom Verordnungsgeber gewollte – Regelfall sein würde.[71] Die Primärverpflichtung in § 6 I, II VerpackVO dienen also als Druckmittel[72], die politisch gewollte Systemlösung des § 6 III VerpackVO durchzusetzen. Dies ergibt sich auch aus der Entstehungsgeschichte der DSD-AG.

So wurde bereits am 28. 9. 1990, also neun Monate vor Inkrafttreten der VerpackVO 1991, von der abpackenden Industrie, den Verpackungsherstellern und von den Vormateriallieferanten die Firma »Der Grüne Punkt Duales System Deutschland Gesellschaft für Abfallvermeidung und Sekundärrohstoffgewinnung mbH« (DSD-GmbH bzw. nachfolgend DSD-AG) mit Sitz in Bonn gegründet. Zwischenzeitlich wurde der Sitz der DSD nach Köln verlegt und die Gesellschaft am 1. 1. 1997 unter der Firma »Der Grüne Punkt – Duales System Deutschland Aktiengesellschaft« (DSD-AG) in eine nicht-börsennotierte Aktiengesellschaft[73] umgewandelt.[74]

Die Gesellschaft hat ein Stammkapital von etwa 1,541 Mio. Euro[75], das in Geschäftsanteilen von Aktien im Nennbetrag von 512 Euro[76] von Unternehmen des Handels, der abfüllenden und verpackungsherstellenden bzw. vormaterialliefernden Industrie gehalten wird.[77] Die Übertragung der Aktien kann nur mit Zustimmung der Gesellschaft und nur an Erwerber, die Unternehmen des Handels, der abfüllenden und verpackungsherstellenden bzw. vormaterialliefernden Industrie sind, erfolgen.[78] Die Genehmigung kann ohne Angaben von Gründen verweigert werden.[79]

70. Dazu im einzelnen sehr deutlich MEIER BB 1995, 2381, (2381 ff.).
71. FRENZ GewArch 1994, 145, (147 Fn. 25); nach FLUCK DB 1993, 211, (214) wurde die VerpackVO auf die DSD-GmbH/AG zugeschnitten.
72. FINCKH Regulierte Selbstregulierung, S. 52, BASTIANS Verpackungsregulierung, S. 85.
73. Über 600 Firmen aus Industrie und Handel sind als Aktionäre beteiligt (KAIMER/SCHADE Zukunftsfähige Hausmüllentsorgung, S. 11).
74. Vgl. FLANDERKA VerpackVO, S. 115, VELTE Duale Abfallentsorgung und Kartellverbot, S. 100, ROCKHOLZ/DIHT Die novellierte Verpackungsverordnung, S. 35.
75. Nach DSD Satzung der DSD-AG, § 4 I sind es 1 541 120 Euro.
76. DSD Satzung der DSD-AG, § 4 II. Das ergibt 3010 Aktien.
77. Dabei besteht eine Gesellschafterstruktur, mit vielen Gesellschaftern mit jeweils sehr geringen Anteilen (HOLTOFF-FRANK Kartellrechtliche Probleme, S. 184, der auch darauf hinweist, daß deshalb der Zusammenschlußtatbestand des § 23 II GWB a. F. nicht erfüllt ist).
78. DSD Satzung der DSD-AG, § 4 III S. 1 u. 5.
79. DSD Satzung der DSD-AG, § 4 III S. 4.

Mit der Mitgliedschaft in der Gesellschaft sind keine wirtschaftlichen Privilegien verbunden. Nach der Satzung ist die Ausschüttung von Gewinnen an die Aktionäre ausgeschlossen (Non-Profit-Gesellschaft).[80] Zwar gehören Unternehmen der Entsorgungswirtschaft nicht zu den Aktionären der DSD,[81] da eine solche gesellschaftliche Beteiligung vom Bundeskartellamt verhindert werden konnte;[82] nach der Finanzkrise der DSD-GmbH 1993 wurden jedoch im Rahmen der Konsolidierung die von Handel, abfüllender Industrie, Materialherstellern und auch Entsorgungswirtschaft gewährten Darlehen von über einer Milliarde DM teilweise in stille Beteiligungen mit eigenkapitalähnlichen Charakter umgewandelt.[83] Dadurch fanden sich Vertreter der Entsorgungswirtschaft im Aufsichtsrat[84] und zeitweise in der Geschäftsführung der DSD wieder.[85]

Aufgabe der DSD-AG ist es, ein den Anforderungen der VerpackVO entsprechendes System zur Erfassung, Sortierung und Verwertung von Verkaufsverpackungen zu organisieren und zu betreiben.[86] Die Aufgabenbeschreibung der DSD war dabei zunächst nicht auf Verkaufsverpackungen beschränkt, sondern es wurde die Option offengehalten, die Tätigkeit der DSD-GmbH auch auf die Entsorgung von Transport- und Umverpackungen, sowie von Nicht-Verpackungsabfällen auszudehnen.[87] Das Bundeskartellamt

---

80. Vgl. FLANDERKA VerpackVO, S. 115, VELTE Duale Abfallentsorgung und Kartellverbot, S. 100, ROCKHOLZ/DIHT Die novellierte Verpackungsverordnung, S. 35.

81. FLANDERKA VerpackVO, S. 116, ROCKHOLZ/DIHT Die novellierte Verpackungsverordnung, S. 35.

82. THOMSEN Produktverantwortung, S. 248.

83. FLANDERKA VerpackVO, S. 116; nach o.V. FAZ vom 29. April 2003, Wirtschaftsteil S 13 umfassen die stillen Beteiligungen der Entsorger mit 196 Mio. Euro mehr als die Hälfte des Eigenkapitals von 353 Mio. Euro.

84. Dieser Zustand ist nun beendet, da sich die Entsorger, um eine Freistellung des DSD-Systems nicht zu gefährden, aus dem Aufsichtsrat zurückgezogen haben (o.V. FAZ vom 29. April 2003, Wirtschaftsteil S 13). Daß Entsorger gleichzeitig Auftraggeber und Kontrolleure waren, war vom Bundeskartellamt bemängelt worden (FAZ aaO., auch FRENZ GewArch 1994, 145, (145) sieht darin ein »gefährliches Interessengeflecht«). Die stillen Einlagen der Entsorger in Höhe von 94 Mio. Euro werden ausbezahlt (DSD-AG Pressemitteilung vom 29.4.2003).

85. THOMSEN Produktverantwortung, S. 248. Der von der Entsorgungswirtschaft entsandte Geschäftsführer ist ausgeschieden (VELTE Duale Abfallentsorgung und Kartellverbot, S. 100).

86. KAIMER/SCHADE Zukunftsfähige Hausmüllentsorgung, S. 11, STAUDT ET AL Großexperiment, S. 28; VELTE Duale Abfallentsorgung und Kartellverbot, S. 101.

87. VELTE Duale Abfallentsorgung und Kartellverbot, S. 101.

ist jedoch einem Versuch der DSD-GmbH, über eine Tochterge-
sellschaft auch im Bereich der Erfassung von nicht ladengängigen
Verkaufsverpackungen und Transportverpackungen tätig zu werden,
entgegengetreten.[88] Da die DSD-GmbH keine Rechtsmittel einlegte,
ist dieser Beschluß rechtskräftig.[89]

Das System der DSD-AG besteht aus einem umfangreiches Vertragsgeflecht, das sich in drei geschlossene Systembereiche gliedern
läßt:[90]

1. Kennzeichnungs- und Finanzierungsystem

2. Erfassungs- und Sortiersystem

3. Verwertungsystem

aa) Kennzeichnungs- und Finanzierungssystem (»Grüner Punkt«)

Die DSD-AG finanziert sich über die Lizenzierung der internatio-
nal geschützten Marke[91] »Der Grüne Punkt«.[92] Zu diesem Zweck
schließt die DSD-AG mit den nach § 6 I, II VerpackVO Rücknahmepflichtigen – i. d. R. den Produkt-/Verpackungsherstellern –, die
sich ihrem System anschließen wollen, Zeichennutzungsverträge ab.
Damit erhält der jeweilige Hersteller das Recht[93], das Zeichen »Der
Grüne Punkt« zur Kennzeichnung der von ihm gesondert anzumel-
denden Verkaufsverpackungen zu nutzen. Im Gegenzug sichert die
DSD-AG den Betrieb eines Systems gem. § 6 III i. V. m. Anlage I (zu
§ 6) VerpackVO zu, so daß der Produkthersteller für die in das Duale

---

88. BKARTA Beschluß vom 24. 6. 1993 WuW 1994, 63 »Entsorgung von Trans-
    portverpackungen« = WuW/E, 2561.
89. SCHMIDT-PREUSS VerpackVO u. KartR, Lieberknecht FS, 549, (S. 563),
    SCHULTZ Probleme des Wettbewerbs, 141, (S. 152); siehe dazu auch
    QUEITSCH UPR 1995, 246, (248); HOLTOFF-FRANK Kartellrechtliche Pro-
    bleme, S. 196 f.
90. Vgl. dazu DSD Satzung der DSD-AG, Päambel; die Gliederung spiegelt da-
    bei die schon in Anhang I (zu § 6) Nr. 3 Abs. 3 Nr. 2 VerpackVO aufgeführten
    Gliederung der zu erbringenden Entsorgungsleistungen wider.
91. ROCKHOLZ/DIHT Die novellierte Verpackungsverordnung, S. 35, FLAN-
    DERKA BB 1996, 649, (651).
92. FLANDERKA VerpackVO, S. 3, ROCKHOLZ/DIHT Die novellierte Ver-
    packungsverordnung, S. 35.
93. DSD Zeichennutzungsvertrag Stand 1. 1. 2002, § 1 (1); nach § 3 (1) S. 1
    besteht auch die Pflicht, das Zeichen auf jeder angemeldeten, den Inlandsver-
    brauch betreffenden Verpackung aufzubringen.

System einbezogenen Verkaufsverpackungen von seiner individuellen Rücknahmepflicht freigestellt wird.[94]

Das Lizenzentgelt ist gestaffelt und setzt sich aus einem nach Verpackungsgröße ansteigenden Stück-, sowie einem nach Material differenzierten Gewichtsentgelt zusammen. Es dient der Abdeckung der Systemkosten.[95] Das Gewichtsentgelt soll dabei die materialabhängigen Kosten abdecken und diese möglichst verursachergerecht zurechnen.[96] Das Stückentgelt finanziert die materialunabhängigen Kosten pro Verpackungseinheit. Es wird nach Volumen oder Fläche der Verpackungen berechnet. Bei Mehrteile-Verpackungen fallen entsprechend mehrere Stückentgelte an.[97] Das Lizenzentgelt wird nur für in Deutschland abgesetzte Produkte erhoben. EU-Importprodukte können gleichberechtigt einbezogen werden.[98]

bb) Erfassungs- und Sortiersystem

Für den Aufbau eines flächendeckenden Erfassungs- und Sortiersystems hat die DSD-AG für das Gebiet einer jeden Gebietskörperschaft ein Entsorgungsunternehmen damit beauftragt, die dem System angehörenden Verkaufsverpackungen haushaltsnah zu sammeln (Gelbe-/Blaue Tonne/-Sack). Sie haben diese nach Wertstofffraktionen zu trennen und der nachfolgenden Verwertungsstufe bereitzustellen, wenn sie die Wertstoffe nicht selbst vermarkten wollen.[99] Die ausschließliche und langfristige (meist für zehn Jahre[100]) Beauftragung der öffentlichen oder privaten Entsorgungsunternehmen erfolgt un-

---

94. Vgl. DSD Zeichennutzungsvertrag Stand 1.1.2002, § 2, auch abgedruckt in HENSELDER-LUDWIG VerpackV 1998, S. 163 ff.
95. DSD Zeichennutzungsvertrag Stand 1.1.2002, § 4 (3) 1. Spiegelstrich.
96. Vgl. DSD Zeichennutzungsvertrag Stand 1.1.2002, § 4, auch abgedruckt in HENSELDER-LUDWIG VerpackV 1998, S. 163 ff.; ROCKHOLZ/DIHT Die novellierte Verpackungsverordnung, S. 36.
97. BASTIANS Verpackungsregulierung, S. 60 f.
98. KOMMISSION Abl. Nr. C 100 S. 4 = WuW 1997, 504, (508), FLANDERKA BB 1996, 649, (651 f.).
99. Diese Möglichkeit bestand zu Beginn des DSD-Systems im Rahmen der sog. »Schnittstelle Null« nicht.
100. Die im März 2003 ausgeschriebenen Entsorgungsverträge (BKARTA Pressemitteilung vom 26.2.2003) werden aufgrund der Entscheidung der Kommission (KOMMISSION Entscheidung v. 17.9.2001 Az.: K(2001) 2672 ABl. EG 2001 L 319) nur noch eine Laufzeit von drei Jahren haben (entsprechend wie in § 4 II Nr. 5 BatterieVO, BGBl. I 1998, 658, vorgesehen). Der zulässigen Laufzeit war ein heftiges Ringen mit der Kommission vorangegangen (COSSON Neue Verpackungsverordnung, 42, (S. 47)).

ter Abstimmung zwischen DSD-AG und Gebietskörperschaft gem. § 6 III 4–7, 9 VerpackVO.[101] Es gibt folglich kein bundesweit einheitliches Sammelsystem,[102] sondern 546 Sammelbezirke[103] mit 537 unterschiedlichen Entsorgungsunternehmen[104].

Während der Laufzeit des Entsorgungsvertrages im jeweiligen Gebiet können nach der sog. Öffnungsklausel im Entsorgungsvertrag der DSD-AG andere Unternehmen als Subunternehmer des weiterhin gesamtverantwortlichen Entsorgungsunternehmens beauftragt werden.[105]

Nachdem in der Vergangenheit aufgrund der Abstimmungspraxis meist ohne Ausschreibung eine Auftragsvergabe an kommunale Entsorger oder an Gemeinschaftsunternehmen der Gebietskörperschaften erfolgte,[106] ist in § 6 III S. 9 – i. V. m. Anhang I (zu § 6) Nr. 3 Abs. 3 Nr. 2 – VerpackVO nun gefordert, daß eine Vergabe im Wettbewerb zu erfolgen hat.

Die Entsorger erhalten von der DSD-AG für Aufbau und Betrieb eines § 6 III VerpackVO entsprechenden flächendeckenden Systems sowie für bei Erfassung[107] und Sortierung der Verkaufsverpackungen zu erbringende Leistungen ein einwohnerbezogenes[108] Entgelt.

Nach der sog. »Schnittstelle Null« waren die Entsorger verpflichtet, die von ihnen gesammelten und nach Wertstoffen getrennten Verpackungsmaterialien den Garantiegebern der DSD kostenlos zu überlassen.[109] Dies ist nun für die Materialien Glas, Papier, Pappe

101. BURCHARDI/SACKSOFSKY JUTR 1994 Bd. 27, 23, (32, 43)
102. FLANDERKA VerpackVO, S. 118
103. GRUNEBERG Rechtsstellung der Kommunen, 18, (S. 18) nennt noch 537 Bezirke
104. KOMMISSION Entscheidung v. 17.9.2001 Az.: K(2001) 2672 ABl. EG 2001 L 319, Tz. 31; COSSON Neue Verpackungsverordnung, 42, (S. 49) nennt 426 Leistungspartner; nach GRUNEBERG Rechtsstellung der Kommunen, 18, (S. 18) sind dabei 357 Vertragspartner private Unternehmen und 104 kommunale Betriebe, sowie 76 gemischt-wirtschaftliche Gesellschaften
105. BURCHARDI/SACKSOFSKY JUTR 1994 Bd. 27, 23, (32).
106. BARTLING WuW 1995, 183, (185 u. 188 f.), BURCHARDI/SACKSOFSKY JUTR 1994 Bd. 27, 23, (33).
107. Beim Endverbraucher incl. sog. »Littering Bereiche« wie Camping Plätze, Kioske, Freizeitparks etc. vgl. DSD-AG Geschäftsbericht 1995, S. 18 f.
108. Früher tonnageabhängig nach den Materialien Papier, Pappe und Karton, Glas, Leichtverpackungen gestaffelt (vgl. FLANDERKA VerpackVO, S. 118, KOMMISSION Abl. Nr. C 100 S. 4 = WuW 1997, 504, (509)).
109. Dies erfolgte, um eine Verwertungssicherheit auch bei insb. negativen Marktpreisen sicherzustellen (vgl. FLANDERKA VerpackVO, S. 119); s. a. BURCHARDI/SACKSOFSKY JUTR 1994 Bd. 27, 23, (46), RIESENKAMPFF BB 1995, 833, (835), KOMMISSION Abl. Nr. C 100 S. 4 = WuW 1997,

und Karton sowie Weißblech und Aluminium auf Druck der Europäischen Kommission, die den Tatbestand des Art. 85 I 1 lit a des EGV[110] als erfüllt ansah,[111] gelockert worden. Nunmehr steht es jedem Entsorger frei, diese Materialien selbst einer stofflichen Verwertung zuzuführen oder dem Garantiegeber zu überlassen.[112] Wenn sie diesen Weg wählen, haben sie als Pauschale pro Einwohner und Jahr 1,25 DM (0,63 Euro) an die DSD-AG zu zahlen.[113]

cc) Verwertungssystem

Zunächst war, entsprechend dem Gedanken des Verursacherprinzips in seiner speziellen Ausgestaltung der Produktverantwortung, angedacht worden, den Zeichennehmer mit dem Recht der Nutzung des »Grünen Punktes« auch zu verpflichten, eine Abnahme- und Verwertungsgarantie für die von ihm vertriebenen Verpackungen beizubringen.[114] Dies wäre jedoch organisatorisch zumindest sehr umständlich[115] gewesen und hätte die Sicherstellung der Erfüllung der Quoten der VerpackVO durch die weiterhin rechtlich verantwortliche DSD-GmbH/AG erschwert.[116] Für die Sicherstellung der Verwertungskapazitäten war dieser Weg dennoch zunächst erforderlich. Seit 1993 reicht nun aber der Abschluß eines Zeichennutzungsvertrages aus.[117]

Die Verpackungshersteller gründeten – soweit die Erzeugerindustrien nicht selbst die Verwertung übernehmen – für die verschiedenen Materialfraktionen Verwertungsgesellschaften,[118] an denen auch die großen Entsorgungsunternehmen und die DSD-AG beteiligt sind.[119]

504, (508 f.), MONOPOLKOMMISSION 11. Hauptgutachten 1994/95, BT-Drs. 13/5309, Tz. 83 f..

110. Jetzt Art. 81 I 1 lit. a EG

111. M. W. v. 1. 1. 1998 wurde dies (ohne förmliches Verfahren der Kommsission) abgeschafft vgl. COSSON Neue Verpackungsverordnung, 42, (S 44 f).

112. FLANDERKA VerpackVO, S. 119.

113. BASTIANS Verpackungsregulierung, S. 64.

114. Vgl. MICHAELIS UPR 1998, 210, (212), FINCKH Regulierte Selbstregulierung, S. 64.

115. MICHAELIS UPR 1998, 210, (212); nach VELTE Duale Abfallentsorgung und Kartellverbot, S. 104 »faktisch nahezu unmöglich«.

116. VELTE Duale Abfallentsorgung und Kartellverbot, S. 104.

117. BASTIANS Verpackungsregulierung, S. 60.

118. MICHAELIS UPR 1998, 210, (212); nach KAIMER/SCHADE Zukunftsfähige Hausmüllentsorgung, S. 81 waren im Jahr 2001 15 Unternehmen Garantiegeber der DSD-AG.

119. BURCHARDI/SACKSOFSKY JUTR 1994 Bd. 27, 23, (45 f.), BARTLING

Die Verwertungsgesellschaften übernehmen gegenüber der DSD-AG in sog. »Abnahme- und Garantieverträgen« für die jeweilige Materialfraktion pauschale Abnahme- und Verwertungsgarantien, die eine der VerpackVO entsprechende stoffliche Verwertung aller von den Entsorgern nach Materialfraktionen getrennten Verpackungsabfälle sicherstellen.[120]

Neben den schon vor der VerpackVO gut ausgebauten Recyclingstrukturen für Glas und Papier erwies sich der Aufbau von ausreichenden Verwertungsstrukturen für andere Materialien als schwierig. Sie mußten erst mit großem Aufwand geschaffen werden.[121] Insbesondere im Bereich Kunststoffe kam es aufgrund des Sortiereifers der Verbraucher anfänglich zu erheblichen Problemen.[122] Dies lag vor allem daran, daß eine Verwertung nur bei Materialien, die nicht Kunststoffverpackungen sind, in der Regel kostendeckend, also ohne weiteren Finanzierungsaufwand, möglich war. Im Kunststoffbereich mußte jedoch auch bei vorsortierten Kunststoffabfällen eine Bezuschussung der Verwertung von 200 bis 800 DM (101,60 bis 406,40 Euro) pro Tonne erfolgen.[123]

II. Transport- und Umverpackungen

1.) Rücknahme- und Verwertungsverpflichtung für Transport- und Umverpackungen

Die Rücknahme- und Verwertungspflichten für Transport- bzw. Umverpackungen sind in §§ 4 und 5 VerpackVO geregelt. Danach müssen Transportverpackungen von Herstellern und Vertreibern zurückgenommen werden (§ 4 I VerpackVO)[124] und, soweit dies technisch

---

WuW 1995, 183, (185 f.).

120. VELTE Duale Abfallentsorgung und Kartellverbot, S. 104; MICHAELIS UPR 1998, 210, (212).

121. FLANDERKA VerpackVO, S. 118.

122. FRENZ GewArch 1994, 145, (145 u. 157); der Sortiereifer ist gegenwärtig so hoch wie nie (SIMON Entsorga 2002, 14, (14)).

123. MICHAELIS UPR 1998, 210, (213); Hinzu kamen anfangs Probleme der DSD-GmbH, ihr zustehende Lizenzentgelte einzutreiben. Das Kontrollsystem der DSD konnte noch nicht hinreichend dafür Sorge tragen, daß die Anmeldungen der Hersteller bzw. Vertreiber auch den tatsächlichen Verpackungsmengen entsprachen. Vgl. dazu schon § 4 A I. 3.) auf Seite 25.

124. Wo die Rücknahmepflicht zu erfüllen ist, ist streitig. Siehe dazu im einzelnen FLANDERKA VerpackVO, S. 70 f. Nach wohl überwiegender Ansicht ist Leistungsort für die Erfüllung der Rücknahmepflicht der Übergabeort (vgl. FLANDERKA VerpackVO, S. 79). Eine im Referentenentwurf vom 20. 12. 1995

möglich und wirtschaftlich zumutbar ist[125], erneut verwendet oder stofflich verwertet werden (§ 4 II 1 VerpackVO). Es besteht somit nach § 4 II, § 5 III VerpackVO – unter der Voraussetzung der wirtschaftlichen Zumutbarkeit – immer eine Verwertungspflicht.[126] Verwertungsquoten sind dagegen, anders als bei Verkaufsverpackungen, nicht vorgesehen.

Bei unmittelbar aus nachwachsenden Rohstoffen hergestellten Transportverpackungen ist auch eine energetische Verwertung zulässig (§ 4 II 2 VerpackVO). Eine weitere Rückgabe der zurückgenommenen Transportverpackungen entlag der Lieferantenkette an Hersteller oder Großhandel, vergleichbar der Regelung bei Verkaufsverpackungen in § 6 II VerpackVO, ist nicht vorgesehen.

Bei Umverpackungen ist der Einzelhandel[127] nach § 5 I 1 VerpackVO verpflichtet, diese bei Abgabe zu entfernen, oder dem Endverbraucher durch Sammelbehälter (§ 5 III 1–2 VerpackVO) in der Verkaufstelle Gelegenheit zum Entfernen und zum kostenlosen Zurücklassen zu geben. Im letzteren Fall muß der Verbraucher auf diese Möglichkeit hingewiesen werden (§ 5 II VerpackVO). Die Umverpackungen müssen schließlich entsprechend der für Transportverpackungen geltenden Regelung des § 4 II VerpackVO erneut verwendet oder stofflich verwertet werden (§ 5 III 3 VerpackVO). Wie bei den Transportverpackungen ist eine weitere Rückgabe der zurückgenommenen Umverpackungen an Hersteller oder Großhandel nicht vorgesehen.

a) Fremd-Transportverpackungen

Problematisch ist, ob nur solche Transportverpackungen zurückgenommen werden müssen, die von dem jeweiligen Hersteller bzw. Vertreiber geliefert oder produziert wurden, oder ob sich die Rücknahmepflicht auch auf Fremd-Transportverpackungen erstreckt. Ausdrücklich geregelt ist dies in der VerpackVO nicht. Für Ver-

---

enthaltene Bestimmung des Inhalts, daß eine Rücknahme am Ort der tatsächlichen Übergabe zu erfolgen hat, wurde im Rahmen der weiteren Überarbeitung gestrichen (vgl. FLANDERKA VerpackVO, S. 70). Für wiederkehrende Belieferungen enthält § 4 I 1 VerpackVO jedoch eine Regelung, daß »die Rücknahme auch bei einer der nächsten Anlieferungen erfolgen« kann.

125. Unter Verweis auf § 5 IV KrW-/AbfG, der diese Anforderung etwas präzisiert.

126. BASTIANS Verpackungsregulierung, S. 136.

127. § 5 VerpackVO spricht nicht von »Herstellern und Vertreibern«, sondern nur von »Vertreibern«. Da weiterhin vom »Endverbraucher« die Rede ist, ist nur der Einzelhandel Adressat der Regelung.

kaufsverpackungen existiert hingegen eine entsprechende Regelung in §§ 6 I 4 bzw. 6 II 3 und 6 I 5 VerpackVO.[128] Auch § 10 VerpackVO beinhaltet eine Einschränkung der Rücknahmepflicht für Fremd-Verkaufsverpackungen. Dieser Grundsatz wäre nur dann analog auf Transportverpackungen anwendbar, wenn die zugrundeliegenden Sachverhalte vergleichbar sind, und eine planwidrige Regelungslücke gegeben ist.

Die Situation bei Verkaufsverpackungen und bei Transportverpackungen unterscheidet sich jedoch grundlegend. So ist bei Verkaufsverpackungen eine Individualisierung des Abnehmerkreises und folglich eine Zuordnung der einzelnen abgegebenen Verkaufsverpackung an einen bestimmten Adressaten praktisch nicht möglich. Bei Transportverpackungen hingegen existieren einzelne genau nachvollziehbare Belieferungsbeziehungen, denen neben den gelieferten Waren auch die genutzten Transportverpackungen zugeordnet werden können. Dies gilt insbesondere dann, wenn sie vom Lieferanten gekennzeichnet sind. Mangels Vergleichbarkeit kann eine analoge Anwendung daher nicht erfolgen.[129] Wie die für die Verkaufsverpackungen geltenden Vorschriften zeigen, hat der Verordnungsgeber bewußt unterschiedliche Regelungen getroffen, so daß es auch an einer planwidrigen Regelungslücke fehlt.

Es besteht daher kein Grund von einer Rücknahmeverpflichtung für Fremd-Transportverpackungen auszugehen.

b) Fremd-Umverpackungen

Wie bei den Transportverpackungen stellt sich auch bei den Umverpackungen die Frage, ob auch Fremd-Umverpackungen zurückzunehmen sind. Auch diesbezüglich fehlt eine entsprechende Regelung in der VerpackVO.

Nach der Konzeption des § 5 VerpackVO, sollen Umverpackungen durch den Vertreiber oder den Endverbraucher vor bzw. unmittelbar nach dem Kauf entfernt werden. Diese Auslegung wird auch durch den Wortlaut des § 5 II a. E. VerpackVO gestützt, nach dem der Endverbraucher die Umverpackungen »zurücklassen« kann. Dem-

---

128. Vgl. § 4 A I. 1.) auf Seite 22.
129. Zu dem Vorstehenden FLANDERKA VerpackVO, S. 72, FLANDERKA/ WINTER BB 1992, 149, (151); aus den genannten Gründen auch FLUCK DB 1992, 193, (194), BAYOBLG Beschluß vom 31. 8. 1993 – 3 ObOWi 66/93, BB 1993, 2404, 2406; a. A. ELSNER/RUMMLER NVwZ 1992, 243, (245), der von einer Rücknahmeverpflichtung für Fremdverpackungen ausgeht.

nach ist eine Rückgabe nach Verlassen der Verkaufsstelle nicht mehr möglich. Folglich entfällt erst recht auch eine Rücknahmepflicht für Fremd-Umverpackungen.[130]

2.) Erfüllung durch Dritte

Nach § 11 S. 1 VerpackVO kann der Einzelhandel Dritte mit der Erfüllung seiner Pflichten beauftragen. Es ist jedoch zu beachten, daß eine Befreiungsmöglichkeit, wie sie im Fall von Verkaufsverpackungen in § 6 III VerpackVO enthalten ist,[131] für Transport- bzw. Umverpackungen nicht existiert.

B Rechtmäßigkeit der Vorgaben der VerpackVO

Die Vereinbarkeit der VerpackVO mit höherrangigem Recht ist oft bezweifelt worden.[132] Eine eingehende Beschäftigung mit dieser Frage soll im Rahmen dieser Arbeit jedoch nicht erfolgen, da die Verpack-VO seit geraumer Zeit angewendet und praktiziert wird und diese Frage für die wettbewerbliche Beurteilung daher nicht relevant ist.

Sofern insbesondere hinsichtlich der individuellen Rücknahmepflichten davon ausgegangen wird, daß diese aufgrund der damit verbundenen hygienischen und logistischen Probleme unmöglich umzusetzen wären,[133] so ist diese Frage bisher wegen der Existenz des DSD-Systems nicht aktuell geworden. Im weiteren ist ferner davon auszugehen, daß insofern zwar enorme Schwierigkeiten entstünden, diese aber nicht das Maß erreichen, um eine völlige Unmöglichkeit annehmen zu können. Überzeugender wäre daher schon die Annahme, daß die individuelle Rücknahme im Einzelfall unverhältnismäßig sein kann. Da aber von den Betroffenen von einer drohenden Verpflichtung ausgegangen wird und sie sich entsprechend verhalten, ist dies für die hier interessierende Fragestellung nicht relevant.

---

130. FLANDERKA VerpackVO, S. 84 f.
131. Siehe § 4 A I. 3.) auf Seite 24.
132. Siehe bspw. TOMÉ-KOZMIENSKY Die Verpackungsverordnung, S. 59 ff., die von einer Verfassungswidrigkeit wegen des Ausschlusses der energetischen Verwertung in der VerpackVO 1991 ausgeht; a. A. DI FABIO NVwZ 1995, 1, (7 f.); siehe auch KIETHE/SPROLL ZIP 1994, 275, (279 f.), MEIER BB 1995, 2381, (2384 ff.); zur Frage der Zulässigkeit der Kostenbelastung des Endverbrauchers aufgrund der VerpackVO siehe KLOEPFER/WIMMER UPR 1993, 409, (409 ff.).
133. Siehe zu den hygienischen Problemen inbesondere MEIER BB 1995, 2381, (2381 ff.).

C EU-rechtliche Vorgaben der VerpackRL

Für Verpackungen existiert auf europäischer Ebene die Richtlinie
über Verpackungen und Verpackungsabfälle (RL 94/62/EG) des Europäischen Parlaments und des Rates vom 20. Dezember 1994[134]
(VerpackRL). Da diese im Jahre 1994 erlassen wurde, hatte zu diesem Zeitpunkt bereits die VerpackVO 1991 Gültigkeit. Die Verpack-
VO 1991 wurde somit nicht zur Umsetzung der Anforderungen der
VerpackRL erlassen. Vielmehr ist die VerpackRL maßgeblich auf die
Bestrebungen der Bundesrepublik Deutschlands hin beschlossen worden. Durch die Novelle der VerpackVO 1998 wurden einzelne Vorgaben der VerpackRL umgesetzt. Im folgenden werden die wichtigsten
Regelungen dargestellt, soweit sie zu den geschilderten Regelungen
in der VerpackVO in Bezug stehen und für das Thema interessant
sind.

Die VerpackRL hat das erklärte Ziel, die unterschiedlichen Maßnahmen der Mitgliedstaaten zur Bewirtschaftung von Verpackungen und
Verpackungsabfall zu harmonisieren. Sie soll ferner ein hohes Umweltschutzniveau sicherstellen und das Funktionieren des Binnenmarktes
gewährleisten.[135]

Entsprechend der auch im europäischen Abfallrecht herrschenden
Hierarchie, soll dies primär durch Abfallvermeidung sowie Wiederverwendung (Art. 1 II VerpackRL) und sekundär durch Verwertung
erreicht werden. Nur soweit die vorangegangenen Alternativen ausscheiden, kann als letzte Möglichkeit auch die umweltverträgliche
Beseitigung erfolgen.

Nach Art. 2 I VerpackRL unterfallen der Richtlinie alle in der Gemeinschaft in Verkehr gebrachten Verpackungen und Verpackungsabfälle.

Während die VerpackRL hinsichtlich Vermeidung und Wiederverwertung nur sehr grundlegende und kaum unmittelbar vollziehba-
re Anforderungen stellt (Art. 9 i. V. m. Anhang II und Art. 4 VerpackRL bzw. Art. 5 und 7 VerpackRL), enthält sie bezüglich der
Verwertung wesentlich konkretere Vorgaben.[136] So unterscheidet sie
zwischen stofflicher[137] und energetischer Verwertung.[138]

---

134. ABl. EG Nr. L 365/10.
135. Präambel der VerpackRL.
136. BASTIANS Verpackungsregulierung, S. 22.
137. Art. 3 Nr. 7 VerpackRL definiert diese als Wiederaufarbeitung einschließlich
     der organischen Verwertung aber ohne energetische Verwertung.
138. Art. 3 Nr. 8 VerpackRL definiert diese als Verwendung von brennbarem

Wie die VerpackVO statuiert die VerpackRL die Erreichung von Verwertungsquoten. Diese sind bis 2001 mit Vorgaben von 50 und höchstens 65 Gewichtsprozent[139] aller insgesamt anfallenden Verpackungen jedoch nicht so hoch wie die Vorgaben der VerpackVO. Wichtiger ist aber, daß diese nicht wie in der VerpackVO auf die nur schwer zu verwertenden Verkaufsverpackungen beschränkt sind. Es können damit auch die wesentlich besser zu verwertenden Transport- und Umverpackungen auf die Quote angerechnet werden. Mit 25 % bis 45 % sind die Quotenvorgaben hinsichtlich des stofflich zu verwertenden Anteils noch geringer (Art. 6 I lit. a, b VerpackRL). Diese sind darüberhinaus auch weitgehend materialunabhängig, so daß sie auch vermehrt durch besonders leicht verwertbare Materialien erreicht werden können. Lediglich ein gewisser Mindestanteil von 15 % muß in jeder Materialfraktion erreicht werden (Art. 6 I lit. b VerpackRL).

Ein weiterer Unterschied zur VerpackVO ergibt sich auch daraus, daß die VerpackRL zwar ebenfalls zwischen Verkaufs-, Transport- und Umverpackungen unterscheidet (Art. 3 I Nr. 1 VerpackRL), daran aber – anders als die VerpackVO – keine Rechtsfolgen knüpft.[140]

Zur Umsetzung der Vorgaben haben die Mitgliedstaaten die erforderlichen Maßnahmen zu treffen (Art. 7 VerpackRL). Obwohl ihnen ausdrücklich die Möglichkeit eingeräumt wird, Systeme zur Wiederverwendung der Verpackungen zu fördern, sind sie in der Wahl der Mittel frei. So ist in der VerpackRL weder eine den Rücknahmeverpflichtungen entsprechende Regelung zu finden, noch besteht ein Zwang, Systeme einzurichten.

In Betonung der entsprechenden Vorgaben des EG-Vertrags ist gemäß Art. 18 VerpackRL die Behinderungen des Wettbewerbs und der Warenverkehrsfreiheit zu vermeiden. Die Maßnahmen zur Abfallvermeidung dürfen ferner nach Art. 5 VerpackRL nicht wettbewerbsverzerrend wirken.

Verpackungsabfall zur Energieerzeugung durch direkte Verbrennung mit oder ohne Abfall anderer Art, aber mit Rückgewinnung der Wärme.

139. Höhere Quotenvorgaben können durch die Mitgliedstaaten festgesetzt werden, wenn sie von der Kommission bestätigt wurden, keine Verzerrung des Binnenmarktes auftreten und andere Mitgliedstaaten nicht an ihrer Zielerreichung gehindert sind (Art. 6 VI VerpackRL). Mit der derzeit von der EG-Kommission vorbereiteten Revision der Richtlinie sollen die bis zum 30. Juni 2006 zu erreichenden Zielvorgaben angehoben werden.

140. BASTIANS Verpackungsregulierung, S. 24.

D Beurteilung, Zielerreichung, Auswirkungen der VerpackVO

Nachdem nun ein Überblick über die im weiteren interessierenden Bereiche der VerpackVO gegeben wurde, sollen diese zunächst einer rechtlichen Kritik unterzogen werden.[141] Daran anschließend wird der Umfang der Zielerreichung[142] und die wichtigsten Auswirkungen der VerpackVO auf die Entsorgungsmärkte[143] dargestellt.

I. Bewertung der rechtlichen Instrumente

Bei der Bewertung der rechtlichen Instrumente der VerpackVO treten nach den vorangegangenen Darstellungen zwei Aspekte in den Vordergrund. Zum einen sind dies die unterschiedlichen Regelungen hinsichtlich Verkaufs-, Transport- und Umverpackungen und zum anderen die Einführung von Rücknahmepflichten.

1.) unterschiedliche Regelungen für Verkaufs-, Transport- und Umverpackungen

Die VerpackVO knüpft an die Unterscheidung zwischen Verkaufs-, Transport- und Umverpackungen – anders als die VerpackRL[144] – unterschiedliche Rechtsfolgen. So haben die Hersteller bzw. Vertreiber Transport- und Umverpackungen zurückzunehmen, ohne daß sie sich von dieser Verpflichtung über eine Systemlösung befreien können. Andererseits bestehen für diese Verpackungsarten – anders als für die Verkaufsverpackungen – keine Quotenvorgaben. Da Transport- und Umverpackungen im Allgemeinen nur gering verschmutzt sind, eine geringe Durchmischung aufweisen, sortenreiner sind[145] und daher deutlich leichter verwertbar sind als Verkaufsverpackungen, müßte dies nach sachlichen Erwägungen gerade umgekehrt sein. Weil diese unterschiedliche Behandlung somit weder aus ökologischen noch aus ökonomischen Gesichtspunkten einen Sinn ergibt, läßt sie sich wohl nur dadurch erklären, daß es sich bei den Verkaufsverpackungen um die für den Verbraucher sichtbarere Verpackungsart handelt, und diese folglich, um den Verordnungsgeber umweltfreundlich er-

---

141. § 4 D I..
142. § 4 D II. auf Seite 51.
143. § 4 D III. auf Seite 61.
144. Diese differenziert zwar auch, knüpft daran aber keine Rechtsfolgen.
145. BASTIANS Verpackungsregulierung, S. 73.

scheinen zu lassen, der strengeren Regelung unterworfen wurde.[146]
So hat fast jeder – und damit der Wähler – mit Verpackungen zu tun.
Aktivitäten sind daher gerade in diesem Bereich besonders sichtbar
und vermitteln den Eindruck, es werde etwas für den Umweltschutz
getan.[147]

Die Entsorgung der Transport- und Umverpackungen kommt daher mit vergleichsweise knappen Regelungen aus. So kann sie bei der
Verwertung den effizientesten Weg gehen, wobei anhand des – nicht
unproblematischen[148] – Kriteriums der wirtschaftlichen Zumutbarkeit die Obergrenze der verlangten Verwertungsanstrengungen gesetzt wird. Entsprechendes wäre auch für die deutlich schwerer und
teurer verwertbaren Verkaufsverpackungen wünschenswert.

Außer den vom Bundeskartellamt untersagten Bestrebungen der
DSD-AG, auch in die Entsorgung der Transport- und Umverpackungen vorzudringen,[149] hat es im Bereich Transport- und Umverpackungen auch keine größeren wettbewerbsrechtlichen Probleme gegeben.

2.) Rücknahmepflicht

a) Statuierung einer Rücknahmepflicht

Auch im Vergleich zu den anderen Mitgliedstaaten stellt die Statuierung individueller Rücknahmepflichten eine Besonderheit dar, da diese nach der Richtlinie nicht zwingend erforderlich ist.[150] In Deutschland meinte man jedoch, den Gedanken der Produktverantwortung
des einzelnen Produzenten für seine Produkte auch auf Verpackungen ausdehnen zu müssen. Demzufolge wurden Hersteller und Vertreiber zur Rücknahme verpflichtet. Im Gegensatz dazu hat man es
in anderen EU-Ländern bei einer Produzentenverantwortung[151] be-

---

146. BASTIANS Verpackungsregulierung, S. 80; Das dürfte auch der Grund sein,
   warum im industriellen Bereich, wo ein Recycling aufgrund größerer und meist
   sortenreinerer Mengen an einer Anfallstelle noch viel besser möglich wäre,
   bisher keine Verwertungspflichten geregelt wurde.
147. BASTIANS Verpackungsregulierung, S. 80.
148. BASTIANS Verpackungsregulierung, S. 79.
149. BKARTA Beschluß vom 24. 6. 1993 WuW 1994, 63 »Entsorgung von Transportverpackungen« = WuW/E, 2561, (2561 ff.).
150. BASTIANS Verpackungsregulierung, S. 81 f.
151. Dieser Begriffsgebrauch ist nicht einheitlich (vgl. zur Begrifflichkeit § 3 D auf
   Seite 15). A.A. BAUERNFEIND Rücknahme- und Rückgabepflichten, S. 122 f.,
   der die die Produzentenverantwortung als die engste Form der Produktverantwortung sieht, nämlich die ausschließliche Verantwortung des Herstellers für

46

lassen, die erst gar nicht versucht, den einzelnen Produzenten für die von ihm in Verkehr gebrachten Produkte verantwortlich zu machen.[152]

Weil Verpackungen – und insbesondere Verkaufsverpackungen – häufig und in hohen Stückzahlen anfallen und darüberhinaus noch hochgradig durchmischt sind, war andererseits klar, daß eine »enge« Produktverantwortung des einzelnen Herstellers bzw. Vertreibers für seine Produkte nicht realistisch umzusetzen war. Folglich wurden die Rücknahmepflichten – wie dargelegt – auf artgleiche Verpackungen auch anderer Hersteller bzw. Vertreiber ausgedehnt und damit kollektiviert. Das Ergebnis unterscheidet sich damit wohl kaum von einer Produzentenverantwortung. Der für die »enge« Produktverantwortung in Reinkultur charakteristische Rückkopplungseffekt, der den einzelnen Hersteller bzw. Vertreiber mit den *von ihm selbst* in Verkehr gebrachten Produkten – hier Verpackungen – am Ende von deren Lebensdauer erneut konfrontiert, fehlt.

Nachdem aber praktisch nur noch eine kollektive Hersteller bzw. Produzentenverantwortung übrig bleibt, hätte diese nun effektiv geregelt werden müssen. Dies erfolgte jedoch nicht. Wohl weil gedanklich weiter der Idee der »engen« Produktverantwortung für das eigene Produkt nachgehangen wurde, orientieren sich die Regelungen weiterhin daran. So müssen die Quotenvorgaben im Selbstentsorgerbereich durch die Rücknahme von Verkaufsverpackungen am Ort der Übergabe oder in dessen unmittelbarer Nähe erreicht werden. Eine Verwertung von stoffgleichen Nicht-Verkaufsverpackungen kann nicht auf die Quoten angerechnet werden. Auf die Spitze getrieben wird dies, wenn der Ansicht der Bundesregierung gefolgt wird, daß sogar nur am Ort der Übergabe – also im Laden – zurückgenommene Verkaufsverpackungen anrechenbar sind, mit der Folge, daß identische Verkaufsverpackungen nicht anrechenbar recycled werden können, nur weil sie andernorts – beispielsweise im Rahmen einer haushaltsnahen Entsorgung – erfaßt wurden.[153] Das Ergebnis des

---

seine Produkte, wobei er aber die Möglichkeit einer Ausgestaltung als Branchenverantwortung (jedoch nur der Hersteller) für möglich hält. Dagegen setzt er die »Produktverantwortung im engeren Sinn«, welche die Verantwortung der herstellenden und vermarktenden Wirtschaftskreise umfaßt und welche die den §§ 22 ff. zugrundeliegende Produktverantwortung darstellen soll. Diese setzt aber grundsätzlich an den jeweils *eigenen* Produkten an und umfaßt erst im Rahmen von Rücknahmepflichten eine Verpflichtung der entsprechenden Wirtschaftskreise.

152. Vgl. bspw. Großbritannien. Siehe dazu § 7 A auf Seite 235.
153. So die Ansicht der Bundesregierung vgl. KOMMISSION Entscheidung v.

beibehaltenen Denkansatzes sind damit Rücknahmepflichten, deren eigentlicher Zweck darin besteht, eine gewollte kollektive Systemlösung zu erzwingen.[154]

Ferner ist auch die Systemlösung durch die Idee der »engen« Produktverantwortung in Reinkultur geprägt. So verlangt die VerpackVO, das die geforderten Verwertungsquoten, ebenso wie im Selbstentsorgerbereich, durch die Erfassung gebrauchter Verkaufsverpackungen zu erreichen ist. Eine Quotenerreichung durch Verwertung entsprechender Stoffe aus Nicht-Verkaufsverpackungen ist auch hier nicht möglich. Gebrauchte Verkaufsverpackungen können auch nur dann angerechnet werden, wenn sie haushaltsnah erfaßt wurden. Wiederum entfällt damit eine Anrechnung für identische Verkaufsverpackungen, wenn sie auf andere Weise erfaßt wurden. Wie im Selbstentsorgerbereich müssen darüberhinaus aufwendige Mengenstromnachweise erbracht werden. Überspritzt formuliert muß also der Verbleib eines jeden Joghurtbechers dokumentiert werden.

b) Rücknahmepflicht als Druck- und Drohmittel

Da die in § 6 I, II VerpackVO statuierten individuellen Rücknahmepflichten bewußt praktisch undurchführbar ausgestaltet[155] und wohl nicht für eine tatsächliche Anwendung, sondern nur als Druck- und Drohmittel, konzipiert wurden[156], stellt sich das darin zu Tage tretende Vorgehen des Verordnungsgebers, die Rücknahmepflichten als Druckmittel einzusetzen, zumindest als sehr fragwürdig dar. So wären die Vertreiber und insbesondere kleine Einzelhändler in dicht

---

17.9.2001 Az.: K(2001) 2672 ABl. EG 2001 L 319, Tz. 15, 167, ebenso SCHMIDT-PREUSS DB 2002, 775, (776); a. A. LG KÖLN Urteil v. 13.1.2000, Az. 31 O 991/99.

154. SCHMIDT-PREUSS DB 2002, 775, (777) bezeichnet dies euphemistisch als »Anreiz«.

155. KÖHLER BB 1996, 2577, (2577), SCHOLZ/AULEHNER BB 1993, 2250, (2255), SCHULTZ Probleme des Wettbewerbs, 141, (S. 145, 154), o.V. amtl. Begründung des Entwurfs zur VerpackVO BR-Drs. 817/90, S. 49; eindrucksvoll insbesondere zu den hygienischen Problemen im Lebensmittelbereich MEIER BB 1995, 2381, (2382 u. 2385); dazu noch im einzelnen unter § 5 C III. 5.) b) aa) auf Seite 145.

156. KIETHE/SPROLL ZIP 1994, 275, (277), SELMAYR UPR 1998, 99, (100), FINCKH Regulierte Selbstregulierung, S. 52, STAUDT ET AL Großexperiment, S. 272; zentrales Anliegen des Verordnungsgebers war der Aufbau eines umfassenden Rücknahme- und Endsorgungssystems (EKKENGA BB 1993, 945, (945); o.V. amtl. Begründung des Entwurfs zur VerpackVO BR-Drs. 817/90, S. 4, S. 36 f.).

bewohnten Innenstädten, bei Nutzung des Rückgaberechts durch die Verbraucher, schon aus dem Umstand heraus, daß jeder Vertreiber auch Fremdverpackungen zurücknehmen muß[157], einer kaum noch zu bewältigenden Flut von Verkaufsverpackungen ausgesetzt.[158] Tatsächlich wäre von einer noch größeren Verpackungsflut auszugehen, da die aus der Begrenzung der Rücknahmepflicht sich ergebenden Zurückweisungsmöglichkeiten organisatorisch kaum wirtschaftlich sinnvoll auszuüben wären und daher weitgehend nutzlos sind.[159] Nachdem die Verkaufsverpackungen bei Lebensmitteln zudem meist stark kontaminiert sind, wären über die logistischen Probleme[160] hinaus die erheblichen hygienischen Probleme[161] bei einer Rücknahme auf dem Verkaufsgelände faktisch kaum lösbar.

Weil nach der Konzeption der VerpackVO die bisher erfolgte Systemanerkennung auch widerrufbar ist, wenn die Voraussetzungen nicht erfüllt werden, stellen die individuellen Verpflichtungen ein regulatives Auffangnetz dar, sollte das DSD-System scheitern. Wie die bis vor kurzem ebenfalls nicht angewandten Regelungen der Verpack-VO zum Pflichtpfand mit der Einführung des Pflichtpfandes zum 1. 1. 2003 zeigen, darf nicht damit gerechnet werden, für den Fall des Scheiterns des Systems vorgesehene Regelungen würden niemals aktuell werden. Folglich müssen diese Regelungen auch praktisch anwendbar sein. Die bisherige Fassung erlaubt das jedoch kaum, da sie von vornherein nur als Druckmittel konzipiert ist.[162]

Aufgrund der nun auch im Rahmen von § 6 I, II VerpackVO geltenden Quotenvorgaben, könnten die Rücknahmepflichtigen nicht

157. Dies gilt nur, soweit sie seinem Warensortiment entsprechen. Bei kleinen Vertreibern besteht diese Verpflichtung nur, soweit die Verkaufsverpackungen den von ihm vertriebenen Marken entsprechen. Vgl. § 4 A I. 1.) auf Seite 21.
158. o. V. amtl. Begründung des Entwurfs zur VerpackVO BR-Drs. 817/90, S. 49, BÜNEMANN/RACHUT Der Grüne Punkt, S. 47; sehr diplomatisch formuliert RUMMLER/SCHUTT VerpackVO, S. 31.
159. Im Rahmen der VerpackVO 1991 war diese Verpflichtung noch weitreichender als für die Hersteller, da deren Verpflichtung auf die in Verkehr gebrachten Waren beschränkt waren (§ 6 II VerpackVO 1991; vgl. MEIER BB 1995, 2381, (2582)).
160. HOLTOFF-FRANK Kartellrechtliche Probleme, S. 175.
161. SCHULTZ Probleme des Wettbewerbs, 141, (S. 145), VELTE Duale Abfallentsorgung und Kartellverbot, S. 94, dazu insbesondere MEIER BB 1995, 2381, (2381 ff.).
162. Ob die Regelungen in diesem Falle rechtliche Wirkungen entfalten, oder ob sie weitgehend als unverhältnismäßig anzusehen sind, hinge vom Einzelfall und davon ab, inwieweit der Verbraucher die Verkaufsverpackungen zurückbringt. Fehlende Verbraucherbeteiligung würde andererseits auf weiter Front zu nicht erreichten Quoten führen. Siehe dazu im folgenden.

einmal mehr darauf hoffen, daß der Endverbraucher seine Verkaufsverpackungen größtenteils nicht zurückbringen werde.[163] Wenn dieser nämlich – und damit wäre wohl meist zu rechnen – von der Rückgabemöglichkeit keinen Gebrauch machte und die Verpackungen den öffentlich-rechtlichen Entsorgungsträgern übergibt, würden die zu erbringenden Quoten nicht erreicht. Da erstens eine Rückgabeverpflichtung des Verbrauchers nicht existiert[164], zweitens Verkaufsverpackungen nicht aus dem öffentlichen Entsorgungssystem ausgeschlossen sind[165] und schließlich drittens wegen der mengenunabhängig berechneten kommunalen Müllgebühren kein Anreiz besteht, eine für den Verbraucher mit größeren Transaktionskosten verbundene Rückgabe vorzunehmen,[166] kann kaum mit hinreichenden Rücklaufmengen gerechnet werden, um die hohen Quoten der VerpackVO zu erreichen. Untermauert wird diese Annahme auch dadurch, daß im Bereich der Umverpackungen, bei denen zum einen keine Befreiungsmöglichkeit für die Vertreiber entsprechend § 6 III VerpackVO besteht, und zum anderen keine Quoten zu erfüllen sind, nur eine geringe Rücklaufquote zu verzeichnen ist[167]. Da diese im übrigen zu einem nicht geringen Teil durch Zurücklassen der Umverpackungen beim Kauf zustande kommt, was mit erheblich geringerem Aufwand für den Verbraucher verbunden ist als eine Rückgabe, wäre die Situation bei einem erforderlichen Rücktransport zum Vertreiber wohl eher noch schlechter.

Im Ergebnis dürfte somit das Grundsystem in § 6 I, II VerpackVO praktisch sowohl auf der Seite der Händler als auch im Hinblick auf den Verbraucher nicht funktionieren und könnte, falls es je jemals ernsthaft anzuwenden wäre, wohl den Zweck der VerpackVO, das öffentlich zu entsorgende Abfallaufkommen zu reduzieren, nicht erreichen. Besser und ehrlicher wäre es daher gewesen, statt die Vorschriften lediglich als Druckmittel zu konzipieren, gleich die tatsäch-

---

163. Dies war im Rahmen der VerpackVO 1991, die im Selbstentsorgerbereich keine Quotenvorgaben enthielt, noch eine mögliche Hoffnung vgl. RUMMLER/SCHUTT VerpackVO, S. 30, SCHIER ZLR 1993, 431, (443).

164. RUMMLER/SCHUTT VerpackVO, S. 63; dazu ARNDT/KÖHLER NJW 1993, 1945, (1945 ff.).

165. § 15 III KrW-/AbfG sieht dies lediglich als Möglichkeit vor. In manchen Gemeinden ist davon zwar auch Gebrauch gemacht worden. Mangels wirksamer Kontrolle ist das jedoch kaum ein sinnvoller Weg, den Verbraucher zur Mitarbeit zu zwingen.

166. COSTA/FRANKE Handelsunternehmen im Spannungsfeld, S. 42.

167. WEIDEMANN DVBl. 1992, 1568, (1570), VELTE Duale Abfallentsorgung und Kartellverbot, S. 95.

lich gewünschte Regelung zu erlassen.[168] Dabei wäre es besser, nicht der im Verpackungsbereich unerreichbaren »engen« Produktverantwortung für die eigenen Produkte nachzujagen, sondern es bei einer Produzentenverantwortung zu belassen und diese sinnvoll zu regeln.

II. Zielerreichung

Unabhängig von der vorangegangenen Kritik werden die in der VerpackVO vorgegebenen Ziele in wesentlichen Teilen erreicht. Das betrifft insbesondere auch die Quotenvorgaben. Nach eigenen Angaben der DSD-AG werden diese in den Bereichen Papier/Pappe/Karton, Kunststoffe, Weißblech und Aluminium sogar mit mehr als 100 % übererfüllt.[169] Dies ist wohl darauf zurückzuführen, daß die meisten Verbraucher diese Materialien unabhängig von ihrer Eigenschaft als Verkaufsverpackungen und unabhängig von ihrer Lizenzierung – d. h. unabhängig davon, ob sie einen »Grünen Punkt« tragen – über das System der DSD-AG entsorgen. Für Papier, dessen Quote mit 168 % weit über dem erforderlichen Wert von 60 % liegt, trifft dies besonders zu, da meist alles Altpapier über die entsprechenden Sammelbehälter entsorgt wird (dabei wird ein Anteil von 25 % Verkaufsverpackungen unterstellt[170]).[171]

Wie im weiteren darzustellen ist, ist der Preis für diese Quotenerfüllung allerdings hoch.

1.) Ökonomische Aspekte

Entsprechend dem zugrundeliegenden Gedanken der Produktverantwortung war eine Internalisierung externer Kosten[172] gewollt. Die Vermeidung bzw. Reduzierung von Verpackungen sollte durch indi-

---

168. So wurde bei der Batterieverordnung (BGBl I 1998, 658) hinsichtlich der Rücknahme- und Verwertungspflicht der Hersteller verfahren (§ 4 II BatterieVO), da diese nur über ein gemeinsames Rücknahmesystem erfolgen kann. Die Vertreiber sind dagegen individuell zur Rücknahme verpflichtet, was aber wegen der viel geringeren Mengen und der nicht bestehenden hygienischen Probleme keine größeren Schwierigkeiten bereitet.
169. Auch nach UMWELTBUNDESAMT Daten zur Umwelt 2000, Abschnit 6.5 wurden die Verwertungsquoten, deren Einhaltung das DSD System jährlich nachweisen muß, insgesamt stets erfüllt bzw. übererfüllt.
170. STAUDT ET AL Großexperiment, S. 143.
171. Zu diesen Werten siehe BASTIANS Verpackungsregulierung, S. 65.
172. SCHOLZ/AULEHNER BB 1993, 2250, (2251); vgl. dazu auch FINCKH Regulierte Selbstregulierung, S. 80 f.

rekte Steuerung und Verbesserung der Selbstregulierung der Wirtschaft[173] im Wege der individuellen Verpflichtung erfolgen[174] Dazu mußten ökonomische Anreize für dieses gewünschte Verhalten geschaffen werden. Da das Duale System jedoch von der individuellen
Rücknahmepflicht befreit, erfolgt ein wirtschaftlicher Anreiz lediglich über dessen Lizenzgebühren,[175] wobei die Staffelung des Lizen-
zentgeltes nach Stück- und Gewichtsentgelt eine verursachergemäße
Zuordnung der Systemkosten gewährleisten soll.[176]

Soweit die Wettbewerbslage es zuläßt, werden diese Kosten zwar
– was beabsichtigt war[177] – auf den Endverbraucher abgewälzt[178],
obwohl das für die Steuerungswirkung unerheblich ist,[179] da es für
eine Lenkungswirkung ausreicht, daß die entsprechenden Preissig-
nale gesetzt werden. Dies gilt jedoch nur dann, wenn der Verbraucher auch erkennen kann, inwieweit Entsorgungskosten in den Preis
einbezogen wurden.[180] Insbesondere aber setzt es voraus, daß hinsichtlich dieser Preiskomponente ein Wettbewerb besteht. Beides ist
jedoch allenfalls nur sehr eingeschränkt der Fall. Nicht nur sind die
DSD-Gebühren für den Verbraucher nicht erkennbar (sie bewegen
sich bei kleineren Verpackungen unter einem Cent, so daß die Lizenzkosten die Informations- und Transaktionskosten – die meist bei
der Kostenbeurteilung des DSD-Systems unberücksichtigt bleiben –
teilweise um mehr als das Doppelte übersteigen[181]). Auch ein Wettbewerb hinsichtlich dieses Preisfaktors findet fast ausschließlich im
Rahmen der Gebührenstaffel der DSD-AG statt, so daß nur ein geringer Optimierungsspielraum bleibt.[182] So sind die Lizenzgebühren

173. BECKMANN DVBl. 1995, 313, (313), SCHOLZ/AULEHNER BB 1993, 2250,
(2251).
174. FINCKH Regulierte Selbstregulierung, S. 74 f.
175. Vgl. BECKMANN DVBl. 1995, 313, (320).
176. HECHT/WERBECK ZfU 1995, 49, (70).
177. o.V. amtl. Begründung des Entwurfs zur VerpackVO BR-Drs. 817/90,
S. 32 f., FINCKH Regulierte Selbstregulierung, S. 75 und 80 f., EKKENGA
BB 1993, 945, (945).
178. STRECKER/BERNDT VerpackVO 1991, S. 93, KAHL DVBl. 1995, 1327,
(1336).
179. FINCKH Regulierte Selbstregulierung, S. 92; a. A. KAHL DVBl. 1995, 1327,
(1336).
180. BENZLER et al. Wettbewerbskonformität, S. 61, KAHL DVBl. 1995,
1327, (1336), SCHOLZ/AULEHNER BB 1993, 2250, (2252), sich anschießend
FINCKH Regulierte Selbstregulierung, S. 92.
181. STAUDT ET AL Großexperiment, S. 107.
182. Zu entsprechenden Absprachen der Hersteller und des Handels, daß dies so
gewollt ist und auch so bleiben soll vgl. § 5 C I. 3.) auf Seite 94 und die dortigen

pro Verpackung relativ gering.[183] Eine gewisse Steuerungswirkung existiert somit zwar[184], insbesondere auch wegen der zumindest im Lebensmittelbereich engen Gewinnmargen[185], sie bewegt sich aber doch in engen Grenzen und erlauben nur wenig ökologische Optimierung der Verpackungen.

Aus Sicht der intendierten Selbststeuerung durch Wettbewerb stellt die Mischkalkulation des Handels[186] und Quersubventionierung innerhalb des Dualen Systems[187] ein weiteres Problem dar, da so vollends verhindert wird, daß marktwirtschaftliche Kräfte[188] über den Preis wirken können.[189] Eine reelle Chance für Konkurrenzsysteme könnte zumindest in gewissem Umfang solche Kräfte in Spiel bringen.[190]

Die so durch den Verbraucher zu tragenden Kosten sind sehr hoch. Insbesondere das Kunststoffrecycling ist sehr teuer und schlug bspw. 1997 mit 835 DM (426,46 Euro) pro Tonne zu Buche.[191] Insgesamt kostete die Entsorgung von Verkaufsverpackungen über das System der DSD-AG nur an Lizenzkosten 4,1 Mrd. DM (2,09 Mrd. Euro)[192] (ca. 49 DM (25,03 Euro) p. a. pro Verbraucher[193], die gegenwärtig

---

weiteren Ausführungen zur kartellrechtlichen Beurteilung dieser Absprache.

183. BENZLER et al. Wettbewerbskonformität, S. 61, SRU Umweltgutachten 1994, S. 197 f., Nr. 506 f., FINCKH Regulierte Selbstregulierung, S. 92 f., BURCHARDI/SACKSOFSKY JUTR 1994 Bd. 27, 23, (30); auch nach den neuen Entgeltlisten sind die Beträge nicht sonderlich hoch. Andererseits kann nicht erwartet werden, daß Preise immer die Wahrheit sagen (SRU Umweltgutachten 1994, S. 78 f., Nr. 127, BENZLER et al. Wettbewerbskonformität, S. 65).

184. KAIMER/SCHADE Zukunftsfähige Hausmüllentsorgung, S. 91, FINCKH Regulierte Selbstregulierung, S. 89. f.

185. PHILIPP DS auf dem Prüfstand, S. 12.

186. BURCHARDI/SACKSOFSKY JUTR 1994 Bd. 27, 23, (30), PHILIPP DS auf dem Prüfstand, S. 13.

187. BENZLER et al. Wettbewerbskonformität, S. 33 u. 61.

188. Diese sind, wie dargestellt, sowieso schon gering.

189. BENZLER et al. Wettbewerbskonformität, S. 61, FINCKH Regulierte Selbstregulierung, S. 92.

190. PHILIPP DS auf dem Prüfstand, S. 12 a. E.

191. Vgl. HENSELDER-LUDWIG VerpackV 1998, S. 105; CHRISTILL energetische Kunststoffverwertung, 51, (S. 58) nennt sogar 3 000 DM pro Tonne; auch BUCHNER gelangt zu diesem Wert bei rohstofflichem Recycling, jedoch incl. der Kosten für die Getrenntsammlung und Sortierung (BUCHNER Müll und Abfall 1996, 448, (450)); bei Hydrierung, wobei aus Kunststoff Öl zurückgewonnen wird, entstehen kosten von ca. 2 500 DM pro Tonne (FRIEGE ZAU 1993, 456, (456)).

192. STAUDT ET AL Großexperiment, S. 272 für das Jahr 1996.

193. HENSELDER-LUDWIG VerpackV 1998, S. 104.

auf etwa 23 Euro p. a. gesunken sind[194]), wovon etwa die Hälfte allein auf die Kunststofffraktion entfällt.[195] Einen besonders hohen Anteil an den Kosten haben dabei wegen der endverbrauchernahen und flächendeckenden Erfassung mit zwei Drittel die Logistikkosten. Hinzu kommt der Sammel- und Sortieraufwand, der in den dazu nicht verpflichteten[196] Privathaushalten erfolgt.[197] Veranschlagt man diesen mit zusätzlichen 2,2 Mrd. DM[198] (1,12 Mrd. Euro) ergibt sich eine Gesamtbelastungen von mehr als 6,3 Mrd. DM (3,21 Mrd. Euro).

Der große Nutznießer ist die Entsorgungswirtschaft, für die durch die VerpackVO ein weites, milliardenschweres und künstlich geschaffenes Betätigungsfeld eröffnet wurde, in dem sich gut verdienen läßt.[199] Durch das schlechte Controling der DSD-GmbH zu Beginn, das zu einer finanziellen Schieflage führte, konnten die Entsorger durch die Umwandlung offener Rechnungen in Darlehen zeitweilig auch Kontrolle über das DSD-System erlangen und dieses damit als ideales Mittel zum Geldeintreiben nutzen.[200] Weil jeder der Entsorgungsbetriebe etwas vom Kuchen abhaben will, besteht auf dieser Seite kaum ein Anreiz, Kosten zu reduzieren, eher im Gegenteil. Dieser Anreiz ist um so geringer, als durch die gegenwärtigen Marktgegebenheiten allenfalls ein geringer Wettbewerbsdruck gegeben ist. Inwieweit die geschaffenen Strukturen mit dem Wettbewerbsrecht vereinbar sind und inwieweit mehr Wettbewerb denkbar ist, wird im folgenden Teil auszuführen sein.

Somit erfüllt das DSD-System – mit großem Aufwand – zwar die Vorgaben der VerpackVO, die betroffenen Verpackungsabfälle sind abfallwirtschaftlich jedoch nur von untergeordneter Bedeutung.[201] Auch setzt eine Wiederverwertung im Bereich Verkaufsverpackungen ausgerechnet dort mit Recycling an, wo dieses besonders schwie-

194. SIMON Entsorga 2002, 14, (18).
195. BUCHNER Müll und Abfall 1996, 448, (448), CHRISTILL energetische Kunststoffverwertung, 51, (S. 58).
196. Dazu ARNDT / KÖHLER NJW 1993, 1945, (1945 ff.).
197. FLUCK DÖV 2000, 657, (661), RIESENKAMPFF BB 1995, 833, (836); so auch FINCKH Regulierte Selbstregulierung, S. 87 der hier einen »neuralgischen Punkt für die Erreichbarkeit der Verwertungsquoten« sieht.
198. STAUDT ET AL Großexperiment, S. 272 für das Jahr 1996.
199. Vgl. FINCKH Regulierte Selbstregulierung, S. 95; Die Entsorgungswirtschaft ist prinzipiell eine Lobby gegen Müllvermeidung KAHL DVBl. 1995, 1327, (1336).
200. STAUDT ET AL Großexperiment, 274; zur Möglichkeit dabei indirekt Gewinne abzuschöpfen MICHAELIS UPR 1998, 210, (214).
201. Vgl. KÜFFNER FAZ vom 3. Juni 2003, T6.

rig und damit teuer ist. In anderen Bereichen ließe sich mit einem Bruchteil des Aufwands ein deutlich höherer Umweltnutzen erzielen. Verschärft wird dies noch dadurch, daß ein Sammeln bei Privathaushalten einen sehr großen Aufwand erfordert, um an die wiederzuverwertenden Materialien zu gelangen,[202] und daher aus Effizienzgesichtspunkten erst betrieben werden sollte, nachdem andere Bereiche bereits genutzt sind. Die in manchen Gebieten bei einem Vergleich zwischen Restmüll und »Gelber Tonne« gemachte Feststellung, daß die enthaltenen Anteile von Verpackungsabfall bzw. Restmüll in beiden Tonnen etwa gleich war[203], läßt außerdem schwere Zweifel am Sinn der vom Restmüll getrennten Erfassung aufkommen.

Die zwingende und mit hohen Quoten[204] versehene im wesentlichen stoffliche Verwertung[205] ist ineffizient und leistet keinen wesentlichen Beitrag zur Ressourcenschonung, da die Kosten des Recyclings insbesondere bei Kunststoff (weit) über den volkswirtschaftlichen Kosten bei einem Verzicht darauf liegen.[206] Mit den dafür verwendeten Mitteln ließe sich ein höherer ökologischer Nutzen an anderer Stelle erreichen.[207] Besser wäre bspw. im Kunststoffbereich – zumindest solange noch Erdöl direkt zur Energiegewinnung genutzt wird – die vermehrte Nutzung des hohen Energiewertes von Kunststoff. Dies gilt auch für andere Verpackungsmaterialien mit hohem Energiewert (bspw. Verbunde). MICHAELIS weist ferner darauf hin, daß mit den Quoten gegen den Marktmechanismus angegangen wird, weil ein Recycling nach den gegebenen Preissignalen freiwillig nicht stattfände.[208] Dies wiederum erfordert ein repressives Vorgehen gegen unerwünschte Ausweichbemühungen.[209] Zwar hat sich die Situation

---

202. Insbesondere wegen der Fehlwürfe ist dieser bei der Sortierung sehr hoch.
203. Siehe dazu SCHIER ZLR 1993, 431, (447 f.); FRIEGE ZAU 1993, 456, (456) nennt als Grund, das Bestreben Müllgebüren zu sparen, indem dieser in das Duale System gegeben wird. Der Lahn-Dill Kreis gibt umgekehrt Verpackungsquoten im Restmüll von gut 25 % Verkaufsverpackungen, davon 20 % mit »Grünem Punkt« an (HAAS Konzept Lahn-Dill-Kreis, 76, (S. 76)).
204. Deutlich höher als es die VerpackRL verlangt (vgl. § 4 C auf Seite 44).
205. Durch die Novelle der VerpackVO können Kunststoffverpackungen nun zu 40 % der Kuststoffquote (also 24 % der am System teilnehmenden Kunststoffe) auch nicht-stofflich verwertet werden (vgl. § 4 A I. 1.) auf Seite 23).
206. KAIMER/SCHADE Zukunftsfähige Hausmüllentsorgung, S. 12; die Kosten entsprechen einem Erdölpreis von über 5 EUR pro Liter (aaO. S. 90). BUCHNER Müll und Abfall 1996, 448, (448) beziffert die Kosten eines eingesparten Liters Erdöls sogar mit 20 DM (10,07 Euro).
207. KAIMER/SCHADE Zukunftsfähige Hausmüllentsorgung, S. 90.
208. MICHAELIS UPR 1998, 210, (215).
209. MICHAELIS Aspekte, S. 73.

durch die VerpackVO 1998 etwas gebessert, da eine energetische Verwertung von Kunststoffverpackungen zuvor nur über den Umweg des Einsatzes als Reduktionsersatzmittel bei der Stahlherstellung[210] erreicht werden konnte. Auch heute muß dieser Umweg jedoch noch zum Teil gegangen werden.[211] Ferner verhinderten die Quoten nach der VerpackVO 1991 einen Wettbewerb. Sie widersprechen auch in der heutigen Form dem erklärten Ziel einer Lösung im Wettbewerb, da es sich um planwirtschaftliche Methoden handelt.[212]

Der umweltpolitische Ansatz gerade im Verpackungsbereich erklärt sich damit wohl primär durch die schon erwähnte politische Wirkung, besonders umweltfreundlich erscheinen zu wollen.[213]

Trotz der zumindest bei der Novellierung der VerpackVO 1998 gegebenen Intention, eine Lösung im Wettbewerb zu erreichen,[214] bestand zumindest bei der Fassung der VerpackVO 1991 ein starkes Mißtrauen gegen die marktwirtschaftlichen Kräfte im Entsorgungsbereich.[215] Durch planwirtschaftliche Methoden[216], insbesondere durch Quotenvorgaben – noch dazu Quotenvorgaben solcher Art, die nur kollektiv erfüllbar waren –, und Zwang zur stofflichen Verwertung, sowie anderer Vorgaben wurden marktwirtschaftliche Überlegungen für eine auch ökonomisch sinnvolle Aufbereitung von Verpackungsabfall im Keim erstickt.

Die Intention der VerpackVO mag daher zwar gut sein,[217] nach ökonomischen Gesichtspunkten, die hier nur angerissen werden konnten, kann eine Beurteilung jedoch nicht positiv ausfallen. In einem bislang einmaligen Großexperiment werden zwar gewisse ökonomische Steuerungseffekte in Richtung mehr Ökologie erreicht, diese verursachen jedoch einen immensen Aufwand.

---

210. WEIDEMANN NVwZ 1995, 631, (635) benennt dies als Variante der stofflichen Verwertung; vgl. auch FLANDERKA VerpackVO, S. 25 für eine Beschreibung der Vorgehensweise. Danach kann das sonst verwendete Öl durch Altkunststoffe mengenmäßig 1:1 ersetzt werden.
211. Siehe dazu KAIMER/SCHADE Zukunftsfähige Hausmüllentsorgung, S. 89 f.
212. STAUDT ET AL Großexperiment, 274.
213. Vgl. § 4 D I. 1.) auf Seite 45.
214. BUNDESREGIERUNG Begründung zur Änderung der VerpackVO BT-Drs. 13/10943, S. 22 ff.; Wie noch auszuführen ist, muß nun aber gegen ein etabliertes Monopol der DSD-AG angegangen werden. Ein ungleich schwierigeres Unterfangen.
215. STAUDT ET AL Großexperiment, S. 272.
216. STAUDT ET AL Großexperiment, S. 272.
217. MONOPOLKOMMISSION 10. Hauptgutachten 1992/93, BT-Drs. 12/8323, S. 25 Nr. 51, STAUDT ET AL Großexperiment, S. 273.

2.) Ökologische Aspekte

Der hohe ökonomische Aufwand der VerpackVO könnte jedoch in einem anderen Licht zu sehen sein, wenn ihm gewichtige ökologische Aspekte gegenüber stünden. Dafür käme zunächst der Verpackungsverbrauch in Betracht. Dieser ist zwar seit der VerpackVO 1991 zurückgegangen, jedoch nur relativ gering.[218] Ferner ist der 11 %ige Rückgang von 1991 bis 1997[219] nicht allein der VerpackVO 1991 zuzuschreiben,[220] da schon zuvor Entwicklungen im Gange waren, im wesentlichen durch die Optimierung der Verpackungssysteme[221] Material einzusparen.[222] Schließlich ist es auch ohne VerpackVO wirtschaftlich sinnvoll, den Faktor des Materialbedarfs im Rahmen der Herstellungskosten durch Optimierung bzw. Reduzierung gering zu halten.[223] Obwohl die VerpackVO diesbezüglich den Kostendruck weiter erhöht hat,[224] bereitet diese Materialreduzierung für die Handhabung aufgrund leichterer Beschädigung und mangelnder Stabilität der Verpackungen auch Schwierigkeiten, die als Kostenfaktor gegengerechnet werden müssen und Materialreduzierungen eine Grenze setzen. Dennoch wird man eine Entkopplung zwischen Wirtschaftswachstum und Verpackungsverbrauch, der seit 1991 festzustellen ist, als Plus für die VerpackVO verbuchen müssen.[225]

---

218. Ein Rückgang erfolgte zwischen 1991 und 1996. Seit 1997 ist er wieder etwas angestiegen und bewegt sich nach der Prognose für das Jahr 2000 mit 14,11 Mio. t etwa auf dem Niveau von 1994 (UMWELTBUNDESAMT Daten zur Umwelt 2000, Abschnitt 6.5).
219. Siehe dazu Grafik von Prognos abgedruckt in SIMON Entsorga 2002, 14, (16).
220. STAUDT ET AL Großexperiment, S. 105, BASTIANS Verpackungsregulierung, S. 62.
221. HENSELDER-LUDWIG VerpackV 1998, S. 102.
222. BASTIANS Verpackungsregulierung, S. 62 sind dazu die Beispiele genannt, daß ein 150 g Joghurtbecher 1970 noch aus 11 g Kunststoff bestand, während es 1985 nur noch 5 g waren. Bei einer 0,33 l Weißblechdose wurde das Verpackungsgewicht von 80 g 1950 auf 33 g 1992 reduziert. Eine Glas-Mineralwasserflasche wog 1972 noch 570 g, 1992 hingegen nur noch 350 g.
223. SRU Umweltgutachten 1998, Tz. 558, STAUDT ET AL Großexperiment, S. 105.
224. SRU Umweltgutachten 1998, Tz. 558, BASTIANS Verpackungsregulierung, S. 62; von einem Anreiz zu materialsparenderen und/oder leichter verwertbareren Verpackungen geht auch FINCKH Regulierte Selbstregulierung, S. 124 aus; das war auch die Erwartung des Verordnungsgebers o.V. amtl. Begründung des Entwurfs zur VerpackVO BR-Drs. 817/90, S. 33.
225. So die von SIMON Entsorga 2002, 14, (17) zitierte Prognos Studie; ebenso

Es bleibt als sichtbarster Effekt der VerpackVO 1991 der weitgehende Verzicht auf Umverpackungen.[226] Auch haben die Anforderungen an die Verwertung von Transportverpackungen vermehrt zu Mehrwegsystemen geführt.[227] Ferner sind einige ökologische Verbesserungen der Verpackungen in Bezug auf ihre bessere Verwertbarkeit festzustellen. Angesichts des dafür betriebenen Aufwands ist dieses Ergebnis jedoch ernüchternd.

Daß bei den relativ ungefährlichen Abfällen im Verpackungsbereich durch die Mengenstromnachweise eine peniblere Dokumentation erfolgt, als es bei gefährlichen Abfällen der Fall ist, erscheint darüberhinaus widersinnig.

Die Verwertung der Verkaufsverpackungen kann auch nach ökologischen Gesichtspunkten nicht positiv bewertet werden. Zum einen läßt sich eine effiziente Verwertung nicht durch die Festsetzung von Quoten erreichen.[228] Sie erreichen ihr Ziel allenfalls zufällig[229], sind eher innovationsfeindlich und damit kontraproduktiv,[230] weil der technische Fortschritt dadurch auf ökonomisch wie ökologisch umstrittene Lösungen, die lediglich der Quotenerfüllung dienen, gelenkt wird.[231] Zum anderen erfolgt durch den weitgehendem Ausschluß anderer Verwertungsmöglichkeiten (insbesondere der energetischen Verwertung)[232] und wegen der vorgeschriebenen hohen stofflichen Verwertungsquoten nicht selten ein auch ökologisch[233] unsinniges Recycling. So erfolgte insbesondere in der Anfangsphase oft ein »Downcycling«[234] zu Produkten, die sich nicht sinnvoll vermarkten lie-

---

SRU Umweltgutachten 1998, Tz. 558.

226. PRÜFER ökologische Alternativen, S. 68, STAUDT ET AL Großexperiment, S. 103, 106: etwa 90 % der Umverpackungen seien vom Markt verschwunden.

227. PRÜFER ökologische Alternativen, S. 68.

228. HOLTOFF-FRANK Kartellrechtliche Probleme, S. 205.

229. BASTIANS Verpackungsregulierung, S. 81.

230. Prinzipiell kritisch aber als »second best« akzeptabel BENZLER et al. Wettbewerbskonformität, S. 65; ähnlich MONOPOLKOMMISSION 11. Hauptgutachten 1994/95, BT-Drs. 13/5309, Tz.. 87 ff., SRU Umweltgutachten 1996, S. 166 f. (Kasten); kritisch auch schon MONOPOLKOMMISSION 10. Hauptgutachten 1992/93, BT-Drs. 12/8323, Tz. 54; a.A. FINCKH Regulierte Selbstregulierung, S. 84, der ihnen eine wesentliche Steuerungsfunktion beimißt, da sie zu einem »technology forcing« geführt, also die Entwicklung neuer Verfahren erzwungen haben.

231. MICHAELIS UPR 1998, 210, (215).

232. Zu dem nur für Kunststoffe eröffneten Möglichkeit, teilweise auch andere Verwertungsarten zu nutzen vgl. § 4 A I. 1.) auf Seite 23.

233. Ökonomisch nach den vorangegangenen Ausführungen sowieso; siehe auch HOLTOFF-FRANK Kartellrechtliche Probleme, S. 205.

234. BARTLING WuW 1995, 183, (192), HECHT/WERBECK ZfU 1995, 49, (68);

ßen[235] und allenfalls zu einem Aufschub der Abfälle führten[236]. Da andere Methoden im Sinne einer Umweltbilanz – insbesondere auch wegen des für das stoffliche Recycling nötigen Energieaufwands[237] – gegebenenfalls sinnvoller wären,[238] sollte die Entscheidung danach getroffen werden, welche Verwertung im Einzelfall ökologisch besser ist und nicht nach pauschalen gesetzlichen Vorgaben.[239] Die Quotenvorgaben stellen daher eine Quelle der – nicht nur ökologischen – Regelungsineffizienz dar.[240] Dies wird noch dadurch verstärkt, daß die – auch durch die VerpackRL in geringem Maße geforderten – Verwertungsquoten ausschließlich über die nur schwer verwertbaren Verkaufsverpackungen zu erfüllen sind, während für Transport- und Umverpackungen keine entsprechenden Vorgaben an eine »effiziente« Verwertung gestellt werden.[241]

Die energetische Verwertung könnte bspw. für das Kunststoffrecycling über das nun mögliche Maß hinaus sowohl unter dem Gesichtspunkt der Ressourcenschonung (Erdöl), als auch im Hinblick auf die Emissionen umweltfreundlicher sein.[242] Dabei würde meist auch die im Material steckende Prozeßenergie[243] zurückgewonnen. Auch für andere Verpackungsmaterialien wie insbesondere Verbunde, kann die energetische Verwertung sinnvoller sein, da es die aufwendige Trennung überflüssig machte.

»Downcycling« bezeichnet den bei einem Recycling eintretenden Qualitätsverlust des wiederverwerteten Produkts.

235. Dazu HECHT/WERBECK ZfU 1995, 49, (67 f.), die darauf hinweisen, daß diese Sekundärprodukte dann aus der Verwertungspflicht herausfallen, da es sich meist nicht um Verpackungen handelt (aaO. S. 68).

236. PRÜFER ökologische Alternativen, S. 69.

237. VELTE Duale Abfallentsorgung und Kartellverbot, S. 32; dieser Energieaufwand dürfte oft die Nutzung der im Kunststoff steckenden Prozeßenergie, die durch die stoffliche Verwertung erstrebt ist (RUMMLER Neue Anforderungen der VerpackVO, 9, (S. 12 f.)), aufzehren; so auch FRIEGE ZAU 1993, 456, (456).

238. PRÜFER ökologische Alternativen, S. 69.

239. HOLTOFF-FRANK Kartellrechtliche Probleme, S. 205.

240. Ähnlich auch BARTLING WuW 1995, 183, (191 f.), MICHAELIS Aspekte, S. 73.

241. PRÜFER ökologische Alternativen, S. 68.

242. So bspw. Staatsministerin MARTINI: Effizienter, bestimmte Kunststoffverpackungen, für die keine sinnvollen werkstofflichen Verwertungsverfahren existieren, energetisch zu verwerten. Dies mache auch aus emissionsbilanziellen Gesichtspunkten Sinn. (vgl. HENSELDER-LUDWIG VerpackV 1998, S. 105); auch SRU Umweltgutachten 1994, S. 197, Nr. 506 stellt fest, daß die Verbrennung ökologisch sinnvoller sein kann.

243. RUMMLER Neue Anforderungen der VerpackVO, 9, (12 f.)

Es erscheint andererseits möglich, daß hohe stoffliche Verwertungsquoten über die Weitergabe der dafür anfallenden Kosten an die Ver-
ursacher einen Vermeidungsanreiz bewirken und damit eine Interna-
lisierungsfunktion ausüben. FINCKH meint deshalb, es müsse eine
Gesamtbetrachtung der verschiedenen Funktionen der VerpackVO
stattfinden.[244] Vermeidung und Internalisierung sind jedoch nicht
Selbstzweck, sondern sollen dem Umweltschutz dienen. Folglich muß
das Ergebnis einer ökologischen Gesamtbilanz für die zu ergreifenden
Maßnahmen entscheidend sein, nicht hingegen ideologische Wünsche
nach einem stofflichen Recycling.[245] Die Verwertungsmethoden sollten auch nicht im einzelnen – und sei es auch nach aufwendigen Studien zur Ökobilanz verschiedener Verwertungswege – vorgeschrieben
werden, sondern durch die Marktkräfte gefunden werden, da dirigistische Vorgaben innovationsfeindlich sind und viel zu langsam auf
Veränderungen reagieren.

Auch hinsichtlich der anderen Verpackungsmaterialien lassen sich
kaum Verbesserungen durch die VerpackVO feststellen. So existierten für Papier[246], Glas[247] und Metalle[248] auch vorher schon sinnvolle Recycling-Systeme.[249] Die Altglasverwertung finanzierte sich darüber hinaus auch marktwirtschaftlich und im Wettbewerb über die
erzielten Erlöse, während dies bei Altpapier zumindest überwiegend
der Fall war.[250] Dadurch war eine sachgerechte und effiziente Grenzziehung zwischen ökonomisch und ökologisch sinnvoller Verwertung
gegeben, wohingegen nun der »Recyclingedanke zu Tode geritten
[wird]«[251]. So wurde fast die Hälfte der 1996 erfaßten Menge an
Verkaufsverpackungen bereits 1990 auch ohne VerpackVO, DSD-AG

---

244. FINCKH Regulierte Selbstregulierung, S. 89 f. Im Ergebnis stimmt er aber
    hinsichtlich des gegenwärtigen Kunststoffrecyclings zu. So auch MICHAELIS
    Aspekte, S. 73.
245. Im Ergebnis zustimmend FINCKH Regulierte Selbstregulierung, S. 89 f.; in
    diese Richtung auch MICHAELIS Aspekte, S. 73
246. Für die Papier/Pappe/Karton (PPK) Fraktion bestand bereits 1990 eine
    Rücklaufquote von 44 % (STAUDT ET AL Großexperiment, S. 127).
247. 1990, also vor der VerpackVO 1991, bestand etwa eine Verwertungsquote für
    Altglas von 53,88 % (STAUDT ET AL Großexperiment, S. 130).
248. Hier bestand 1990 für Weißblech eine Verwertungsquote von 38 %, während
    Aluminium wg. des geringen Verbrauchs nicht flächendeckend verwertet wurde
    (STAUDT ET AL Großexperiment, S. 130).
249. Diese operierten zu wesentlich günstigeren Kosten als die DSD-AG (FRIEGE
    ZAU 1993, 456, (456), QUEITSCH UPR 1995, 246, (246)).
250. STAUDT ET AL Großexperiment, S. 131; vgl. auch GAMMELIN Entsorga
    2001, 46, (47).
251. FRIEGE ZAU 1993, 456, (456).

und Lizenzentgelte erfaßt. Diese Menge wäre, vorsichtig gerechnet, bis 1995 um weitere 750 000 t angestiegen – ebenfalls ohne Verpack-VO und DSD-AG. Dieser Trend wird durch die Entwicklungen im »verordnungsfreien« Ausland bestätigt.[252]

Einzuräumen ist jedoch, daß die Sortiertechnik, insbesondere für Nichtmetalle und Verbunde durch die VerpackVO einen (forcierten) Entwicklungsschub erhalten hat.[253]

III. Auswirkungen auf die Entsorgungsmärkte

Neben den ökologischen und ökonomischen Auswirkungen hatte und hat die VerpackVO auch weitreichende Auswirkungen auf die Entsorgungsmärkte.[254]

Zunächst besteht bisher nur ein in allen Bundesländern befreiendes System in Form der DSD-AG[255], die damit eine Monopolstellung inne hat.[256] Deren Tätigkeit hatte insbesondere zu Beginn schwere Auswirkungen auf die Sekundärrohstoffmärkte,[257] wobei die Zerstörung der funktionierenden Märkte nicht auf die Bundesrepublik Deutschland beschränkt blieb.[258]

Neben dem Monopol der DSD-AG/GmbH kam es wegen erforderlicher hoher Investitionskosten zu langfristigen und ausschließlichen Verträgen im Bereich der Sammlung und Sortierung, so daß Wettbewerb im Entsorgungsbereich nach Vertragsschluß beseitigt war und ist.[259]

---

252. STAUDT ET AL Großexperiment, S. 132 f.
253. vgl. FINCKH Regulierte Selbstregulierung, S. 84
254. HOLTOFF-FRANK Kartellrechtliche Probleme, S. 177.
255. Die Landbell AG hat jüngst in Hessen eine Zulassung als befreiendes System erhalten. Sie wird das Sammelsystem der DSD-AG mitbenutzen, so daß sich an der eingeführten getrennten Erfassung nichts ändern wird. o. V. FAZ vom 6. August 2003, S. 41, STÜWE FAZ vom 7. August 2003, S. 9.
256. Hauptkritikpunkt vgl. nur BKartA Tätigkeitsbericht 1991/92, BT-Drs. 12/5200, S. 131 ff., BKartA Tätigkeitsbericht 1993/94, BT-Drs. 13/1660, S. 128 f., MONOPOLKOMMISSION 10. Hauptgutachten 1992/93, BT-Drs. 12/8323, Tz. 52; marktferne Strukturen: TETTINGER DVBl. 1995, 213, (218 m. w. N.); unzul. Kartell: BARTLING WuW 1995, 183, (189), FLUCK DB 1993, 211, (214), GÖTZ ZLR 1993, 534, (534 ff.), STRECKER/BERNDT VerpackVO 1991, S. 92; monopolartige Strukturen: KIETHE/SPROLL ZIP 1994, 275, (277), SCHOLZ/AULEHNER BB 1993, 2250, (2254 ff.), SCHULTZ Probleme des Wettbewerbs, 141, (S. 150); dazu auch FINCKH Regulierte Selbstregulierung, S. 95.
257. BURCHARDI/SACKSOFSKY JUTR 1994 Bd. 27, 23, (32 f.).
258. Siehe dazu FINCKH Regulierte Selbstregulierung, S. 86.
259. BURCHARDI/SACKSOFSKY JUTR 1994 Bd. 27, 23, (31 f.); auch bei Neu-

Die für die Verkaufsverpackungen geltenden Regelungen führen, wie im Rahmen der kartellrechtlichen Prüfung noch auszuführen sein wird, zu einer weitgehenden Festschreibung bestimmter Verwertungswege und damit zum Ausschluß anderer innovativer – und möglicherweise kostengünstigerer – Lösungen.[260] Als Beispiel sei hier nur das Scheitern der Landbell AG im Lahn-Dill-Kreis genannt, deren zeitweise praktiziertes Konzept eine Entsorgung ohne Trennung zwischen Verkaufsverpackungen und Restmüll beinhaltete.[261] Da die VerpackVO jedoch nach Ansicht des VGH Kassel[262] auf der Trennung zwischen privater Entsorgung der Verkaufsverpackungen und öffentlich-rechtlicher Entsorgung des Restmülls basiert, wurde dieser Ansatz durch die DSD-AG letztlich erfolgreich gerichtlich untersagt und verhindert,[263] obwohl diese Trennung der Entsorgungswege mittlerweile technisch und ökologisch nicht mehr erforderlich ist.[264]

Weiterhin führten die Vorgaben der VerpackVO zu einer weiteren Konzentration im Entsorgungssektor, insbesondere auch durch die Beteiligung der großen Energieversorgungsunternehmen.[265] Die Hauptakteure im Entsorgungs- und Verwertungsbereich beschränken sich daher auf etwa zehn Firmen, wodurch Verflechtungen und Gebietsabsprachen vorprogrammiert sind.[266]

Zusammenfassend gesagt wurde also das zuvor bestehende Staatsmonopol weitgehend durch private Monopole ersetzt. Dies brachte zwar die beabsichtigte Entlastung der öffentlich-rechtlichen Entsorgung, erreichte dies aber in nicht unwesentlichen Teilen dadurch, daß lediglich Abfallströme umgeleitet wurden.[267]

---

abschluß hat der »Platzhirsch« aber die besten Karten. Nach BARTLING WuW 1995, 183, (188), TETTINGER DVBl. 1995, 213, (219) sind die langen Laufzeiten erhebliche Wettbewerbsbeschränkungen.

260. BASTIANS Verpackungsregulierung, S. 31.

261. Vgl. Fn. 340 auf Seite 138.

262. VGH KASSEL Beschluß v 20. 8. 1999 – 8 TG 3140/98 NVwZ 2000, 92, dem (notgedrungen) folgend VG GIESSEN Urteil vom 31. 1. 2001 – 6 E 1972/97, NVwZ 2002, 238.

263. Vgl. dazu VG GIESSEN Urteil vom 31. 1. 2001 – 6 E 1972/97, NVwZ 2002, 238. Das scheint mittlerweile auch die DSD-AG einzusehen vgl. o.V. FAZ vom 20. Juni 2003, S. 19; siehe dazu auch RINDTORFF DVBl. 2001, 1038, (1038 ff.), der aus der immer besseren Verwertbarkeit des »Restmülls« jedoch auf eine weitere Zurückdrängung der öffentlich-rechtlichen Entsorgung schließt.

265. STAUDT ET AL Großexperiment, 273; genauer dazu BÜNEMANN/RACHUT Der Grüne Punkt, S. 144 ff.

266. Siehe dazu BÜNEMANN/RACHUT Der Grüne Punkt, S. 147.

267. PETERSEN NVwZ 1998, 1113, (1113).

E Fazit der praktischen Umsetzung in der VerpackVO

Es wird vielfach eingeräumt, daß die VerpackVO mit ihren Quotenvorgaben lediglich als »second best« Ansatz funktioniere,[268] weil aufgrund des Charakters der Verpackungsabfälle die gewünschten Ergebnisse nicht erzielbar seien. Da Verkaufsverpackungen in hohen Stückzahlen und hochgradig durchmischt anfallen, sei eine Rückführung zum Hersteller praktisch nicht durchführbar. Aufgrund prinzipieller Probleme bei der Gestaltung der Rahmenbedingungen, scheide der intendierte direkte Rückkopplungseffekt als nicht umsetzbar aus. Daher seien kollektive Elemente als Ergänzung und als Ausgleich eines Marktversagens hinsichtlich des Umweltschutzes erforderlich und grundsätzlich auch zulässig.[269] Ferner sei ökonomisch sinnvolles Handeln (in einem perfekten Markt) nicht notwendigerweise auch ökologisch sinnvoll.[270] Es bedürfe daher der Unterstützung durch kollektive Lösungen, um Wettbewerbsnachteile einzelner Unternehmen aufgrund ihres umweltfreundlichen Verhaltens zu verhindern.[271]

Obgleich den ausgeführten zugrundeliegenden Annahmen zuzustimmen ist, kann daraus nicht geschlossen werden, daß diese eine hinreichende Rechtfertigung für die durch die VerpackVO entstandenen Kosten darstellen. Diese können nur durch die erreichten Ergebnisse in Bezug auf eine Entlastung der Umwelt gerechtfertigt werden. Wie die vorangegangenen Darstellungen zeigen, stehen den hohen Kosten jedoch nur bescheidene Ergebnisse im Umweltschutz gegenüber. Der Ansatz der VerpackVO kann daher wohl nicht einmal mehr als »second best« bezeichnet werden.

Obwohl die These des »Marktversagens« bei den bisherigen Gegebenheiten wohl zutrifft, erscheint es sehr fragwürdig, diesem mit privaten kollektiven Lösungen, die zu einer Beseitigung von Märkten führen, beikommen zu wollen. Zum Marktversagen kommt es schließlich, weil die Rahmenbedingungen falsche ökonomische Signale setzen. Der Markt »versagt« somit nicht, sondern verhält sich le-

268. BASTIANS Verpackungsregulierung, S. 30.
269. BENZLER et al. Wettbewerbskonformität, S. 26, der interventionistische Lösungen grundsätzlich für zulässig hält.
270. KLOEPFER JZ 1980, 781, (781), vgl. auch BENZLER et al. Wettbewerbskonformität, S. 25 ff., MONOPOLKOMMISSION 11. Hauptgutachten 1994/95, BT-Drs. 13/5309, S. 30, Nr. 76: »Zielkonflikt zwischen Umwelt- und Wettbewerbspolitik«.
271. Vgl. FINCKH Regulierte Selbstregulierung, S. 127; auch KLOEPFER JZ 1980, 781, (782 ff.).

diglich entsprechend der gegebenen Umstände. Die Erfahrung lehrt, daß Wettbewerbsprobleme dort bestehen, wo auf Märkte verzichtet wird und statt dessen komplexe Regelungen favorisiert werden. Statt mit kollektiven Ansätze Wettbewerb zu beschränken, müssen also die Rahmenbedingungen geändert werden.[272] Das entspricht auch dem Gedanken der Produktverantwortung. Diese basiert nämlich gerade darauf, die Marktkräfte für die Abwägung zwischen ökonomischen und ökologischen Belangen einzusetzen. Dies kann nur funktionieren, wenn die durch die (»enge«) Produktverantwortung Betroffenen auch tatsächlich im Sinne des Verursacherprinzips Verantwortung für ihr Produkt tragen. Kollektive Lösungen beseitigen jedoch eine individuelle Produktverantwortung.[273] Angesichts der Auswirkungen auf die Entsorgungsmärkte kann ferner auch kaum behauptet werden, daß kollektive Lösungen lediglich als Unterstützung herangezogen werden. Die »enge« Produktverantwortung und das Verursacherprinzip werden daher allenfalls ansatzweise umgesetzt.[274] Wie schon ausgeführt wurde, werden sie aber bis in die Regelungen der Systemlösung hinein als Leitbild verwendet und stehen daher einer ökologisch wie ökonomisch sinnvollen und effektiven Lösung im Wege.[275]

Die kollektive Systemlösung nach § 6 III VerpackVO in der konkreten Gestalt der DSD-AG war bei der Ausarbeitung der VerpackVO 1991 als die einzige Lösung von allen Beteiligten gewollt.[276] Andere – bspw. regionale oder branchenbezogene Lösungen wurden nie angedacht. Das DSD-System war nämlich bereits bei Beschluß der VerpackVO 1991 längst festgelegt.[277]

Zwar kann und muß der Gesetz- bzw. Verordnungsgeber nicht selten experimentieren, mit welchen Regelungen die gesteckten Ziele am besten erreicht werden. Das »umweltpolitische Großexperiment«[278] Verpackungsverordnung hat aber nach über zehn Jahren Anwendung hinreichend Erfahrungswerte geliefert. Die Entwicklung zeigte, daß nicht nur die Annahmen hinsichtlich des befürchteten Entsorgungs-

272. Bonus UTR Bd. 38, 11, (12).
273. Bartling WuW 1995, 183, (196), der in den kollektiven Lösungen Probleme für das Wettbewerbsprinzip sieht.
274. Staudt et al Großexperiment, S. 271.
275. Vgl. § 4 D I. 2.) a) auf Seite 46
276. Thomsen Produktverantwortung, S. 93: ähnlich auch Beckmann DVBl. 1995, 313, (320), Di Fabio NVwZ 1995, 1, (5).
277. Bünemann/Rachut Der Grüne Punkt, S. 23.
278. So im 2. Titel von Staudt et al Großexperiment.

notstands unzutreffend waren, sondern auch daß die Vorgaben der VerpackVO auf veralteter Grundlage basierten. Es ist damit seit längerem an der Zeit, das »Großexperiment« abzuschließen und aus den gewonnenen Erkenntnissen die nötigen Schlüsse für eine zukünftige Regelung mit neuem Ansatz zu ziehen. Dabei sollte das Grundkonzept überdacht, und nicht nur an den Symptomen der planwirtschaftlichen Elemente herumkuriert werden, ohne die grundlegenden Probleme anzugehen.[279] Da nunmehr die Vorgaben der VerpackRL zu beachten sind, sollten bei der Schaffung einer wettbewerblichen Lösung auch die Erfahrungen in anderen EU-Ländern herangezogen werden, so wie diese aus den Erfahrungen mit der VerpackVO 1991 Konsequenzen gezogen haben.

Wie die aktuellen Entwicklungen im Hinblick auf das sog. »Dosenpfand« zeigen, ist das im gegenwärtigen politischen Klima aber wohl nicht zu erwarten. Die Reformbestrebungen für die Verpack-VO in diesem Bereich lassen vielmehr vermuten, daß auch weiterhin planwirtschaftliche und ideologische Umweltschutzvorstellungen das Maß der Dinge sein werden.[280]

Im weiteren ist daher zu untersuchen, ob sich bei der kartellrechtlichen Überprüfung des DSD-Systems Verstöße gegen das Kartellverbot feststellen lassen, um mit Hilfe des Kartellrechts zumindest eine Verbesserung der Marktsituation zu erzwingen.

---

279. STAUDT ET AL Großexperiment, S. 274 f.
280. Siehe zum politischen Klima der Tagesdiskussion anschaulich: KÜFFNER FAZ vom 29. April 2003, T1, (T1 f.).

TEIL 3: WIRD DIE BISHERIGE UMSETZUNG DEM MARKTWIRTSCHAFTLICHEN ANSPRUCH GERECHT?

§ 5 UMSETZUNG DER VERPACKVO DURCH DAS DSD-SYSTEM UND DEUTSCHES KARTELLRECHT (GWB)

A Einführung

Das Gesetz gegen Wettbewerbsbeschränkungen (GWB)[1] dient der Bekämpfung von Beschränkungen des Wettbewerbs durch Wettbewerber.[2] Anders als das Gesetz gegen den unlauteren Wettbewerb[3] (UWG), das sich gegen unlauteres Verhalten *im* Wettbewerb, richtet, also die Fairneß fördert, soll das GWB den freien Marktzutritt sichern, damit es überhaupt Wettbewerb gibt.[4]

Daß das Kartellrecht mit Erfordernissen des Umweltschutzes oder auch des Gesundheitschutzes kollidieren kann, ist schon seit längerem ein heiß diskutiertes Problem.[5]

Dieser Streit zwischen Umweltschutz und Wettbewerb ist erneut akut geworden aufgrund der Einführung der abfallrechtlichen Produktverantwortung im KrW-/AbfG. Die darin und in untergesetzlichen Verordnungen wie der VerpackVO, BatterieVO usw. angelegten Rücknahme- und Verwertungspflichten für bestimmte Abfälle durch Hersteller und Vertreiber von Produkten in Verbindung mit mehr oder weniger notwendiger Beteiligung an entsprechenden »Systemen«, wie sie in der VerpackVO enthalten sind, hat zu verbreiteten Bemühungen der Abfallwirtschaft geführt, diesen zukunftsträchtigen Entsorgungsmarkt in den Händen Weniger zu monopolisieren.[6] Dabei wirkt u. a. das komplexe Abfallrecht mit seinen vielfältigen euro-

---

1. In der Fassung der Bekanntmachung vom 26. August 1998 (BGBl. I S. 2546) = Neubekanntmachung des GWB v. 27. 7. 1957 (BGBl. I. S. 1081) in der ab 1. 1. 1999 geltenden Fassung (6. GWB Novelle). Zuletzt geändert 10. 11. 2001 BGBl. I S. 2992, Abgedruckt: Schönfelder Nr. 74.
2. RITTNER Wettbewerbs- und Kartellrecht, § 5 Rn. 1 (S. 116).
3. Vom 7. Juni 1909 (RGBl. S. 499) zuletzt geändert 1. 9. 2000 BGBl. I S. 1374.
4. RITTNER Wettbewerbs- und Kartellrecht, § 5 Rn. 1 (S. 116).
5. Vgl. nur KLOEPFER JZ 1980, 781, (781 ff.).
6. EMMERICH Kartellrecht, S. 54; zu den Konzentrationstendenzen im einzelnen vgl. WEBER RdE 1995, 91, (91); Es engagieren sich dabei in erheblichem Umfang Großunternehmen, insbesondere Energieversorgungsunternehmen (BKARTA Tätigkeitsbericht 1991/92, BT-Drs. 12/5200, S. 131).

parechtlichen, bundes-, landes-, kreis- und gemeindespezifischen Regelungen zumindest konzentrationsfördernd, da es vor allem solche Unternehmen begünstigt, die sich wegen ihrer Größe das für eine erfolgreiche Tätigkeit nötige Expertenwissen leisten können.[7] Weitere Wettbewerbsbeschränkungen sind in diesem Zusammenhang auch mit der zunehmenden Tendenz zu sogenannten (mehr oder weniger freiwilligen) »Selbstbeschränkungsabkommen« der Wirtschaft verbunden, die im Interesse des Umweltschutzes liegen sollen.[8] Das Bundeskartellamt[9] äußert sich mit Recht sehr kritisch dazu,[10] da gegen solche Selbstbeschränkungsabkommen spricht, daß Unternehmen damit ihren eigenen Ordnungsrahmen setzen, obgleich diese Kompetenz allein dem Staat zusteht. Auch setzen sie dadurch eigenständig und einseitig Recht, das nicht der parlamentarischen Kontrolle unterliegt.[11]

Im Hinblick auf den Preiswettbewerb wird ferner von den zur Produktverantwortung verpflichteten Unternehmen nicht selten versucht, die damit zusammenhängenden Kosten durch kooperative Lösungen als Wettbewerbsfaktor weitestgehend auszuschalten.[12] Dies erfolgt durch Vereinbarungen, die regeln, auf welche Weise und zu welchen Kosten die durch die Produktverantwortung auferlegten Pflichten erfüllt werden sollen. Indem die Kosten der Produktverantwortung dadurch für alle nur noch im Rahmen der Absprachen veränderbar sind, unterliegt dieser Kostenfaktor für die beteiligten Unternehmen untereinander insoweit nicht mehr dem Wettbewerb. Dieses Vorgehen ist insbesondere auch im Bereich der Entsorgung von Verkaufsverpackungen anzutreffen und daher im folgenden einer Prüfung zu unterziehen.

Weiterhin sind die schon dargestellten drei Säulen des DSD-Systems einer Überprüfung zu unterziehen.

---

7. WEBER RdE 1995, 91, (91); so auch PASCHKE UTR Bd. 38, 35, (40) und BONUS UTR Bd. 38, 11, (24 f.), der auch darauf hinweist, daß Großunternehmen wegen ihres Einflusses in Wirtschaftsverbänden bei der Formulierung der Vorschriften wesentlich mitwirken.
8. Für eine kartellrechtliche Untersuchung von Selbstverpflichtungen insbesondere in der Altautoentsorgung siehe die Ausführungen in MÜLLER Produktverantwortung und ihre Durchsetzung.
9. BKARTA Tätigkeitsbericht 1995/96, BT-Drs. 13/10195, S. 39.
10. So auch EMMERICH Kartellrecht, S. 55 Fn. 33.
11. BKARTA Tätigkeitsbericht 1995/96, BT-Drs. 13/10195, S. 39.
12. Nach SCHULTZ UTR Bd. 38, 107, (130) besteht ein starkes Interesse in der Wirtschaft an der Existenzerhaltung der DSD-AG.

Zunächst könnten sich dabei auf der Nachfrageseite wettbewerbsrechtliche Probleme ergeben. Durch das von den Herstellern und Vertreibern getragene System der DSD-AG bündeln diese nämlich die Nachfrage nach Entsorgungsleistungen. Da die DSD-AG das einzige bestehende Erfassungssystem nach § 6 III VerpackVO betreibt, monopolisiert sie diesen Bereich weitgehend.[13] Wettbewerbsrechtliche Probleme liegen aber auch sowohl im Bereich der zweigliedrigen Entsorgung als auch im Bereich der Finanzierung.

I. Probleme auf der Stufe des geschlossenen Sammel- und Sortiersystems

Wie dargelegt, beauftragt die DSD-AG pro Gebietskörperschaft ein Entsorgungsunternehmen mit dem haushaltsnahen Sammeln, Transport und anschließenden Sortieren der Verkaufsverpackungsabfälle. Diese Beauftragung erfolgte bisher wegen der nötigen Investitionen im Rahmen sehr langfristiger Verträge.[14] Zu Beginn geschah dies außerdem ohne Ausschreibungen[15]. Andere Entsorgungsunternehmen hatten daher allenfalls als Subunternehmer eine Chance in den Markt einzusteigen. Zwar ist mittlerweile in der VerpackVO eine Vergabe im Wettbewerb über Ausschreibungen vorgesehen,[16] aber auch dann ist Wettbewerb nach dem Vertragsabschluß beseitigt und kommt frühestens bei Vertragsende und Neuvergabe für kurze Zeit erneut auf.[17] Obgleich Wettbewerb durch kürzere Vertragslaufzeiten häufiger aufträte, haben Neueinsteiger jedoch auch dann deutlich schlechtere Chancen, da sie sich gegen die bisherigen Unternehmen nur schwer durchsetzen können. Schließlich haben sie als Neueinsteiger keine Referenzen[18] und müssen ihre Entsorgungsinfrastruktur erst aufbauen, sofern sie nicht als bisher tätige Subunternehmer schon (teilweise) darüber verfügen. Die bisherigen Entsorger verfügen demgegenüber

13. BURCHARDI/SACKSOFSKY JUTR 1994 Bd. 27, 23, (31).
14. BURCHARDI/SACKSOFSKY JUTR 1994 Bd. 27, 23, (32), mittlerweile auf Betreiben der EG-Kommission durch Zusage der DSD-AG auf zunächst Ende 2003 beschränkt (KOMMISSION Entscheidung v. 17. 9. 2001 Az.: K(2001) 2672 ABl. EG 2001 L 319).
15. BURCHARDI/SACKSOFSKY JUTR 1994 Bd. 27, 23, (33).
16. COSSON Neue Verpackungsverordnung, 42, (S. 42); dies ist ein ganz wesentliches Anliegen der Novelle gewesen RUMMLER Neue Anforderungen der VerpackVO, 9, (S. 12).
17. So sind die Entsorgungsverträge jüngst neu ausgeschrieben worden BKARTA Pressemitteilung vom 26. 2. 2003
18. BURCHARDI/SACKSOFSKY JUTR 1994 Bd. 27, 23, (32).

schon über abgeschriebene Anlagen und über Referenzen. Falls Neueinsteiger bei der Ausschreibung nicht zum Zuge kommen, haben sie kaum eine Möglichkeit, die im Rahmen der Ausschreibung angefallenen Kosten zu amortisieren. Sofern sie es nach Ablauf der Verträge erneut versuchen wollen, stellt sich ihre Wettbewerbssituation dann um die früheren Verluste schlechter dar, da nun die alten Verluste zusätzlich zu den aktuellen Ausschreibungskosten erwirtschaftet werden müssen.

Hinzu kam früher, daß die Kommunen die nach § 6 III VerpackVO erforderliche Abstimmungserklärung dazu mißbraucht haben, zu entscheiden, wer in ihrem Gebiet die Sammel- und Sortiertätigkeit für das DSD-System erbringen durfte.[19] Größere Gebietskörperschaften nutzten die Möglichkeit der Verweigerung der Abstimmungserklärung außer an den ihnen genehmen Entsorger dazu, die Entsorgung an sich zu ziehen, indem der kommunale Entsorger zum DSD-Entsorger wurde, oder indem ein Gemeinschaftsunternehmen mit kommunaler Beteiligung diese Aufgabe übernahm.[20] Auch dem soll nun die Vorschrift in § 6 III 9 VerpackVO entgegenwirken, wonach die Abstimmungserklärung nicht einer Vergabe im Wettbewerb entgegen stehen darf.

Das bisherige System ist aus den dargelegten Gründen also dadurch gekennzeichnet, daß auf der Angebotsseite für die Entsorgungsgebiete jeweils befristete regionale Gebietsmonopole bestehen.

II. Probleme auf der Stufe des geschlossenen Verwertungssystems

Im Rahmen des Verwertungssystems der DSD-AG ergibt sich, daß die Festlegung von Erfassungs-, Sortier- und Verwertungsquoten nach der VerpackVO 1991 bzw. von Verwertungsquoten nach der VerpackVO 1998 eine relativ fixe Menge an Wertstoffen zur Folge hat. Zu Beginn des Systems mußten die sortierten Fraktionen den Garantiegebern von den Entsorgern zum Nulltarif überlassen werden. Letztere hatten sie unabhängig vom Marktpreis zu verwerten. Bei einem Überangebot führte dies zu einer privaten Subventionierung, während es bei Wertstoffknappheit zu der Frage führte, wer mit dem dann relativ wertvollen Wertstoff zum Nulltarif beliefert

---

19. FLANDERKA VerpackVO, S. 107; ähnlich auch COSSON Neue Verpackungsverordnung, 42, (S. 43), COSSON Duale Systeme – Probleme des Wettbewerbs, 157, (S. 159).
20. Vgl. BURCHARDI/SACKSOFSKY JUTR 1994 Bd. 27, 23, (33) m. w. N.

werden sollte. Verwertungsunternehmen konnten dabei praktisch nur über die DSD-AG an entsprechende Wertstoffe gelangen, so daß das Angebot damit durch die DSD-AG monopolisiert wurde.

Nach Aufgabe dieser sog. »Schnittstelle Null«[21] betrifft das jetzt nur noch die Kunststofffraktion, da nun in den anderen Bereichen eine Wahlmöglichkeit zwischen Eigenvermarktung und Abgabe an die Garantiegeber besteht.[22]

Außerdem konnten die schon vor der Einführung der Verpack-VO bestehenden und bereits gut funktionierenden marktwirtschaftlichen Verwertungsstrukturen (im wesentlichen auf den Sekundärrohstoffmärkten für Papier und Glas)[23] angesichts der kurzen Fristen der VerpackVO 1991 kaum berücksichtigt werden. Hier führte die »Schnittstelle Null« zu starken Marktverzerrungen zu Lasten der vorwiegend mittelständigen Verwertungsbetriebe in diesem Bereich, wobei die Marktverzerrungen nicht auf das Gebiet der Bundesrepublik beschränkt blieben.

Für das Duale System wurden statt der Einbeziehung vorhandener Verwertungsstrukturen zunächst branchenweite Verwertungsgesellschaften gegründet, die gegenüber der DSD-GmbH/AG Garantieerklärungen abgaben.[24] Diese gemeinsamen Verwertungsgesellschaften, denen bspw. im Kunststoffbereich die Kunststoffindustrie, die Großunternehmen der Entsorgungswirtschaft und die DSD-AG angehören, lassen es zweifelhaft erscheinen, ob für Anbieter, die im Wettbewerb innovative Verwertungsmöglichkeiten anbieten wollen, Raum bestehen wird.[25]

---

21. Auf Druck der Kommission vgl. KOMMISSION Entscheidung v. 17.9.2001 Az.: K(2001) 2672 ABl. EG 2001 L 319, Tz. 47; vgl. auch SCHULTZ UTR Bd. 38, 107, (131).

22. Die Kommission verlangt, daß die Option der Selbstvermarktung grundsätzlich für alle Materialfraktionen bestehen muß (akzeptiert aber wegen der nötigen Zuzahlung für Kunstoffe die »Schnittstelle Null« in diesem Bereich) und daß sie nicht zur Beginn der Vertragslaufzeit genutzt werden kann (KOMMISSION Entscheidung v. 17.9.2001 Az.: K(2001) 2672 ABl. EG 2001 L 319, Tz. 110 ff.).

23. Aufgrund der im Vergleich zu den Beseitigungskosten geringeren Verwertungskosten war es profitabel, diese Stoffe als Wirtschaftsgut und nicht als Abfall zu behandeln; so konnten in diesen Bereichen Märkte entstehen. Vgl. BURCHARDI/SACKSOFSKY JUTR 1994 Bd. 27, 23, (S. 32 Fn. 15).

24. Vgl. § 4 A I. 3.) b) cc) auf Seite 39.

25. BURCHARDI/SACKSOFSKY JUTR 1994 Bd. 27, 23, (33).

III. Probleme auf der Stufe der Finanzierung

Wettbewerbsrechtliche Probleme sind schließlich auch auf der Finanzierungsebene zu finden. So war es nach der VerpackVO 1991 für das Funktionieren des Systems erforderlich, daß der Handel nur noch Produkte mit dem »Grünen Punkt« führte, also andere Produkte ausgelistet wurden. Nur so konnten nämlich die für die Systemerhaltung nötigen und auf das Gesamtaufkommen an Verkaufsverpackungen bezogenen Erfassungsquoten erreicht werden. Da die als Druckmittel gedachte Primärverpflichtung der individuellen Rücknahme im Laden nach § 6 I, II VerpackVO primär den Handel trifft,[26] bestand und besteht ohne die Auslistung für die herstellende Industrie kaum ein Anreiz, sich am DSD-System zu beteiligen. Zwar sind die Hersteller gleichfalls zur Rücknahme verpflichtet, der Verbraucher kann die Verkaufsverpackungen aber nicht direkt an die Hersteller, sondern nur an den Handel zurückgeben. Nur der Handel könnte die Verpackungen an die vorgelagerten Vertriebsstufen und schließlich an die Hersteller weiterreichen. Wegen des dazu erforderlichen Aufwands ist dies aber weder zu erwarten, noch führte es für die Hersteller zu vergleichbaren Problemen wie für den Handel, da es allenfalls bedeuten würde, daß der Handel die zurückgenommenen (und vorsortierten) Verpackungsabfälle sauber gebündelt dem Hersteller übergeben könnte. Der Druck auf den Handel,[27] sich an einem System zu beteiligen, trifft die Hersteller daher nur, wenn sie durch den Handel dazu veranlaßt werden.

Aufgrund der vom Handel kaum erfüllbaren Rücknahmeverpflichtung,[28] hat dieser kaum Interesse, das System zu gefährden. Trittbrettfahrer[29] – also Handelsketten, die nicht nur Produkte mit dem Grünen Punkt führen – sind zwar ein gewisses Problem, jedoch nur in dem Maße, wie dadurch das Gesamtsystem nicht gefährdet wird. Angesichts der ehemals hohen Erfassungsquote von 80 % (seit 1995) – jetzt Verwertungsquote[30] – stellt unkooperatives Verhalten jedoch nur in begrenztem Umfang eine attraktive Verhaltensweise dar[31].

26. Vgl. dazu § 4 D I. 2.) b) auf Seite 48.
27. Vgl. BURCHARDI/SACKSOFSKY JUTR 1994 Bd. 27, 23, (29).
28. BASTIANS Verpackungsregulierung, S. 51; vgl. auch § 5 C III. 5.) b) aa) auf Seite 145.
29. Zu den verschiedenen sonstigen Möglichkeiten des »Trittbrettfahrens« siehe § 4 A I. 3.) auf Seite 25.
30. Bezogen auf die vertriebenen (im Fall von § 6 I, II VerpackVO) bzw. am System teilnehmende Verpackungen (im Fall von § 6 III VerpackVO).
31. BURCHARDI/SACKSOFSKY JUTR 1994 Bd. 27, 23, (30), Untersuchung

Wettbewerbsrechtlich ist daran problematisch, daß durch die Vereinbarung des Handels, nicht am System teilnehmende Produkte auszulisten, eine Verhaltensabstimmung stattfindet. Diese Abstimmung findet sowohl zwischen den Herstellern als auch insbesondere zwischen den Handelsunternehmen statt. Die Abstimmung des Handels war ursprünglich sogar in einer Selbstverpflichtungserklärung in der Präambel des Gesellschaftsvertrages der DSD-GmbH schriftlich festgelegt,[32] wurde jedoch auf Druck des Bundeskartellamts[33] schließlich nicht aufgenommen. Auch ohne vertragliche Vereinbarung bleibt jedoch die wettbewerbsrechtliche Problematik erhalten, da auch bei Verzicht auf schriftliche Fixierung faktisch das gleiche wirtschaftliche Ergebnis gegeben ist. Da die Befreiung von der individuellen Rücknahmepflicht vom Bestand des Systems abhängt (§ 6 III VerpackVO), wird der Handel auf Produkte ohne »Grünen Punkt« verzichten, um die Befreiung nicht zu gefährden.[34] Die Durchsetzung ist möglich, weil für die übrigen Marktteilnehmer leicht zu erkennen ist, wenn Vertreiber auch Produkte ohne »Grünen Punkt« anbieten. Es kann daher entsprechender Druck auf Außenseiter ausgeübt werden. Zu welchen Methoden dabei gegriffen wird, hat die unlängst ergangene Boykottentscheidung des Bundeskartellamts gezeigt.[35]

In der nun anschließenden kartellrechtlichen Überprüfung des DSD-Systems ist zu bedenken, daß, falls § 1 GWB nicht verletzt sein sollte, dies nicht bedeutet, daß das System der DSD-AG ein wettbewerbliches ist. Entsorgungs*systeme* können dies per se nicht sein.[36] Bestenfalls wäre das DSD-System also kartellrechtlich nicht zu beanstanden. Ebensowenig kann aus der wettbewerbsrechtlichen Beurteilung etwas zur Beantwortung der Frage, ob Kooperationslösungen an sich und das DSD-System im speziellen eine abfallärmere Wirtschaft fördern, hergeleitet werden.

Es ist nun zu prüfen, inwieweit kartellrechtlich verbotene Vereinbarunge bzw. Absprachen nach § 1 GWB festzustellen sind.

---

des Anreizproblems: KLEPPER / MICHAELIS Will the „dual system" manage packaging waste?, S. 13–16.

32. BURCHARDI / SACKSOFSKY JUTR 1994 Bd. 27, 23, (38).
33. Vgl. STRECKER / BERNDT VerpackVO 1991, S. 94.
34. BURCHARDI / SACKSOFSKY JUTR 1994 Bd. 27, 23, (38).
35. BKARTA Pressemitteilung vom 23. 1. 2003.
36. WEBER RdE 1995, 91, (96).

B   Anwendbarkeit des Kartellrechts der §§ 1 ff. GWB

Zunächst ist fraglich, ob das Wettbewerbsrecht überhaupt Anwendung findet. So könnte der Gesetzgeber im Entsorgungsbereich die Bildung von Kartellen insofern zugelassen haben, als sie einer kartellrechtlichen Kontrolle nicht unterliegen.

Als materielle Gesetze, die möglicherweise das Wettbewerbsrecht verdrängen könnten, kommen die VerpackVO und das KrW-/AbfG in Betracht.

I.   Vorrang der VerpackVO vor dem GWB?

Eine Verdrängung des § 1 GWB wird zunächst aufgrund der Verpack-VO vertreten, so daß das Duale System dann nicht dem Kartellverbot des GWB unterfiele.[37]

Dann müßte zwischen der VerpackVO und § 1 GWB ein Regelungskonflikt gegeben sein. Im folgenden ist daher zu prüfen, ob der Verordnungsgeber in der VerpackVO für den Entsorgungsbereich Verkaufsverpackungen Kartelle für zulässig erklären wollte.

Die hier interessierende Vorschrift, in der dies der Fall sein könnte, ist § 6 III 1 VerpackVO. Dort spricht der Verordnungsgeber zwar von »einem« System, diese Formulierung im Singular schließt aber rechtlich die Errichtung mehrerer Systeme nicht aus.[38] Dafür spricht auch der alte Wortlaut des § 6 V VerpackVO 1991, in dem im Plural von »eingerichteten Systemen« die Rede war, und der damit auf die Zulässigkeit mehrerer Systeme hindeutete.[39] Durch die Einbeziehung der bisher gesondert geregelten Rücknahmepflicht für den Versandhandel in die allgemeine Rücknahmepflicht des § 6 I S. 7 VerpackVO 1998 ist diese Vorschrift nach der Novelle jedoch entfallen und kann daher hier nicht mehr herangezogen werden.

Stärker wirkt jedoch, daß der Wettbewerbsgedanke bei der Idee der Produktverantwortung eine wichtige Rolle spielte. Durch die beab-

---

37. Dies sieht BECKER-SCHWARZE Steuerungsmöglichkeiten des Kartellrechts, S. 141 ff. als Möglichkeit, folgt dem aus anderen Gründen jedoch nicht.
38. B KARTA Beschluß vom 24. 6. 1993 WuW 1994, 63 »Entsorgung von Transportverpackungen« = WuW/E, 2561, (2573); WEIDEMANN DVBl. 1992, 1568, (1572).
39. SCHOLZ/AULEHNER BB 1993, 2250, (2254), TETTINGER DVBl. 1995, 213, (218), BECKER-SCHWARZE Steuerungsmöglichkeiten des Kartellrechts, S. 142, WEIDEMANN DVBl. 1992, 1568, (1572); vgl. auch VELTE Duale Abfallentsorgung und Kartellverbot, S. 96.

sichtigte Internalisierung der Kosten für die Umweltnutzung[40] sollte ein wettbewerbskonformer Anreiz für die private Wirtschaft geschaffen werden, Umweltbelastungen zu vermindern.[41] Die neue Abfallgesetzgebung sollte für dieses abfallpolitische Ziel den notwendigen Rahmen schaffen. § 6 III VerpackVO bezweckt dabei, die notwendige Kooperation der beteiligten Kreise zu ermöglichen und administrativen Dirigismus zu minimieren.[42] Die Annahme, daß § 6 III VerpackVO ein rechtliches Monopol regeln sollte, widerspräche dem vorgenannten.[43]

Es stände auch im Widerspruch mit den erklärten Absichten bei der Novellierung der VerpackVO, den Wettbewerb im Entsorgungsmarkt zu stärken.[44] Besonders niedergeschlagen hat sich dies in § 6 III 9 VerpackVO, wonach die Vergabe von Entsorgungsdienstleistungen im Wettbewerb zu erfolgen hat. Außerdem erlaubt § 6 III VerpackVO – trotz der enthaltenen detaillierten Regelungen – rechtlich einen weiten Gestaltungsspielraum für die Lösung des Rücknahmeproblems[45]. Der Verordnungsgeber hat die Ausgestaltung der Erfassungs-, Sortier,- und Verwertungslogistik somit bewußt nicht geregelt, sondern dem Wettbewerb[46] und der Entsorgungswirtschaft überlassen.[47]

Folglich spricht sowohl die Systematik des § 6 III VerpackVO als auch der Wille des Verordnungsgebers dafür, daß rechtlich mehrere konkurrierende Systeme zulässig sind.[48] Zwar ist damit die Bildung

---

40. Nach RUMMLER Neue Anforderungen der VerpackVO, 9, (S. 10) sind die Internalisierung der externen Kosten Ziel der VerpackVO.

41. Vgl. SACKSOFSKY WuW 1994, 320, (322).

42. Das mag angesichts der sehr detaillierten Regelungen beispielsweise hinsichtlich vorgegebener Verwertungsquoten sowie der Einschränkung der zulässigen Verwertungsmethoden (die energetische Verwertung ist gem. Anhang I Nr. 1 Abs. 2 zu § 6 VerpackVO zugunsten der stofflichen Verwertung weitgehend ausgeschlossen) und der Tagesdiskussionen manchmal zweifelhaft erscheinen. Der staatliche Regelungs- und insbesondere Kontrollaufwand wäre jedoch wohl ungleich höher, wenn das »Wie« der Entsorgung und die Einzelheiten des Systems nach § 6 III VerpackVO – über die bisherigen Vorgaben hinaus – auch im einzelnen vorgeschrieben wären. Eine andere Frage ist, ob nicht trotzdem bereits ein zu hohes Maß an administrativem Dirigismus gegeben ist.

43. VELTE Duale Abfallentsorgung und Kartellverbot, S. 96 f.

44. SPROLL UPR 1999, 129, (129), HENSELDER-LUDWIG VerpackV 1998, S. 37, RUMMLER Neue Anforderungen der VerpackVO, 9, (S. 10).

45. RUMMLER/SCHUTT VerpackVO, S. 116.

46. Inwieweit ein solcher tatsächlich möglich ist, wird noch Gegenstand der Darstellungen sein.

47. WEIDEMANN DVBl. 1992, 1568, (1572).

48. QUEITSCH Kreislaufwitschafts- und Abfallrecht, S. 663, WEIDEMANN

kollektiver Entsorgungssysteme nicht vorgeschrieben, da es dem Verpflichteten freisteht, statt sich an einem pflichtbefreienden System zu beteiligen,[49] beispielsweise den Weg der Drittbeauftragung nach § 11 VerpackVO zu wählen. Dem steht auch nicht entgegen, daß durch die Novelle 1998 in § 6 I S. 9 VerpackVO eine Beteiligungspflicht an einem System nach § 6 III VerpackVO vorgesehen ist, sofern die Quotenvorgaben (hinsichtlich der Verwertung) nicht anderweitig erfüllt werden. Nach dieser Vorschrift soll nämlich lediglich das »free-rider« (=Trittbrettfahrer-) Problem bekämpft werden. Der Verpflichtete hat – solange er die Quoten der VerpackVO erfüllt – also durchaus weiterhin die Wahl, wie er dies tut. Damit ist allerdings noch nicht gesagt, ob sich aus § 6 III 1 VerpackVO nicht eine kartellrechtsrelevante Regelung über die Zulässigkeit eines Monopols der DSD-AG ergibt, die dann mit § 1 GWB in Konflikt stünde.

So ist festzustellen, daß die VerpackVO individuell kaum erfüllbare Rücknahmepflichten vorsieht, was insbesondere für den Einzelhandel gilt. Lediglich beispielhaft genannt seien hier kaum lösbare hygienische Probleme aufgrund Verschmutzung zurückzunehmender Verkaufsverpackungen, der hohe Platzbedarf zur Lagerung der zurückgenommen Verpackungen,[50] sowie daß der Einzelhandel die zurückgenommenen Verpackungen nach dem Sortiment der Lieferanten sortieren müßte, wenn er sie seinerseits an die Großhändler zurückgeben wollte[51].

Ausschließlich die Beteiligung an einem flächendeckenden kollektiven System i. S. v. § 6 III VerpackVO verschafft davon eine Befreiung und erzwingt damit faktisch dessen Entstehung sowie die Beteiligung an ihm.[52] Unter Androhung der Auslistung von Verpackungen ohne

---

DVBl. 1992, 1568, (1572); SCHOLZ/AULEHNER BB 1993, 2250, (2254), FRENZ GewArch 1994, 145, (150); VELTE Duale Abfallentsorgung und Kartellverbot, S. 97, BURCHARDI/SACKSOFSKY JUTR 1994 Bd. 27, 23, (39), BUNTE in: LANGEN/BUNTE GWB, § 1 Rn. 207, SELMAYR UPR 1998, 99, (100), FRENZ WuW 2002, 962, (964), SCHMIDT-PREUSS DVBl. 2001, 1095, (1101).

49. BURCHARDI/SACKSOFSKY JUTR 1994 Bd. 27, 23, (39), SCHOLZ/AULEHNER BB 1993, 2250, (2255), BUNTE in: LANGEN/BUNTE GWB, § 1 Rn. 207.

50. Eindrucksvoll dazu MEIER BB 1995, 2381, (2382 ff.); siehe auch SCHOLZ/AULEHNER BB 1993, 2250, (2255), SCHULTZ Probleme des Wettbewerbs, 141, (S. 145, 154), KÖHLER BB 1996, 2577, (2577); vgl. § 4 D I. 2.) b) auf Seite 48, sowie § 5 C III. 5.) b) aa) auf Seite 145.

51. Vgl. § 4 A I. 1.) auf Seite 21 insbesondere § 4 A I. 1.) auf Seite 22.

52. SCHOLZ/AULEHNER BB 1993, 2250, (2255), KIETHE/SPROLL ZIP 1994, 275, (277).

den »Grünen Punkt«[53] verpflichtete der primär betroffene Handel daher auch sofort die Hersteller zum Abschluß von Zeichennutzungsverträgen, so daß faktisch die Teilnahme am System nach § 6 III VerpackVO Voraussetzung dafür ist, daß Produkte in den Handel gelangen.[54]

Die Voraussetzungen an die Anerkennung als befreiendes System nach § 6 III VerpackVO – insbesondere die flächendeckende Einrichtung, die nach § 3 IX VerpackVO bedeutet, daß das System mindestens für das Gebiet eines Bundeslandes und nicht nur für Ballungsräume[55] eingerichtet werden muß, – begünstigt dabei noch die Entstehung lediglich eines einzigen bundesweiten Systems, wie es nun in Form des Dualen Systems besteht. Bei Gründung des DSD-Systems machten ferner die vorgesehenen und auf das Gesamtaufkommen an Verkaufsverpackungen in Deutschland bezogenen Erfassungsquoten mehrere Systeme faktisch unmöglich, da bei Quotenvorgaben von über 50 % schon zwei Systeme rein rechnerisch nicht bestehen konnten.[56] Im Ergebnis zwingt somit § 6 III VerpackVO praktisch zum Anschluß an das Duale System.[57] Ein auch rechtlicher Zwang dazu existiert seit der Novellierung der VerpackVO in § 6 I S. 9 VerpackVO dann, wenn die nun auch für Selbstentsorger nach § 6 I, II VerpackVO geltenden Verwertungsquoten nicht erfüllt werden.[58]

Diese Situation war schon in der Entstehungsgeschichte der VerpackVO 1991 angelegt.[59] Durch das Zusammenspiel von Staat und Wirtschaft war es den Trägern des Dualen Systems möglich, durch ihre Mitwirkung bei der Gestaltung der VerpackVO 1991 dafür zu sorgen, daß durch die Regelungen der VerpackVO 1991 die Errichtung von konkurrierenden Systemen faktisch unmöglich gemacht worden war.[60] Mit dem Dualen System Deutschland konnte so ein Mono-

53. STRECKER/BERNDT VerpackVO 1991, S. 93, 96.
54. KIETHE/SPROLL ZIP 1994, 275, (277).
55. FLANDERKA BB 1996, 649, (649); RUMMLER/SCHUTT VerpackVO, S. 116; QUEITSCH Kreislaufwitschafts- und Abfallrecht, S. 663; ausführlich dazu: HOFMANN-HOEPPEL DVBl 1993, 873, (873 ff.); vgl. auch TETTINGER DVBl. 1995, 213, (218), der darauf verweist, daß die Anregung dazu vom Bundesrat kam (o. V. BR-Drs. 817/1/90, S. 19) (ebenso wie RUMMLER/SCHUTT aaO. S. 117).
56. BASTIANS Verpackungsregulierung, S. 87.
57. KIETHE/SPROLL ZIP 1994, 275, (277).
58. Vgl. § 5 B I. auf der vorherigen Seite.
59. BÜNEMANN/RACHUT Der Grüne Punkt, S. 23.
60. Nach FLUCK DB 1993, 211, (214) war die VerpackVO auf das DSD-System zugeschnitten.

polunternehmen gegründet werden,[61] dessen Stellung um so stärker wurde, je mehr Rücknahmepflichtige sich am System beteiligten. Ein konkurrierendes System aufzubauen, wird dadurch noch schwieriger. Konkurrierenden Entsorgungsbetrieben bleibt im Verpackungsbereich, weil durch die Befreiung auch eine Drittbeauftragung nach § 11 VerpackVO entfällt, auch dieser Markt weitgehend vorenthalten. Es verbleibt damit fast nur noch eine Betätigung im Sammelbereich als Auftragnehmer unter der Dominanz der DSD-AG. Im Ganzen führt die gesetzliche Regelung somit zu einer »normativ forcierten Konzentrationsbewegung«[62].

Da dies und die Beteiligung aller Rücknahmeverpflichteten am System der DSD auch von der Bundesregierung so gewollt war, könnte angenommen werden, daß mit § 6 III VerpackVO eine Ausnahme zu § 1 GWB geschaffen werden sollte. In diese Richtung geht auch die Regierungsbegründung zu § 6 III VerpackVO 1991, nach der die Vorschrift der Vorstellung des Gesetzgebers in der Ermächtigungsgrundlage des § 14 II S. 1 AbfG folge, »*kooperativem* Handeln der Wirtschaft Vorrang zu geben, soweit dieses der Intention des § 14 II AbfG entspricht«[63].

Dagegen spricht jedoch zum einen, daß § 7 GWB insbesondere im Hinblick auf privatwirtschaftliche Entsorgungssysteme in das GWB eingefügt wurde.[64]

Zum anderen scheitert diese Annahme, selbst wenn man von einem entsprechenden Willen des Verordnungsgebers zur Verdrängung des § 1 GWB durch § 6 III VerpackVO ausgehen wollte, daran, daß das Argument der Gesetzeshierarchie entscheidend gegen eine Verdrängung steht.[65] Die VerpackVO ist als Rechtsverordnung gegenüber dem GWB als formellem Gesetz nachrangiges Recht[66] und

61. WEIDEMANN DVBl. 1992, 1568, (1572), STRECKER/BERNDT VerpackVO 1991, S. 86, SCHOLZ/AULEHNER BB 1993, 2250, (2254 f.).
62. TETTINGER DVBl. 1995, 213, (218); im Ergebnis so auch STRECKER/BERNDT VerpackVO 1991, S. 86.
63. o.V. amtl. Begründung des Entwurfs zur VerpackVO BR-Drs. 817/90, S. 50.
64. Begr. zum RegE GWB 1998, BT-Drs. 13/9720, S. 33 (r.Sp), S. 48 (r.Sp.), s.a. EMMERICH Kartellrecht, S. 55, BUNTE in: LANGEN/BUNTE GWB, § 1 Rn. 207.
65. RIESENKAMPFF BB 1995, 833, (836), BUNTE in: LANGEN/BUNTE GWB, § 1 Rn. 207, VELTE Duale Abfallentsorgung und Kartellverbot, S. 176.
66. BOCK WuW 1996, 187, (191), RIESENKAMPFF BB 1995, 833, (836), BKartA Beschluß vom 24.6.1993 WuW 1994, 63 »Entsorgung von Transportverpackungen« = WuW/E, 2561, (2572); BURCHARDI/SACKSOFSKY JUTR 1994 Bd. 27, 23, (38), FINCKH Regulierte Selbstregulierung, S. 159.

tritt daher zurück.[67] Soweit sie eine Verpflichtung bzw. Erlaubnis zu einem Monopol enthielte, widerspräche dies dem GWB und wäre daher unwirksam und nichtig. Auch die lex posterior Regeln[68] ändern daran nichts, da diese, ebenso wie die lex specialis Regeln,[69] Gleichrangigkeit erfordern.[70] Auch aus dem KrW-/AbfG als Ermächtigungsgrundlage läßt sich keine Gleichrangigkeit der VerpackVO herleiten.[71] Zwar bedarf eine Rechtsverordnung gemäß Art. 80 I GG einer Ermächtigungsnorm, dies ändert an ihrem Rang jedoch nichts.[72]

Wenn KÖHLER aus der Annahme, daß das KrW-/AbfG Abfallrückführungssysteme anerkenne, herleitet, daß der niedrigere Rang der VerpackVO keine Rolle spiele[73], ist dem somit nicht zu folgen.[74] Bei der Auslegung ist daher der mutmaßliche Wille des Verordnungsgebers zu berücksichtigen, eine Nichtigkeitsfolge zu vermeiden. Die damit erforderliche »kartellrechtskonforme«[75] Auslegung muß folg-

---

67. Die Möglichkeit der Verdrängung des GWB durch die VerpackVO wohl bejahend: BECKER-SCHWARZE Steuerungsmöglichkeiten des Kartellrechts, S. 141 f., die dem jedoch aus anderen Gründen nicht folgt.

68. So wurde in der Diskussion über § 6 III VerpackVO 1991 argumentiert: Bei Verfahren um Untersagung eines Entsorgungssystems für Transportverpackungen hatte die Betroffene ausgeführt, die VerpackVO beruhe auf gesetzlicher Grundlage und sei in Übereinstimmung mit der Ermächtigung durch das AbfG v. 27. 8. 1986 ergangen. Bei einem Konflikt zwischen der VerpackVO und dem GWB müßten die Bestimmungen des letzteren als älterem Gesetz zurücktreten (vgl. KÖHLER BB 1996, 2577, (2578) unter Verweis auf B KARt A Beschluß vom 24. 6. 1993 WuW 1994, 63 »Entsorgung von Transportverpackungen« = WuW/E, 2561, (2566), wo der Vortrag durch die Betroffenen referiert wird).

69. Diese würden auch erfordern, daß beide Vorschriften das gleiche Rechtsgut schützen, was bei GWB (Schutzgut Wettbewerb) und Abfallrecht (Schutzgut Vermeidung und Rückführung von Abfällen in den Stoffkreislauf) nicht der Fall ist (BURCHARDI/SACKSOFSKY JUTR 1994 Bd. 27, 23, (38 f.), FINCKH Regulierte Selbstregulierung, S. 159).

70. Vgl. z. B. OSSENBÜHL Handbuch des Staatsrechts Bd. 3, § 61 Rd. 70, 71, BOCK WuW 1996, 187, (191).

71. Davon zu unterscheiden ist die anschließend noch zu erörternde Frage, ob das KrW-/AbfG selbst möglicherweise § 1 GWB verdrängt.

72. BOCK WuW 1996, 187, (192).

73. KÖHLER BB 1996, 2577, (2578 f. und 2580).

74. KÖHLER lehnt im übrigen eine Lösung nach formalen Konkurrenzregeln ab, da diese nur beim Konflikt zwischen Normen, die denselben Gegenstand regeln, eingriffen. Dies sei bei Umweltrecht und Kartellrecht nicht der Fall, so daß nach anderen Lösungen gesucht werden müsse.KÖHLER BB 1996, 2577, (2579 f.) Zu der von ihm vorgeschlagenen Lösung über die »Immanenztheorie« siehe unten § 5 C IV. 2.) auf Seite 188.

75. Der Grundsatz der verfassungskonformen Auslegung (seit B VerfGE 2, 266, LS. 4 st. Rspr.) ist auf die Prüfung der Gesetzeskonformität von Rechtsverordnungen entsprechend anzuwenden. So auch FLUCK DB 1993, 211, (214).

lich zu dem Ergebnis führen, daß die wettbewerbsrechtliche Frage der Zulässigkeit eines Monopols, wie das der DSD-AG, in der VerpackVO nicht geregelt werden sollte.[76] Ein Nachfragemonopol wird also durch die VerpackVO weder vorgeschrieben noch zugelassen. Die VerpackVO ist vielmehr kartellrechtsneutral. Es fehlt somit schon am Regelungskonflikt zwischen § 6 III VerpackVO und § 1 GWB.[77]

Im Ergebnis ist damit festzuhalten, daß mangels Regelungskonflikts § 1 GWB nicht von § 6 III VerpackVO verdrängt wird.

Davon zu unterscheiden ist, ob die VerpackVO durch ihre Vorgaben (Gebote und Verbote sind über Rechtsverordnungen schließlich möglich) den Raum des Erlaubten, in dem ein Wettbewerb möglich ist, dergestalt geformt hat, daß gewisse wettbewerbliche Handlungsalternativen zwar rechtlich zulässig sind, wirtschaftlich praktisch aber als Wettbewerbsalternative ausscheiden. Dadurch kann selbst die gegenüber dem GWB untergesetzliche VerpackVO durch die wettbewerbsrechtlich irrelevante Befolgung der Vorgaben[78] Einfluß auf den Anwendungsbereich des GWB haben[79]. Dabei handelt es sich dann nicht um einen normhierarchischen, sondern um einen sachgegenständlichen Vorrang.[80] Dies wird im Rahmen der Prüfung der Wettbewerbsbeschränkung eine Rolle spielen.[81]

II. *Vorrang des KrW-/AbfG vor dem GWB?*

Nachdem § 1 GWB durch die VerpackVO nicht eingeschränkt wird, ist nun zu prüfen, ob das KrW-/AbfG eine Anwendung des § 1 GWB ausschließt, da es viele konzentrations- und kooperationsfördernde Vorschriften enthält.[82] Eine Verdrängung des GWB kommt nach der

---

76. So auch BURCHARDI/SACKSOFSKY JUTR 1994 Bd. 27, 23, (39), BKARTA Beschluß vom 24.6.1993 WuW 1994, 63 »Entsorgung von Transportverpackungen« = WuW/E, 2561, (2572 f.), WEIDEMANN DVBl. 1992, 1568, (1572), BECKER-SCHWARZE Steuerungsmöglichkeiten des Kartellrechts, 142,VELTE Duale Abfallentsorgung und Kartellverbot, S. 176; das wurde auch durch einen Kabinettsbeschluß auf Drängen des Bundeskartellamts klargestellt. Vgl. dazu SCHULTZ Probleme des Wettbewerbs, 141, (S. 142).
77. So auch BKARTA Beschluß vom 24.6.1993 WuW 1994, 63 »Entsorgung von Transportverpackungen« = WuW/E, 2561, (2573); VELTE Duale Abfallentsorgung und Kartellverbot, S. 176.
78. HUBER/BAUMS in: FK IV, § 1 Rn. 204 f..
79. FINCKH Regulierte Selbstregulierung, S. 159.
80. SCHMIDT-PREUSS VerpackVO u. KartR, Lieberknecht FS, 549, (S. 555 f.), vgl. dazu auch: BURCHARDI/SACKSOFSKY JUTR 1994 Bd. 27, 23, (40)).
81. Vgl. § 5 C III. 5.) b) auf Seite 143.
82. BECKMANN UPR 1996, 41, (48); RIESENKAMPFF BB 1995, 833, (837); MONOPOLKOMMISSION 11. Hauptgutachten 1994/95, BT-Drs. 13/5309,

6. GWB Novelle von 1998 – die zeitlich nach dem KrW-/AbfG erfolgte – zwar nicht mehr nach den Grundsätzen »lex posterior derogat legi priori« in Betracht, möglich erscheint aber, daß das KrW-/AbfG gegenüber dem GWB für die Frage der Zulässigkeit von Konzentrationen als »lex specialis« vorgeht[83].

Konzentrations- bzw. kooperationsfördernde Regelungen enthalten die Vorschriften der §§ 17, 24 I Nr. 2, 28 II, 52 KrW-/AbfG. § 28 II KrW-/AbfG ist hier jedoch nicht einschlägig, da dort die Durchführung der Abfallbeseitigung geregelt ist. Auch der die Bildung von Entsorgungsgemeinschaften betreffende § 52 III KrW-/AbfG scheidet hier aus, da die DSD-AG keine Entsorgungsgemeinschaft darstellt.

Damit verbleibt die Frage, ob sich aus der Ermächtigung für die VerpackVO in § 24 I Nr. 2 KrW-/AbfG eine Verdrängung von § 1 GWB ergibt.[84] Zu prüfen ist weiterhin, ob die DSD als Verband i. S. v. § 17 KrW-/AbfG zu betrachten ist, auf den § 1 GWB unanwendbar sein könnte.[85]

1.) § 24 I Nr. 2 KrW-/AbfG

Die Ermächtigung für die VerpackVO in § 24 I Nr. 2 KrW-/AbfG könnte eine Anwendung des § 1 GWB ausschließen, wenn sie als spezielleres Gesetz dem GWB vorginge. Das setzt voraus, dem KrW-/AbfG wettbewerbsrechtliche Bedeutung beizumessen. Eine Auslegung müßte also ergeben, daß die Vorschrift nicht lediglich kartellrechtsneutral ist, sondern daß ihr eine Aussage über die Zulässigkeit von Kartellen in ihrem Regelungsbereich zu entnehmen ist. Wie zuvor bei der Prüfung zur VerpackVO[86] wäre somit ein Regelungskonflikt zwischen den § 24 I KrW-/AbfG und § 1 GWB erforderlich, damit die Grundsätze des »lex specialis« zum Zuge kommen könnten.

Daß § 24 I KrW-/AbfG von seiner Konzeption auf Kooperation ausgelegt ist, ergibt sich aus der Formulierung in § 24 I KrW-/AbfG,

---

Tz. 80 ff.; BKARTA Tätigkeitsbericht 1993/94, BT-Drs. 13/1660, S. 127; VELTE Duale Abfallentsorgung und Kartellverbot, S. 178; nur auf § 17 KrW-/AbfG bezogen: WEBER RdE 1995, 91, (97).

83. RIESENKAMPFF BB 1995, 833, (836 f.); dazu auch KÖHLER BB 1996, 2577, (2578); eine Verdrängung ablehnend BKARTA Tätigkeitsbericht 1993/94, BT-Drs. 13/1660, S. 33, 126 f.

84. Im folgenden unter § 5 B II. 1.).

85. Im folgenden unter § 5 B II. 2.) auf Seite 83.

86. Vgl. § 5 B I. auf Seite 74.

wonach eine Anhörung »der beteiligten Kreise« für den Erlaß von abfallwirtschaftlichen Verordnungen durch die Bundesregierung erforderlich ist. Da damit auch die beteiligte Wirtschaft umfaßt ist (§ 60 KrW-/AbfG), ist es unvermeidlich, daß es auf diesem Wege auch zu Verhaltensabsprachen der privaten Unternehmen untereinander kommt. Deshalb aber darauf zu schließen, daß aufgrund dieses kooperativen Ansatzes auch horizontal wettbewerbliche Beziehungen zwischen den Unternehmen durch das KrW-/AbfG geregelt werden, griffe zu weit. Die Vorschrift enthält lediglich eine vertikale Abstimmung und Kooperation zwischen Staat und privater Wirtschaft. Beabsichtigt war lediglich, das staatliche Abfallentsorgungsmonopol durch eine private Entsorgungswirtschaft im marktwirtschaftlichen Wettbewerb zu ersetzen. Die Annahme, § 24 I KrW-/AbfG regele die Zulässigkeit eines privaten Kartells, würde dieser Absicht zuwider laufen, und ist daher abzulehnen.[87]

Denkbar wäre aber, daß aus der Verwendung des Begriffs »Rücknahmesysteme« in § 24 I Nr. 2 KrW-/AbfG eine Zulässigkeit der Zusammenarbeit zu entnehmen ist. Da die Vorschrift weiter verlangt, daß die Hersteller und Vertreiber die vorgeschriebene Rückgabe durch Rückgabesysteme oder Pfandsysteme »sicherzustellen haben«, könnte dem zu entnehmen sein, daß auch die Zusammenarbeit in nur einem System zulässig ist, wenn es nur ein System gibt oder wenn nur so das Ziel der Abfallvermeidung aus § 22 KrW-/AbfG erreicht werden kann[88].

Diese Argumentation reicht jedoch nicht aus, um der Vorschrift des § 24 I Nr. 2 KrW-/AbfG eine kartellrechtsrelevante Regelung zu entnehmen. So spricht die Vorschrift im Plural von »Rücknahmesystem*en*«, was dafür spricht, daß sie grundsätzlich von mehreren Systemen ausgeht. Weiterhin ist die Ausgestaltung der Systeme völlig offen gelassen und der Regelung in entsprechenden Verordnungen – wie § 6 III VerpackVO – überlassen worden.[89]

Nachdem Wortlaut und Systematik somit nicht weiter führen, muß wieder auf den mutmaßlichen Willen des Gesetzgebers zurückgegriffen werden. Auch hier läßt sich das Argument von oben anführen, wonach Wille des Gesetzgebers ein marktwirtschaftlicher Wettbewerb

87. So auch Velte Duale Abfallentsorgung und Kartellverbot, S. 177, der sich dabei auf die entsprechende Vorschrift des § 14 AbfG a. F. bezieht.
88. So unter Anwendung der »Immanenztheorie« Köhler BB 1996, 2577, (2580), bezogen auf die entsprechende Regelung im AbfG a. F.
89. Finckh Regulierte Selbstregulierung, S. 157; Riesenkampff BB 1995, 833, (836), bezogen auf die entsprechende Regelung im AbfG a. F.

war,[90] dem die Annahme einer Ausnahme oder Freistellung vom Kartellrecht zuwider liefe. Schließlich ergibt sich aus der 6. Novelle des GWB ein weiteres Argument dafür, daß bei der Fassung des § 24 I Nr. 2 KrW-/AbfG die Frage der wettbewerbsrechtlichen Auswirkungen nicht geregelt werden sollte. Durch die Neufassung des § 7 GWB sollten nämlich die kartellrechtlichen Probleme insbesondere im Hinblick auf das System der DSD-AG einer gesetzlichen Regelung zugeführt werden.[91] Dies wäre nicht erforderlich gewesen, wenn der Gesetzgeber diese Frage durch § 24 I Nr. 2 KrW-/AbfG bereits als geregelt angesehen hätte.

Im Ergebnis verhält sich § 24 I Nr. 2 KrW-/AbfG somit kartellrechtsneutral.[92] § 1 GWB wird mangels Regelungskonflikts daher auch nicht durch § 24 I Nr. 2 KrW-/AbfG verdrängt.

2.) Verdrängung durch die Verbandsregelung des § 17 KrW-/AbfG

Ob und wie die Anwendbarkeit des Kartellrechts auf die DSD-AG durch § 17 KrW-/AbfG eingeschränkt wird,[93] ist in zweifacher Hinsicht problematisch. Fraglich ist zum einen, ob das System der DSD-AG überhaupt als »Verband« i. S. d. § 17 KrW-/AbfG qualifiziert werden kann und zum anderen, ob eine solche Behandlung der DSD-AG als »Verband« i. S. d. § 17 I KrW-/AbfG Auswirkungen auf eine kartellrechtliche Beurteilung hat.[94]

---

90. Siehe § 5 B II. 1.) auf der vorherigen Seite.
91. Begr. zum RegE GWB 1998, BT-Drs. 13/9720, S. 33 (r.Sp), S. 48 (r.Sp.), s. a. EMMERICH Kartellrecht, S. 55. Ob über § 7 GWB eine Lösung der kartellrechtlichen Probleme der DSD-AG möglich ist, ist unter § 5 C VII. 2.) auf Seite 194 behandelt.
92. Ebenso FINCKH Regulierte Selbstregulierung, S. 157; auf die entsprechende Regelung des AbfG a. F. bezogen so auch: RIESENKAMPFF BB 1995, 833, (836), VELTE Duale Abfallentsorgung und Kartellverbot, S. 178 und wohl auch BURCHARDI/SACKSOFSKY JUTR 1994 Bd. 27, 23, (39).
93. Mögl. Vorrang RIESENKAMPFF BB 1995, 833, (836 f.); FINCKH Regulierte Selbstregulierung, S. 158 hält die kartellrechtliche Bedeutung von § 17 KrW-/AbfG für ungeklärt; vgl. auch BECKMANN UPR 1996, 41, (48 f.), WEBER RdE 1995, 91, (97).
94. Ablehnend FINCKH Regulierte Selbstregulierung, S. 158; auch nach BKartA Tätigkeitsbericht 1993/94, BT-Drs. 13/1660, S. 33, 126 f., v. KÖLLER KrW-/AbfG, S. 185 ergibt sich keine Befreiung; kritisch zu § 17 KrW-/AbfG MONOPOLKOMMISSION 11. Hauptgutachten 1994/95, BT-Drs. 13/5309, Tz. 81 f.

a) Anwendbarkeit des § 17 I KrW-/AbfG auf die DSD-AG

Für die erste Frage ergibt sich aus § 17 I KrW-/AbfG, daß dieser sich seinem Wortlaut nach auf»... Besitzer von Abfällen aus gewerblichen sowie sonstigen wirtschaftlichen Unternehmen ...«, bezieht, nicht hingegen auf Erzeuger und Besitzer von Abfällen aus privaten Haushalten. Außerdem dient die Verbandsbildung dem Wortlaut des § 17 I KrW-/AbfG zufolge dazu, den genannten Abfallerzeugern bzw. -besitzern Möglichkeiten zur Erfüllung ihrer eigenen Verwertungs- und Beseitigungspflichten zu eröffnen.[95] Die Tätigkeit der DSD-AG bezieht sich jedoch auf Abfälle aus privaten Haushalten und dem haushaltsnahen Bereich, in dem keine derartigen Pflichten bestehen, da Haushaltsabfälle gem. § 13 I KrW-/AbfG dem öffentlich-rechtlichen Entsorgungsträger zu überlassen sind.[96]

Andererseits nimmt § 13 III Nr. 1 KrW-/AbfG solche Abfälle von der Überlassungspflicht des Abs. 1 aus, die einer Rücknahmepflicht aufgrund einer Rechtsverordnung nach § 24 KrW-/AbfG unterliegen, wie es für den hier interessierenden Bereich durch die VerpackVO der Fall ist. Diese Regelung zeigt damit, daß die Produktverantwortung im Hausmüllbereich neben die öffentlich-rechtliche Entsorgungszuständigkeit treten kann.

Weiterhin sind die Hersteller und Vertreiber von Verkaufsverpackungen aufgrund des § 24 I Nr. 2 KrW-/AbfG und der darauf gestützten VerpackVO nach § 26 KrW-/AbfG verpflichtet, die zurückgenommenen Verpackungen gemäß den §§ 5 und 11 KrW-/AbfG zu verwerten. Sie sind insofern[97] also den Besitzern und Erzeugern gewerblicher Abfälle gleichgestellt. VELTE[98] plädiert daher dafür, sie gleich zu behandeln. Danach sei von einem Redaktionsversehen des Gesetzgebers auszugehen und § 17 KrW-/AbfG unmittelbar auf alle Verbände anzuwenden, die von den nach § 24 I 2 KrW-/AbfG zur Verwertung verpflichteten Herstellern und Vertreibern von Abfällen aus Privathaushalten gebildet werden. Hilfsweise plädiert er für eine analoge Anwendung, da die Interessenlage gleich sei, und eine Regelungslücke bestehe. Im Ergebnis wäre die DSD-AG damit

---

95. FINCKH Regulierte Selbstregulierung, S. 158.
96. VELTE Duale Abfallentsorgung und Kartellverbot, S. 178 f
97. Aufgrund der Regelungen in Anhang I Nr. 1 Abs. 2 der VerpackVO sind die Verwertungsmöglichkeiten für zurückgenommene Verkaufsverpackungen jedoch stärker eingeschränkt, als was über § 6 I 4 KrW-/AbfG zulässig ist.
98. VELTE Duale Abfallentsorgung und Kartellverbot, S. 179 auch zu dem Vorangegangenen.

als Verband der Hersteller und Vertreiber von Verkaufsverpackungen i. S. d. § 17 KrW-/AbfG zu behandeln.[99]

Dem kann jedoch nicht gefolgt werden. § 17 I S. 2 KrW-/AbfG verweist nämlich auf § 16 I S. 2 und 3 KrW-/AbfG, woraus sich ergibt, daß § 17 KrW-/AbfG wie § 16 I KrW-/AbfG eine Form der Drittbeauftragung darstellt, bei der die Verantwortung des Abfallbesitzers bestehen bleibt.[100] Das System der DSD-AG wird aber nicht im Wege einer Drittbeauftragung tätig. Wenn es dies täte, bliebe nämlich grundsätzlich die individuelle Verantwortlichkeit der Hersteller und Vertreiber von Verkaufsverpackungen bestehen (§§ 17 I S. 2, 16 I S. 2 KrW-/AbfG). Zwar ist nach § 17 III KrW-/AbfG eine Übertragung der Besitzer- und Erzeugerpflichten möglich, die zu einer Befreiung von den individuellen Verpflichtungen führen würde. Die Systemzulassung der DSD-AG nach § 6 III VerpackVO kann aber nicht in eine Übertragung nach § 17 III KrW-/AbfG umgedeutet werden. Ein System nach § 6 III VerpackVO ist auch sonst nicht mit einem Verband von Herstellern und Vertreibern von Verkaufsverpackungen nach § 17 I KrW-/AbfG vergleichbar, der nach § 17 KrW-/AbfG keinen der VerpackVO entsprechenden Regelungen und Anforderungen – insbesondere hinsichtlich Verwertungsquoten und Flächendeckung – unterliegt. Insbesondere wäre ein solcher Verband nicht verpflichtet, die in Anhang I (zu § 6) Nr. 3 VerpackVO geregelten Vorgaben einzuhalten, da über ihn nur die individuellen Verpflichtungen der Hersteller und Vertreiber wahrgenommen werden. Diese sind aber u. a. nicht zur haushaltsnahen Erfassung verpflichtet, wie es ein § 6 III-System aber nach Anhang I (zu § 6) Nr. 3 VerpackVO ist. Es erscheint daher überzeugender, daß eine Behandlung als »System« nach § 24 I Nr. 2 KrW-/AbfG i. V. m. § 6 III VerpackVO und eine gleichzeitige Qualifizierung als »Verband« durch § 17 I KrW-/AbfG nicht intendiert war, und somit kein Redaktionsversehen des Gesetzgebers vorliegt.

Auch eine Analogie scheidet aus, da eine die Zusammenarbeit und bessere Verwertungsmöglichkeiten ermöglichende Option im Rahmen der VerpackVO sehr wohl in der »Systemlösung« des § 6 III Verpack-

99. VELTE Duale Abfallentsorgung und Kartellverbot, S. 179 f.
100. QUEITSCH KrW-/AbfG, S. 63 (Rn. 110) wie auch schon QUEITSCH Kreislaufwitschafts- und Abfallrecht, S. 179; vgl. auch SCHINK DÖV 1995, 881, (887); nach FINCKH Regulierte Selbstregulierung, S. 158 gilt § 17 KrW-/AbfG ebenfalls nur im Rahmen der individuellen Entsorgung, nicht aber im Rahmen des § 6 III VerpackVO.

VO vorgesehen ist und dort detailierten Regelungen unterworfen ist. Eine Regelungslücke besteht daher nicht.

Die DSD-AG kann folglich nicht als »Verband« i. S. d. § 17 I KrW-/AbfG angesehen werden.

b) hilfsweiser Vorrang des § 17 I KrW-/AbfG vor § 1 GWB

Wenn man dem nicht folgt und die DSD-AG abweichend zu dem Vorangegangenen als »Verband« i. S. d. § 17 I KrW-/AbfG qualifizieren möchte, wäre weiter zu prüfen, ob dies Auswirkungen auf die kartellrechtliche Zulässigkeit des Systems der DSD-AG hat. Dem § 17 I KrW-/AbfG müßte dann eine dem § 1 GWB vorgehende Ausnahme zu entnehmen sein.

Teile der Industrie und des Handels sehen bzw. sahen in § 17 KrW-/AbfG einen Freibrief, ihre Rücknahme- und Verwertungspflichten kooperativ zu organisieren.[101]

Zu folgen ist jedoch der sowohl durch das Bundeswirtschaftsministerium sowie durch das Bundeskartellamt vertretenen Ansicht, wonach das Kartellverbot des § 1 GWB nicht durch § 17 KrW-/AbfG eingeschränkt wird.[102] Aus der Formulierung des § 17 I KrW-/AbfG läßt sich nämlich nicht entnehmen, daß damit die Zulässigkeit von Entsorgungskartellen geregelt werden sollte, da eine Verbandsbildung nicht notwendigerweise ein Kartell i. S. v. § 1 GWB voraussetzt.[103] Mit der Vorschrift ist lediglich beabsichtigt, im Wege einer kollektiven Selbstorganisation weitere Verwertungsmöglichkeiten zu schaffen, wenn einzelne Erzeuger oder Abfallbesitzer ihre Entsorgungspflichten nicht alleine erfüllen können.[104] In einem solchen

---

101. MONOPOLKOMMISSION 11. Hauptgutachten 1994/95, BT-Drs. 13/5309, Tz. 82; Als denkbare Möglichkeit tendiert RIESENKAMPFF BB 1995, 833, (837) wohl dafür, obgleich er die Frage aber im Ergebnis offen läßt. Diesem Ansatz als denkbare Lösung zustimmend auch BECKER-SCHWARZE Steuerungsmöglichkeiten des Kartellrechts, S. 143 sowie KÖHLER BB 1996, 2577, (2578 f.), der sich im Ergebnis aber auch nicht darauf stützt.

102. Vgl. MONOPOLKOMMISSION 11. Hauptgutachten 1994/95, BT-Drs. 13/5309, Tz. 82, BKARTA Tätigkeitsbericht 1993/94, BT-Drs. 13/1660, S. 127; dem zustimmend BOCK WuW 1996, 187, (192), VELTE Duale Abfallentsorgung und Kartellverbot, S. 180.

103. BKARTA Tätigkeitsbericht 1993/94, BT-Drs. 13/1660, S. 33, 126 f., so auch VELTE Duale Abfallentsorgung und Kartellverbot, 180.

104. BKARTA Tätigkeitsbericht 1993/94, BT-Drs. 13/1660, S. 126, BUNDESREGIERUNG Begründung zum Gesetzesentwurf, BR Drs. 12/5672, S. 44, 127, auszugsweise auch abgedruckt in QUEITSCH Kreislaufwirtschafts- und Abfallrecht, siehe hier S. 174 ff.; siehe auch AUSSCHUSS FÜR UMWELT,

Fall kommt es nämlich, wenn überhaupt, zu geringen Auswirkungen auf den Markt, da ohne die Zusammenarbeit die entsprechende Entsorgungsweise von den Abfallbesitzern alleine nicht nachgefragt würde.[105]

Auch war die Förderung von Wettbewerb auf den Entsorgungsmärkten ein wesentliches gesetzgeberisches Ziel des KrW-/AbfG.[106] Die Annahme, daß § 17 KrW-/AbfG das Kartellverbot des § 1 GWB verdrängt, liefe dem zuwider. Weiterhin wurde die VerpackVO mit dem Ziel der Erhöhung des Wettbewerbs novelliert, was ebenfalls gegen eine beabsichtigte Einschränkung des Wettbewerbs spricht.[107]

In anderen Bereichen hat der Gesetzgeber außerdem, wenn ein Vorrang gegenüber § 1 GWB intendiert war, dies ausdrücklich durch Bezugnahme auf das Kartellrecht klargestellt.[108] In Bereichen, in denen dies nicht erfolgte, ist daher davon auszugehen, daß keine spezielle Einschränkung des Kartellrechts durch den Gesetzgeber beabsichtigt war.[109]

§ 17 KrW-/AbfG stellt damit eine rein abfallrechtliche Regelung dar[110] und verhält sich daher kartellrechtsneutral. Er führt nicht zu einer Verdrängung von § 1 GWB.[111] Es kann folglich aus dem

---

NATURSCHUTZ UND REAKTORSICHERHEIT BT Drs. 12/7284, S. 18, auch auszugsweise abgedruckt in QUEITSCH Kreislaufwitschafts- und Abfallrecht, S. 177 ff.

105. Das entspricht dem noch zu behandelnden Arbeitsgemeinschaftsgedanken vgl. § 5 C III. 2.) a) auf Seite 118.

106. MONOPOLKOMMISSION 11. Hauptgutachten 1994/95, BT-Drs. 13/5309, Tz. 80.

107. BUNDESREGIERUNG Begründung zur Änderung der VerpackVO BT-Drs. 13/10943, S. 19–22; vgl. auch KOMMISSION Entscheidung v. 17. 9. 2001 Az.: K(2001) 2672 ABl. EG 2001 L 319, Tz. 26, RIESENKAMPFF BB 1995, 833, (837 Fn. 47) bezogen auf die Entwürfe.

108. So in § 13 Energiesicherungsgesetz 1975 (BGBl. 1974 S. 3681), dazu DANNER NJW 1975, 361, (363).

109. So bspw. in Bezug auf das Verstromungsgesetz i. d. F. von 1980 (BGBl. I 2137); HUBER/BAUMS in: FK IV, § 1 Rn. 209, NIEMEYER Der »Jahrhundertvertrag« nach deutschem Kartellrecht, S. 121; a A. WOLF BB 1989, 160, (165).

110. BKARTA Tätigkeitsbericht 1993/94, BT-Drs. 13/1660, S. 126, VELTE Duale Abfallentsorgung und Kartellrecht, S. 180; vgl. auch BUNDESREGIERUNG Begründung zum Gesetzesentwurf, BR Drs. 12/5672, S. 127, 132, SCHULTZ UTR Bd. 38, 107, (125 f.); siehe auch MONOPOLKOMMISSION 11. Hauptgutachten 1994/95, BT-Drs. 13/5309, Tz. 80 ff., wonach die die Förderung des Wettbewerbs in den Entsorgungsmärkten ein wesentliches gesetzgeberisches Ziel des KrW-/AbfG darstellte.

111. BUNTE in: LANGEN/BUNTE GWB, § 1 Rn. 333; als Möglichkeit offengelassen: RIESENKAMPFF BB 1995, 833, (836 ff.).

KrW-/AbfG erst recht auch keine allgemeine Bereichsausnahme vom Kartellrecht hergeleitete werden.[112]

III. Ergebnis

§ 1 GWB tritt folglich nicht hinter das Abfallrecht zurück, sondern bleibt voll anwendbar. Eine Verdrängung durch § 6 III VerpackVO scheitert schon daran, daß die VerpackVO gegenüber dem GWB nachrangiges Recht ist. Eine Verdrängung erfolgt ebenso wenig durch das KrW-/AbfG,[113] da dieses die Frage einer kartellrechtlichen Zulässigkeit eines Entsorgungskartells nicht präjudiziert, also kartellrechtsneutral ist.[114]

C Kartellverbot des § 1 GWB

Nachdem die Anwendung des § 1 GWB nicht ausgeschlossen ist, muß das System der DSD-AG nun anhand § 1 GWB auf seine kartellrechtliche Zulässigkeit überprüft werden.

Dabei ist zu beachten, daß das GWB durch die 6. GWB Novelle 1998 neu gefaßt wurde. Davon sind auch die hier besonders interessierenden §§ 1 ff. GWB nicht verschont worden, obgleich sich am grundlegenden System eines generellen Kartellverbots (§ 1 GWB) mit enumerativen Einzelfreistellungsmöglichkeiten (§§ 2–8 GWB) grundsätzlich nichts geändert hat.

Bei der kartellrechtlichen Prüfung des Systems der DSD-AG nach der neuen Gesetzeslage sind insbesondere der Meinungsstand zu § 1 GWB a. F. und die sich damit auf die alten Tatbestandsmerkmale beziehenden Lösungsansätze auf eine weitere Anwendbarkeit und gegebenenfalls systematische Einordnung im Rahmen des neuen Verbotstatbestandes zu überprüfen.

Wie schon ausgeführt, setzt sich das DSD-System aus einer Vielzahl von Vertragsverhältnissen zusammen.[115] Für die rechtliche Prüfung wird zunächst nach den dargestellten Systembereichen (Kenn-

---

112. VELTE Duale Abfallentsorgung und Kartellverbot, S. 180 f. auch zu dem Vorangegangenen; ebenso: BOCK WuW 1996, 187, (192), SCHULTZ UTR Bd. 38, 107, (125 f.), MONOPOLKOMMISSION 11. Hauptgutachten 1994/95, BT-Drs. 13/5309, Tz. 75 ff.; a. A.: RIESENKAMPFF BB 1995, 833, (837 f.).

113. Ebenso BUNTE in: LANGEN/BUNTE GWB, § 1 Rn. 207.

114. BERG/HÖSCH Die Produktverantwortung nach § 22 KrW-/AbfG, 83, (113).

115. Vgl. § 4 A I. 3.) b) auf Seite 35.

zeichnung- und Finanzierung, Erfassung- und Sortieren, Verwertung) gegliedert. Hinzu kommen ungeschriebene Absprachen sowie die Satzung (früher Gesellschaftsvertrag) der DSD-AG. Im Rahmen der Tatbestandsmerkmale wird daher jeweils danach unterschieden.

I. Vereinbarungen zwischen Unternehmen

Zunächst müßte eine »Vereinbarung zwischen Unternehmen« i. S. d. § 1 GWB gegeben sein. Darunter wird jede Verständigung von Unternehmen über eine wettbewerbsbeschränkende Praxis, also jede Willensübereinstimmung zwischen Unternehmen über ihr gemeinsames Auftreten am Markt, verstanden.[116] Allgemein wird – wie auch schon bei dem Tatbestandsmerkmal der »Verträge zwischen Unternehmen« in § 1 GWB a. F. – eine weite Auslegung zugrunde gelegt. Streitig ist jedoch, ob die Vereinbarung rechtlich verbindlich zu sein hat oder nicht.

Eine restriktive Auslegung des Begriffs vertritt RITTNER, der meint, durch die neue Formulierung habe sich nichts geändert. Demnach sei wie bisher ein »Vertrag« im Sinne des BGB erforderlich. Dieser brauche aber keine klagbaren Ansprüche enthalten, sondern müsse nur für mindestens eine Seite rechtlich oder wirtschaftlich bindend sein.[117]

Anders als vor der 6. GWB Novelle braucht auf diesen Streit hier jedoch nicht weiter eingegangen zu werden, da selbst eine restriktive Auslegung des Begriffs zu keinen anderen Ergebnissen führt. Rechtlich unverbindliche Abreden, »gentleman's agreements« oder nichtige Vereinbarungen unterfielen nach RITTNERS Ansicht zwar nicht mehr den »Vereinbarungen«, erfüllten aber jedenfalls die nun durch die Neufassung in § 1 GWB aufgenommene und damit gleichbehandelte Variante der »abgestimmten Verhaltensweisen«. Praktisch geht es damit nach der 6. GWB Novelle lediglich um die im Ergebnis hier irrelevante Abgrenzung der beiden Tatbestandsvarianten.[118]

116. EMMERICH Kartellrecht, S. 33 und S. 389 f.. Die Auslegung des Begriffs folgt bisher den Vorgaben des EG-Rechts, da es erklärte Absicht des Gesetzgebers war, den Begriff an die Formulierung in Art. 81 I EG anzugleichen (EMMERICH aaO. S. 33). Insoweit können also unter Beachtung der deutschen Besonderheiten auch Rechtsquellen des EG-Rechts als Auslegungshilfe herangezogen werden. Vgl. daher auch: EuG Urteil v. 24. 10. 1991 Rs. T-2/89 »Petrofina« Slg. 1991, II-1087, LS 4, Tz. 211; EuG Urteil v. 24. 10. 1991 Rs. T-3/89 »Atochem« Slg. 1991, II-1177, LS 2 Tz. 130, 191, 211.
117. RITTNER Wettbewerbs- und Kartellrecht, § 7 Rn. 18 (S. 197).
118. Nach der alten Rechtslage waren abgestimmte (nichtvertragliche) Verhal-

Unter den Begriff des Unternehmens fällt jede natürliche oder juristische Person, die sich gegen Entgelt am Wirtschaftsleben beteiligt, wobei es sich nicht um eine gewerbsmäßige, sondern auch um eine nur gelegentliche oder vorübergehende, sowie eine auch nur geplante selbständige wirtschaftliche Tätigkeit handeln kann. Eine Gewinnerzielungsabsicht, eine aktuelle wirtschaftliche Betätigung oder die Rechtsform sind unerheblich. Auszuscheiden sind lediglich unselbständige Betriebe oder Betriebsteile.[119]

1.) Satzung der DSD-AG

Die Satzung der DSD-AG ist als bindender und auch klagbarer Vertrag[120] nach dem BGB als »Vereinbarung« i. S. d. § 1 GWB zu qualifizieren. Da die an der DSD-AG beteiligten Hersteller und Handelsunternehmen auch unproblematisch als Unternehmen i. S. d. § 1 GWB anzusehen sind, liegt folglich in der Satzung der DSD-AG eine »Vereinbarung zwischen Unternehmen« vor.

2.) Auslistung nicht mit dem »Grünen Punkt« gekennzeichneter Verpackungen

Die ursprünglichen Gesellschafter hatten in der Präambel des Gesellschaftsvertrages der DSD-GmbH eine Selbstverpflichtung eingefügt, wonach sich die Gesellschafter des Handels verpflichteten, nur noch mit dem »Grünen Punkt« gekennzeichnete Ware zu vertreiben. Auf die dagegen vom Bundeskartellamt vorgebrachten Bedenken[121]

---

tensweisen nach § 25 I GWB a. F. ebenfalls verboten. Die Abgrenzung hatte und hat für eine nur für Verträge nach § 1 GWB a. F. bzw. für Vereinbarungen nach § 1 GWB mögliche Freistellung gem. §§ 2–8 GWB (a. F. u. n. F.) Bedeutung (vgl. VELTE Duale Abfallentsorgung und Kartellverbot, S. 121) und ist ggf. dort zu entscheiden. RITTNER Wettbewerbs- und Kartellrecht, § 7 Rn. 20 Fn. 37 (S. 197) bezeichnet die Frage weiter als »äußerst streitig«, wobei er jedoch wie LANGEN/BUNTE GWB Voraufl., § 1 Rn. 26 f., MÜLLER-HENNEBERG/SCHWARTZ Gemeinschaftskommentar 4. Aufl. 1980 ff., § 1 Rn. 27 und I/M GWB 2. Aufl., § 1 Rn. 121 ff. auf Fundstellen nach der alten Rechtslage verweist, ohne diese auf weitere Gültigkeit nach der 6. GWB Novelle zu überprüfen.

119. Allg. Meinung STOCKMANN in: WIEDEMANN Handbuch des Kartellrechts, § 7 Rn. 43.

120. Vgl. DSD Satzung der DSD-AG, Präambel; so auch KOMMISSION Entscheidung v. 17. 9. 2001 Az.: K(2001) 2672 ABl. EG 2001 L 319, S. 11 Rn. 80 a. E.

121. Vgl. STRECKER/BERNDT VerpackVO 1991, S. 94.

wurde diese Selbstverpflichtung nicht in den Gesellschaftsvertrag aufgenommen[122] und ist auch nach der Umwandlung der DSD-GmbH in eine Aktiengesellschaft nicht in der Satzung enthalten.[123] Da die Beteiligten also wußten, daß wegen § 1 GWB ein wirksamer Kartellvertrag nicht abgeschlossen werden konnte, faktisch jedoch so gehandelt wurde, als wäre eine entsprechende Selbstbeschränkung des Handels geschlossen worden,[124] kann die in solchen Fällen vom BGH als »gentleman's agreement« bezeichnete »Vereinbarung« die Rechtsfolgen des § 1 GWB auslösen.[125]

Wie schon ausgeführt kann es zwar seit der 6. Novelle des GWB offen bleiben, ob es sich um eine »Vereinbarung« oder um ein »abgestimmtes Verhalten« handelt,[126] so daß dieses nach der alten Rechtslage gegeben Abgrenzungsproblem hier entfällt. Zu klären ist jedoch, ob es sich um ein nach § 1 GWB relevantes Verhalten, oder lediglich um ein erlaubtes Parallelverhalten handelt. Dabei kommt hier das bewußte Parallelverhalten in Betracht.

Letzteres wäre gegeben, wenn die beteiligten Unternehmen beschließen, obwohl sie um ein gemeinsames Interesse an einer Wettbewerbsbeschränkung wissen, sich entsprechend zu verhalten, ohne vorher miteinander darüber in Kontakt zu treten.[127]

Wie dargestellt[128] sind die Rücknahme- und Verwertungspflichten des § 6 I VerpackVO insbesondere für die Vertreiber kaum wirklich zu bewältigen, und bedeuten damit eine erhebliche Belastung. Diese tritt für die Vertreiber jedoch nicht ein, wenn sie lediglich Produkte führen, die einem System nach § 6 III VerpackVO angeschlossen sind, da sie dann von den genannten Verpflichtungen befreit sind. Weil dies für die Vertreiber mit erheblichen Kosteneinsparungen verbunden ist, werden sie bestrebt sein, nur Produkte in ihrem Sortiment zu führen, die an einem System nach § 6 III VerpackVO teilnehmen. Die bereits dargestellten Probleme einer fehlenden Befreiung von der

---

122. Vgl. Bock WuW 1996, 187, (189), Burchardi/Sacksofsky JUTR 1994 Bd. 27, 23, (38).
123. Vgl. DSD Satzung der DSD-AG.
124. Benzler et al. Wettbewerbskonformität, S. 62, Bock WuW 1996, 187, (189).
125. BGH Beschluß vom 15. 2. 1962 – KRB 3/61 – »Ausschreibung für Putzarbeiten II«, WuW 1963, 127 = WuW/E BGH 495, 497; Bock WuW 1996, 187, (189) Huber/Baums in: FK IV, § 1 Rn. 105.
126. Vgl. § 5 C I. auf Seite 89.
127. Bülow Gleichförmiges Unternehmensverhalten, S. 17–20; Velte Duale Abfallentsorgung und Kartellverbot, S. 119.
128. Vgl. § 4 D I. 2.) b) auf Seite 48.

Rücknahmepflicht stellen sich für die Handelsunternehmen auch als so zwingend dar, daß davon ausgegangen werden könnte, daß es auch ohne Abstimmung mit anderen Marktteilnehmern zu einem gleichen Verhalten kommt, also ein erlaubtes Parallelverhalten vorliegt.

Dagegen spricht jedoch, daß der Wortlaut des § 6 III S. 1 VerpackVO 1991 für eine Befreiung von der individuellen Rücknahmepflicht eine Systembeteiligung nach § 6 III VerpackVO 1991 von » . . . Hersteller *und* Vertreiber« erforderte.[129] Anders als nach der Novellierung der VerpackVO 1998 reichte es damals nicht aus, wenn eine Beteiligung für eine bestimmte Verpackung nur einmal in der Herstellungs- und Vertriebskette erfolgte. Während der Errichtung des Systems war daher eine Kommunikation der gesamten Herstellungs- und Vertriebskette darüber erforderlich, daß sich *alle* am System beteiligen. Somit war bei Errichtung und auch bei der Beteiligung am DSD-System eine zusammenwirkende Kommunikation der beteiligten Vertreiber und Hersteller erforderlich, die im allgemeinen über die jeweiligen Spitzenverbände erfolgte.[130]

Seit der Novelle der VerpackVO 1998 ist eine entsprechende Kommunikation zwar nicht mehr erforderlich, da es nun für die Befreiung ausreicht, wenn eine Systembeteiligung für eine bestimmte Verpackung nur einmal in der Herstellungs- und Vertriebskette gegeben ist.[131] Die einmal erfolgte Kommunikation bleibt jedoch bestehen, so daß weiterhin von einer Abstimmung auszugehen ist.

Zwar ist das Interesse der am DSD-System beteiligten Unternehmen, eine möglichst vollständige Beteiligung aller Unternehmen der jeweiligen Brachen zu erreichen,[132] durch die VerpackVO 1998 etwas gesunken, da nunmehr keine *Erfassungs*quoten[133], sondern lediglich *Verwertungs*quoten für den Fortbestand des Systems erfüllt werden müssen;[134] dennoch bleibt für die Sicherung der Finanzierung des Systems ein Interesse an einer möglichst vollständigen Beteiligung bestehen. Dieses ergibt sich aus der Erwartung, daß auch nicht mit dem »Grünen Punkt« gekennzeichnete Verpackungen so-

---

129. RUMMLER/SCHUTT VerpackVO, S. 115, vgl. auch VELTE Duale Abfallentsorgung und Kartellverbot, S. 120.
130. VELTE Duale Abfallentsorgung und Kartellverbot, S. 120.
131. HENSELDER-LUDWIG VerpackV 1998, S. 56; In § 6 III S. 1 VerpackVO 1998 heißt es nun, daß die Rücknahmepflichten bei Verpackungen entfallen, » . . . für die sich der Hersteller *oder* Vertreiber an einem System beteiligt«.
132. Bez. auf VerpackVO 1991 FINCKH Regulierte Selbstregulierung, S. 77.
133. Vgl. § 4 A I. 3.) a) dd) auf Seite 29 und § 5 C II. 5.) a) auf Seite 109.
134. Vgl. Anhang (zu § 6) Abs. 2 VerpackVO 1991 bzw. Anhang I (zu § 6) Abs. 2 VerpackVO 1998.

wie Nicht-Verpackungen vom Verbraucher dem Dualen System zugeführt werden.[135] Weil solche Verpackungen ohne zu den verursach-
ten Kosten beizutragen, einer Entsorgung zuzuführen sind, müßten
diese Kosten bei geringerer Teilnahme vermehrt auf die lizenzierten
Verpackungen umgelegt werden. Es besteht also ein Bedürfnis, den
Anteil der Verpackungen, die nicht zur Finanzierung beitragen, möglichst klein zu halten. Daraus folgt, daß es für die Sicherstellung
der Finanzierung des Systems, die ausschließlich über den »Grünen Punkt« erfolgt und welche die eigene Befreiung von Rücknahmeverpflichtungen bewirkt,[136] auch weiterhin erforderlich ist, eine
möglichst vollständige Teilnahme aller Unternehmen einer Branche
am DSD-System beizubehalten.[137] Das gleichförmige Verhalten ergibt sich damit auch weiterhin aus einem allen Marktteilnehmern
bekannten Willen der einzelnen Handelsunternehmen, den Bestand
des Systems zu sichern.[138]

Die für die Gründung und Beteiligung an der DSD erforderliche
Verhaltensabstimmung des Handels erfolgte zwar unter der Regelung
der VerpackVO 1991. Die Änderung der VerpackVO 1998 läßt die
einmal erfolgte Abstimmung aber unberührt.

Die erfolgte Absprache der Handelsunternehmen, nur noch am
Dualen System teilnehmende Verkaufsverpackungen in ihrem Sortiment zu führen, deren schriftliche Fixierung in der Präambel des
damaligen Gesellschaftsvertrages der DSD-GmbH nur wegen kartellrechtlicher Bedenken das Bundeskartellamts im Hinblick auf die Vereinbarkeit mit § 1 GWB a. F. unterblieb, enthält die für den für
die Annahme einer Verhaltensabstimmung notwendigen Kommuni-
kationsakt. Daß die Auslistung nicht schriftlich fixiert ist, ist dabei
unerheblich, da das »gentleman's agreement« faktisch zu gleichen
wirtschaftlichen Ergebnissen kommt.[139]

Wegen gegebener kartellrechtlich relevanter Verhaltenskoordinie-
rungen scheidet ein erlaubtes Parallelverhalten folglich aus.[140]

---

135. Das ergibt sich auch aus den Mengenstromnachweisen der DSD-AG, die
aus diesem Grund in vielen Bereichen eine über 100 %ige Quotenerfüllungen
ausweist. Vgl. § 4 D II. auf Seite 51.
136. STRECKER/BERNDT VerpackVO 1991, S. 92, 96.
137. COSTA/FRANKE Handelsunternehmen im Spannungsfeld, S. 41.
138. BURCHARDI/SACKSOFSKY JUTR 1994 Bd. 27, 23, (38), vgl. auch VELTE
Duale Abfallentsorgung und Kartellverbot, S. 120.
139. BURCHARDI/SACKSOFSKY JUTR 1994 Bd. 27, 23, (38).
140. So im Ergebnis auch BKartA vgl. BURCHARDI/SACKSOFSKY JUTR 1994
Bd. 27, 23, (38), VELTE Duale Abfallentsorgung und Kartellverbot, S. 121.

Da auch der für das »gentleman's agreement« nötige außerrechtliche Druck auf die Beteiligten, sich entsprechend der getroffenen Vereinbarung zu verhalten, gegeben ist, liegt ein »gentleman's agreement« vor. Die Auslistung nicht mit dem »Grünen Punkt« gekennzeichneter Verkaufsverpackungen stellt somit eine Vereinbarung zwischen Unternehmen bzw. zumindest eine abgestimmte Verhaltensweise[141] i. S. d. § 1 GWB dar.

3.) Absprachen, Systemkosten als Preisfaktor dem Wettbewerb zu entziehen und ausschließlich das DSD-System zu nutzen

Ein weiterer Komplex ungeschriebener Absprachen stellt das Übereinkommen von Herstellern und Handel dar, die Kosten der Systembeteiligung als Kostenfaktor bei der Preiskalkulation vom Wettbewerb auszunehmen. Erreicht wird dies zum einen durch Absprachen im Rahmen der jeweiligen Spitzenverbände, durch die die Gebührenkonditionen der DSD-AG festgelegt werden, zum anderen durch die Einigung darüber, keine anderen Entsorgungslösungen als das System der DSD-AG zu nutzen.

Für die Existenz einer Verständigung darüber, kein anderes Entsorgungssystem zu nutzen, spricht insbesondere auch die jüngst ergangene Boykottentscheidung des Bundeskartellamts gegen die DSD-AG[142], da in dem Boykottaufruf die Reaktion auf den Verstoß gegen das »gentleman's agreement« zu sehen ist. Zwar fällt der Boykottaufruf selbst nicht unter § 1 GWB[143], es läßt sich aus dem Verhalten jedoch auf ein dahinterliegendes Grundverständnis der Beteiligten schließen. So löste die Erklärung der Drogerieketten *dm* und *Schlecker*, das DSD-System zugunsten einer von der BellandVision GmbH betriebenen Selbstentsorgerlösung verlassen zu

---

141. Hier spricht viel dafür, sogar eine Vereinbarung anzunehmen, da auch nach § 1 GWB a. F. eine für die Annahme eines Vertrages hinreichende Bindung im Sinne dieser Vorschrift gegeben ist (so VELTE Duale Abfallentsorgung und Kartellverbot, S. 121 ff., insb. S. 124). Vgl. auch zur Qualifizierung eines »gentleman's agreement« als »Vertrag i. S. d. § 1 GWB a. F. (BGH Beschluß vom 15. 2. 1962 – KRB 3/61 – »Ausschreibung für Putzarbeiten II«, WuW 1963, 127 = WuW/E BGH 495, 497; s. a. BOCK WuW 1996, 187, (189); Die Abgrenzung ist auch nach GWB n. F. str. vgl. RITTNER Wettbewerbs- und Kartellrecht, § 7 Rn. 20 (S. 197) Fn. 37 m. w. N., aber hier im Ergebnis irrelevant (vgl. § 5 C I. auf Seite 89).
142. BKARTA Pressemitteilung vom 23. 1. 2003.
143. § 21 GWB ist dafür einschlägig.

wollen, massiven Widerstand der DSD-AG und der sie tragenden Wirtschaftskreise aus.[144]

Nach den Erkenntnissen des Bundeskartellamts beabsichtigte die DSD-AG zusammen mit dem Bundesverband der Deutschen Entsorgungswirtschaft (BDE) und mehreren Entsorgungsunternehmen, weiterhin die Einrichtung eines konkurrierenden befreienden Systems neben dem DSD-System zu verhindern.[145]

Nachdem Aufbau und Betrieb eines konkurrierenden Systems im Wege der Mitbenutzung der vorhandenen Sammeleinrichtungen erfolgen sollte, riefen die DSD-AG und der BDE die Entsorgungsunternehmen dazu auf, nicht für das Konkurrenzsystem tätig zu werden.[146] Die Entsorger schlossen daraufhin untereinander eine dementsprechende Vereinbarung. Diese verstößt unproblematisch gegen § 1 GWB und sie wurde folglich vom Bundeskartellamt als Kartellvertoß gewertet und geahndet.[147] Obgleich hier die DSD-AG zum Boykott aufrief, ohne Partei der Vereinbarung zu sein, können auch daraus Rückschlüsse auf das Bestehen entsprechender Verständigungen der die DSD-AG tragenden Wirtschaftskreise gezogen werden.

Es spricht daher viel dafür, daß sich die Hersteller und Vertreiber über ihre Spitzenverbände darüber verständigt haben, ihre Verpflichtungen aus der VerpackVO ausschließlich über das System der DSD-AG zu erfüllen.

Da außerdem zumindest die größten Hersteller und Vertreiber als Aktionäre an der DSD-AG beteiligt sind, können sie faktisch einen über die normale Aktionärsstellung hinausgehenden Einfluß auf die Geschäftspolitik der DSD-AG ausüben. Dies ermöglicht es, die Gebührengestaltung der DSD-AG weitestgehend über inoffizielle Gremien der Spitzenverbände vorzunehmen. Zusammen mit dem Ausschluß anderer Möglichkeiten, die Verpflichtungen der VerpackVO zu erfüllen, ergibt sich damit, daß Hersteller und Vertreiber untereinander den Preiswettbewerb hinsichtlich des Kostenfaktors der Entsorgung der Verpackungen insofern geregelt haben, als dieser nur noch im Rahmen der Lizenzentgeltstaffel der DSD-AG erfolgt. Wie sich aus den ergriffenen »(Straf-)maßnahmen« bei Verstößen gegen diese Ab-

---

144. BKARTA Pressemitteilung vom 23. 1. 2003.
145. Auch KRAUSE Anforderungen und Chancen, S. 41 weist auf die Aktivitäten der DSD-AG hin, ihre Monopolstellung zu halten, indem versucht wird, alternative Konzepte zu verhindern.
146. BKARTA Pressemitteilung vom 23. 1. 2003.
147. BKARTA Pressemitteilung vom 23. 1. 2003.

sprachen ergibt,[148] entfalten diese Absprachen auch faktische Bindungswirkungen.

Folglich liegen »gentleman's agreements« auch hinsichtlich der ausschließlichen Nutzung des DSD-Systems und hinsichtlich der weitgehenden Wettbewerbsfreistellung des Kostenfaktors der Entsorgung von Verkaufsverpackungen vor.

4.) Zeichennutzungsverträge

Die Zeichennutzungsverträge sind Vereinbarungen zwischen Unternehmen, da die DSD-AG und die Produkthersteller Unternehmen sind. Der zwischen ihnen jeweils bestehende zivilrechtliche Vertrag ist in jedem Fall eine Vereinbarung.

5.) Leistungs- bzw. Entsorgungsverträge

Die zwischen der DSD-AG und den für die jeweiligen Entsorgungsgebiete zuständigen Entsorgern geschlossenen Leistungsverträge sind ebenfalls Vereinbarungen zwischen Unternehmen[149], da es sich auch bei ihnen um zivilrechtliche Verträge handelt.

6.) Abnahme- und Garantieverträge

Auch die Abnahme- und Garantieverträge zwischen DSD-AG und den Garantiegebern für die jeweiligen Fraktionen sind als zivilrechtliche Verträge Vereinbarungen zwischen Unternehmen.[150]

Zur Klarstellung sei hier erwähnt, daß hierbei jedoch nur die Schnittstelle von der Sortierung zur Verwertung gemeint ist. Die Verwertung selbst fällt, weil nach der VerpackVO nur die Zuführung zur Verwertung gefordert ist (Anhang I (zu § 6) Nr. 1 Abs. 1 S. 1 VerpackVO), nicht in den Zuständigkeitsbereich der DSD-AG und ist auch nicht von den Abnahme- und Garantieverträgen erfaßt.

---

148. B Kart A Pressemitteilung vom 23. 1. 2003.
149. Vgl. für das EG-Recht: Kommission Entscheidung v. 17. 9. 2001 Az.: K(2001) 2672 ABl. EG 2001 L 319, S. 11 Rn. 81 a. E.
150. Vgl. für das EG-Recht: Kommission Entscheidung v. 17. 9. 2001 Az.: K(2001) 2672 ABl. EG 2001 L 319, S. 11 Rn. 81 a. E.

7.) Zwischenergebnis

Satzung, Auslistung, die Absprache, Entsorgungskosten vom Wettbewerb freizustellen, Zeichennutzungsverträge, Leistungs- bzw. Entsorgungsverträge sowie die Abnahme- und Garantieverträge stellen somit Vereinbarungen zwischen Unternehmen i. S. d. § 1 GWB dar.

II. Wettbewerbsverhältnis zwischen den beteiligten Unternehmen

Das Kartellverbot des § 1 GWB erfordert weiter, daß die an der Vereinbarung beteiligten Unternehmen miteinander im Wettbewerb stehen.

Vom Wortlaut her scheint dieses Tatbestandsmerkmal unproblematisch, da danach lediglich ein potentielles Wettbewerbsverhältnis[151] zwischen den beteiligten Unternehmen gefordert wird, wie es auch im Rahmen der Prüfung des Vorliegens einer Wettbewerbsbeschränkung erforderlich ist.

Probleme wären damit allenfalls insofern zu erwarten, als der Umfang des mindestens geforderten potentiellen Wettbewerbs im Streit stehen könnte. Die Frage was unter »Wettbewerb« zu verstehen ist, ist jedoch praktisch bisher niemals aufgetreten.[152]

Hier wäre demnach lediglich zu prüfen, inwieweit die an den Verträgen jeweils beteiligten Unternehmen untereinander zumindest potentiell im Wettbewerb stehen.

1.) Konkurrenzverhältnis als Abgrenzungskriterium zu »Vertikalvereinbarungen«

Systematisch kommt dem Merkmal jedoch eine weitergehendere Bedeutung zu. Nach der Streichung der Formulierung des »gemeinsamen Zwecks« des § 1 GWB a. F. seit 1. 1. 1999, bedarf es nämlich eines neuen Abgrenzungskriteriums[153] zur Vornahme der trotz der

---

151. Vgl. HUBER in: FK II, § 1 n. F. Kurzdarstellung Rn. 30 unter Verweis auf Begr. zum RegE GWB 1998, BT-Drs. 13/9720, S. 31 unter bb) a. E., BUNTE DB 1998, 1748, (1749), KAHLENBERG BB 1998, 1593, (1594), EMMERICH Kartellrecht, S. 31; siehe auch BOCK WuW 1996, 187, (189), BECHTHOLD NJW 1998, 2767, (2770).

152. Vgl. HUBER in: FK II, § 1 n. F. Kurzdarstellung Rn. 30.

153. Ob nach der Neufassung immer noch eine Abgrenzung von § 1 und § 16 GWB nötig ist oder statt dessen eine Doppelkontrolle erfolgt, ist streitig (dafür SCHMIDT AG 1998, 551, (559); scharf dagegen RITTNER WuW 2000, 696, (696 ff.), RITTNER WuW 2000, 1204, (1204 ff.) und die wohl h. M. vgl. EM-

beabsichtigten Angleichung an das EG Wettbewerbsrecht beibehaltenen Unterscheidung zwischen Kartellverträgen (Horizontalvereinbarungen nach § 1 GWB) und Austauschverträgen (Vertikalvereinbarungen nach §§ 14 ff.[154] GWB)[155].

Nach der Regierungsbegründung zur 6. GWB Novelle soll das neue Tatbestandsmerkmal »zwischen miteinander im Wettbewerb stehenden Unternehmen« dazu herangezogen werden.[156] Eine genauere Betrachtung zeigt jedoch, daß eine Abgrenzung allein danach nicht erfolgen kann.[157]

a) Rechtshistorischer Hintergrund des Wortlauts

Die Auslegung des »gemeinsamen Zwecks« in § 1 GWB a. F. hatte sich in Literatur und Praxis vom Wortlaut des Tatbestandsmerkmals stark entfernt und wandte eigene Kriterien an, die im wesentlichen darauf abstellten, ob die Verträge dazu bestimmt und geeignet waren, mittelbar oder unmittelbar den aktuellen oder potentiellen Wettbewerb zwischen den beteiligten Unternehmen zu regeln. Vor diesem Hintergrund meinten die Verfasser der 6. Novelle von 1998, die neue Formulierung sei sprachlich treffender.[158] Die Absicht des Gesetzgebers war es also, durch die Neuformulierung die bisherige Rechtslage ohne inhaltliche Veränderung zu verdeutlichen.[159] In die im Zuge der

---

MERICH Kartellrecht, S. 31). Hier kommt es aber darauf, ob § 16 GWB neben § 1 GWB anwendbar ist, nicht an, sondern nur darauf, was unter § 1 GWB fällt und was nicht.

154. Insbesondere § 16 GWB früher § 18 GWB a. F.

155. Begr. zum RegE GWB 1998, BT-Drs. 13/9720, S. 31 unter bb), BUNTE DB 1998, 1748, (1749), KAHLENBERG BB 1998, 1593, (1594), SCHMIDT AG 1998, 551, (559); KRETSCHMER WuW 1998, 654, (654) geht daher nur von partieller Übernahme des EG-Rechts aus.

156. Begr. zum RegE GWB 1998, BT-Drs. 13/9720, S. 31, 46; zustimmend HUBER in: FK II, § 1 n. F. Kurzdarstellung Rn. 30, KAHLENBERG BB 1998, 1593, (1594), BUNTE DB 1998, 1748, (1749), SCHMIDT AG 1998, 551, (559), RITTNER Wettbewerbs- und Kartellrecht, § 6 Rn. 57 (S. 169), insb. § 7 Rn. 23 f. (198 ff.).

157. ZIMMER in: I/M GWB, § 1 Rn. 164; im Ergebnis ebenso KAHLENBERG BB 1998, 1593, (1594).

158. Begr. zum RegE GWB 1998, BT-Drs. 13/9720, S. 31, 46; vgl. EMMERICH Kartellrecht, S. 30; da damit viele bisher nicht unter das Kartellverbot fallende Konstellationen nun unter § 1 GWB subsumierbar wären, wird dies vielfach kritisiert; siehe nur ZIMMER in: I/M GWB, § 1 Rn. 164, BAUMS ZIP 1998, 233, (234) und SCHMIDT AG 1998, 551, (559), der jedoch daraus andere Schlüsse zieht.

159. EMMERICH Kartellrecht, S. 30, Begr. zum RegE GWB 1998, BT-Drs. 13/9720, S. 31, 46.

Angleichung an das Wettbewerbsrecht der Gemeinschaft übernommene Formulierung des Art. 81 I EG (ex Art. 85 I EGV)[160] wurde daher das hier zu prüfende Tatbestandsmerkmal für die beibehaltene Abgrenzung zwischen Horizontal- und Vertikalvereinbarungen eingefügt.

b) Übertragbarkeit des bisherigen Meinungsstandes zum »gemeinsamen Zweck« auf das neue Tatbestandsmerkmal

Zwar ist zuzugeben, daß die Masse der Fälle, die bisher bereits unter das Kartellverbot fielen, nun vom Wortlaut der Vorschrift treffender erfaßt werden.[161] Da auch aktuelle oder potentielle Wettbewerber miteinander Austauschverträge abschließen, bzw. vertikale Geschäftsbeziehungen unterhalten können, ist jedoch eine allein auf den Wortlaut der Vorschrift gestützte Abgrenzung auch mit dem neuen Tatbestandsmerkmal nicht möglich; denn es ginge zu weit auch vertikale Vereinbarungen zwischen (potentiellen) Wettbewerbern – wie insbesondere Wettbewerbsverbote und Kundenschutzklauseln in Austauschverträgen, die dem § 16 GWB unterfallen sollten – dem § 1 GWB zu unterwerfen.[162]

Die Abgrenzung erfordert daher eine Restriktion des Tatbestandsmerkmals. Wie vor der 6. GWB Novelle muß dazu eine Loslösung vom Wortlaut und die Anwendung anderer Kriterien erfolgen. Hierfür bietet sich an, weiterhin auf die von der Rechtsprechung des BGH noch zum alten Tatbestandsmerkmal des »gemeinsamen Zwecks« entwickelten Kriterien zurückzugreifen.[163]

160. Begr. zum RegE GWB 1998, BT-Drs. 13/9720, S. 31, 46. Die Angleichung an das EG-Recht erfolgte im Ergebnis auch im Wortlaut des § 1 GWB nur teilweise. Neben der bereits erwähnten Beibehaltung der für das deutsche Recht kennzeichnenden Unterscheidung zwischen horizontalen und vertikalen Wettbewerbsbeschränkungen (§§ 1 ff., bzw. §§ 14 ff GWB), die im EG-Recht nicht existiert (vgl. bei der EG-rechtlichen Prüfung § 6 B auf Seite 208), wurde auch das dem deutschen Wettbewerbsrecht typische System der enumerativen Ausnahmetatbestände in §§ 2–8 GWB trotz des anderen Systems auf EG-Ebene beibehalten.

161. BUNTE DB 1998, 1748, (1749), KAHLENBERG BB 1998, 1593, (1594).

162. ZIMMER in: I/M GWB, § 1 Rn. 164, BUNTE DB 1998, 1748, (1749), EMMERICH Kartellrecht, S. 31 f., der auch darauf verweist, daß die Ansicht, wonach gegebenenfalls eine Doppelkontrolle erfolgen soll, wieder im Vordringen ist; gegen Letzteres sehr deutlich: RITTNER WuW 2000, 696, RITTNER WuW 2000, 1204.

163. EBEL Kartellrechtskommentar, § 1 Rn. 4, im Ergebnis auch HUBER in: FK II, § 1 n. F. Kurzdarstellung Rn. 16, 19 und 33, BUNTE DB 1998, 1748,

Nach diesen Kriterien war, unter ausdrücklicher Aufgabe der Auslegung des »gemeinsamen Zwecks« im Sinne von gleichgerichteten Interessen, eine an der Zielsetzung des Gesetzes orientierte funktionale Auslegung im Sinne eines »wettbewerbsbeschränkenden Zwecks«[164] vorzunehmen. Nach dem BGH[165] wäre dieser gegeben – die Vereinbarung unterfiele also als Horizontalvereinbarung dem § 1 GWB –, wenn nach wertender Betrachtung im Hinblick auf die Freiheit des Wettbewerbs kein anzuerkennendes Interesse[166] an einer u. U. auch

---

(1749 f.), KAHLENBERG BB 1998, 1593, (1594); nach EMMERICH Kartellrecht 8. Aufl., S. 34, hätten die bisherigen Ergebnisse der Praxis im Wesentlichen Bestand. Er schlägt vor, den Begriff des »potentiellen Wettbewerbs« entsprechend auszulegen. Entscheidend sei, ob »wettbewerbsbeschränkende Zwecke« verfolgt werden, wenn ein zumindest potentielles Konkurrenzverhältnis gegeben ist. Zustimmend auch BECHTHOLD NJW 1998, 2767, (2770).

164. EBEL Kartellrechtskommentar, § 1 Rn. 5 Abs. 15 (S. 8); RITTNER Wettbewerbs- und Kartellrecht, § 7 Rn. 23 (S. 198 f.) stellt darauf ab, ob eine kartellmäßige Regulierung zwischen Wettbewerbern erfolgen soll; vgl. auch BOCK WuW 1996, 187, (189)«.

165. BGH Urteil vom 6. 5. 1997 »Sole« WuW 1997, 721 = WuW/E BGH 3137, 3138, der auf BGH Urteil vom 14. 1. 1997 »Druckgußteile« WuW 1997, 611 = WuW/E BGH 3115 und BGH Urteil vom 14. 1. 1997 – KZR 35/95 – »Bedside-Testkarten«, WuW 1997, 617 = WuW/E BGH 3121 verweist. vgl. auch EBEL Kartellrechtskommentar, § 1 Rn. 4 und Rn. 5 Abs. 14 f. (S. 8).

Im Fall *Sole* ging es im Rahmen eines Sole-Belieferungsvertrags um die Vereinbarung, daß der Lieferant die von ihm gewonnene Sole ausschließlich an den Kläger (den Betreiber eines Badehauses) liefern durfte. Diese Abgabebeschränkung erfolgte dazu, den Badehausbetreiber vor möglicher Konkurrenz zu schützen, die durch die Lieferung der Sole auch an andere Badehäuser entstehen könnte. Der BGH erachtete die zeitlich begrenzte Abgabebeschränkung für zulässig (er unterwarf die Vereinbarung daher nicht § 1 GWB sondern § 18 GWB a. F., jetzt § 16 GWB), da sich der Sole-Lieferant nach Darstellung des Klägers längere Zeit um einen neuen Betreiber für das Badehaus bemüht hatte und es dem BGH somit möglich erschien, daß der Badehausbetreiber dieses ohne ausschließliches Bezugsrecht nicht eröffnet hätte. Der BGH meinte also, daß hier die Abgabebeschränkung zu einer Erweiterung des Angebots, also zu mehr Wettbewerb, geführt habe und sah daher ein »anzuerkennendes Interesse« an der wettbewerbsbeschränkenden Abrede.

Es ist anzumerken, daß der Fall im Rahmen des § 1 GWB neuer Fassung dieser Begründung nicht mehr bedürfte, da der Sole-Lieferant und der Badehausbetreiber nicht in (potentiellem) Wettbewerb zueinander standen. Nach der Neufassung des § 1 GWB fehlte es damit schon an dem nötigen Wettbewerbsverhältnis (so auch BUNTE in: LANGEN/BUNTE GWB, § 1 Rn. 139, a. A. LG MANNHEIM Urteil vom 16. 4. 1999 – 7 O 372/98 (Kart.) – Stromversorgung, WuW 1999, 610 = WuW/E DE-R 298, 302).

166. So auch SCHMITZ WuW 2002, 7, (13 ff.), der dafür jedoch einen zusätzliches Tatbestandsmerkmal der Verhältnismäßigkeit der Wettbewerbsbeschränkung einführen will; ähnlich aber doch a. A. SCHMIDT AG 1998, 551, (557 ff.), der das anzuerkennende Interesse ohne Bindung an den Wortlaut des Tatbestands-

in Austauschverträgen enthaltenen wettbewerbsbeschränkenden Abrede besteht. An den Kriterien der BGH Rechtsprechung ist auch im Rahmen des neuen § 1 GWB festzuhalten.[167]

c) Zwischenergebnis

Im Rahmen einer »funktionalen« Auslegung des neuen Wortlauts des § 1 GWB ist daher zu prüfen, ob – nachdem zumindest ein potentielles Wettbewerbsverhältnis zwischen den beteiligten Unternehmen festgestellt wurde[168] – darüber hinaus nach den dargelegten Kriterien mit in den Vereinbarungen enthaltenen Regelungen ein wettbewerbsbeschränkender bzw. marktregelnder Zweck verfolgt wird.[169]

Im Ergebnis bleiben die hier im weiteren interessierenden Grenzfälle der wettbewerbsbeschränkenden Austauschverträge, Vertragssysteme, Sternverträge und der Eingriffe in Drittwettbewerb auch weiterhin problematisch.[170] Zunächst ist aber – dem Wortlaut entsprechend – das Vorliegen zumindest eines potentiellen Wettbewerbsverhältnisses zu prüfen.

2.) Satzung

Die an der DSD-AG beteiligten Unternehmen des Handels, der abfüllenden und verpackungsherstellenden bzw. vormaterialliefernden Industrie sind auf ihrer jeweiligen Vertriebsstufe als aktuelle Wettbewerber tätig. Über ihre jeweilige Stellung in der Vertriebskette hinaus sind sie weiterhin als potentielle Wettbewerber zu betrachten, da es jederzeit möglich ist, die Geschäftstätigkeit über die bisheri-

---

merkmals im Sinne eines ungeschriebenen Freistellungstatbestands anwenden will; ähnlich auch SCHWINTOWSKI WuW 1997, 769, (773), der entsprechende Überlegungen i. R. d. der Kausalität der Wettbewerbsbeschränkung (ehemaliges Tatbestandsmerkmal »durch«) festmachen will.

167. BUNTE WuW 1997, 857, (863) u. die Fundstellen in Fn. 163 auf Seite 99.

168. Das dürfte meist so sein, da Lieferanten und Lizenznehmer heute in der Regel nicht gehindert sind, auf die nächste Marktstufe vorzudringen (BAUMS ZIP 1998, 233, (234), zustimmend EMMERICH Kartellrecht 8. Aufl., S. 33). Die rein theoretische Möglichkeit der Aufnahme von Wettbewerb reicht jedoch nicht (BUNTE WuW 1997, 857, (862)).

169. EMMERICH Kartellrecht, S. 31, RITTNER WuW 2000, 696, (704 f.), RITTNER Wettbewerbs- und Kartellrecht, § 7 Rn. 23 (S. 198 f.), WELLENHOFER-KLEIN WuW 1999, 557, (565), KÖHLER WuW 1999, 445, (448 f.); ähnlich auch SCHMITZ WuW 2002, 7, (S. 13 ff.).

170. KAHLENBERG BB 1998, 1593, (1594), BUNTE DB 1998, 1748, (1749); dazu im einzelnen auch zum früheren Recht EMMERICH Kartellrecht, S. 26 ff.

gen Vertriebsgrenzen hinaus auszudehnen. Insgesamt ist damit ein hinreichendes Konkurrenzverhältnis festzustellen.

Darüber hinaus beabsichtigen die an der DSD-AG beteiligten Unternehmen, beim Aufbau des DSD Systems zusammenzuarbeiten[171], um durch die Schaffung und die Sicherung des Fortbestandes dieses bisher einzigen bundesweiten Systems nach § 6 III VerpackVO[172] von ihren individuellen Rücknahmeverpflichtungen gemäß der VerpackVO befreit zu werden und zu bleiben.[173] In § 2 I der Satzung der DSD-AG ist dazu der Gegenstand des Unternehmens als die »Organisation und der Betrieb des privatwirtschaftlichen Teils des dualen Entsorgungssystems in Deutschland zum Zwecke der Vermeidung von Abfall – insbesondere aus Verpackungen« festgelegt.[174] Die Beteiligung an der als Trägerorganisation gegründeten DSD-AG zur Schaffung der organisatorischen Voraussetzungen für das duale Entsorgungssystem[175], bedingt eine Koordinierung des Verhaltens der beteiligten Unternehmen.

Im übrigen sind hier keine Gründe ersichtlich, die eine Abgrenzung von einer Vertikalvereinbarung problematisch erscheinen lassen und der Annahme einer Horizontalvereinbarung nach § 1 GWB entgegenstehen könnten.

Im Ergebnis ist somit festzustellen, daß die an der DSD-AG beteiligten Unternehmen i. S. d. § 1 GWB miteinander im Wettbewerb stehen.

3.) Auslistung nicht mit dem »Grünen Punkt« gekennzeichneter Verpackungen

Die Selbstverpflichtung des Handels, nicht mit dem »Grünen Punkt« gekennzeichnete Verpackungen auszulisten, kann entweder als unmittelbare zwischen den Handelsunternehmen untereinander, oder als zwischen der DSD-AG und dem jeweiligen Handelsunternehmen bestehende Vereinbarung aufgefaßt werden.

---

171. VELTE Duale Abfallentsorgung und Kartellverbot, S. 110.
172. Nur in Hessen existiert bisher ein Konkurrenzsystem, dessen Fortbestand aber noch abzuwarten ist.
173. GÖTZ ZLR 1993, 534, (534).
174. Vgl. auch BKARTA Beschluß vom 24. 6. 1993 WuW 1994, 63 »Entsorgung von Transportverpackungen« = WuW/E, 2561, (2567), KOMMISSION Abl. Nr. C 100 S. 4 = WuW 1997, 504, (507).
175. DSD Satzung der DSD-AG, Präambel.

a) Auslistung als Vereinbarung unmittelbar zwischen den Handelsunternehmen

Sofern man die Auslistung als eine unmittelbar zwischen den Handelsunternehmen bestehende Vereinbarung ansieht, ergeben sich für das notwendige Konkurrenzverhältnis keine Probleme, da die an der Selbstbeschränkung beteiligten Unternehmen des Handels zueinander im Wettbewerb stehen.

Die Auslistungsvereinbarung zwischen ihnen verfolgt außerdem auch einen »wettbewerbsbeschränkenden Zweck«[176]. Dieser bezieht sich insbesondere darauf, untereinander zu verhindern, daß einzelne Vertreiber durch den Vertrieb von nicht dem DSD-System angeschlossenen Produkten auf Grund eingesparter Lizenzgebühren für den »Grünen Punkt« Kostenvorteile erlangen[177] und dadurch das System gefährden. Darüber hinaus ist wohl auch die Verhinderung des Marktzutritts von Herstellern, die sich nicht dem DSD-System angeschlossen haben, bezweckt.

b) Auslistung als »Regelungsgeflecht horizontal abgestimmter vertikaler Sternverträge«

Der Umstand, daß die Auslistung zunächst auf Bestreben der DSD-GmbH in der Präambel des Gesellschaftsvertrages verankert werden sollte, könnte jedoch dafür sprechen, in der Selbstverpflichtung eine Vielzahl von gleichlautenden an die DSD-GmbH (jetzt AG) gerichteten Vereinbarungen zu sehen. Damit wäre die DSD-GmbH/AG selbst Partei der Vereinbarung.[178] Diese und das jeweilige Handelsunternehmen stehen jedoch zueinander nicht im Wettbewerb, da die DSD-AG nicht auf den Konsumgütermärkten tätig ist oder war. Auch ein potentielles Wettbewerbsverhältnis muß verneint werden, da es praktisch äußerst unwahrscheinlich ist, daß die DSD-AG ihre Tätigkeit auf diese Märkte ausdehnt.[179] Solange also jede Selbstverpflichtung eines Handelsunternehmens gegenüber der DSD-AG isoliert und unabhängig von einer horizontalen Abstim-

---

176. EBEL Kartellrechtskommentar, § 1 Rn. 5 (S. 8).
177. Sog. Trittbrettfahrer- oder »Freerider« Problematik.
178. TOMÉ-KOZMIENSKY Die Verpackungsverordnung, S. 117.
179. Die theoretisch immer bestehende Möglichkeit, auch in anderen Märkten als Wettbewerber aufzutreten, reicht nicht (BUNTE WuW 1997, 857, (862)).

mung betrachtet wird[180], wäre ein Wettbewerbsverhältnis i. S. d. § 1 GWB nicht gegeben.

aa) zusammengefaßte Prüfung des Vertragssystems der DSD-AG

Diese Sichtweise griffe jedoch zu kurz und würde den Kontext der Vereinbarungen ignorieren. So erfolgt zwar die Selbstverpflichtung gegenüber der DSD-AG. Da es sich jedoch um ein Vertragssystem mit einer Vielzahl gleichlautender Absprachen mit demselben Vertragspartner handelt, die weiterhin zuvor über die Spitzenverbände des Handels horizontal abgestimmt worden waren, ist es notwendig eine Gesamtbetrachtung der jeweils gleichlautenden Vereinbarungen vorzunehmen. Es ist nämlich für die resultierende Wettbewerbsbeschränkung unerheblich, ob eine Kartellabsprache unmittelbar zwischen den Beteiligten oder mittelbar über gleichlautende parallele Vereinbarungen mit einem Gemeinschaftsunternehmen realisiert wird.[181] Eine isolierte Betrachtung würde eine Umgehung des § 1 GWB und ein Ausweichen in den weniger streng geregelten Bereich der §§ 14 ff. GWB ermöglichen.[182] Oft ergeben sich besonders schwere Wettbewerbsbeschränkungen außerdem erst aus der Verkettung von horizontalen und vertikalen Vereinbarungen.[183]

Der BGH hat daher in dem Beschluß »Zementverkaufstelle Niedersachsen«[184] zu Recht eine isolierte, vom Gesellschaftsvertrag losgelöste Prüfung von Vertriebsverträgen abgelehnt. Er führte dabei aus, daß sich die einzelnen (Austausch-)Verträge gegenseitig bedingen und daher ihr sachlicher Zusammenhang im Vertriebsablauf bei der Prüfung des § 1 GWB (a. F.) nicht ignoriert werden darf. Er stimmte daher dem Bundeskartellamt und dem Beschwerdegericht darin zu, daß die im zu entscheidenden Fall gegebene Vertriebsko-

---

180. So die »Trennungstheorie« von SCHWARZ Kartellvertrag, S. 144 ff.; nahestehend SCHULTE WuW 1980, 227, (228), vgl. VELTE Duale Abfallentsorgung und Kartellverbot, S. 108

181. VELTE Duale Abfallentsorgung und Kartellverbot, S. 108.

182. VELTE Duale Abfallentsorgung und Kartellverbot, S. 108.

183. NIEMEYER Der »Jahrhundertvertrag« nach deutschem Kartellrecht, S. 55, VELTE Duale Abfallentsorgung und Kartellverbot, S. 108.

184. BGH Beschluß v. 19. 6. 1975 –KVR 2/74 »Zementverkaufstelle Niedersachsen«, BGHZ 65, 30, 34. Dabei ging es um die Errichtung einer gemeinsamen Vertriebsgesellschaft durch mehrere Zementhersteller, die den Zementvertrieb an Endabnehmer zu einheitlichen Bedingungen übernehmen sollte. Dafür wurden zwischen der gemeinsamen Vertriebsgesellschaft und den beteiligten Gesellschaftern vertikale »Vertriebs- und Lieferverträge« abgeschlossen.

operation als »System von Horizontal- und Vertikalabsprachen« einer einheitlichen Prüfung zu unterziehen sei.[185]

Auch in dem Beschluß »Selex-Tania« hat das Bundeskartellamt eine Gesamtbetrachtung des Vertragssystems vorgenommen,[186] da die einzelnen Verträge aufgrund ihres wirtschaftlichen Zusammenhangs ein »einheitliches Regelungsgeflecht von Horizontal- und Vertikalabsprachen« darstellten. Das KG hat diese Auffassung bestätigt.[187]

Auch beim System der DSD-AG handelt es sich um ein System, das sich aus einer Vielzahl von Verträgen zusammensetzt, die einen wirtschaftlichen Zusammenhang bilden.[188] Die Grundsätze der dargestellten Entscheidungen lassen sich somit übertragen. Das System der DSD-AG ist folglich einer einheitlichen Prüfung zu unterziehen.[189]

bb) *Übertragung des bisherigen Meinungsstandes zu*
»Sternverträgen« auf § 1 GWB

Nachdem für die Prüfung nicht mehr jede Vereinbarung isoliert betracht werden muß, kann auch eine schon zu § 1 GWB a. F. vertretene Ansicht auf die neue Rechtslage übertragen werden. Danach brauchte der »gemeinsamen Zweck« des § 1 GWB a. F. bei Vertragssystemen mit einer Vielzahl gleichlautender vertikaler Verträge miteinander im Wettbewerb stehender Beteiligter mit demselben Partner nicht innerhalb der einzelnen Vertikalvereinbarung festgestellt werden, sondern konnte darin gesehen werden, daß dem Abschluß der

---

185. BGH Beschluß v. 19. 6. 1975 –KVR 2/74 »Zementverkaufstelle Niedersachsen«, BGHZ 65, 30, 34.
186. BKARTA Beschluß vom 29. April 1985 (»Selex-Tania«) WuW 1985, 995 = WuW/E BKartA, 2191. Dabei ging es um eine Handelsgesellschaft, die für angeschlossene Unternehmen Aufgaben aus den Bereichen Wareneinkauf und Zahlungsverkehr ausführte.
187. KG Beschluß vom 26. 2. 1986 – 1 Kart. 7/85 (»Selex-Tania«) WuW 1986, 801 = WuW/E OLG 3737, 3741; dies hat in der Literatur Zustimmung erfahren vgl. BUNTE in: LANGEN/BUNTE GWB, § 1 Rn. 47 f., STOCKMANN in: WIEDEMANN Handbuch des Kartellrechts, § 7 Rn. 54.
188. Siehe dazu auch die Präambel der Satzung der DSD-AG, die die einzelnen Systembestandteile als »untrennbar miteinander verknüpfte Elemente« bezeichnet. Ebenso: BUNTE in: LANGEN/BUNTE GWB, § 1 Rn. 47 f.
189. BOCK WuW 1996, 187, (189), BKARTA Beschluß vom 24. 6. 1993 WuW 1994, 63 »Entsorgung von Transportverpackungen« = WuW/E, 2561, (2567), BKARTA Schreiben vom 27. 8. 1991, Gesch-Z.: B 10-763400-A-7/90 abgedr. in WuW 1992, 32, (33 f.); zustimmind SCHMIDT-PREUSS VerpackVO u. KartR, Lieberknecht FS, 549, (559), der alle Bestandteile des DSD-Systems als »Gesamtgeflecht« bahandelt.

Vertikalvereinbarungen eine horizontale Abstimmung der Beteiligten zugrunde liegt.[190] Der »gemeinsame Zweck« des § 1 GWB a. F. mußte damit also zwischen den Beteiligen festgestellt werden.

Dieser Ansatz kann auf die neue Gesetzeslage übertragen werden, indem das Wettbewerbsverhältnis des § 1 GWB nicht zwischen den Beteiligten der einzelnen Vertikalvereinbarung vorzuliegen braucht, sondern darin gegeben sein kann, daß die verschiedenen Beteiligten, die mit demselben Partner Vertikalvereinbarungen abschließen, untereinander im Wettbewerb i. S. v. § 1 GWB stehen und sich horizontal abgestimmt haben.[191]

Eine solche horizontale Bündelung vertikaler Vereinbarungen über die DSD-AG, welche allgemein als »Sternverträge« bezeichnet wird,[192] ist hier gegeben, da im Rahmen der Gründung der DSD-GmbH/AG eine entsprechende horizontale Abstimmung der Handelsunternehmen erfolgte. Weiterhin war die Abstimmung auch durch ihre zeitweise Aufnahme in die Präambel des Gesellschaftsvertrages der DSD-GmbH enthalten, bis der Passus auf Betreiben des Bundeskartellamts gestrichen wurde.[193]

Folglich ist auch bei Betrachtung der Selbstverpflichtung als Vereinbarung zwischen Handelsunternehmen und der DSD-AG ein Wettbewerbsverhältnis festzustellen. Es macht daher im Ergebnis keinen Unterschied, ob man die Auslistung als Vereinbarung zwischen den Handelsunternehmen oder als eine gegenüber der DSD-AG eingegangene faktische Selbstverpflichtung auffaßt. Das nach § 1 GWB erforderliche Wettbewerbsverhältnis zwischen den an der Vereinbarung beteiligten Unternehmen ist also in jedem Fall gegeben.

---

190. Grundlegend: BGH Beschluß v. 19. 6. 1975 –KVR 2/74 »Zementverkaufstelle Niedersachsen«, BGHZ 65, 30, 34; siehe auch: BAUDENBACHER JZ 1988, 689, (693), SCHWINTOWSKI WuW 1997, 769, (770 f.), OLG DÜSSELDORF Urteil vom 30. 7. 1981 – U(Kart.) 4/81 (»Subterra-Methode«) WuW 1982, 955 = WuW/E OLG 2715, BOCK WuW 1996, 187, (189 f.); zustimmend auch: BKartA und Kommission, die das DSD-System ebenfalls zusammengefaßt prüfen, vgl. BKARTA WuW 1992, 30, (33 f.) und KOMMISSION Abl. Nr. C 100 S. 4 = WuW 1997, 504, (504 ff.).

191. BUNTE in: LANGEN/BUNTE GWB, § 1 Rn. 48.

192. Bspw.: SCHWINTOWSKI WuW 1997, 769, (770 f.), STOCKMANN in: WIEDEMANN Handbuch des Kartellrechts, § 7 Rn. 54, BUNTE in: LANGEN/BUNTE GWB, § 1 Rn. 5, 48, ZIMMER in: I/M GWB, § 1 Rn. 186, IMMENGA in: I/M GWB 2. Aufl., § 1 Rn. 172, BAUDENBACHER JZ 1988, 689, (693); OLG DÜSSELDORF Urteil vom 12.6.1990 – U (Kart.) 10/90 WuW 1991, 633 = WuW/E 4691, 4691 f. »Sternverträge«, VELTE Duale Abfallentsorgung und Kartellverbot, S. 112.

193. So auch BURCHARDI/SACKSOFSKY JUTR 1994 Bd. 27, 23, (38), VELTE Duale Abfallentsorgung und Kartellverbot, S. 125.

4.) Absprachen, Systemkosten als Preisfaktor dem Wettbewerb zu entziehen und ausschließlich das DSD-System zu nutzen

Die an dem »gentleman's agreement«, die Systemkosten als Preisfaktor dem Wettbewerb zu entziehen und ausschließlich das System der DSD-AG zu nutzen, beteiligten Hersteller bzw. Vertreiber stehen untereinander im Wettbewerb. Das für § 1 GWB erforderliche Wettbewerbsverhältnis ist daher gegeben.

5.) Zeichennutzungsverträge

Auch bei den Zeichennutzungsverträgen ergibt sich das Problem, daß diese jeweils zwischen der DSD-AG und dem Lizenznehmer abgeschlossen werden. Dabei steht die Nutzung der Marke »Der Grüne Punkt« und die Zahlung des Lizenzentgelts im Vordergrund, da es sich um einen Markenlizenzvertrag handelt. Isoliert betrachtet handelt es sich daher um einen Vertrag, bei dem der Leistungsaustausch im Vordergrund steht und der daher grundsätzlich als vertikaler Vertrag zu qualifizieren ist.

a) System horizontal abgestimmter Sternverträge zur Regelung der Nachfrage von Entsorgungsleistungen

Wie zuvor[194] handelt es sich jedoch auch hier um ein horizontal über die DSD-AG abgestimmtes System vertikaler Sternverträge, die einer Gesamtbetrachtung zu unterziehen sind.[195] So schließt die DSD-AG gleichlautende Lizenzverträge mit über 19 000 Herstellern aus der Konsumgüterindustrie.[196] Dadurch könnten die Lizenznehmer, statt unmittelbare Vereinbarungen untereinander zu schließen, ihr Verhalten über das Gemeinschaftsunternehmen DSD-AG koordiniert haben. Das Wettbewerbsverhältnis könnte dann – wie schon nach der alten Rechtslage – auch festgestellt werden, wenn die Lizenznehmer untereinander im Wettbewerb stehen, und eine horizontale Abstimmung der Lizenznehmer erfolgte.[197]

Ohne Frage stehen die Konsumgüterhersteller miteinander in einem Wettbewerbsverhältnis. Fraglich ist jedoch, worin die horizontale Abstimmung des Wettbewerbs unter ihnen zu sehen ist.

---

194. § 5 C II. 3.) b) aa) auf Seite 104 ff.
195. BKARTA Beschluß vom 24.6.1993 WuW 1994, 63 »Entsorgung von Transportverpackungen« = WuW/E, 2561, (2567).
196. DSD-AG Geschäftsbericht 2001, S. 18.
197. BUNTE in: LANGEN/BUNTE GWB, § 1 Rn. 48.

Für die an der DSD-AG als Aktionäre beteiligten Lizenznehmer kann die Satzung der DSD-AG als Grundlage ihrer Abstimmung herangezogen werden, da Unternehmenszweck und Unternehmensgegenstand der DSD-AG die Errichtung und der Betrieb eines Systems ist, das zur Befreiung von den Pflichten des § 6 I, II VerpackVO führt. Zentrales und mit den anderen Systembereichen untrennbar verknüpftes Element[198] ist dabei das geschlossene Finanzierungssystem aufgrund der Zeichennutzungsverträge.[199] Damit bilden Satzung und Zeichennutzungsverträge ein Regelungsgeflecht aus horizontalen und vertikalen Absprachen, die folglich zusammengefaßt zu betrachten sind.[200]

Eine horizontale Abstimmung der an der DSD-AG beteiligten Lizenznehmer ist somit gegeben. Weiter kann damit auch festgestellt werden, daß insoweit auch ein Wettbewerbsverhältnis i. S. d. § 1 GWB gegeben ist, da die ihr Verhalten abstimmenden Lizenznehmer auf ihrer jeweiligen Vertriebsstufe miteinander im Wettbewerb stehen.

Schwieriger gestaltet sich eine entsprechende Feststellung für die nicht an der DSD-AG als Aktionäre beteiligten Zeichennehmer, da insoweit nicht auf die Satzung der DSD-AG abgestellt werden kann. Die horizontale Abstimmung müßte sich daher an etwas Anderem festmachen lassen. Dabei ist erforderlich, daß nicht lediglich ein erlaubtes Parallelverhalten der Zeichennehmer vorliegt, sondern eine Verhaltensabstimmung der nicht an der DSD-AG beteiligten Zeichennehmer untereinander und im Verhältnis zu den an der DSD-AG als Aktionäre beteiligten Lizenznehmern erfolgt ist. Die dazu nötige Wissens- und Willensvermittlung unter den Beteiligten über den Abschluß von Zeichennutzungsverträgen gleichen Inhalts muß dabei über den lediglich gemeinsamen Willen dazu hinausgehen.[201]

198. DSD Satzung der DSD-AG, Präambel.
199. BKARTA Beschluß vom 24.6.1993 WuW 1994, 63 »Entsorgung von Transportverpackungen« = WuW/E, 2561, (2567).
200. BOCK WuW 1996, 187, (189), BUNTE in: LANGEN/BUNTE GWB, § 1 Rn. 48, VELTE Duale Abfallentsorgung und Kartellverbot, S. 113; zustimmend auch: BKartA und Kommission, die das DSD-System ebenfalls zusammengefaßt prüfen, vgl. BKARTA Schreiben vom 27.8.1991, Gesch-Z.: B 10-763400-A-7/90 abgedr. in WuW 1992, 32, (33 f.) und KOMMISSION Abl. Nr. C 100 S. 4 = WuW 1997, 504, (504 ff.); auch bei dem geplanten Aufbau eines einheitlichen Entsorgungssystems für Transportverpackungen durch die DSD, hat das BKartA eine einheitliche Prüfung zugrunde gelegt (BKARTA Beschluß vom 24.6.1993 WuW 1994, 63 »Entsorgung von Transportverpackungen« = WuW/E, 2561).
201. VELTE Duale Abfallentsorgung und Kartellverbot, S. 114.

Zunächst haben alle Zeichennehmer ein Interesse an der Finanzierung des DSD-Systems, da ihre dauerhafte Befreiung von der individuellen Rücknahmepflicht nach § 6 I, II VerpackVO von dessen Fortbestand als bisher einzigem bundesweiten flächendeckenden System nach § 6 III VerpackVO abhängt.[202] Unter dem Regime der VerpackVO 1991 bestand weiterhin auch ein Interesse der Hersteller und Vertreiber an einer möglichst vollständigen Erfassung aller Verpackungen und an einem möglichst hohem Lizenzierungsgrad.[203] Nach den im Anhang zur VerpackVO 1991 vorgegebenen Quoten war nämlich für den Fortbestand des Dualen Systems die Einhaltung bestimmter auf das Gesamtverpackungsaufkommen bezogener *Erfassungs*quoten[204] vorgesehen, die nur zu erreichen waren, wenn möglichst alle Verkaufsverpackungen über die DSD-AG als einzigem System entsorgt wurden[205]. Durch den Fortfall der Erfassungsquoten in der neuen VerpackVO 1998 ist dieser Druck zwar nicht mehr gegeben, da nunmehr für den Fortbestand des Systems lediglich auf die am (jeweiligen) System teilnehmenden Verpackungen bezogene *Verwertungs*quoten zu erfüllen sind,[206] dennoch bestand und besteht insgesamt ein gemeinsamer Wille zur Teilnahme am Dualen System und zum Abschluß gleichlautender Verträge, da für das Bestehen eines wirtschaftlich sinnvoll funktionsfähigen flächendeckenden Systems die Teilnahme möglichst vieler rücknahmepflichtiger Unternehmen nötig ist[207].

Dieser gemeinsame Wille ist jedoch allein nicht ausreichend, selbst wenn er – wie hier – allen Beteiligten bekannt ist. Auch ein lediglich gleichförmiges Verhalten aufgrund eines gemeinsamen allen bekannten Willens, stellt noch keine Verhaltensabstimmung dar. Dazu ist zusätzlich eine Kommunikation zwischen den Beteiligten darüber erforderlich[208], gleichlautende Zeichennutzungsverträge abzuschließen.

Zunächst könnte man geneigt sein anzunehmen, daß es an dieser Kommunikation hier fehlt, und damit von einem erlaubten Parallel-

202. B K A R T A Beschluß vom 24. 6. 1993 WuW 1994, 63 »Entsorgung von Transportverpackungen« = WuW/E, 2561, (2567).
203. F I N C K H Regulierte Selbstregulierung, S. 77.
204. Vgl. § 4 A I. 3.) a) dd) auf Seite 29 und § 5 C I. 2.) auf Seite 92.
205. Vgl. auch B K A R T A Beschluß vom 24. 6. 1993 WuW 1994, 63 »Entsorgung von Transportverpackungen« = WuW/E, 2561, (2567).
206. S P R O L L UPR 1999, 129, (133), H E N S E L D E R - L U D W I G VerpackV 1998, S. 77.
207. B K A R T A Beschluß vom 24. 6. 1993 WuW 1994, 63 »Entsorgung von Transportverpackungen« = WuW/E, 2561, (2567); in diese Richtung auch F I N C K H Regulierte Selbstregulierung, S. 78.
208. B Ü L O W Gleichförmiges Unternehmensverhalten, S. 19.

verhalten auszugehen ist. Bei über 19 000 Lizenzverträgen und geringer Markttransparenz erscheint es jedoch nicht möglich, daß die jeweiligen Zeichennehmer sich auf das Marktverhalten der Wettbewerber einstellen können. Da sich das gleichförmige Verhalten der Beteiligten auch nicht allein aus ihren jeweiligen Interessen erklären läßt, könnte daraus prima facie geschlossen werden, daß dem gleichförmigen Verhalten eine Abstimmung zugrunde liegt.

Ein prima facie Beweis einer Verhaltensabstimmung scheitert jedoch daran, daß sich argumentieren läßt, Hersteller und Vertreiber seien durch die praktisch kaum erfüllbaren Rücknahmepflichten der VerpackVO zur Teilnahme am DSD-System, als einzigem Rücknahmesystem nach § 6 III VerpackVO, bestimmt worden. So war die DSD-GmbH schon vor Inkrafttreten der VerpackVO 1991 das erste flächendeckende Entsorgungssystem und konnte eine den Marktzutritt versperrende Monopolstellung aufbauen, die Herstellern und Vertreibern keine andere Wahl ließ, als sich an diesem System zu beteiligen, wenn sie der Rücknahmepflicht[209] entgehen wollten. Demnach ließe sich das gleichförmige Verhalten durch die marktexternen Vorgaben der VerpackVO erklären,[210] was einen prima facie Beweis erschüttert und damit ausschließt.

Nachdem die hohe Beteiligung am Dualen System mit über 19 000 gleichlautenden Zeichennutzungsverträgen somit prima facie nicht den Schluß auf eine Verhaltensabstimmung erlaubt, ist für die Annahme einer Verhaltensabstimmung nach anderen Anhaltspunkten zu suchen. Dafür ist erforderlich, daß nach allgemeinen wirtschaftlichen Erfahrungssätzen mit an Sicherheit grenzender Wahrscheinlichkeit von dem festgesellten Geschehensablauf in der wirtschaftlichen Wirklichkeit auf eine Abstimmung der Beteiligten geschlossen werden kann.[211]

Die inhaltliche Gleichförmigkeit der Zeichennutzungsverträge ist dafür kein hinreichender Anhaltspunkt, da es im wirtschaftlichen Verkehr allgemein üblich ist, gleichförmige Verträge zu verwenden, wenn eine Vielzahl von Verträgen gleichen Zwecks von einem Unternehmen abgeschlossen werden.[212]

---

209. Für die Hersteller drohte auch Auslistung vgl. § 5 C I. 2.) auf Seite 90.
210. EMSLANDER duales Entsorgungssystem, S. 127, VELTE Duale Abfallentsorgung und Kartellverbot, S. 114.
211. Vgl. BGH Beschluß v. 17. 12. 1970 – KRB 1/70 »Teerfarben« WuW 1971, 187 = WuW/E 1147, 1153 f., VELTE Duale Abfallentsorgung und Kartellverbot, S. 115.
212. So bspw. bei der weitläufigen Praxis der Verwendung allgemeiner Geschäftsbedingungen.

Ein hinreichendes Indiz könnte jedoch darin gesehen werden, daß die Gründung der DSD-GmbH unter vorheriger enger Abstimmung der Interessensvertreter der Wirtschaft erfolgte. Dabei wurde das Konzept der Zeichennutzungsverträge im Sommer 1990 unter der Schirmherrschaft der Spitzenverbände der Wirtschaft, des BDI sowie des DIHT[213] »in einer großen Zahl von Sitzungen, bei denen Repräsentanten des Handels, der Konsumgüterindustrie und der Verpackungswirtschaft aus allen wesentlichen Bereichen ihre Fachkenntnis und Interessen einbrachten, konkretisiert und schließlich am 24. August 1990 als Konsens der deutschen Wirtschaft beschlossen und der Bundesregierung überreicht«.[214]

Auch später erfolgte über die Spitzenverbände der jeweiligen Industrien eine Koordinierung der Produkthersteller. So hat der Handel über die zentralen Wirtschaftsverbände unter Auslistungsandrohung erzwungen, daß alle Hersteller von Verkaufsverpackungen Zeichennutzungsverträge abgeschlossen haben.[215]

Weiterhin wurde die Finanzierung der DSD-GmbH, nachdem diese 1993 in finanzielle Schwierigkeiten geriet, durch eine kollektive Rettungsaktion der Rücknahmepflichtigen sichergestellt.[216]

Die Annahme, daß eine bewußte Verhaltensabstimmung der Zeichennehmer vorliegt, wird auch durch die Präambel der Zeichennutzungsverträge bestätigt.[217] Danach »organisiert das Duale System den Aufbau und Betrieb eines privatwirtschaftlichen dualen Entsorgungssystems in der Bundesrepublik Deutschland«.[218] Trotz der Änderung in der Formulierung, die in der Fassung 1991 noch »... *des* privatwirtschaftlichen Entsorgungssystems ...« lautete[219], ergibt

213. Vgl. insb. die Kommentierung des damaligen Referatsleiters im Bundesumweltministerium in RUMMLER/SCHUTT VerpackVO, S. 31 (auch zur Entstehungsgeschichte aaO. S. 31 ff., sowie EMSLANDER duales Entsorgungssystem, S. 63, COSTA/FRANKE Handelsunternehmen im Spannungsfeld, S. 88, BÜNEMANN/RACHUT Der Grüne Punkt, S. 23), KLOWAIT Beteiligung Privater, 164.
214. RUMMLER/SCHUTT VerpackVO, S. 31; weiterführend dazu VELTE Duale Abfallentsorgung und Kartellverbot, S. 99 ff., 115.
215. STRECKER/BERNDT VerpackVO 1991, S. 93.
216. BKartA Beschluß vom 24.6.1993 WuW 1994, 63 »Entsorgung von Transportverpackungen« = WuW/E, 2561, (2568).
217. DSD Zeichennutzungsvertrag Stand 1.1.2002; i.d.F. v. 5.9.1994 abgedruckt in BRÜCK/FLANDERKA Verpackungsrecht, Teil 2, A1, vgl. auch VELTE Duale Abfallentsorgung und Kartellverbot, S. 116.
218. Präambel des Zeichennutzungsvertrages i.d.F. v. 5.9.1994 abgedruckt in BRÜCK/FLANDERKA Verpackungsrecht, Teil 2, A1.
219. Vgl. VELTE Duale Abfallentsorgung und Kartellverbot, S. 116.

sich daraus weiterhin, daß, neben der im Lizenzvertrag geregelten Finanzierung, die Schaffung eines möglichst alle Verkaufsverpackungen umfassenden Nachfragemonopols nach Entsorgungsleistungen übergeordneter und beabsichtigter Zweck der Zeichennutzungsverträge ist, weil dies zur Kostendeckung[220] und damit zum Erhalt des freistellungsfähigen Systems erforderlich ist. Durch den Abschluß der Zeichennutzungsverträge haben sich die Zeichennehmer darüber verständigt.

Zusammengenommen ist folglich davon auszugehen, daß der Abschluß dieser Vielzahl identischer Zeichennutzungsverträge nicht allein auf das Interesse der Zeichennehmer an einer Befreiung von den Rücknahme- und Entsorgungspflichten der VerpackVO zurückzuführen ist, sondern daß eine horizontale Abstimmung über den Abschluß gleichgerichteter Zeichennutzungsverträge mit der DSD-AG erfolgt.[221]

Eine Vereinbarung miteinander im Wettbewerb befindlicher Unternehmen liegt somit sowohl für die an der DSD-AG beteiligten, als auch für die nicht beteiligten Zeichennehmer in den inhaltlich identischen Zeichennutzungsverträgen als vertikalen Sternverträgen der Lizenznehmer mit der DSD-AG vor.

b) Marktinformationsverfahren der Zeichennehmer

Da in den Zeichennutzungsverträgen vorgesehen ist, daß die Lizenznehmer der DSD-AG vielfältige Informationen zu den abgesetzten Verkaufsverpackungen zu melden haben,[222] könnte dadurch ein gegen § 1 GWB verstoßendes Marktinformationsverfahren eingerichtet worden sein.

Zwar läßt sich aus den Verpackungsmengen der Gesamtumsatz berechnen, so daß ein Austausch marktrelevanter Daten unter Wettbewerbern denkbar erscheint. Der Meldepflicht steht jedoch kein vertragliches Auskunftsrecht des einzelnen Zeichennehmers über die Meldungen anderer Lizenznehmer gegenüber, und es findet auch kein

---

220. STRECKER/BERNDT VerpackVO 1991, S. 92.
221. Im Ergebnis so auch BOCK WuW 1996, 187, (190), VELTE Duale Abfallentsorgung und Kartellverbot, S. 116, BKARTA Beschluß vom 24. 6. 1993 WuW 1994, 63 »Entsorgung von Transportverpackungen« = WuW/E, 2561, (2567), STRECKER/BERNDT VerpackVO 1991, S. 92.
222. DSD Zeichennutzungsvertrag Stand 1. 1. 2002, § 5 und auch § 7 (1), wonach u. a. die vertriebenen Verpackungsmengen, sowie alle »erforderlichen Informationen« zu melden sind.

Austausch statt.[223] Die Datenerhebung ist vielmehr zur Berechnung der Zeichennutzungsgebühr erforderlich. Auch über die aktienrechtlichen Auskunftsansprüche[224] der als Aktionär beteiligten Lizenznehmer, kann nicht auf ein Marktinformationsverfahren geschlossen werden, da diese Ansprüche gesetzlicher Natur sind und nicht aus der Vereinbarung herrühren.[225] Schließlich hat die DSD-AG auch gegenüber der Kommission die Zusage abgegeben, daß sie Kenntnisse, die sie aus den Verträgen und den vorgeschriebenen Nachweisen zur stofflichen Verwertung erlangt, nötigenfalls anonymisiert und nicht für eine Marktinformation nutzen werde.[226]

Ein Marktinformationssystem ist daher nicht gegeben.[227]

6.) Leistungs- bzw. Entsorgungsverträge

Bei den Leistungs- bzw. Entsorgungsverträgen der DSD-AG mit den Entsorgungsbetrieben handelt es sich um Vertikalvereinbarungen, da der Leistungsaustausch – Entsorgungsleistung gegen Bezahlung – im Vordergrund steht. Es fehlen konkrete Anhaltspunkte[228], die zumindest ein potentielles Wettbewerbsverhältnis zwischen der DSD-AG und den Entsorgungsunternehmen nahelegen. Es werden hier zwar ebenfalls standardisierte Verträge mit der DSD-AG geschlossen, so daß auch hier eine Verhaltensabstimmung über horizontal abgestimmte Vertikalverträge möglich erscheint, für eine allgemeine Verhaltensabstimmung zwischen den Entsorgern über die DSD-AG finden sich jedoch keine Anhaltspunkte.

Wie schon erwähnt bestand zwar die auf Betreiben der DSD-AG und mit Unterstützung des BDE zustande gekommene Vereinbarung einiger Entsorger in Hessen, nicht für den dortigen (damals noch potentiellen[229]) Konkurrenten der DSD-AG (Landbell AG) tätig zu werden. Diese Vereinbarung wurde aber bereits vom Bundeskartellamt wegen Verstoßes gegen § 1 GWB untersagt. Sie betraf aber auch

---

223. VELTE Duale Abfallentsorgung und Kartellverbot, S. 117.
224. § 131 AktG, DSD Satzung der DSD-AG, § 15 II i. V. m. § 111 II AktG.
225. VELTE Duale Abfallentsorgung und Kartellverbot, S. 117.
226. KOMMISSION Entscheidung v. 17. 9. 2001 Az.: K(2001) 2672 ABl. EG 2001 L 319, Tz. 119, KOMMISSION Abl. Nr. C 100 S. 4 = WuW 1997, 504, (511).
227. Ebenso VELTE Duale Abfallentsorgung und Kartellverbot, S. 117, TOMÉ-KOZMIENSKY Die Verpackungsverordnung, S. 118.
228. BUNTE in: LANGEN/BUNTE GWB, § 1 Rn. 140.
229. Mittlerweile ist die Landbell AG als Systembetreiber in Hessen zugelassen. o. V. FAZ vom 6. August 2003, S. 41.

nur einige Entsorger in Hessen,[230] so daß zunächst nur für die betroffenen Entsorger von einer Abstimmung ausgegangen werden kann. Die Annahme einer allgemeinen Verhaltenskoordinierung liegt aufgrund der vom Bundeskartellamt festgestellten Unterstützung durch den Spitzenverband (BDE) zwar nahe, ob dies für einen Beweis ausreicht ist, aber zweifelhaft, da zu vermuten ist, daß die Verhaltenskoordinierung auf Druck der DSD-AG erfolgte. Bei Beweisbarkeit wäre ein Kartellverstoß insofern unproblematisch gegeben, weshalb hier nicht weiter darauf eingegangen werden soll.

Weitere Anhaltspunkte für eine allgemeine Abstimmung können auch nicht über die Satzung der DSD-AG hergeleitet werden. Anders als bei den Konsumgüterherstellern steht die Interessenlage der Entsorger dem außerdem entgegen, weil sie nicht potentiell von einer Rücknahmepflicht der VerpackVO betroffen sind.

Obwohl die Entsorgungsverträge Vereinbarungen enthalten, die eine gesicherte sowie ausschließliche Zuständigkeit des Entsorgers für die Vertragslaufzeit garantieren[231], und somit möglicherweise eine Wettbewerbsbeschränkung bedeuten, fällt diese Ausschließlichkeitsbindung mangels eines Wettbewerbsverhältnisses zwischen DSD-AG und Entsorger nicht unter § 1 GWB, sondern unterliegt als Vertikalvereinbarung grundsätzlich nur der Mißbrauchsaufsicht des § 16 GWB.[232]

Eine Vereinbarung zwischen miteinander im Wettbewerb stehenden Unternehmen liegt also bei den Leistungs- bzw. Entsorgungsverträgen nicht vor.

7.) Abnahme- und Garantieverträge

Die Abnahme- und Garantieverträge stellen nach den obigen Kriterien[233] ebenfalls keine Vereinbarungen zwischen miteinander im Wettbewerb stehenden Unternehmen dar. Zwar ließe sich wohl ein potentielles Wettbewerbsverhältnis konstruieren, da es den Garantiegebern möglich wäre, auch die Erfassung und Sortierung anzubieten und sie selber untereinander im Wettbewerb stehen. Es fehlt aber an einem »wettbewerbsbeschränkenden Zweck«, da eine Verhaltensabstimmung zwischen den Garantiegebern über die DSD-AG nicht

---

230. BKARTA Pressemitteilung vom 23.1.2003.
231. Vgl. KOMMISSION Entscheidung v. 17.9.2001 Az.: K(2001) 2672 ABl. EG 2001 L 319, Tz. 121 ff.
232. BUNTE in: LANGEN/BUNTE GWB, § 1 Rn. 11, 140.
233. Vgl. § 5 C II. 1.) b) auf Seite 100.

erfolgt. Es handelt sich daher um Vertikalvereinbarungen, die nach den §§ 14 ff. GWB lediglich einer Mißbrauchsaufsicht unterliegen.

8.) Zwischenergebnis

Die Satzung, die Auslistung, die Abrede, die Entsorgungskosten von Wettbewerb freizustellen, und die Zeichennutzungsverträge sind als Vereinbarungen zwischen miteinander im Wettbewerb stehenden Unternehmen i. S. v. § 1 GWB zu qualifizieren. Die Leistungs- bzw. Entsorgungsverträge, sowie die Abnahme- und Garantieverträge stellen mangels Verhaltensabstimmung keine nach § 1 GWB zu beurteilenden Horizontalvereinbarungen dar. Bei ihnen handelt es sich um nach §§ 14 ff. GWB zu beurteilende Vertikalvereinbarungen.

III. Verhinderung, Einschränkung oder Verfälschung des Wettbewerbs bezweckt oder bewirkt

Nach § 1 GWB ist weiter erforderlich, daß die oben genannten Vereinbarungen eine Verhinderung, Einschränkung oder Verfälschung des Wettbewerbs bezwecken oder bewirken.[234]

1.) Einführung

Von den drei Varianten stellt die Wettbewerbs-Verhinderung einen Spezialfall der Wettbewerbs-Einschränkung, nämlich die Einschränkung auf Null dar.[235] Bis auf den Ausschluß des sowieso spitzfindigen Wortlautarguments, ein vollständiger Ausschluß von Wettbewerb sei keine »Einschränkung« des Wettbewerbs mehr, hat diese Variante praktisch keine eigenständige Bedeutung,[236] und läßt sich daher mit der Wettbewerbseinschränkung unter dem Oberbegriff der »Wettbewerbsbeschränkung« zusammenfassen.[237]

---

234. Die Formulierung des § 1 I 1 GWB a. F. stellte darauf ab, ob der Vertrag oder Beschluß »geeignet ist, die Erzeugung oder die Marktverhältnisse für den Verkehr von Waren oder gewerblichen Leistungen durch Beschränkung des Wettbewerbs zu beeinflussen« (zu den Einzelheiten dazu vgl. EMMERICH Kartellrecht 7. Aufl., S. 73 ff.). Die neue Formulierung entstand, da eine Angleichung an das EG-Recht intendiert war, nach dem Vorbild der Formulierung des Art. 81 I EG (Begr. zum RegE GWB 1998, BT-Drs. 13/9720, S. 31, RITTNER Wettbewerbs- und Kartellrecht, § 7 Rn. 49 (S. 209)).

235. EMMERICH Kartellrecht 8. Aufl., S. 41, HUBER in: FK II, Kurzdarstellung § 1 n. F. Rn. 55 a.

236. HUBER in: FK II, Kurzdarstellung § 1 n. F. Rn. 55 a.

237. EMMERICH Kartellrecht 8. Aufl., S. 41.

Die Variante der Wettbewerbsverfälschung entstammt Art. 81 I
EG und zielte dort bisher auf Fälle ab, bei denen es darum ging,
durch eine Vereinbarung auf einen »Drittmarkt« einzuwirken.[238]
Nach § 1 GWB muß die Vereinbarung bzw. das abgestimmte Verhalten jedoch »zwischen miteinander im Wettbewerb« stehenden
Unternehmen erfolgen, womit – wie bisher schon – die im deutschen
Kartellrecht übliche Trennung zwischen horizontalen und vertikalen
Vereinbarungen beibehalten wird.[239] Aufgrund dieses zusätzlichen
– in Art. 81 I EG nicht enthaltenen – Tatbestandsmerkmals wird
man daher annehmen müssen, daß sich die erforderliche Wettbe-
werbsbeeinflussung auf den zwischen den Parteien (inter partes)
bestehenden Wettbewerb beziehen muß.[240] Dann fällt jedoch eine
ausschließliche Beschränkung des »Drittwettbewerbs« aus dem Anwendungsbereich des § 1 GWB heraus.[241] Nachdem die Variante der
»Verfälschung« des Wettbewerbs in Art. 81 I EG lediglich für diesen
»Drittwettbewerb« Bedeutung erlangt hat, dieser jedoch nicht mehr
§ 1 GWB unterfällt, hat diese Variante im Rahmen des § 1 GWB
keine eigenständige Bedeutung.[242]

238. Die Kommission hat wiederholt erkennen lassen, daß sie der Wettbewerbsverfälschung in Art. 81 I EG eigenständige Bedeutung beimißt. Dabei ging
es bisher immer um Fälle, in denen der Wettbewerb durch die Vereinbarungen zu Gunsten der Beteiligten und zum Nachteil Dritter verändert werden
sollte. Dem hat sich die Literatur zunehmend vorsichtig angeschlossen. Vgl.
dazu EMMERICH Kartellrecht 8. Aufl., S. 43, ZIMMER in: I/M GWB, § 1
Rd. 197.
239. Vgl. § 5 C II. 1.) auf Seite 98. Eine solche Trennung kennt das EG-Recht,
aus dem die Variante der »Verfälschung« übernommen wurde, nicht (vgl. § 5
C II. 1.) a) auf Seite 99 (Fn. 160) und § 6 B auf Seite 208).
240. ZIMMER in: I/M GWB, § 1 Rn. 180 f., 197, HUBER in: FK II, Kurzdarstellung § 1 n. F. Rn. 47, 55 a.
241. BAUMS ZIP 1998, 233, (235), SCHMIDT AG 1998, 551, (560), WELLEN-
HOFER-KLEIN WuW 1999, 557, (563 f. u. 566), HUBER in: FK II, Kurzdarstellung § 1 n. F. Rn. 50, ZIMMER in: I/M GWB, § 1 Rd. 181, 197;
a. A. KAHLENBERG BB 1998, 1593, (1594), EMMERICH Kartellrecht, S. 41;
ob die ausschließliche Beschränkung des »Drittwettbewerbs« nach § 1 GWB
a. F. vom Kartellverbot erfaßt wurde, war ebenfalls streitig, vgl. HUBER in:
FK II, Kurzdarstellung § 1 n. F. Rn. 15 m. w. N., 50, BAHR WuW 2000, 954,
(955 ff.).
242. HUBER in: FK II, Kurzdarstellung § 1 n. F. Rn. 55 a, ZIMMER in: I/M
GWB, § 1 Rd. 197; nach EMMERICH Kartellrecht, S. 41 ist die Übertragbarkeit des europarechtlichen Konzepts auf § 1 GWB wegen des fehlenden Bezugs
zu einer Art. 3 I lit. g EG entsprechenden Vorschrift zumindest zweifelhaft. Er
bejaht jedoch eine vorsichtige Anwendung auf seltene und eigenartige Grenzfälle.

Die weiteren Ausführungen beschränken sich daher darauf, den Begriff der »Wettbewerbsbeschränkung«[243] zu verwenden, da er der Zentralbegriff des § 1 GWB ist.

2.) Voraussetzungen der Wettbewerbsbeschränkung

a) Vorliegen eines beschränkbaren Wettbewerbs

Die Wettbewerbsbeschränkung des § 1 GWB knüpft – ebenso wie die »Beschränkung« des Wettbewerbs in § 1 GWB a. F. – an die Beschränkung der Handlungsfreiheit der Unternehmen im Wettbewerb an.[244] Dabei ist eine Beschränkung jedenfalls dann gegeben, wenn die Kartellmitglieder übereinkommen, von ihnen kontrollierbare Wettbewerbsparameter in bestimmter Weise zu handhaben.[245] Unabdingbare Voraussetzung ist also, daß überhaupt ein potentieller bzw. aktueller Wettbewerb, also eine beschränkbare Handlungsfreiheit, besteht.

Einschränkungen des Wettbewerbs, die sich aus rechtlich zwingenden Vorgaben ergeben und die Handlungsfreiheit einschränken, schließen im Rahmen ihrer Reichweite eine Beschränkung durch Vereinbarung aus.[246] Werden solche Einschränkungen in Vereinbarungen wiederholt, so können sie eine Wettbewerbsbeschränkung nicht mehr herbeiführen. Wenn die VerpackVO also zwingende Vorgaben enthält, ist ein verfügbarer Handlungsspielraum und damit ein möglicher Wettbewerb insoweit nicht gegeben, so daß eine Wettbewerbsbeschränkung ausscheidet.[247]

An aktuellem oder potentiellem beschränkbarem Wettbewerb kann es aber auch dann fehlen, wenn der mögliche Handlungsspielraum zwar nicht durch zwingende rechtliche Vorgaben, aber durch die wirtschaftlichen Gegebenheiten so eingeschränkt ist, daß theoretisch denkbare und rechtlich erlaubte Handlungsalternativen deshalb ausscheiden. Auch dann fehlt es an tatsächlicher Handlungsfreiheit,

---

243. Auch nach RITTNER Wettbewerbs- und Kartellrecht, § 7 Rn. 49 (S. 209) sollte eine Ersetzung der Varianten durch diesen Oberbegriff erfolgen.

244. HUBER in: FK II, Kurzdarstellung § 1 n. F. Rn. 54, EMMERICH Kartellrecht, S. 39 f.; einschränkend RITTNER Wettbewerbs- und Kartellrecht, § 7 Rn. 51 (S. 210), für den dies nur ein wichtiges Indiz darstellt.

245. Bspw. Preisfestsetzung, Produktpalette, Bestimmung des Absatzgebietes oder auch nicht in bestimmte Märkte/Absatzgebiete vorzudringen. vgl. HUBER in: FK II, Kurzdarstellung § 1 n. F. Rn. 54.

246. Allg. Meinung vgl. nur BUNTE in: LANGEN/BUNTE GWB, § 1 Rn. 144 ff..

247. Vgl. § 5 B I. auf Seite 80.

die durch eine Vereinbarung beschränkt werden könnte. Weitgehend anerkannt ist dies, wenn sich einzelne Unternehmen in einer Arbeitsgemeinschaft zusammenschließen, weil es für keines von ihnen möglich oder betriebswirtschaftlich vernünftig wäre, ein Vorhaben allein durchzuführen. Die damit verbundene Absprache, deshalb bei einem Vorhaben nicht individuell als Anbieter aufzutreten, ist nach ständiger Rechtsprechung nicht als Wettbewerbsbeschränkung, sondern vielmehr als Wettbewerbsverstärkung zu betrachten, da eine realistische wirtschaftliche Betrachtung ergibt, daß ohne die Kooperation ein Auftreten am Markt nicht erfolgen könnte.[248] Sofern sich eine Kooperation somit als wirtschaftlich zweckmäßig und kaufmännisch vernünftig darstellt,[249] und insoweit erforderlich ist, um überhaupt eine Leistung erbringen zu können,[250] ist somit ebenfalls – nunmehr aus wirtschaftlichen bzw. faktischen Gründen – ein beschränkbarer Wettbewerb nicht gegeben. Entscheidend für das Fehlen einer Wettbewerbsbeschränkung ist dabei, ob das einzelne Unternehmen fähig wäre, eine eigene sinnvolle und marktfähige Leistung – nicht lediglich eine unvollkommene Teilleistung – zu erbringen.[251] Die subjektive Sicht der Beteiligten, die nur auf dem Wunsch beruht, durch die Kooperation Aufwendungen zu sparen und eine optimale Vergütung zu erzielen, reicht jedoch nicht aus, da dies das Ziel eines jeden Kartells ist.[252] Es darf auch keine Abwägung mit anderen konkurrierenden

248. BGH Urteil vom 13.12.1983 – KRB 3/83 (»Bauvorhaben Schramberg«) WuW 1984, 612 = WuW/E BGH 2050, FUCHS BB 1993, 1983, (1897), KG Beschluß vom 26.2.1986 – 1 Kart. 7/85 (»Selex-Tania«) WuW 1986, 801 = WuW/E OLG 3737, 3745, IMMENGA in: I/M GWB 2. Aufl., § 1 Rd. 453–455, ZIMMER in: I/M GWB, § 1 Rd. 369; auch im europäischen Kartellrecht wird dies im Rahmen des Markteröffnungsgedankens so gehandhabt EuGH Urteil v. 30.6.1966 Rs. 56/65 »Maschinenbau Ulm« Slg. 1966, 282, (304), KOMMISSION Entscheidung v. 24.10.1988 »Euro-Tunnel« ABl. 1988 L 311, 36, (Tz. 17); Für die Anwendung im Rahmen des DSD-Systems RIESENKAMPFF BB 1995, 833, (839).
249. BGH Urteil vom 13.12.1983 – KRB 3/83 (»Bauvorhaben Schramberg«) WuW 1984, 612 = WuW/E BGH 2050, ZIMMER in: I/M GWB, § 1 Rd. 370 f.
250. BUNTE in: LANGEN/BUNTE GWB, § 1 Rn. 319, ZIMMER in: I/M GWB, § 1 Rd. 369.
251. BGH Beschluß v. 11.12.1997 – KVR 7/96 »Europapokalheimspiele« BGHZ 137, 297 = WuW 1998, 163 = WuW/E DE-R 17, 20 f., insb. 22, KG Beschluß vom 8.11.1995 Kart 21/94 »Fernseheübertragungsrechte« WuW 1996, 635 = WuW/E OLG 5565, 5575, KG Beschluß v. 16.6.1982 – Kart. 7/82 »HFGE« WuW 1983, 141 = WuW/E OLG 2745, 2751, KG Beschluß vom 26.2.1986 – 1 Kart. 7/85 (»Selex-Tania«) WuW 1986, 801 = WuW/E OLG 3737, 3745.
252. BGH Beschluß v. 11.12.1997 – KVR 7/96 »Europapokalheimspiele« BGHZ 137, 297 = WuW 1998, 163 = WuW/E DE-R 17, 20 f., insb. 22, KG Beschluß

Interessen, wie der volkswirtschaftlichen Nützlichkeit, im Sinne einer »rule of reason«, erfolgen.[253] Auch eine Beschränkung aktuellen oder eine Behinderung potentiellen Wettbewerbs ist unzulässig. Eine Wettbewerbsbeschränkung kann aber dann vorliegen, wenn die Kooperation über das erforderliche Maß hinausgeht, da dann insoweit wieder Wettbewerb gegeben ist, der durch Vereinbarung beschränkt würde.

Der Arbeitsgemeinschaftsgedanke ist nicht auf einmalige Projekte begrenzt, sondern kann auch im Rahmen einer dauerhaften Zusammenarbeit von Wettbewerbern gegeben sein, wenn sie sich auf Gebiete beschränken, auf denen sie Alleinleistungen nicht erbringen können.[254] Dabei handelt es sich systematisch nicht um eine besondere Ausnahme oder Rechtfertigung einer Wettbewerbsbeschränkung. Der Terminus umschreibt, wie dargestellt, lediglich eine bestimmte Marktkonstellation, die einen beschränkbaren Wettbewerb erst durch eine Kooperation entstehen läßt.

Ebenso wie der Angebotswettbewerb ist auch der Nachfragewettbewerb durch § 1 GWB geschützt.[255] Das ergibt sich auch aus § 4 II GWB, und es herrscht auch weitgehend Übereinstimmung darüber, ihn entsprechend zum Angebotswettbewerb zu sehen. Die Untersuchung erfolgt dabei spiegelbildlich zum Anbieterwettbewerb.[256] Obgleich der Arbeitsgemeinschaftsgedanke im Rahmen des Angebotswettbewerbs entwickelt wurde,[257] kann er folglich auch im Rahmen des Nachfragewettbewerbs angewandt werden.[258]

---

vom 8.11.1995 Kart 21/94 »Fernseheübertragungsrechte« WuW 1996, 635 = WuW/E OLG 5565, 5575.

253. ZIMMER in: I/M GWB, § 1 Rd. 195.

254. BUNTE in: LANGEN/BUNTE GWB, § 1 Rn. 312.

255. ZIMMER in: I/M GWB, § 1 Rn. 160 f.

256. ZIMMER in: I/M GWB, § 1 Rn. 161, IMMENGA in: I/M GWB 2. Aufl., § 1 Rd. 222.

257. IMMENGA in: I/M GWB 2. Aufl., § 1 Rd. 453, 455.

258. KG Beschluß vom 26.2.1986 – 1 Kart. 7/85 (»Selex-Tania«) WuW 1986, 801 = WuW/E OLG 3737, 3745, das den Arbeitsgemeinschaftsgedanken jedoch aufgrund des Sachverhaltes nicht anwenden konnte.; VELTE Duale Abfallentsorgung und Kartellverbot, S. 191. Im Rahmen des Nachfragewettbewerbs werden die entsprechenden Argumente im Rahmen der Einkaufsgemeinschaften diskutiert (ZIMMER in: I/M GWB, § 1 Rd. 358, 369, HUBER/BAUMS in: FK IV, § 1 a.F. Rn. 316, BUNTE in: LANGEN/BUNTE GWB, § 1 277 ff., der zutreffend darauf hinweist, daß der Arbeitsgemeinschaftsgedanke nur dann auf Einkaufsgemeinschaften anwendbar ist, wenn eine individuelle Nachfrage nicht möglich ist).

b) bezweckte oder bewirkte Beschränkung

Wenn ein beschränkbarer Wettbewerb festgestellt wurde, müssen die Beteiligten diesen durch ihre Vereinbarung beschränkt haben, wobei die Beschränkung alternativ bezweckt oder bewirkt worden sein muß. Durch die Übernahme dieser Formulierung aus Art. 81 I EG – mit der Absicht der Angleichung des deutschen Kartellrechts an das der EU[259] – hat der Gesetzgeber dem zuvor bestehenden Streit, in welchem Zusammenhang die Wettbewerbsbeschränkung mit der Abrede stehen muß,[260] den Boden entzogen.[261]

Aufgrund der Wurzeln der Formulierung im EG-Recht spricht viel dafür, entsprechend der vom EuGH entwickelten Prüfungsreihenfolge zunächst das »Bezwecken« zu prüfen, weil dabei eine Auswirkung auf die Marktverhältnisse nicht erforderlich ist. Erst wenn ein solches »Bezwecken« nicht festzustellen ist, wäre auf das »Bewirken« einzugehen.[262]

Dem Wortlaut nach bedeutet »Bezwecken«, daß die Wettbewerbsbeschränkung Motiv oder Geschäftsgrundlage der Absprache ist. Die dafür erforderliche Erforschung des Willens der Vertragsparteien wäre jedoch schwierig und praktisch kaum handhabbar.[263] Der BGH hat daher schon früher im Rahmen der von ihm abgewan-

---

259. BAHR WuW 2000, 954, (961).
260. Nach § 1 GWB a. F. war dieser Punkt noch im Rahmen der sog. »Gegenstandstheorie« (Wettbewerbsbeschränkung muß Vertragsgegenstand sein), der sog. »Zwecktheorie« (der subjektiver Zweck der Parteien muß sich auf eine Wettbewerbsbeschränkung richten) bzw. der sog. »Folgetheorie« (es reicht aus, daß eine Wettbewerbsbeschränkung die Folge des Vertrags war) umstritten (vgl. dazu HUBER in: FK II, § 1 n. F. Kurzdarstellung Rn. 65 ff.).

   Auch für das Vertragssystem der DSD-AG war fraglich, ob eine Zurechnung der Wettbewerbsbeschränkung zur Satzung bzw. zum Zeichennutzungsvertrag erfolgen konnte (vgl. dazu VELTE Duale Abfallentsorgung und Kartellverbot, S. 137 f.). Dieser Streit ist nach der Neufassung hinfällig, da nunmehr das »Bewirken« einer Wettbewerbsbeschränkung (nicht jedoch die bloße Eignung) ausreicht (EBEL Kartellrechtskommentar, Rn. 7 a. E., HUBER in: FK II, § 1 n. F. Kurzdarstellung Rn. 65 f.).
261. EMMERICH Kartellrecht, S. 45, BUNTE in: LANGEN/BUNTE GWB, § 1 Rn. 161; vgl. auch ZIMMER in: I/M GWB, Rn. 240 ff.
262. So schon EuGH Urteil v. 30. 6. 1966 Rs. 56/65 »Maschinenbau Ulm« Slg. 1966, 282, (303); BUNTE in: LANGEN/BUNTE GWB, § 1 Rn. 164; auch EMMERICH Kartellrecht, S. 45 plädiert für eine Orientierung an der Praxis der Gemeinschaftsorgane, da Art. 81 I EG als Vorbild für § 1 GWB gedient hat. Alternativität auch bei § 1 GWB: BKArtA Beschluß vom 25. 8. 1999 B6-22131-M-49/99 »Stellenmarkt« WuW 2000, 407 = WuW/E DE-V 209, 212 f.
263. BAHR WuW 2000, 954, (961).

---

delten »Zwecktheorie« auf die inneren Vertragszwecke der Parteien verzichtet und diese durch die gemeinsame Erwartung kaufmännisch vernünftiger Vertragsbeteiligter ersetzt.[264] Auch der EuGH verfährt im Rahmen des Art. 81 I EG nach einem objektiven Begriffsverständnis, nach der die subjektiven Absichten der Beteiligten irrelevant sind.[265] Die Kommission stellt ebenfalls nur auf objektive Kriterien ab und läßt subjektive Absichten unberücksichtigt.[266] Sie nimmt ein »Bezwecken« dann an, wenn die Wettbewerbsbeschränkung eine »natürliche und wahrscheinliche Folge« der Absprache ist.[267] Dieses Begriffsverständnis entspricht somit der Anwendung durch den BGH, so daß danach auf die objektiv wettbewerbsbeschränkende Zielsetzung bzw. Tendenz der Absprache abzustellen ist.[268]

Andererseits gerät das »Bezwecken« auf diese Weise sehr in die Nähe des »Bewirkens«, das dann entscheidend ist, wenn der Zweck einer Abrede nicht offen zutage liegt[269]. Sowohl der Wortlaut als auch die Systematik sprechen somit dafür, für das »Bezwecken« neben der objektiven Geeignetheit auch auf subjektive Vorstellungen abzustellen, da von einem Zweck kaum gesprochen werden kann, wenn sich die Beteiligten darüber keine entsprechenden Vorstellungen gemacht haben.[270]

Eine Entscheidung ist jedoch nicht erforderlich, da die Abgrenzung zwischen den beiden Tatbestandsalternativen im Ergebnis irrelevant ist. Die Tatbestandsalternative des »Bewirkens« erfordert nämlich nicht, daß es – wie auf den ersten Blick angenommen werden könnte – auf die tatsächlichen Folgen ankäme. Weil es Sinn und Zweck des § 1 GWB ist, entsprechende Vereinbarungen zu verhindern, kann es nämlich nicht erforderlich sein, daß die verbotene Vereinbarung

---

264. BUNTE in: LANGEN/BUNTE GWB, § 1 Rn. 165.
265. Vgl. KOMMISSION Entscheidung v. 13.12.1989 »Bayo-n-ox« ABl. 1990 L 21, 71, (Tz. 44 ff.)
266. KOMMISSION Entscheidung v. 13.12.1989 »Bayo-n-ox« ABl. 1990 L 21, 71, (Tz. 45 f.).
267. KOMMISSION Entscheidung v. 15.7.1975 »IFTRA-Regeln« ABl. 1975 L 228, 3, (S. 8); ähnlich auch KOMMISSION Entscheidung v. 13.12.1989 »Bayo-n-ox« ABl. 1990 L 21, 71, (Tz. 45 f.).
268. Vgl. BUNTE in: LANGEN/BUNTE GWB, § 1 Rn. 165 f.; ebenso auch BKartA Beschluß vom 25.8.1999 B6-22131-M-49/99 »Stellenmarkt« WuW 2000, 407 = WuW/E DE-V 209, 212 f.
269. HUBER in: FK II, Kurzdarstellung § 1 n.F. Rn. 59, ZIMMER in: I/M GWB, Rn. 244.
270. ZIMMER in: I/M GWB, Rn. 243.

zunächst befolgt wird, damit deren tatsächliche Folgen festgestellt werden können. Entscheidend ist daher vielmehr die nach objektiven Anhaltspunkten zu bestimmende voraussichtliche Wirkung der Vereinbarung.[271] Welcher Grad an Wahrscheinlichkeit als hinreichend angesehen wird, kann dabei im Einzelfall problematisch sein, eine jedoch nur mögliche Folge oder Geeignetheit kann jedoch nicht ausreichen.[272] Gefordert werden muß vielmehr eine überwiegende Wahrscheinlichkeit für die Beschränkung des Wettbewerbs.[273] Die Prognose kann sich dabei, da die Zulässigkeit der Vereinbarung bei deren Zustandekommen zu beurteilen ist, nur auf die Erwägungen stützen, die zu diesem Zeitpunkt erkennbar waren.[274]

c) Spürbare Außenwirkung der wettbewerbsbeschränkenden Absprache

Im Rahmen des § 1 GWB a. F. war darüber hinaus erforderlich, daß die festgestellte Wettbewerbsbeschränkung »geeignet war, die Marktverhältnisse zu beeinflussen«.[275] Hinzutreten mußte als ungeschriebenes Merkmal weiterhin, daß diese Beeinflussung der Marktverhältnisse »spürbar« war, worunter eine konkret feststellbare Veränderung der Produktions- oder Marktfaktoren zum Nachteil Dritter durch die Beschränkung ihrer wirtschaftlichen Handlungsmöglichkeiten, also eine spürbare Außenwirkung, verstanden wurde.[276]

Zwar ist das Merkmal der Eignung zur Beeinflussung der Marktverhältnisse im Wortlaut des § 1 GWB durch die 6. GWB Novelle 1998 weggefallen. Da aber im EG-Wettbewerbsrecht im Rahmen des Art. 81 EG nach ständiger Praxis der Gemeinschaftsorgane gleichfalls eine »Spürbarkeit« als ungeschriebenes Tatbestandsmerkmal gefordert wird[277] und nach Absicht des Gesetzgebers durch die Neu-

271. EMMERICH Kartellrecht, S. 46.
272. Das war auch nach dem GWB a. F. nicht anders vgl. HUBER in: FK II, Kurzdarstellung § 1 n. F. Rn. 66.
273. ZIMMER in: I/M GWB, Rn. 248 ff., HUBER in: FK II, Kurzdarstellung § 1 n. F. Rn. 61 ff.
274. ZIMMER in: I/M GWB, Rn. 250; siehe auch EMMERICH Kartellrecht, S. 46 der darauf hinweist, daß dies etwa der früheren eingeschränkten Folgetheorie entspricht.
275. Zu den Einzelheiten dazu vgl. EMMERICH Kartellrecht 7. Aufl., S. 73 ff., vgl. auch EMMERICH Kartellrecht, S. 42 wonach gerade die fragliche Wettbewerbsbeschränkung diese Wirkung haben mußte.
276. EMMERICH Kartellrecht, S. 42, BUNTE in: LANGEN/BUNTE GWB, § 1 Rn. 174 ff., HUBER in: FK II, § 1 n. F. Kurzdarstellung Rn. 69.
277. Schon EuGH Urteil v. 30. 6. 1966 Rs. 56/65 »Maschinenbau Ulm« Slg.

fassung von § 1 GWB auch eine Angleichung an das EG-Recht beabsichtigt war[278], ohne an der materiellen Rechtslage etwas ändern zu wollen,[279] spräche dies dafür, weiterhin auch im deutschen Recht zu verlangen, daß die Wettbewerbsbeschränkung in der schon bisher geltenden Art spürbare Außenwirkungen entfalten muß.[280] Erforderlich wäre also, daß von ihr konkret feststellbare Veränderungen der relevanten Produktions- oder Marktfaktoren zum Nachteil Dritter ausgehen müssen, die insbesondere in der Reduzierung der Handlungsmöglichkeiten der Marktgegenseite liegen können.[281]

Dem ist zuzustimmen. Schon bisher war das Merkmal der Spürbarkeit von der Rechtsprechung aus dem Zweck der Vorschrift hergeleitet worden. Die dabei erfolgte Verknüpfung mit dem Merkmal der »Eignung zur Marktbeeinflussung« lag dabei nahe. Nach der Streichung dieser Formulierung ist eine Verknüpfung damit zwar nicht mehr möglich, es ist aber im Ergebnis ohne Bedeutung, zu welchem Tatbestandsmerkmal eine Zuordnung erfolgt. Da der Zweck der Vorschrift der gleiche geblieben ist,[282] bietet es sich nun an, die Spürbarkeit im Rahmen der Wettbewerbsbeschränkung zu prüfen.

Es ist also zu prüfen, inwieweit die wettbewerbsbeschränkende Abrede der Parteien spürbare Außenwirkung entfaltet,[283] sich also spürbar auf den relevanten Markt auswirkt.[284] Maßstab für die konkret

---

1966, 282, (303); vgl. EMMERICH Kartellrecht, S. 42.

278. Vgl. § 5 C II. 1.) auf Seite 98.

279. Vgl. ZIMMER in: I/M GWB, § 1 Rd. 256, Begr. zum RegE GWB 1998, BT-Drs. 13/9720, S. 47.

280. BAHR WuW 2000, 954, (955), SCHMITZ WuW 2002, 7, (15); für die Beibehaltung der »Spürbarkeit« auch EMMERICH Kartellrecht, S. 46, BECHTHOLD NJW 1998, 2767, (2770).

281. EMMERICH Kartellrecht, S. 42, BUNTE in: LANGEN/BUNTE GWB, § 1 Rn. 175 ff.; HUBER in: FK II, § 1 n. F. Kurzdarstellung Rn. 69.

282. BUNTE in: LANGEN/BUNTE GWB, § 1 Rn. 188 ff., HUBER in: FK II, § 1 n. F. Kurzdarstellung Rn. 69, BAUMS ZIP 1998, 233, (233 f.), BAHR WuW 2000, 954, (963 f.), SCHMIDT AG 1998, 551, (560), ZIMMER in: I/M GWB, § 1 Rd. 256, RITTNER Wettbewerbs- und Kartellrecht, § 7 Rn. 50 (S. 209 f.), BKARTA Beschluß vom 25. 8. 1999 B6-22131-M-49/99 »Stellenmarkt« WuW 2000, 407 = WuW/E DE-V 209, 213; wohl auch EBEL Kartellrechtskommentar, Rn. 13 f.; a. A. LG MANNHEIM Urteil vom 16. 4. 1999 – 7 O 372/98 (Kart.) – Stromversorgung, WuW 1999, 610 = WuW/E DE-R 298, 302: »... ab 1. 1. 1999 gibt es das Spürbarkeitskriterium nicht mehr... «.

283. ZIMMER in: I/M GWB, § 1 Rd. 256; SCHMITZ WuW 2002, 7, (15), BAHR WuW 2000, 954, (961 ff.).

284. Einschränkend RITTNER Wettbewerbs- und Kartellrecht, § 7 Rn. 52 (S. 210), der eine Marktfolgenprüfung der mutmaßlichen künftigen Wirkungen für entbehrlich hält, und statt dessen die Funktion (d. h. die objektive Eignung) der Vereinbarung für eine spürbare wettbewerbsbeschränkende Be-

festzustellenden Veränderungen der Produktions- oder Marktfaktoren zum Nachteil Dritter[285] ist dabei besonders die Beschränkung der Handlungsalternativen der Marktgegenseite und die Erschwerung des Marktzutritts. Wichtige Indizien sind ferner die Anzahl der Marktbeteiligten sowie der Marktanteil des Kartells.[286] Je höher dessen Marktanteil, um so geringere Anforderungen sind dabei an die Spürbarkeit zu stellen, da es gilt, den verbleibenden geringen Restwettbewerb zu schützen.[287]

Das DSD-System kann nun anhand dieser Kriterien auf das Vorliegen einer Wettbewerbsbeschränkung überprüft werden.

Dabei ist zu berücksichtigen, daß der Unternehmensgegenstand der DSD-AG aufgrund der Satzung »die Organisation und der Betrieb des privatwirtschaftlichen Teils des dualen Entsorgungssystems in Deutschland«[288] ist. »Untrennbar miteinander verknüpfte Elemente«[289] sind dabei die drei Systembereiche des Dualen Systems.[290] So sind explizit der Aufbau eines endverbrauchernahen Erfassungssystems, eine zentrale Organisation der stofflichen Verwertung über Abnahme- und Verwertungsgarantien und Verwertungsverträge, sowie die Finanzierung des Systems durch die Erhebung eines Entgeltes für die Nutzung des Zeichens »der Grüne Punkt« aufgeführt.[291]

Obgleich bisher eine Gliederung nach den verschiedenen Vereinbarungen erfolgte, ist dieses Vertragsgeflecht des DSD-Systems immer als Ganzes zu betrachten, da andernfalls die wirtschaftlichen Wechselwirkungen und Folgen der verschiedenen Vereinbarungen nicht hinreichend erfaßt werden könnten.[292] Dies enthebt andererseits nicht

---

einflussung des Marktes ausreichen läßt, dafür aber konkrete Tatsachengrundlagen fordert (aaO. Fn. 111).

285. BGH Urteil vom 7.6.1962 – KZR 6/60 »Spar« BGHZ 37, 194, 200 f., BGH Urteil vom 14.10.1976 KZR 36/75 »Transportbeton« BGHZ 68, 6, 11, BGH Beschluß vom 12.3.1991 »Golden Toast« BGHZ 114, 40, 52, BGH Urteil vom 6.3.1979 – KZR 4/78 »Erbauseinandersetzung« NJW 1980, 185 $=$ WuW/E BGH 1597.
286. EMMERICH Kartellrecht, S. 43 f.
287. Vür eine tiefe Schwelle auch RITTNER Wettbewerbs- und Kartellrecht, § 7 Rn. 50 (S. 210.), BGH Urteil vom 7.6.1962 – KZR 6/60 »Spar« BGHZ 37, 194, 200.
288. DSD Satzung der DSD-AG, § 2 (1).
289. DSD Satzung der DSD-AG, Präambel.
290. Vgl. § 4 A I. 3.) b) auf Seite 35.
291. DSD Satzung der DSD-AG, Präambel.
292. Vgl. schon § 5 C II. 3.) b) aa) auf Seite 104.

davon, festgestellte Wettbewerbsbeschränkungen auf die einzelnen behandelten Vereinbarungen zurückzuführen.

Zunächst ist zu prüfen, inwieweit die Handelsunternehmen ihren Wettbewerb auf den Produktmärkten durch Auslistung von nicht mit dem »Grünen Punkt« gekennzeichneten Verpackungen beschränkt haben.[293] Weiterhin kommt eine Wettbewerbsbeschränkung in Bezug auf die am System über Satzung und/oder Zeichennutzungsverträge beteiligten Hersteller und Vertreiber hinsichtlich ihrer Nachfrage nach Entsorgungsleistungen[294] und hinsichtlich ihrer Nachfrage nach Befreiungsleistungen durch konkurrierende System in Betracht.[295] Ferner könnten sie den Preiswettbewerb in Bezug auf die Entsorgungskosten,[296] sowie ihrer Nachfrage nach Verwertungsleistungen bzw. hinsichtlich der Sekundärrohstoffmärkte[297] beschränkt haben.

Erforderlich ist dazu in allen Fällen, daß überhaupt ein zumindest potentieller Wettbewerb festzustellen ist. Um dies beurteilen zu können, müssen zunächst die relevanten Märkte bestimmt werden, auf denen dieser Wettbewerb stattfindet.

3.) Bestimmung der relevanten Marktverhältnisse

Unter den Marktverhältnissen wird die Summe derjenigen Eigenschaften eines Marktes verstanden, die ihm sein Gepräge geben.[298]

Die sachliche bzw. funktionale Abgrenzung der Reichweite der relevanten Märkte erfolgt dabei nach dem Bedarfsmarktkonzept.[299] Dieses hat sich als Abgrenzungskriterium in der Praxis durchgesetzt.[300] Danach sind alle Erzeugnisse oder Leistungen marktgleichwertig, die sich nach ihren Eigenschaften, ihrem wirtschaftlichen Verwendungszweck und ihrer Preislage so nahestehen, daß der vernünftige Verbraucher sie als für die Deckung eines bestimmten Bedarfs geeignet in berechtigter Weise abwägend miteinander vergleicht und als ge-

---

293. Siehe § 5 C III. 4.) auf Seite 134.
294. Siehe § 5 C III. 5.) auf Seite 136.
295. Siehe § 5 C III. 6.) auf Seite 174.
296. Vgl. § 5 C III. 7.) auf Seite 178.
297. Siehe § 5 C III. 8.) auf Seite 178.
298. BGH Urteil vom 26. 10. 1961 – KZR 3/61 »WBS« WuW/E BGH 455 = BGHZ 36, 105, 110, BGH Beschluß v. 19.6.1975 –KVR 2/74 »Zementverkaufstelle Niedersachsen«, BGHZ 65, 30, 34, I/M GWB 2. Aufl., § 1 Rn. 331, kritisch HUBER/BAUMS in: FK IV, § 1 Rn. 391.
299. RITTNER Wettbewerbs- und Kartellrecht, § 6 Rn. 51 (S. 166).
300. BECKMANN WuW 2002, 16, (18).

geneinander austauschbar ansieht.[301] Es kommt mithin darauf an, inwieweit Wettbewerber aus Sicht der Nachfrager substituierbare Angebote abgeben bzw. im Fall von potentiellem Wettbewerb realistisch abgeben könnten, so daß Nachfrager auf diese ausweichen könnten.[302]

Das Bedarfsmarktkonzept ist zwar im Hinblick auf Anbieterwettbewerb entwickelt worden, es läßt sich aber spiegelbildlich auch auf die Bestimmung eines relevanten Nachfragerwettbewerbs übertragen, indem auf die Sichtweise des Anbieters abgestellt wird. Dementsprechend ist danach zu fragen, inwieweit Anbieter ihre Erzeugnisse oder Leistungen vernünftigerweise auch anderen Nachfragern anbieten könnten, so daß deren Nachfrage sich in berechtigter Weise abwägend als vergleichbar darstellte und somit austauschbar wäre. Es ist folglich darauf abzustellen, ob aus Sicht der Anbieter weitere Nachfrager existieren, die – u. U. durch zumutbare Umstellungen des Angebots – als alternative Nachfrager in Betracht kämen, so daß Anbieter auf diese ausweichen könnten.[303] Dabei muß jedoch immer im Auge behalten werden, daß die Marktabgrenzung dem Zweck dient, den Schutzbereich der von Wettbewerbsbeschränkungen betroffenen Marktgegenseite zu bestimmen.[304]

a) Durch Auslistung betroffene Märkte

Die Auslistung von nicht mit dem »Grünen Punkt« gekennzeichneten Verpackungen führt zu Auswirkungen in zwei Richtungen. Zum einen betrifft es die dem Handel vorgelagerte Marktstufe des Warenbezugs und zum anderen die nachgelagerte Stufe des Verkaufs an den Konsumenten.

---

301. WEBER RdE 1995, 91, (92), BECKMANN WuW 2002, 16, (18); gilt allgemein, so auch i. R. d. § 19 GWB vgl. EMMERICH in: I/M GWB, § 19 Rn. 24; KG Beschluß vom 18. 2. 1969 – Kart V 34/67 – »Handpreisauszeichner«, WuW 1969, 623 = WuW/E OLG 995, 996, zust. BGH Beschluß vom 16. 12. 1976 – KZR 2/76 – »Valium«, WuW 1977, 255 = WuW/E BGH 1445, 1447, BGH Urteil vom 3. 7. 1976 – KZR 4/75 – »Vitamin-B-12«, WuW 1976, 783 = WuW/E BGH 1435, 1440 vielfach bestätigt bspw. BGH Urteil v. 19. 3. 1996 – KZR 1/95 »Pay-TV Durchleitung« WuW 1996, 728 = WuW/E 3058, 3062.

302. RITTNER Wettbewerbs- und Kartellrecht, § 6 Rn. 51 (S. 166).

303. »Angebotsumstellungskonzept« siehe BGH Urteil v. 23. 2. 1988 – KZR 17/86 »Sondierungsverfahren« WuW 1988, 785 = WuW/E 2483, 2488.

304. Nach MÖSCHEL in: I/M GWB, § 19 Rn. 40 ist nach der »Spiegelbildtheorie« auf die Marktgegenseite abzustellen; sich dem anschließend VELTE Duale Abfallentsorgung und Kartellverbot, S. 145.

aa) Warenbezug

Im Warenbezug tritt der Handel als Nachfrager auf. Aufgrund der unüberschaubaren Anzahl der vom Handel bezogenen Produkte, ist von einer entsprechenden Zahl von Einzelmärkten auszugehen. Zu diesem Ergebnis gelangt man unabhängig davon, ob auf die Sicht des Anbieters oder des nachfragenden Handels abgestellt wird. Da die Auslistungsvereinbarung auf eine Beschränkung des Nachfragewettbewerbs hinausläuft, ist hier zwar die Sicht der Anbieter im Sinne des Angebotsumstellungskonzepts maßgeblich. Weil sich die Auslistung aber auf alle Konsumgüter gleich auswirkt, ist eine genauere Marktabgrenzung nicht erforderlich; denn ein Ausweichen der anbietenden Hersteller auf andere Nachfrager scheidet im Bundesgebiet aufgrund der bundesweiten Praktizierung der Auslistungsvereinbarung von vornherein aus. Die vielfältigen Einzelmärkte können also ohne weitere Differenzierung einheitlich behandelt werden.[305]

bb) Produktangebot

Im Verhältnis zum Konsumenten tritt der Handel beim Produktangebot als Anbieter auf. Da sich die Auslistung für den Endverbraucher als Einschränkung des Produktangebots auswirkt, ist das Bedarfsmarktkonzept maßgeblich. Danach ergeben sich auch hier eine Vielzahl von Einzelmärkten, da die Einzelprodukte für den Endverbraucher nicht austauschbar sind. Wie zuvor bedarf es keiner genaueren Abgrenzung, da die Auslistungsvereinbarung für alle Produkte gleich wirkt. Folglich können die Einzelmärkte auch hier ohne weitergehende Differenzierung bundesweit einer zusammenfassenden Betrachtung unterzogen werden.[306]

b) Marktverhältnisse im Bereich Sammlung und Sortierung

Die Marktverhältnisse im Bereich der Entsorgung gebrauchter Verkaufsverpackungen werden durch die Vorgaben der VerpackVO sowie durch das System der DSD-AG bestimmt.

Entsprechend der VerpackVO ist im Markt für Entsorgungsleistungen für gebrauchte Verkaufsverpackungen danach zu unterscheiden, ob Entsorgungsleistungen im Rahmen einer befreienden Systemlö-

---

305. VELTE Duale Abfallentsorgung und Kartellverbot, S. 156 f.
306. VELTE Duale Abfallentsorgung und Kartellverbot, S. 156 f.

sung gemäß § 6 III VerpackVO nachgefragt werden, oder ob die Nachfrage durch eine Selbstentsorgerlösung nach § 6 I, II (und § 11) VerpackVO erfolgt. Aufgrund der entsorgungslogistischen Schwierigkeiten einer Selbstentsorgerlösung mit Rücknahme im Laden[307] besteht ein Markt für Selbstentsorgerlösungen jedoch nur in sehr geringem Umfang,[308] so daß hier nur die Marktverhältnisse im Rahmen der Systemlösung dargestellt werden.

aa) sachliche Abgrenzung

Bei der sachlichen Marktabgrenzung in spiegelbildlicher Anwendung des Bedarfsmarktkonzepts, also nach dem Angebotsumstellungskonzept, fragt es sich, inwieweit Entsorger ihre Sammel- und Sortierleistung auch anderen Nachfragern anbieten könnten, wenn sie als beauftragte Entsorger für die DSD-AG nicht zum Zuge kommen.

Die angebotene Entsorgungsleistung umfaßt zunächst die Erfassung durch Bereitstellung entsprechender Sammelbehälter. Nach den Vorgaben der VerpackVO sind diese im Falle einer Systemlösung beim Endverbraucher oder in dessen Nähe aufzustellen[309]. Die Sammelbehälter müssen in vertretbaren Intervallen geleert werden und die so erfaßten Verkaufsverpackungen zu den Sortieranlagen transportiert werden. Soweit eine getrennte Erfassung der Fraktionen erfolgt, was meist für Papier, aber auch für Glas, der Fall ist, kann der Transport ggf. auch direkt zum Verwerter erfolgen.[310]

Nach der Sortierung werden die Materialfraktionen zu den Verwertern gebracht oder für diese bereitgestellt. Nachdem auch die individuelle Verpflichtung der Hersteller und Vertreiber nach § 6 I, II VerpackVO mit der Zuführung zur Verwertung erfüllt ist (vgl. bspw. Anhang I (zu § 6) Nr. 1 Abs. 2 bis Abs. 5 VerpackVO, wo jeweils nur die Zuführung zur Verwertung gefordert wird), endet auch im Rahmen der Systemlösung deren Verpflichtung mit der Übergabe an die Verwerter.[311] Die von den Herstellern bzw. Vertreibern,

---

307. Vgl. § 4 D I. 2.) b) auf Seite 48.

308. Zu der theoretisch denkbaren Möglichkeit einer Erfassung beim Endverbraucher im Rahmen von § 6 I, II VerpackVO vgl. § 5 C III. 5.) b) aa) auf Seite 149.

309. Letzteres erfolgt kaum, da durch den höheren Aufwand für den Verbraucher die Gefahr besteht, daß dieser die Verkaufsverpackungen in die Restmülltonne gibt, statt sie der privatwirtschaftlich organisierten Entsorgung zu übergeben.

310. Das setzt allerdings voraus, daß sich die Fehlwürfe in Grenzen halten. Andernfalls sind diese – u. U. in auf die jeweilige Fraktion spezialisierten Sortieranlagen – auszusortieren.

311. Alternativ könnte zwar auch eine Wiederverwendung erfolgen, im Rahmen

aber auch von befreienden Systemen, nachgefragte Entsorgungsleistung umfaßt somit die Sammlung, Transport und Sortierung der Verkaufsverpackungen, nicht jedoch die Verwertung selbst.

Transport und Sortierung müssen zwar nicht notwendigerweise zusammen mit der Erfassung als einheitliche Dienstleistung angeboten werden, da sie separate Tätigkeiten darstellen, die auch jeweils andere Infrastrukturen erfordern.[312] Sie werden aber für eine geordnete Entsorgung meist gebündelt nachgefragt und folglich auch aus Sicht der Anbieter als einheitliche Dienstleistung angeboten. Eine Aufteilung der einzelnen Tätigkeiten erfolgt allenfalls im Rahmen von Subunternehmerverträgen, die durch die beauftragten Entsorger ggf. vergeben werden.

Soweit Verkaufsverpackungen bereits nach Wertstoffen getrennt erfaßt werden, erfordern sie eine unterschiedliche Behandlung bei der Verwertung, so daß auch insoweit von unterschiedlichen Märkten auszugehen ist. Im allgemeinen wird aber ein Interesse daran bestehen, nicht nur in Bezug auf die Entsorgungstätigkeiten, sondern auch in Bezug auf die unterschiedlichen Verpackungsmaterialien nur einen Entsorger zu beauftragen. Folglich erfolgt auch insoweit eine gebündelte Nachfrage, auf die sich die Entsorgungsunternehmen einzustellen haben. Eine Aufteilung nach verschiedenen Materialfraktionen kann daher allenfalls im Rahmen von Subunternehmerverträgen erfolgen.

Der sachliche relevante Markt für Entsorgungsleistungen umfaßt daher alle mit der Sammlung von Verpackungsmaterialien, dem Transport und der Sortierung zusammenhängenden Tätigkeiten.[313]

Aus dem Vorangegangenen ergibt sich auch, daß sich der relevante Markt auf Verkaufsverpackungen beschränkt. Transportverpackungen unterscheiden sich nämlich wesentlich von Verkaufsverpackungen, die im haushaltsnahen Bereich gesammelt werden, da sie meist beim Vertreiber verbleiben. Aufgrund ihrer Beschaffenheit und der geringeren Durchmischung erfordern sie auch andere Sammel- und

---

der Sammlung gebrauchter Verkaufsverpackungen ist dies jedoch ein realistisch kaum gangbarer Weg.

312. KOMMISSION Entscheidung v. 17. 9. 2001 Az.: K(2001) 2672 ABl. EG 2001 L 319, T. 87.

313. RIESENKAMPFF BB 1995, 833, (838), WEBER RdE 1995, 91, (92 f.); BKARTA Tätigkeitsbericht 1991/92, BT-Drs. 12/5200, S. 132 darauf bezieht sich auch BKARTA Tätigkeitsbericht 1993/94, BT-Drs. 13/1660, S. 128.

Sortieranlagen. Die Entsorgung von Transportverpackungen findet daher auf einem benachbarten Markt statt.[314]

Die Entsorgung von Verkaufsverpackungen beim privaten Endverbraucher unterscheidet sich ferner auch wesentlich von der Entsorgung in Industrie und Großgewerbe, die nicht von der VerpackVO erfaßt sind. So ist die Situation beim privaten Endverbraucher durch eine große Zahl von Anfallstellen mit relativ geringen Mengen gekennzeichnet. In Industrie und Großgewerbe verhält es sich dagegen genau umgekehrt. Während dort verschiedene Anfallstellen wegen der größeren Entsorgungsvolumina auch von verschiedenen Entsorgern bedient werden können,[315] ist dies beim privaten Endverbraucher nicht möglich. Hier ist schon angebotsseitig eine Entsorgung aus logistischen Gründen nur durch wenige Entsorger möglich. Da beide Bereiche sich auch in der Zusammensetzung und Durchmischung der Abfälle unterscheiden, ist somit keine Austauschbarkeit gegeben. Ein Entsorger, der im Bereich des privaten Endverbrauchers tätig ist, kann daher nicht ohne weiteres auch Entsorgungsleistungen im Bereich des Großgewerbes und der Industrie anbieten.

Die Sortieranlagen stellen im übrigen umfangreiche Investitionen dar, die wegen ihrer Spezialisierung auf Verpackungsabfälle eine kurzfristige Umstellung auf andere Entsorgungsaufgaben ausschließen. Entsorger mit solch spezialisierten Anlangen können daher mit ihren Anlagen nicht ohne weiteres außerhalb des Marktes für Entsorgungsleistungen für Verkaufsverpackungen tätig werden.[316]

bb) räumliche Abgrenzung

Als Kriterium für die räumliche Abgrenzung ist ebenfalls der Gedanke des Bedarfsmarktkonzepts bzw. Angebotsumstellungskonzepts anzuwenden.[317] Da es hier um Nachfragewettbewerb geht, ist im

---

314. BKartA Beschluß vom 24. 6. 1993 WuW 1994, 63 »Entsorgung von Transportverpackungen« = WuW/E, 2561, (2567), BKartA Tätigkeitsbericht 1993/94, BT-Drs. 13/1660, S. 128.

315. Insofern bestand schon vor der VerpackVO eine wettbewerblich organisierte Entsorgung, für die eine Unterscheidung zwischen Verkaufsverpackungen und anderen Abfällen keine Rolle spielte. Im Bereich des Großgewerbes und der Industrie wird die Entsorgung durch individuelle Verträge geregelt und bereitet keine entsorgungslogistischen Schwierigkeiten.

316. KOMMISSION Entscheidung v. 17. 9. 2001 Az.: K(2001) 2672 ABl. EG 2001 L 319, Tz. 90.

317. BECKMANN WuW 2002, 16, (18), der auch darauf hinweist, daß eine klare Unterscheidung zwischen sachlicher und räumlicher Marktabgrenzung nicht möglich ist.

Sinne des letzteren auf die Austauschbarkeit aus Sicht der Anbieter abzustellen.

In räumlicher Hinsicht ist dabei festzustellen, daß eine starke örtliche Bindung der Entsorgungsbetriebe besteht. Diese können aufgrund der Ortsgebundenheit der Sortieranlangen nämlich nur innerhalb eines gewissen Umkreises dieser Anlagen tätig werden, da andernfalls ein aufwendiger und kostspieliger Transport nötig wird. Es besteht daher kein einheitlicher bundesweiter Markt für Entsorgungsleistungen von Verkaufsverpackungen beim privaten Endverbraucher, sondern eine Vielzahl lokal begrenzter Märkte.

cc) Zusammenfassung

Im Ergebnis ist somit festzuhalten, daß der Markt für Entsorgungsleistungen die materialunabhängige Sammlung und Sortierung gebrauchter Verkaufsverpackungen beim privaten Endverbraucher umfaßt. Er ist durch vergleichsweise hohe, stark ortsgebundene Investitionen gekennzeichnet und ist gegenüber der Entsorgung bei gewerblichen und industriellen Anfallstellen eigenständig. Aufgrund der logistischen Gegebenheiten können in einem Gebiet nur eine eng begrenzte Zahl von Entsorgern tätig sein.

c) Marktverhältnisse auf der Verwertungsstufe

Auf der Verwertungsstufe sind die Marktverhältnisse stark durch das DSD-System geprägt, da ein großer Teil der zu verwertenden Stoffe darüber zur Verwertung angeboten wird. Verwertungsbetriebe können nur auf diesem Wege an zu verwertende Verpackungsabfälle gelangen.

Zu Beginn des Dualen Systems war dies außerdem nur über die Zuteilung durch die DSD-GmbH möglich. Durch die Aufgabe der Schnittstelle Null hat sich diese Situation jedoch – soweit eine Selbstvermarktung durch den Entsorger erfolgt – gebessert. Der Entsorger kann nun bei positiven Marktpreisen Sekundärrohstoffe anbieten, so daß Verwerter nun auch von beauftragten Entsorgern gebrauchte Verpackungsmaterialien erlangen können. Da es im Ermessen des Entsorgers steht, welchen Weg er beschreitet, ergibt sich, daß danach zu unterscheiden ist, welchen Weg der Entsorger wählt.

Bei Selbstvermarktung ergeben sich in sachlicher Hinsicht nach den verschiedenen Materialfraktionen getrennte Märkte, da beispielsweise bei der Vermarktung von Glas gegenüber Metall oder Papier keine Austauschbarkeit gegeben ist.

Sofern keine Selbstvermarktung gewählt wird, also an die Garantiegeber weitergereicht wird, besteht zunächst einmal ein Markt hinsichtlich der Abnahme- und Verwertungsgarantien für die an den Sortierstellen bereitgestellten Sortierfraktionen. Auch hier bestehen mangels Austauschbarkeit nach den Wertstofffraktionen getrennte Märkte.

Bei der sich daran anschließenden eigentlichen Verwertung ist ebenfalls von nach Wertstofffraktionen getrennten Märkten auszugehen, da sie sich für die verschiedenen Stoffe deutlich unterscheiden.[318] Eine weitergehende Trennung ist jedoch nicht erforderlich, da es für die Verwertung unerheblich ist, aus welcher Quelle – Großgewerbe, Transportverpackungen oder private Haushalte – die verschiedenen Materialfraktionen stammen.[319]

In räumlicher Hinsicht sind die genannten Märkte deutlich weiträumiger, als dies auf der Entsorgungsstufe der Fall ist. So sind die Transportkosten der getrennten Wertstoffe von der Sortierstelle zur Verwertung vergleichsweise gering und fallen daher entsprechend geringer ins Gewicht. Es ergeben sich folglich größere räumliche Märkte. Wegen der auf der Verwertungsstufe nicht vorhandenen vergleichbaren Gebiets- oder Regionsbindung, können die genannten Märkte somit jeweils bundesweit als relevant angesehen werden.[320]

d) Markt für befreiende Systeme

Einen für die folgenden Darstellungen wichtigen Markt stellt der Markt für befreiende Systeme dar. Leistungsgegenstand ist dabei die Befreiung von der individuellen Rücknahmepflicht der Hersteller bzw. Vertreiber. Der Markt für diese Dienstleistung ist zunächst einmal stark durch die in § 6 III VerpackVO festgelegten Anforderungen an die Systemanerkennung, welche für die Leistungserbringung – und damit den Marktzutritt – zwingend sind, geprägt. Als wichtigste Voraussetzung und wohl größte Zutrittsschranke sei hier insbesondere die flächendeckende Erfassung beim Endverbraucher genannt.[321]

318. WEBER RdE 1995, 91, (93).
319. VELTE Duale Abfallentsorgung und Kartellverbot, S. 152.
320. VELTE Duale Abfallentsorgung und Kartellverbot, S. 153.
321. COSSON Neue Verpackungsverordnung, 42, (S. 42) sieht in der flächendeckenden endverbrauchernahen Erfassung den eigentlichen Grund für die Monopolstellung der DSD-AG.

Aktuell besteht aufgrund der bundesweiten und alle Verkaufsverpackungen erfassenden Einrichtung der DSD-AG und des Bedarfs
der Verpflichteten nach einer bundesweiten Befreiung, lediglich ein
bundesweiter und alle Fraktionen umfassender relevanter Markt für
befreiende Systeme. In diesem Markt stehen die Verpflichteten als
Nachfrager der DSD-AG als bisher einziger bundesweiter System-
betreiberin gegenüber.[322] Lediglich in Hessen, wo die Landbell AG
seit August 2003 ebenfalls als befreiendes System zugelassen ist[323],
gibt es eine auf Hessen beschränkte Alternative. Geplant ist, daß das
Landbell System die Entsorgungsinfrastruktur der DSD-AG mitbenutzt.[324] Noch ist deren Tätigkeit jedoch im Aufbau begriffen und
nur auf Hessen beschränkt. Beabsichtigt ist jedoch eine Ausweitung
auf die restlichen Bundesländer, um dem Bedarf nach bundesweiter Befreiung gerecht zu werden. Selbst wenn man wegen des bisher
auf Hessen beschränkten Tätigkeitsbereichs insofern eine räumliche
Beschränkung annähme, wäre dies nur für eine Übergangszeit der
Fall. Eine weitere räumliche Aufteilung unterbleibt daher. Es bleibt
außerdem abzuwarten, ob das Landbell System – im Rahmen des bestehenden Systems der DSD-AG – langfristig Konkurrenz herstellen
kann.

Nach den Vorgaben der VerpackVO wären aber auch mehrere, lediglich auf jeweils mindestens ein Bundesland beschränkte, Märkte möglich. Auch stünde die VerpackVO wohl einer Beschränkung
auf bestimmte Materialfraktionen nicht entgegen, was aus dem auf
bestimmte Fraktionen beschränkbaren Widerruf der Systemanerkennung in § 6 IV S. 3 VerpackVO geschlossen wird.[325] Obwohl aktuell
also nur ein bundesweiter durch die DSD-AG bestimmter Markt besteht, wären folglich entsprechend abzugrenzende Einzelmärkte denkbar. So könnte ein System – wie in Hessen bereits geschehen – nur
für einzelne Bundesländer eine Systemanerkennung erlangen, was seine Möglichkeit, eine Befreiungsleistung anzubieten, notwendigerweise auf diese Bundesländer beschränken würde.[326] Eine weitergehende
Ausdehnung der potentiellen Einzelmärkte auf angrenzende Märkte
hinge dann davon ab, inwieweit realistisch erwartet werden könnte, daß System-Anbieter ihre Tätigkeit ausweiten könnten. Dabei ist

---

322. RIESENKAMPFF BB 1995, 833, (839).
323. o. V. FAZ vom 6. August 2003, S. 41.
324. Das ursprünglich geplante eigene Konzept wurde aufgegeben.
325. FLUCK DB 1993, 211, (215).
326. Ob dies Angesichts des Bedarfs einer bundesweiten Befreiung sinnvoll ist,
     ist eine andere Frage.

zu beachten, daß andere Systembetreiber zwar seit der Novellierung der VerpackVO 1998 zumindest theoretisch möglich sind, dies zuvor aber nicht so war. Bei der Betrachtung des relevanten Marktes für befreiende Systeme bei Errichtung des DSD-Systems ist daher zu berücksichtigen, daß eine Systemkonkurrenz innerhalb desselben Bundeslandes zuvor durch die Quotenvorgaben der VerpackVO 1991 unmöglich gemacht worden war.

4.) Wettbewerbsbeschränkung in den Produktmärkten durch Auslistung von nicht mit dem »Grünen Punkt« gekennzeichneten Verpackungen

Mit der Vereinbarung, nicht mit dem »Grünen Punkt« gekennzeichnete Verpackungen auszulisten, haben sich die beteiligten Handelsunternehmen faktisch die Möglichkeit genommen, gegenüber anderen Unternehmen einen Wettbewerbsvorteil zu erlangen, indem sie nicht an das Duale System angeschlossene Produkte bei ihren Lieferanten nachfragen und dem Verbraucher anbieten.[327]

Da sie diesbezüglich einen Handlungsspielraum haben, haben sie damit ihre Handlungsmöglichkeit im Wettbewerb eingeschränkt, weil sie sich bei der Festlegung ihres Warensortiments hinsichtlich Nachfrage und Angebot beschränkt haben.

Diese Beschränkung erfolgte nach der VerpackVO 1991 auch zwangsläufig durch die Zeichennutzungsverträge und für die an der DSD-AG als Gesellschafter beteiligten Handelsunternehmen zusätzlich durch die Satzung, da die erstrebte Freistellung nach § 6 III VerpackVO 1991 nur für Hersteller und Vertreiber galt, die sich an einem entsprechenden System beteiligten. Damit war für die Befreiung die Einbeziehung möglichst aller Waren des jeweiligen Vertreibers erforderlich.[328] Die Einbeziehung möglichst aller Verkaufsverpackungen war auch nach dem Anhang (zu § 6) VerpackVO

---

327. BURCHARDI/SACKSOFSKY JUTR 1994 Bd. 27, 23, (38), STRECKER/BERNDT VerpackVO 1991, S. 93, VELTE Duale Abfallentsorgung und Kartellverbot, S. 143; BKARTA Tätigkeitsbericht 1991/92, BT-Drs. 12/5200, S. 132, BKARTA Schreiben vom 27.8.1991, Gesch-Z.: B 10-763400-A-7/90 abgedr. in WuW 1992, 32, (32), MONOPOLKOMMISSION 10. Hauptgutachten 1992/93, BT-Drs. 12/8323, Tz. 40; vgl. auch BKARTA Beschluß vom 24.6.1993 WuW 1994, 63 »Entsorgung von Transportverpackungen« = WuW/E, 2561, (2571).

328. BKARTA Tätigkeitsbericht 1991/92, BT-Drs. 12/5200, S. 132, SCHULTZ Probleme des Wettbewerbs, 141, (S. 149), VELTE Duale Abfallentsorgung und Kartellverbot, S. 143; vgl. auch Fn. 26 auf Seite 24.

1991 für alle Beteiligten zur Sicherung des Bestandes des Systems erforderlich, da von diesem System bestimmte, auf das Gesamtaufkommen von Verkaufsverpackungen im Entsorgungsbezirk bezogene, Erfassungsquoten nachzuweisen waren.[329]

Nach der VerpackVO 1998 gilt dies jedoch nicht mehr. Statt dessen tritt nun eine Befreiung nur bezüglich der am System teilnehmenden Verkaufsverpackungen ein.[330] Auch sind keine Erfassungsquoten hinsichtlich des Gesamtverpackungsaufkommens mehr einzuhalten, sondern nach Anhang I Nr. 1 (2) zu § 6 III VerpackVO Verwertungsquoten (bezogen auf die am System teilnehmenden Verpackungen[331]). Es besteht also insofern nicht mehr der gleiche Druck, daß möglichst alle Produkte des Vertreibers am Dualen System teilnehmen. Theoretisch wäre auch denkbar, daß nur ein Teil der Verpackungen teilnimmt und es für den Rest bei den Pflichten nach § 6 I, II VerpackVO verbleibt. Ein hoher Lizenzierungsgrad ist für die weitere Freistellung nun nicht mehr notwendig. Lediglich die Sicherstellung der Finanzierung des Dualen Systems erfordert weiterhin eine hinreichend umfassende Teilnahme.

Im Ergebnis kann somit eine Beschränkung aus den Zeichennutzungsverträgen und der Satzung der DSD-AG nicht mehr in gleicher Weise als zwangsläufig hergeleitet werden, wie es im Rahmen der VerpackVO 1991 noch möglich war. Die Wettbewerbsbeschränkung der Auslistung nicht mit dem »Grünen Punkt« gekennzeichneter Verkaufsverpackungen ergibt sich somit lediglich aus der als »gentleman's agreement« bestehenden Auslistungsvereinbarung.

Die Hersteller sind von der Rücknahmepflicht auch weiterhin kaum selbst direkt betroffen, so daß sie sich dadurch kaum zu einer Systembeteiligung veranlaßt sähen. Der Handel ist durch die Rücknahmepflicht jedoch besonders betroffen und hat daher das zwingende Bedürfnis, für alle vertriebenen Verkaufsverpackungen nach § 6 III VerpackVO von der Rücknahme befreit zu sein. Dies ist für ihn am einfachsten dann zu erreichen, wenn bereits die Hersteller ihre Verkaufsverpackungen am DSD-System teilnehmen lassen. Um das zu erreichen wird er entsprechend Druck auf die Hersteller ausüben. Das setzt jedoch voraus, daß sich die Hersteller einer möglichst ge-

---

329. FINCKH Regulierte Selbstregulierung, S. 77; vgl. auch § 4 A I. 3.) a) dd) auf Seite 29, § 5 C I. 2.) auf Seite 92 und § 5 C II. 5.) a) auf Seite 109.
330. Vgl. auch Fn. 26 auf Seite 24.
331. BUNDESREGIERUNG Begründung zur Änderung der VerpackVO BT-Drs. 13/10943, S. 20 f. u. S. 29 f., HENSELDER-LUDWIG VerpackV 1998, S. 31 ff. hier S. 38, vgl. auch S. 77.

schlossenen Front gegenüber sehen. Das Interesse an der Absprache besteht daher weiter, und es kann davon ausgegangen werden, daß die Auslistung auch weiterhin praktiziert wird.

Weil das »gentleman's agreement« auf die Beschränkung der genannten Handlungsalternativen gerichtet ist, bezweckt es eine Wettbewerbsbeschränkung i. S. d. § 1 GWB.[332] Die von SCHMITZ vertretene Ansicht,[333] nach der aus teleologischen Gründen nur dann eine Wettbewerbsbeschränkung gegeben sei, wenn diese unverhältnismäßig ist, ändert an diesem Ergebnis nichts, da danach eine Verhältnismäßigkeit nur anzunehmen wäre, wenn die Vereinbarung auch positive Auswirkungen auf den Wettbewerb hat. Letzteres ist bei der Auslistungsvereinbarung aber nicht der Fall.

Nachdem die Auslistung fast einheitlich vom Handel befolgt wird, ist sie für die Hersteller spürbar. Eine spürbare Außenwirkung besteht auch angebotsseitig, da der Verbraucher durch die Auslistung keinen Zugang mehr zu den ausgelisteten Produkten hat.

5.) Beschränkung des Nachfragewettbewerbs auf dem Markt für Entsorgungsleistungen durch das Erfassungssystem der DSD-AG

Die direkt an der DSD-AG beteiligten Hersteller und Vertreiber sowie die durch Zeichennutzungsverträge angeschlossenen mehr als 19 000 Lizenznehmer haben sich durch ihre Teilnahme am »Dualen System« dazu entschlossen, die Rücknahme- und Entsorgungspflichten des § 6 I, II VerpackVO nicht individuell, sondern im Wege der Beteiligung an einem flächendeckenden, gesamthaften, kollektiven System nach § 6 III VerpackVO zu erfüllen. Dadurch wird die Nachfrage nach Entsorgungsleistungen über das Gemeinschaftsunternehmen der DSD-AG kollektiv gebündelt, so daß die Leistungsanbieter nicht mehr auf andere Mitnachfrager ausweichen können[334]. Eine individuelle Nachfrage der Hersteller und Vertreiber findet nicht statt.

Nachdem allgemein anerkannt ist, daß eine Beschränkung des Nachfragewettbewerbs genauso wie eine Beschränkung des Anbieterwettbewerbs eine Wettbewerbsbeschränkung i. S. d. § 1 GWB darstellen kann,[335] ist nun zu klären, ob die erfolgte kollektive

---

332. BUNTE in: LANGEN/BUNTE GWB, § 1 Rn. 330, BURCHARDI/SACKSOFSKY JUTR 1994 Bd. 27, 23, (38).
333. SCHMITZ WuW 2002, 7, (15).
334. HOLTOFF-FRANK Kartellrechtliche Probleme, S. 177, ZIMMER in: I/M GWB, § 1 Rd. 350.
335. HUBER/BAUMS in: FK IV, § 1 aF. Rn. 316, IMMENGA in: I/M GWB 2.

Nachfragebündelung nach Entsorgungsleistungen eine Wettbewerbsbeschränkung i. S. d. § 1 GWB darstellt. Das setzt voraus, daß aktueller (a)[336] oder zumindest potentieller Wettbewerb (b)[337] festzustellen ist, dessen spürbare Beschränkung bezweckt oder bewirkt wurde (c)[338].

a) Bestehen eines aktuellen relevanten Marktes für Entsorgungsdienstleistungen

Aktuellen Nachfragewettbewerb nach Entsorgungsleistungen von Seiten der Hersteller und Vertreiber gab es vor Inkrafttreten der VerpackVO 1991 nicht. Die gesamte Abfallentsorgung war als Aufgabe der Daseinsvorsorge der öffentlichen Hand übertragen, so daß es nicht in den Tätigkeitsbereich von Herstellern bzw. Vertreibern fiel, sich damit auseinanderzusetzen. Sie traten folglich auch nicht als (potentielle) Nachfrager nach Entsorgungsleistungen für Verkaufsverpackungen auf. Zwar erfolgte die Entsorgung selbst nicht selten durch private mittelständige Entsorgungsunternehmen, diesen stand jedoch als Nachfrager die jeweilige Gebietskörperschaft als einziger Nachfrager gegenüber. Ein Nachfragewettbewerb der Hersteller bzw. Vertreiber nach Entsorgungsleistungen existierte somit nicht.

aa) im Rahmen der VerpackVO 1991

Mit Inkrafttreten der VerpackVO 1991 wurde die Entsorgungsverantwortung für Verkaufsverpackungen durch § 6 VerpackVO von den Gebietskörperschaften auf die Hersteller bzw. Vertreiber übertragen. Diese mußten sich nun mit Fragen der Entsorgung derselben beschäftigen. Durch den Rückzug der öffentlichen Hand erfolgte somit eine Marktöffnung.

Aufl., § 1 Rn. 220 ff., ZIMMER in: I / M GWB, § 1 Rn. 350 u. 160 f., B G H Urteil vom 13. 12. 1983 – KZR 10/83 »Holzschutzmittel«, WuW/E 2049, 2050, EMMERICH Kartellrecht, S. 51, BUNTE in: LANGEN/BUNTE GWB, § 1 Rn. 96, VELTE Duale Abfallentsorgung und Kartellverbot, S. 127 m. w. N.; geschützt ist tendenziell die Marktgegenseite (ZIMMER aaO.), also die Anbieter. Daß § 1 GWB auch Nachfragewettbewerb schützt, ergibt sich auch aus § 4 II GWB, wonach Einkaufsgemeinschaften freigestellt werden können. Diese Freistellung wäre überflüssig, wenn Nachfragewettbewerb nicht § 1 GWB unterfiele (ZIMMER aaO. Rn. 351).

336. Vgl. § 5 C III. 5.) a).
337. Vgl. § 5 C III. 5.) b) auf Seite 143.
338. Vgl. § 5 C III. 5.) c) auf Seite 170.

Dennoch kam es aktuell nicht zu einem Nachfragewettbewerb nach Entsorgungsleistungen durch Händler bzw. Vertreiber. Weil die individuelle Rücknahmeverpflichtung nach § 6 I, II VerpackVO gemäß § 13 VerpackVO 1991 erst ca. eineinhalb Jahre nach der Befreiungsmöglichkeit des § 6 III VerpackVO in Kraft trat, bestand bis 1993 für Hersteller und Vertreiber kein Grund, als Nachfrager aufzutreten. Als die individuelle Verpflichtung 1993 entstand, war das Duale System der DSD-GmbH bereits aufgebaut. Nachdem sich Hersteller und Vertreiber somit schon von den Rücknahmepflichten befreit hatten, bevor sie überhaupt einer Rücknahmeverpflichtung unterlagen, kam es nie dazu, daß Hersteller bzw. Vertreiber als Nachfrager nach Entsorgungsleistungen für Verkaufsverpackungen in Erscheinung traten. Für diese Entsorgungsleistungen bestand somit auch nach Inkrafttreten der VerpackVO 1991 kein Nachfragewettbewerb durch Hersteller bzw. Vertreiber.

bb) im Rahmen der VerpackVO 1998

Auch nach der Novellierung der VerpackVO 1998 hat sich an dieser Situation nichts wesentliches geändert. Auch weiterhin wird der überwiegende Anteil der Verkaufsverpackungen über die DSD-AG erfaßt.[339] Lediglich in Randbereichen bestehen in gewissem Umfang alternative Lösungen, die jedoch von der DSD-AG heftig – nicht nur juristisch – angegriffen werden. Dabei handelt(e) es sich entweder um sog. Selbstentsorgerlösungen nach § 6 I, II VerpackVO oder um Entsorgungskonzepte im Rahmen der öffentlich-rechtlichen Entsorgung.

Das vom Lahn-Dill-Kreis zusammen mit der Landbell AG angebotene Trockenstabilatverfahren[340] beispielsweise stellte ein Ange-

---

339. KAIMER/SCHADE Zukunftsfähige Hausmüllentsorgung, S. 83.
340. Dies im Lahn-Dill-Kreis bisher im Rahmen der öffentlich-rechtlichen Entsorgung angewandte »Trockenstabilat« Verfahren wurde dort auch dem Verbraucher als Option zum DSD-System angeboten (dazu KRAUSE Anforderungen und Chancen, S. 38 f., mit Entwicklungsgeschichte HAAS Konzept Lahn-Dill-Kreis, 76, (S. 76)). Das von der Landbell AG entwickelte Verfahren, das der Verbraucher über einen »blauen Sack« benutzen konnte, bedeutet, daß nur Papier, Glas und größere Kunststoffverpackungen getrennt gesammelt werden. Der Restabfall inklusive Metalle wird in einer Trockenstabilatanlage zunächst getrocknet und nachfolgend getrennt in Trockenstabilat, Eisen, Nichteisenmetall, mineralische Stoffe und farblich sortiertem Glas. Bioabfall wurde, da schon zuvor ein separates System dafür eingerichtet war, auch weiterhin getrennt erfaßt. Es bestand jedoch keine flächendeckende Erfassung und Verwertung i. S. d. VerpackVO, und es existierte daher auch keine Zulassung als befreiendes System nach § 6 III VerpackVO, obwohl diese angestrebt

bot des dortigen öffentlich-rechtlichen Entsorgers dar.[341] Es ist kei-

---

wurde. Ob eine Zulassung denkbar gewesen wäre, erscheint überaus zweifelhaft, da eine Ausweitung auf eine flächendeckende Erfassung – allein oder
im Zusammenwirken mit anderen Entsorgungslösungen – gegen das etablier-
te Duale-System der DSD-AG praktisch kaum möglich erscheint. Dies auch
deshalb, da für die Systemanerkennung (und ohne diese kann die von Herstellern bzw. Vertreibern nachgefragte Befreiungsleistung nicht erbracht werden)
zunächst die (volle) Quotenerfüllung nach Anhang I (zu § 6) VerpackVO und
bestehende Abstimmungen mit allen kommunalen Entsorgern des Bundeslandes nachgewiesen werden müßte.

Nach Ansicht des VG Gießen (VG GIESSEN Urteil vom 31. 1. 2001 – 6 E
1972/97, NVwZ 2002, 238, 239) war für die beschriebene Änderung des kommunalen Abfallentsorgungskonzepts eine Abstimmung mit dem bisherigen
DSD-System erforderlich, was aufgrund der völligen Umstellung des Verfah-
rens und der Weigerung der DSD-AG nicht möglich war. Die DSD-AG hat
durch das Urteil des VG Gießen erreicht, daß eine Änderung des Abfaller-
fassungskonzepts des Lahn-Dill-Kreises im beschriebenen Sinne – weitgehend
ohne getrennter Erfassung von Verkaufsverpackungen und unter Mitbenutzung der öffentlich-rechtlichen Sammelbehälter – nicht erfolgen konnte. Eine
einstweilige Anordnung wurde zwar zunächst abgelehnt, die dagegen gerichtete
Beschwerde zum VGH Kassel hatte jedoch Erfolg (VGH KASSEL Beschluß
v 20. 8. 1999 – 8 TG 3140/98 NVwZ 2000, 92, 93; zustimmend SCHMIDT-
PREUSS DVBl. 2001, 1095, (1095 ff.); ablehnend FLUCK DÖV 2000, 657,
(657 ff.); auch BAARS NVwZ 2000, 42, (42 ff.) wendet sich in seiner Bespre-
chung entschieden gegen die Argumentation des VGH Kassel, da dies u. a. eine
Umkehrung der Schutzwirkung der Abstimmungsvoraussetzung bedeutet).

341. Das ist auch der juristische Angriffspunkt der DSD-AG. So wurde durch
das Landbell System die Entsorgungsinfrastruktur des öffentlich-rechtlichen
Entsorgers mitbenutzt. Im Rahmen der kommunalen Abfallentsorgung kam
es daher zu einer *intendierten* Vermischung von Restmüll und Verpackungsabfall und einer nur begrenzten getrennten Erfassung bestimmter Verkaufsverpackungen. Die DSD-AG sah darin einen Eingriff in ihren Tätigkeitsbereich –
nämlich die Entsorgung von Verkaufsverpackungen –, in den nicht ohne Abstimmung eingegriffen werden dürfe. Das VG Gießen ist dem in Anbetracht
der entsprechenden Vorgaben des VGH Kassel gefolgt. Danach bedarf eine
Änderung der Durchführung der öffentlich-rechtlichen Entsorgung – die gem.
§ 15 I KrW-/AbfG auch für die Entsorgung von Verkaufsverpackungen zu-
ständig bleibt – der Abstimmung mit dem Systembetreiber gem. § 6 III VerpackVO (das erstreckt sich nach Ansicht des VG Gießen und des VGH Kassel
auch auf die Zulassung eines konkurrierenden Systems nach § 6 III Verpack-
VO). Da das beabsichtigte Entsorgungsverfahren eine Zusammenlegung der
Erfassungssysteme bedeute und somit einen völligen Systemwechsel darstelle,
sei die DSD-AG nicht gezwungen, sich mit dem neuen Vorgehen abzustimmen
(VG GIESSEN Urteil vom 31. 1. 2001 – 6 E 1972/97, NVwZ 2002, 238, 239 ff.,
VGH KASSEL Beschluß v 20. 8. 1999 – 8 TG 3140/98 NVwZ 2000, 92, 92 ff.;
zust. SCHMIDT-PREUSS DVBl. 2001, 1095, (1095 ff.); a. A. FLUCK DÖV
2000, 657, (664)).

Diese vom VGH Kassel übernommene Argumentation ist abzulehnen, da
es die als Schutz für die öffentlich-rechtlichen Entsorgungsträger gedachte Abstimmung in ein Abwehrrecht für das DSD-System verkehrt (BAARS NVwZ

ne Entsorgungslösung für die Bewältigung der individuellen Rücknahmeverpflichtungen der Hersteller bzw. Vertreiber und hat somit keinen Einfluß auf deren Nachfrage nach Entsorgungsleistungen.

Eine »Selbstentsorgerlösung« hat die neue VerpackVO jedoch ermöglicht, nämlich den erklärten Ausstieg der Drogerieketten *dm* und *Schlecker* aus dem Dualen System[342] mit der Absicht, ihre Verkaufsverpackungen als Selbstentsorger zu entsorgen. Hintergrund ist dabei die neue Regelung, daß für eine Befreiung nach § 6 III Verpack-VO nicht alle Verkaufsverpackungen am System teilnehmen müssen, sowie die Kommissionsentscheidung, derzufolge die DSD-AG nur für solche Verkaufsverpackungen ein Lizenzentgelt fordern darf, für die sie auch ein Befreiung von der Rücknahmepflicht tatsächlich bewirkt[343]. Im September 2001 haben sich die genannten Ketten daher dazu entschieden, zusammen mit dem Unternehmen BellandVision GmbH ein eigenes Sammel- und Verwertungssystem einzurichten,[344] das als »Selbstentsorgerlösung« nach § 6 I, II VerpackVO bezeichnet wird. Danach kann der Verbraucher die – weiterhin mit dem

---

2000, 42, (43), FLUCK aaO. S. 664). Auch die Einbindung der öffentlich-rechtlichen Entsorger widerspricht nicht der VerpackVO, da weder eine Getrennthaltung vorgeschrieben ist, noch eine ausschließliche Zuständigkeit der DSD-AG für Verpackungsabfall besteht, sondern die öffentlich-rechtlichen Entsorger für an sie übergebene Verkaufsabfälle entsorgungspflichtig bleiben. Eine Mitbenutzung der Restmülltonne durch Konkurrenten der DSD-AG ist daher zulässig (BAARS aaO S. 44). Die Argumentation des VGH – und dem folgend des VG Gießen – führt ferner dazu, das wettbewerbsrechtliche Problem des DSD-Systems auf den Kopf zu stellen, da die DSD-AG über die Feststellungsvoraussetzung nun eine wettbewerbsrechtlich geschützte Position erhält (BAARS aaO. S. 45).

Die Pläne der Landbell AG zukünftig, durch die Mitbenutzung der öffentlich-rechtlichen Entsorgung ein zur DSD-AG konkurrierendes System aufzubauen, sind insofern daraufhin eingestellt worden. Das Trockenstabilatverfahren besteht daher nur noch als Entsorgungsmethode für den Restmüll (der teilweise den gleichen Anteil Verkaufsverpackungen enthält wie die von der DSD-AG erfaßten Abfälle). Eine getrennte Erfassung von Verkaufsverpackungen darf in diesem Rahmen jedoch ohne Zustimmung der DSD-AG nicht erfolgen.

342. BKARTA Pressemitteilung vom 23.1.2003; GAMMELIN Entsorga 2001, 46, (46).

343. KOMMISSION Entscheidung v. 20.4.2001 Az.: K(2001) 1106 ABl. EG 2001 L 166. Die DSD-AG hat diese Entscheidung zwar in einer »Zusatzvereinbarung zum Zeichennutzungsvertrag« umgesetzt, sie aber mit Nichtigkeitsklage vom 5. Juli 2001 angefochten. Eine Entscheidung dazu steht noch aus (DSD-AG Geschäftsbericht 2001, S. 18). Im vorläufigen Rechtsschutz ist die DSD-AG jedoch vor dem Europäischen Gericht 1. Instanz unterlegen (EuG DVBl. 2002, 249).

344. KAIMER/SCHADE Zukunftsfähige Hausmüllentsorgung, S. 80.

Grünen Punkt gekennzeichneten, aber *nicht* über die DSD-AG lizenzierten – Verkaufsverpackungen im Laden entsprechend der Verpack-
VO zurückgeben, wobei allerdings – da der »Grüne Punkt« beibehalten wird – wohl angenommen wird, daß es dazu kaum kommt,
sondern daß der Verbraucher der Kennzeichnung mit dem Grünen
Punkt wegen, diese der DSD-AG übergeben wird. Um die auch für
Selbstentsorger geltenden Verwertungsquoten des Anhangs I (zu § 6)
VerpackVO zu erfüllen, wird diese Untererfüllung durch die Quo-
ten-Übererfüllung der Erfassung von Verkaufsverpackungen an Groß-
anfallstellen (Kinos, Gastronomie etc.)[345] ausgeglichen.[346] Belland-
Vision geht dabei davon aus, daß der Ort der tatsächlichen Übergabe,
wie er als Ort der Erfüllung der Rücknahmepflicht nach der Verpack-
VO vorgesehen ist, bei Großanfallstellen denen die Ware zugestellt
wird (Zustellgroßhandel) – soweit sie nach der VerpackVO als private
Endverbraucher gelten[347] – der Entladepunkt *beim Kunden* ist.[348]
Folglich werde in diesem Fall der Rücknahmepflicht durch Aufstellung von Sammelbehältern beim Endverbraucher, also dem Kunden,
genüge getan.[349] Alle Verkaufsverpackungen werden der BellandVision GmbH zur Verwertung übergeben und damit die geforderte Quote
im Durchschnitt erreicht.[350]

Ob diese Verrechnung von Übererfüllung bei Großanfallstellen[351]
mit Untererfüllung im Einzelhandel[352] vom Wortlaut der Verpack-

---

345. An dieser Stelle wird die Kommissionsentscheidung primär relevant, da hier
in größeren Mengen mit dem »Grünen Punkt« gekennzeichnete Verkaufsverpackungen nicht über die DSD-AG entsorgt werden. Für diese Verpackungen
wollte die DSD-AG entsprechend dem Zeichennutzungsvertrag (ohne Zusatzvereinbarung) Lizenzentgelte erheben, da das Entgelt danach lediglich nach
der Verwendung des »Grünen Punkt« auf den Verpackungen und unabhängig
davon, ob die DSD-AG eine Entsorgungsleistung erbringt, erhoben wurde.
346. GAMMELIN Entsorga 2001, 46, (46).
347. Bei Industrie und Großgewerbe anfallende Verkaufsverpackungen sind damit nicht erfaßt und können daher auch nicht zur Quotenerreichung herangezogen werden. Das sieht auch BELLANDVISION Selbstentsorger-Konzeption
BellandVision so.
348. BELLANDVISION Abrechnungsstandard.
349. BELLANDVISION Selbstentsorger-Konzeption BellandVision.
350. Siehe zum Verfahren des Ausgleichs zwischen Über-Erfüllung und Un-
ter-Erfüllung BELLANDVISION Grafische Darstellung des Leistungspakets.
351. Bei »außer-Haus-Konsum« werden strukturbedingt Rücknahmequoten in
hohem Maße erreicht (BELLANDVISION Hintergrundinformationen, S. 2).
352. Diese ist meist strukturbedingt gegeben (BELLANDVISION Hintergrundinformationen, S. 2).

VO gedeckt ist, ist streitig.[353] Außerdem bleibt abzuwarten, inwieweit diese »Selbstentsorgerlösung« langfristig tragfähig ist. Da die VerpackVO in Anhang I (zu § 6) Nr. 2 Abs. 1 S. 5 das Zusammenwirken mehrerer Hersteller und Vertreiber im Rahmen der Selbstentsorgung ausdrücklich vorsieht, spricht dies dafür, daß es in diesem Fall ausreicht, wenn die Quotenvorgaben von der Selbstentsorgergemeinschaft erreicht wird.[354] Die DSD-AG sieht eine Zusammenarbeit demgegenüber – weil in Anhang I (zu § 6) Nr. 2 Abs. 1 VerpackVO nur Dokumentationspflichten geregelt sind – nur für die Dokumentation als zulässig an. Weil sie weiter davon ausgeht, daß die einzige kollektive Art der Pflichtenerfüllung ein kollektives System nach § 6 III VerpackVO sei, meint sie, die Quoten müßten durch jeden Verpflichteten individuell erreicht werden.[355]

Das Selbstentsorgerkonzept von BellanVison hängt allerdings insbesondere davon ab, inwieweit die oben genannte Kommissionsentscheidung Bestand hat. Sie hat bisher auch noch zu keinem nennenswerten Wettbewerb geführt und ist nur in bestimmten Situationen anwendbar, so daß es hier auf den Streit nicht ankommt.

Es bleibt somit festzustellen, daß kein nennenswerter aktueller Nachfragewettbewerb der Hersteller bzw. Vertreiber auch im Rahmen der VerpackVO 1998 besteht.

353. Nach LG KÖLN Urteil v. 28. 11. 2002, Az. 31 O 292/02 (zitiert nach BELLANDVISION Pressemitteilung 29. Nov. 2002) und nach Ansicht der Landesumweltministerien (LAGA AUSSCHUSS Beschluß 29./30. Jan. 2003, vgl. auch BELLANDVISION Presse-Information 8. Mai 2002) ist die gemeinsame Erfüllung der Quoten über die Selbstentsorgergemeinschaft zulässig. Dafür spräche auch, daß die Rücknahme auch in unmittelbarer Nähe erfolgen kann. Nach o. V. amtl. Begründung des Entwurfs zur VerpackVO BR-Drs. 817/90, S. 49 sollte damit auch eine gemeinsame Rücknahme mehrerer Vertreiber ermöglicht werden (so auch SCHIER ZLR 1993, 431, (440)). Obgleich damals für Selbstentsorger noch keine Quotenvorgaben bestanden, bedingt eine gemeinsame Rücknahme aber auch eine gemeinsame Quotenerfüllung. Noch wietergehend FLUCK DÖV 2000, 657, (661), der auch eine Zurechnung fremder Verwertungsquoten bei Nicht-Systemen für zulässig hält. A. A. DSD-AG, die in LG KÖLN Urteil v. 28. 11. 2002, Az. 31 O 292/02 geklagt hatte (DSD-AG Geschäftsbericht 2001, S. 19 f.), BUM vgl. GAMMELIN Entsorga 2001, 46, (47) und SCHMIDT-PREUSS DB 2002, 775, (776). In BELLANDVISION Presse-Information 8. Mai 2002 ist ferner ein vom Markenverband in Auftrag gegebenes Rechtsgutachten der Kanzlei Dr. Dolde & Partner erwähnt, das der Selbstentsorgerlösung von BellandVision entgegenstand.
354. BELLANDVISION Hintergrundinformationen, S. 2.
355. DSD-AG Geschäftsbericht 2001, S. 19 f.

b) Bestehen eines potentiellen relevanten Marktes für Entsorgungsdienstleistungen

Wie oben im Rahmen des Vorliegens eines Wettbewerbsverhältnisses zwischen den Beteiligten, reicht auch hier ein potentieller Nachfragewettbewerb nach Entsorgungsleistungen aus. Erforderlich ist also, daß unter Berücksichtigung aller rechtlich und tatsächlich relevanten Umstände im Rahmen einer Prognose in absehbarer Zeit mit hinreichender Wahrscheinlichkeit mit einem Marktzutritt zu rechnen ist.[356] Dabei ist auch zu berücksichtigen, daß dafür ein Wettbewerb im Markt wirtschaftlich zweckmäßig und kaufmännisch sinnvoll sein muß.[357] Ein nur theoretisch bzw. abstrakt denkbarer, aber nach realistischer Betrachtung der Umstände nicht zu erwartender Marktzutritt reicht nicht aus.[358] Dabei ist insbesondere von Bedeutung, inwieweit die betroffenen Unternehmen über die nötigen finanziellen Mittel für die erforderlichen Investitionen, Know-How und Erfahrungen verfügen. Auch faktische und rechtliche Marktzutrittsschranken haben entscheidende Bedeutung.[359] So ist Wettbewerb nur im Rahmen der gesetzlichen Vorgaben geschützt. Ein Markt liegt nämlich nur insoweit vor, wie im Rahmen der Rechtsordnung Handlungsalternativen bestehen. Auch Rechtsverordnungen wie die VerpackVO sind Teil dieser gesetzlichen Vorgaben, so daß die gegenüber dem GWB nachrangige VerpackVO den Anwendungsbereich des GWB dadurch tangieren kann, daß sie den Rahmen des gesetzlich zulässigen Wettbewerbs definiert.[360] Sich aus gesetzlichen Vorgaben ergebende oder auch sonst vorgefundene faktische Marktzutrittsschranken können somit dazu führen, daß insoweit kein durch Vereinbarungen einschränkbarer Wettbewerb gegeben ist.

---

356. STOCKMANN in: WIEDEMANN Handbuch des Kartellrechts, § 7 Rn. 58, ; BUNTE in: LANGEN/BUNTE GWB, Einführung zum GWB Rn. 72 ff. fordert sogar eine »hohe« Wahrscheinlichkeit.

357. Grundlegend. BGH Urteil vom 13. 12. 1983 – KRB 3/83 (»Bauvorhaben Schramberg«) WuW 1984, 612 = WuW/E BGH 2050, 2051; siehe auch ZIMMER in: I/M GWB, § 1 Rn. 143, IMMENGA in: I/M GWB 2. Aufl., § 1 Rn. 192.

358. STOCKMANN in: WIEDEMANN Handbuch des Kartellrechts, § 7 Rn. 58, BUNTE in: LANGEN/BUNTE GWB, Einführung zum GWB Rn. 72, § 1 Rn. 96 a. E.

359. STOCKMANN in: WIEDEMANN Handbuch des Kartellrechts, § 7 Rn. 58.

360. Vgl. auch § 5 B I. auf Seite 80.

Weiterhin sind Betriebsgrößenvorteile (economies of scale), Abwehrpotential des Marktführers und Marktentwicklung relevant.[361] Umgekehrt sind die möglichen Vorteile der fraglichen Absprache für die Beteiligten nicht von Bedeutung. Solche werden schließlich von zumindest einem Teil der Beteiligten immer erwartet, da sie andernfalls die fragliche Vereinbarung nicht geschlossen hätten. Ebensowenig kommt es auf die subjektiven Absichten der Unternehmen an, die als potentielle Marktteilnehmer in Betracht kommen.[362]

aa) Möglichkeit der individuellen Nachfrage nach Entsorgungsleistungen durch Hersteller und Vertreiber nach § 6 I, II VerpackVO

Wie bereits ausgeführt[363] schreibt die VerpackVO in § 6 III VerpackVO nicht vor, daß überhaupt ein befreiendes System von Herstellern und Vertreibern gegründet wird, sondern offeriert dies lediglich als Option.[364] Auch ist mehr als ein System nach § 6 III VerpackVO zulässig.[365] Ein individuelles Auftreten der Hersteller und Vertreiber als Nachfrager nach Entsorgungsleistungen ist somit dem Verordnungstext nach nicht ausgeschlossen. Der von SCHOLZ/AULEHNER[366] vertretenen Hypothese – die Entsorgung über das System der DSD-AG sei durch § 6 III VerpackVO nicht gewährt, sondern gesetzlich vorgeschrieben, so daß ein individuelles Auftreten der Hersteller und Vertreiber im Markt rechtlich ausgeschlossen wäre – kann daher nicht zugestimmt werden. Ein Teilnahmezwang besteht allenfalls mittelbar faktisch, aber nicht rechtlich.[367]

---

361. Vgl. BUNTE in: LANGEN/BUNTE GWB, Einführung zum GWB Rn. 75.
362. BUNTE in: LANGEN/BUNTE GWB, Einführung zum GWB Rn. 72.
363. § 5 B I. auf Seite 76.
364. BURCHARDI/SACKSOFSKY JUTR 1994 Bd. 27, 23, (39), SCHOLZ/AULEHNER BB 1993, 2250, (2255).
365. § 5 B I. auf Seite 74.
366. SCHOLZ/AULEHNER BB 1993, 2250, (2253); ähnlich FINCKH Regulierte Selbstregulierung, 165, der darin jedoch eine »Obliegenheit« sieht, da die Errichtung des DSD-Systems das eigentliche Ziel des Steuerungskonzepts der VerpackVO ausmache.
367. Im Ergebnis so auch: SCHOLZ/AULEHNER BB 1993, 2250, (2255), KIETHE/SPROLL ZIP 1994, 275, (277), WEIDEMANN DVBl. 1992, 1568, (1572), VELTE Duale Abfallentsorgung und Kartellverbot, S. 130, FINCKH Regulierte Selbstregulierung, 164.

aaa) individuelle Rücknahme

Fraglich ist jedoch, ob eine individuelle Nachfrage, also eine Rücknahme im Laden gemäß der prinzipiell möglichen Grundkonzeption des § 6 I, II VerpackVO,[368] nach den obigen Kriterien praktisch möglich erscheint.

Dies erscheint schon deshalb zweifelhaft, da nach der Regierungsbegründung zur VerpackVO 1991 von vornherein erwartet wurde, daß es zu einer individuellen Rücknahme kaum kommen werde, da insbesondere der Einzelhandel als Letztvertreiber bei einer Rücknahme der vertriebenen Verkaufsverpackungen an oder in der Nähe der Verkaufstelle in jeder Hinsicht überfordert wäre.[369] Sofern der Endverbraucher von der Rückgabemöglichkeit Gebrauch machte, müßten dafür Verkaufsflächen in großem Umfang zu Lagerflächen umfunktioniert[370] und speziell für die Abwicklung zuständiges Personal eingestellt werden[371]. Besonders zentral gelegene und kleine Einzelhändler, die tendenziell mehr Verpackungen zurücknehmen müßten als sie in Verkehr bringen, hätten im Ergebnis einen so hohen Aufwand zu betreiben, daß sie den Betrieb wohl einstellen müßten. § 6 I S 5 VerpackVO sieht zwar vor, daß eine gewisse Beschränkung der Rücknahmepflicht dahingehend besteht, daß kleine Einzelhändler nur Verpackungen der von ihnen verkauften Marken zurücknehmen müssen.[372] Die für die Nutzung dieser Beschränkung durch den Einzelhändler nötige Überprüfung jeder zur Rückgabe vorgelegten Verkaufsverpackung auf eine Zugehörigkeit zu den vertriebenen Marken – eine Zurückweisungsrecht auch von Verpackungen der eigenen Marken, sofern sie nicht vorsortiert sind, läßt sich wohl nicht herleiten – erforderte jedoch einen unverhältnismäßig hohen und wohl kaum durchführbaren logistischen Aufwand. Dies ganz abgesehen von den wohl kaum sehr verständnisvollen Reaktionen der Kunden, wenn der Einzelhändler sie einem Teil ihrer Verpackungsabfälle wieder mitnehmen läßt. Praktisch würde diese Beschränkung somit leerlaufen. Sie

---

368. FINCKH Regulierte Selbstregulierung, 164.
369. o.V. amtl. Begründung des Entwurfs zur VerpackVO BR-Drs. 817/90, S. 49 nennt dies als Grund für die Ermöglichung der Rücknahme in unmittelbarer Nähe der Verkaufstelle.
370. MEIER BB 1995, 2381, (2383) geht von im Durchschnitt 11,5 bis 15,5 % der bisherigen Verkaufsfläche aus, sofern alle Verkaufsverpackungen zurückgegeben werden.
371. MEIER BB 1995, 2381, (2383) schätzt mindestens drei zusätzliche Mitarbeiter.
372. Vgl. § 4 A I. 1.) auf Seite 21.

ist wohl auch nur als »Feigenblatt« für die Wahrung des Anscheins einer Beachtung des Verursacherprinzips enthalten.

Eine zwar theoretisch mögliche Weitergabe der Verkaufsverpackungen an vorgelagerte Vertriebsstufen, erscheint praktisch ebenfalls kaum durchführbar, da es eine vorherige Trennung der Verkaufsverpackungen nach den Sortimenten der Vorlieferanten nötig macht. Folglich müßte der Letztvertreiber neben der Rücknahme auch die Entsorgung und Verwertung vornehmen.

Im Lebensmittelbereich kommt noch hinzu, daß die Verpackungen nicht nur verschmutzt, sondern auch mit verfaulten bzw. verschimmelten Anhaftungen kontaminiert sein können, was neben den rein organisatorischen Problemen[373] auch hygienische Schwierigkeiten und gesundheitliche Gefahren mit sich bringt.[374] Selbst bei häufigem Abtransport ist somit eine Rücknahme bei nennenswertem Rücklauf zwar nicht völlig unmöglich,[375] aber in einem vernünftigen wirtschaftlichen Rahmen faktisch bei den meisten Unternehmen kaum machbar.[376]

Andererseits ist fraglich, ob dergestalt katastrophale Zustände in der Praxis wirklich eintreten würden. Da der Verbraucher nicht zur Rückgabe verpflichtet ist[377] und ihm diese auch keine ökonomischen Vorteile bringt, die Rückgabe für ihn jedoch mit nicht unerheblichem Aufwand verbunden ist,[378] könnte der Einzelhandel darauf spekulieren, daß der Verbraucher nicht von der Rückgabemöglichkeit Gebrauch machen würde, sondern statt dessen den für ihn einfachsten Weg[379] über die öffentlich-rechtliche Abfallentsorgung wählt. Dafür spräche auch die relativ geringe Rücklaufquote bei Umver-

---

373. HOLTOFF-FRANK Kartellrechtliche Probleme, S. 175.
374. SCHULTZ Probleme des Wettbewerbs, 141, (S. 145), MEIER BB 1995, 2381, (2385).
375. Dann könnte § 6 I, II VerpackVO auch keinen Druck ausüben, da er dann nichtig wäre.
376. SCHOLZ/AULEHNER BB 1993, 2250, (2255), SCHULTZ Probleme des Wettbewerbs, 141, (S. 144 f., 154), KÖHLER BB 1996, 2577, (2577), MEIER BB 1995, 2381, (2382 u. 2385).
377. Allgemeine Ansicht siehe WEIDEMANN DVBl. 1992, 1568, (1570); auch bei einer rechtlichen Verpflichtung wäre diese kaum durchsetzbar. Insbesondere bei Mehrfamilienhäusern wäre eine nachträgliche Zuordnung kaum machbar. Auch erforderte sie eine totale Überwachung des Bürgers. Vereinzelt gibt es zwar schon sog. »Müllsherrifs«, eine zwangsweise Durchsetzung auf breiter Front ist damit aber nicht möglich.
378. WEIDEMANN DVBl. 1992, 1568, (1570).
379. SCHIER ZLR 1993, 431, (443), WEIDEMANN DVBl. 1992, 1568, (1570).

packungen.[380] Dem steht jedoch entgegen, daß – anders als bei Umverpackungen – schon geringe Rücklaufquoten zu den dargestellten logistischen und hygienischen Problemen führen würden, die dann nur mit enormem Aufwand zu bewältigen wären. Auch ist keineswegs sicher, daß der Verbraucher derart rational handeln würde. Obgleich er auch im Rahmen einer Systemlösung nicht zur Mitarbeit verpflichtet ist und davon ebenfalls keine ökonomischen Vorteile hat, hat er durch seinen Sortiereifer jegliche Erwartungen der damaligen DSD-GmbH bei weitem übertroffen und das Duale System damit an den Rand des Zusammenbruchs gebracht.[381]

Der Umstand, daß der Einzelhandel die schon angesprochene Auslistungsvereinbarung abschloß, macht darüber hinaus besonders deutlich, daß der Handel kein Risiko eingehen wollte. Dies obwohl damals nach der VerpackVO 1991 Selbstentsorger noch keine Quoten erfüllen mußten,[382] und somit von einem geringen Rücklauf profitiert hätten.[383] Es ist anzunehmen, daß der Handel auch jetzt in den allermeisten Fällen kein Risiko eingehen will und selbst außerhalb des Lebensmittelbereichs eine individuelle Rücknahme nicht als ernsthafte wirtschaftlich vernünftige Alternative betrachtet, da der Kostenaufwand im Vergleich zu einer befreienden Systembeteiligung nach § 6 III VerpackVO zu hoch wäre, und eine Systembeteiligung somit ungleich attraktiver ist[384].

Auch die Drittbeauftragung nach § 11 VerpackVO ändert an den kaum mit vertretbarem Aufwand lösbaren Problemen einer individuellen Rücknahme[385] nichts. Sie erlaubt nämlich nur, die Verpflichtun-

380. Vgl. WEIDEMANN DVBl. 1992, 1568, (1570).
381. Vgl. zu dem Vorangegangen VELTE Duale Abfallentsorgung und Kartellverbot, S. 133 f.
382. Dies wurde durch die VerpackVO 1998 geändert. Nun müssen Selbstentsorger nach § 6 I, II VerpackVO dieselben Quoten erfüllen wie Systeme nach § 6 III VerpackVO. Damit sollte ein Spekulieren darauf, daß der Verbraucher nicht von der Rücknahmemöglichkeit Gebrauch machen werde, unterbunden werden (vgl. BUNDESREGIERUNG BT Drs. 13/7761, S. 24).
383. Tatsächlich haben dies auch einige Unternehmen durch das sog. »Trittbrettfahren« versucht, indem sie nicht für alle vertriebenen Verkaufsverpackungen Lizenzentgelte entrichtet haben. Ihnen kam dabei noch zu Gute, daß der Verbraucher aufgrund der Existenz des Dualen Systems dazu erzogen war, diesem seine Verkaufsverpackungen zu übergeben. Auch war für den Verbraucher durch die dennoch erfolgte Kennzeichnung nicht erkennbar, daß er diese nicht am System teilnehmenden Verkaufsverpackungen auch hätte zurückbringen können.
384. WEIDEMANN DVBl. 1992, 1568, (1570).
385. SCHOLZ/AULEHNER BB 1993, 2250, (2255).

gen nach § 6 I und II VerpackVO durch Dritte ausführen zu lassen, ohne die Verpflichtung selbst zu tangieren.[386] Daher kann auf diese Weise lediglich die Rücknahme in oder in unmittelbarer Nähe der Verkaufstelle durch Dritte ausgeführt werden. Eine Erfassung beim Endverbraucher unter Ausschluß der Rückgabemöglichkeit bei der Verkaufstelle, ist nach der VerpackVO nur für befreiende kollektive Systeme nach § 6 III VerpackVO vorgesehen, nicht jedoch im Rahmen der § 6 I und II VerpackVO.

Gleiches gilt, wenn sich mehrere Einzelhändler zusammenschlössen. Sofern diese sich in einem kleinen Gebiet befinden, könnten sie zwar außerhalb der Verkaufsstellen eine gemeinsame Sammelstelle einrichten, da diese sich dann noch in deren Nähe befände.[387] Es erscheint jedoch zweifelhaft, ob dieser theoretisch und wohl auch logistisch machbare Ansatz wirtschaftlich realistisch ist. So dürften die Kosten immer noch im Vergleich zu einer Systemlösung deutlich zu hoch sein, um als Alternative in Betracht zu kommen.

bbb) Die »Selbstentsorgerlösung« von dm und Schlecker

Der »Ausstieg« aus dem Dualen System von Drogerieketten wie *dm* und *Schlecker*,[388] der durch die über die Kommission der EG erzwungene Zusatzvereinbarung zum Zeichennutzungsvertrag möglich wurde,[389] steht dem nicht engegen. Deren System kann zunächst nämlich nur deshalb funktionieren, weil eine Rückgabe im Laden – wie wohl auch erwartet[390] – aufgrund der weiterhin erfolgenden Kennzeichnung ihrer Verpackungen mit dem »Grünen Punkt« und dem Umstand, daß der Verbraucher (so er nach Verkaufsverpackungen überhaupt trennt) entsprechend gekennzeichnete Verpackungen

---

386. Insofern ist § 11 VerpackVO lediglich deklaratorisch, da die Möglichkeit einer Drittbeauftragung in diesem Rahmen zivilrechtlich grundsätzlich immer gegeben ist (ebenso SCHIER ZLR 1993, 431, (440)).

387. SCHIER ZLR 1993, 431, (440); mittlerweile str., da dies eine gemeinsame Quotenerfüllung bedeuten würde. vgl. Fn. 353 auf Seite 142.

388. Diese haben im September 2001 entschieden, zusammen mit dem Unternehmen BellandVision GmbH ein eigenes Sammel und Verwertungssystem einzurichten (vgl. KAIMER/SCHADE Zukunftsfähige Hausmüllentsorgung, S. 80), vgl. dazu im einzelnen § 5 C III. 5.) a) bb) auf Seite 140.

389. KOMMISSION Entscheidung v. 20. 4. 2001 Az.: K(2001) 1106 ABl. EG 2001 L 166; eine endgültige Entscheidung über die Rechtmäßigkeit der Kommissionsentscheidung steht noch aus. Im Verfahren des vorläufigen Rechtsschutzes vor dem Europäischen Gericht 1. Instanz ist die DSD-AG jedoch unterlegen (vgl. EuG DVBl. 2002, 249).

390. BRÜCK in o.V. Entsorga 2001, 51, (52).

dem Dualen System übergibt, nicht in nennenswertem Umfang erfolgt. Das ist für die Ketten einerseits gut, da es ein Müllproblem im Laden vermeidet, andererseits führt eine geringe Rückgabequote zu Problemen mit der auch für Selbstentsorger geltenden Verwertungsquote des Anhang I (zu § 6) VerpackVO, die auf andere – nach der VerpackVO zulässige Weise – erfüllt werden muß. Diese unter das »Trittbrettfahrer-Problem« fallende »Selbstentsorgerlösung«, ist damit nicht wirklich ein gangbarer Weg. Sie läßt sich zwar von einer Minderheit praktizieren, scheidet aber als allgemeingültiger Ansatz aus, da die Existenz eines funktionierenden Systems nach § 6 III VerpackVO Voraussetzung dieser angeblichen »Selbstentsorgerlösung« ist.

ccc) haushaltsnahe Erfassung durch Hersteller

Möglich erschiene weiter, daß Hersteller und Vertreiber individuell Entsorger beauftragen, haushaltsnah »Rückgabemöglichkeiten« bereitzustellen,[391] auch wenn dies keine in § 6 I, II VerpackVO vorgesehene Variante darstellt und an der Rücknahmeverpflichtung im oder in unmittelbarer Nähe der Verkaufstelle nichts ändern würde. Selbst wenn sich eine solche Erfassung auf die Quotenvorgaben anrechnen ließe,[392] wäre dieser Ansatz entsorgungslogistisch ebenfalls nicht praktikabel.[393] So wäre zum einen eine kaum zuzumutende Trennung der Verkaufsverpackungen nach Herstellern bzw. Vertreibern durch den Endverbraucher erforderlich, was eine entsprechende unterschiedliche Kennzeichnungen der Verpackungen nötig machen würde. Zum anderen würde eine Vielzahl von Erfassungsbehältnissen der unterschiedlichen Entsorger beim Endverbraucher benötigt. Angesichts der bereits jetzt für die DSD-AG bestehenden Probleme mit sog. Fehlwürfen[394], die sich dann potenzieren dürften, steigt

---

391. SCHULTZ Probleme des Wettbewerbs, 141, (S. 151).
392. Es ist streitig, ob dem so ist. Die DSD-AG und die Bundesregierung verneinen dies vgl. KOMMISSION Entscheidung v. 17. 9. 2001 Az.: K(2001) 2672 ABl. EG 2001 L 319, Tz. 15 bzw. 166; ebenso SCHMIDT-PREUSS DB 2002, 775, (776). A. A. LG KÖLN Urteil v. 13. 1. 2000, Az. 31 O 991/99; auch FLUCK DÖV 2000, 657, (661 ff.), nach dem haushaltsnahe Erfassung eine noch weitergehende Erfüllung der Rücknahmepflicht sei (aaO. S. 663); hier kommt es auf diesen Streit jedoch nicht an.
393. MONOPOLKOMMISSION 10. Hauptgutachten 1992/93, BT-Drs. 12/8323, Rn. 45, SCHULTZ Probleme des Wettbewerbs, 141, (S. 151).
394. KAIMER/SCHADE Zukunftsfähige Hausmüllentsorgung, S. 85 f. beziffern die Fehlwürfe bspw. für Baden-Württemberg mit ca. 20 % und bundesweit für

mit der Anzahl der vorzunehmenden Trennungen auch die Wahrscheinlichkeit, daß der nicht zur Mitarbeit verpflichtete Verbraucher sich verweigert. Während der Verbraucher eine stoffliche Trennung, wie sie auch im Rahmen des Dualen Systems erfolgt[395], in gewissem Umfang als ökologisch sinnvoll nachvollziehen kann und dann meist auch dementsprechend handelt, wird er wohl kaum einsehen, warum er sich die Mühe machen soll, stoffgleiche Verkaufsverpackungen nur wegen unterschiedlicher Sammelsysteme mal dem einen Entsorger und mal dem anderen Entsorger zuzuführen. Schließlich wäre dieser Ansatz – abgesehen von den kaum lösbaren logistischen Problemen – auch unwirtschaftlich, da die nach Herstellern bzw. Vertreibern getrennten Verkaufsverpackungen mit verschiedenen Fahrzeugen – und damit teuer – zur Sortierung transportiert würden. Es dürfte wohl auch nicht sonderlich umweltfreundlich sein, dieselben Wege wegen des ineffizienteren Transports mehrfach zurückzulegen. Auch wenn dieser Umstand bei der Entscheidung der Unternehmen wohl nicht unbedingt immer den höchsten Stellenwert genießt, so sollte er hier zumindest nicht unerwähnt bleiben. Obwohl rechtlich möglich scheidet diese Möglichkeit daher im Rahmen einer realistischen wirtschaftlichen Betrachtung aus.

Sowohl die individuelle Rücknahme in oder in unmittelbarer Nähe der Verkaufstelle, als auch die Einschaltung von Entsorgungsunternehmen im Wege der Drittbeauftragung stellen somit weder wirtschaftlich zweckmäßige noch kaufmännisch sinnvolle Handlungsalternativen für die verpflichteten Hersteller und Vertreiber dar, so daß insoweit eine Wettbewerbsbeschränkung ausscheidet.[396]

*bb) Möglichkeit einer Nachfrage der Verpflichteten nach
Entsorgungsleistungen im Rahmen von § 6 III VerpackVO*

Nachdem somit eine Bündelung der Nachfrage der Hersteller bzw. Vertreiber im Rahmen einer kollektiven Systemlösung nach § 6 III VerpackVO faktisch unvermeidlich ist,[397] ist nun zu prüfen, ob im Rahmen der unvermeidbaren Kooperation wirtschaftlich praktikable

---

1998 mit 12 % (1997: 10 %), wobei diese teilweise bis zu 50 % betragen sollen.
395. Meist Papier und Glas neben dem »gelben Sack« bzw. der »gelben Tonne«.
396. SCHULTZ Probleme des Wettbewerbs, 141, (S. 151); auch HOLTOFF-FRANK Kartellrechtliche Probleme, S. 224 hält eine individuelle Rücknahme für unmöglich.
397. HOLTOFF-FRANK Kartellrechtliche Probleme, S. 175, der aber dennoch von einem Kartellrechtsverstoß ausgeht.

Lösungen möglich erscheinen,[398] die mehr Nachfragewettbewerb der Hersteller bzw. Vertreiber – also weniger Bündelung der Nachfrage – erwarten ließen, als es durch die Errichtung des DSD-System der Fall ist.

Dazu sind zunächst die juristischen und faktischen Anforderungen an alternative befreiende Systeme (aaa)) darzustellen. Anschließend ist auf die hier relevanten Kriterien für die Feststellung des potentiellen Wettbewerbs einzugehen (bbb)[399].

aaa) juristische und faktische Anforderungen an alternative befreiende Systeme

Was die rechtlichen Grenzen angeht, so muß für die Systemanerkennung eine flächendeckende Erfassung beim Endverbraucher im Einzugsgebiet des Herstellers bzw. Vertreibers sichergestellt sein, wobei die Flächendeckung nach § 3 IX VerpackVO mindestens das jeweilige Bundesland umfaßt. Es wäre danach also ausreichend, je Bundesland ein System nach § 6 III VerpackVO einzurichten. Ein einziges bundesweit flächendeckend operierendes System wie das Duale System der DSD-AG ist für die Systemanerkennung nach der VerpackVO nicht zwingend vorgegeben.[400] Die flächendeckende Erfassung braucht dabei auch nicht allein von dem jeweils die Systemanerkennung beantragenden System durch ein eigenes Erfassungssystem erbracht zu werden.[401] Erforderlich ist nur, daß irgendwie dafür gesorgt ist.

Nachdem die Systemanerkennung nach § 6 IV 2 VerpackVO einen Widerruf der Systemanerkennung für bestimmte Verpackungsmaterialien zuläßt, wird daraus geschlossen, daß ein System nach § 6 III VerpackVO nicht notwendigerweise alle Materialien umfassen muß.[402] Demnach wäre ein gesamthaftes System, wie es das DSD-System darstellt, nicht zwingend für die Anerkennung als befreiendes System vorgeschrieben.

Auch aus logistischen Gesichtspunkten ist weder ein bundesweites noch ein gesamthaftes System erforderlich oder zwingend. So-

---

398. Vgl. dazu § 5 C III. 2.) a) auf Seite 117.
399. Siehe § 5 C III. 5.) b) bb) bbb) auf Seite 156.
400. SCHULTZ Probleme des Wettbewerbs, 141, (151); für das EG-Wettbewerbsrecht hat die Bundesregierung dies auch der Kommission mitgeteilt KOMMISSION Entscheidung v. 17. 9. 2001 Az.: K(2001) 2672 ABl. EG 2001 L 319, Tz. 25 f.
401. SCHOLZ/AULEHNER BB 1993, 2250, (2255).
402. FLUCK DB 1993, 211, (215).

lange in einem bestimmten Gebiet dem Verbraucher immer nur jeweils ein gesamthaftes Erfassungssystem bzw. eine überschaubare Anzahl stofflicher Teilsysteme[403] gegenüberstehen,[404] treten die ausgeführten Probleme im Rahmen der Erfassung nicht auf. Bei stofflichen Teilsystemen für Glas, Metall, Leichtverpackungen sowie Papier/Pappe – neben dem Restmüll – wären daher nicht unbedingt mehr Probleme zu erwarten, als dies schon bisher im Rahmen des Dualen Systems der Fall ist.

Die nach den Vorgaben des § 6 III VerpackVO rechtlich möglichen Teilsysteme könnten nach den vorangegangenen Ausführungen theoretisch landesweit, (in begrenztem Umfang) nach Wertstoffen[405] oder regional[406] getrennt operieren. Die Flächendeckung könnten die beiden letzteren Teilsysteme über entsprechende Vertragsbindungen untereinander, also über eine Abstimmung bzw. Zusammenarbeit der Systeme, erreichen, so daß die Systeme zusammen die flächendeckende, haushaltsnahe Erfassung erreichen.[407] Diese wäre kartellrechtlich unbedenklich, da insoweit keine Alternative bestünde. Die Teilsysteme könnten allein keine den Anforderungen des § 6 III VerpackVO entsprechende befreiende Systemlösung anbieten und befänden sich somit in derselben Situation, wie es im Baubereich häufiger vorkommt, wenn sich Unternehmen zu Arbeitsgemeinschaften zusammenschließen, weil das Vorhaben für das einzelne Unternehmen nicht durchführbar erscheint.[408]

Denkbar wären theoretisch auch mehrere befreiende Systeme in einem Bundesland, solange sie an der Schnittstelle zum Verbraucher

---

403. Schon jetzt erfolgt schließlich eine stoffliche getrennte Sammlung hinsichtlich bestimmter Fraktionen im Rahmen des DSD-Systems.
404. Vgl. § 5 C III. 5.) b) bb) auf Seite 165.
405. SCHOLZ/AULEHNER BB 1993, 2250, (2255), FLUCK DB 1993, 211, (213 f), WEIDEMANN DVBl. 1992, 1568, (1572); zustimmend: VELTE Duale Abfallentsorgung und Kartellverbot, S. 136; zweifelnd SCHULTZ Probleme des Wettbewerbs, 141, (146), ablehnend RIESENKAMPFF BB 1995, 833, (839 Fn. 66); nach RUMMLER/SCHUTT VerpackVO, S. 123, können die Voraussetzungen zwar von anderen erfüllt werden (Antragsteller, Erfasser, Sortierer und Verwerter können also auch nach Materialien auseinanderfallen), der Systembetreiber muß jedoch für eine Bündelung sorgen und die Einhaltung der Voraussetzungen sicherstellen.
406. SCHIER ZLR 1993, 431, (444), WEIDEMANN DVBl. 1992, 1568, (1572), SCHOLZ/AULEHNER BB 1993, 2250, (2255).
407. SCHULTZ Probleme des Wettbewerbs, 141, (146), SCHOLZ/AULEHNER BB 1993, 2250, (2254 f.), WEIDEMANN DVBl. 1992, 1568, (1572) (Quotenerfüllung im »Verbund«).
408. RIESENKAMPFF BB 1995, 833, (839).

nicht mit getrennten Erfassungssystemen auftreten. Diese Möglichkeit besteht aber – wie schon erwähnt – erst seit der Novellierung der VerpackVO 1998, da die Quotenvorgaben der VerpackVO 1991 mehrere Systeme pro Bundesland unmöglich machten. So waren die in der VerpackVO 1991 vorgesehenen Erfassungs-, Sortier- und Verwertungsquoten, die auf das Gesamtaufkommen an Verkaufsverpackungen bezogen waren, nur erreichbar, solange es nur ein befreiendes System gab und auch möglichst alle Verkaufsverpackungen darüber entsorgt wurden.

Da die Verwertungsquoten der novellierten VerpackVO nunmehr auf die am System teilnehmenden Mengen an Verkaufsverpackungen bezogen sind, könnten die Quotenvorgaben jetzt auch erreicht werden, wenn mehrere konkurrierende befreiende Systeme existierten. Während bei Errichtung der DSD-AG mehrere befreiende Systeme pro Bundesland somit zwar nicht verboten, aber dennoch unmöglich waren, ist ein Systemwettbewerb innerhalb desselben Marktes jetzt rechtlich möglich.

Andererseits ist es aus Sicht der meist überregional bzw. bundesweit agierenden Hersteller bzw. Vertreiber[409] zwingend notwendig, daß sie im Ergebnis – gegebenfalls über die Einschaltung verschiedener (Teil)-Systeme – hinsichtlich aller Verkaufsverpackungen bundesweit von den individuellen Verpflichtungen des § 6 I, II VerpackVO befreit werden können, wie das durch das System der DSD-AG möglich ist. Eine nur für manche Bundesländer oder Verpackungsarten geltende Befreiung ließe nämlich die für sie wirtschaftlich und logistisch kaum umsetzendebare[410] Primärverpflichtung in den übrigen Bundesländern bzw. für die übrigen Verpackungsarten bestehen.[411] Um diese Befreiungsmöglichkeit zu schaffen, ist nach dem Arbeitsgemeinschaftsgedanken zumindest eine Kooperation insoweit erforderlich, daß eine bundesweite Befreiung sichergestellt ist. Andernfalls wäre ein Auftreten im Markt für befreiende Systeme nach § 6 III VerpackVO nach realistischer wirtschaftlicher Betrachtungsweise nicht möglich. Weiterhin müssen bei regionalen bzw. stofflichen Teilsystemen schon für die Erfüllung der geforderten Flächendeckung und der benötigten Abdeckung aller Materialfraktionen Kooperationen erfolgen.

---

409. Vgl. KOMMISSION Entscheidung v. 20.4.2001 Az.: K(2001) 1106 ABl. EG 2001 L 166, Tz. 119.
410. Vgl. § 5 C III. 5.) b) aa) auf Seite 145.
411. Darauf weist RIESENKAMPFF BB 1995, 833, (S. 839 insb. Fn. 66) zu Recht hin.

Ferner ergeben sich Beschränkungen für den Systemwettbewerb daraus, daß Verkaufsverpackungen nicht notwendigerweise in dem Bundesland vom Verbraucher in die Entsorgung gegeben werden, wo er sie gekauft hat. Dies wirkt sich jedoch spürbar wohl nur bei den Stadtstaaten (Berlin, Hamburg, Bremen) aus, da dort in größerem Umfang durch das Umland eingekauft wird, der Verpackungsmüll aber in den angrenzenden Bundesländern erfaßt wird.[412]

Es fragt sich nun, ob unter diesen Bedingungen ein bundesweiter Systembetrieb unerläßlich ist, bzw. ob denkbare alternative Gestaltungsformen zu einer geringeren Nachfragebündelung durch Hersteller bzw. Vertreiber führen würden.

Im Rahmen der vorgehend ausgeführten Anforderungen an befreiende Systeme müßte sich eine wirtschaftlich praktikable und möglich erscheinende alternative Lösungen finden lassen, die mehr Nachfragewettbewerb bedeuteten, da es für die Feststellung einer Wettbewerbsbeschränkung zumindest eines potentiellen Wettbewerbs[413] bedarf, der sich durch Satzung, Zeichennutzungsverträge oder ungeschriebene Absprachen einschränken ließe. Ein Rückgriff auf eine eingeschränkte Anwendung des GWB auf das Duale System wegen des staatlichen Drucks zur Systembildung ist daher nicht erforderlich.[414] Tatsächliche bzw. faktische Verengungen des Handlungsspielraums lassen sich problemlos in die Prüfung der Wettbewerbsbeschränkung einfügen, weil sie, soweit sie reichen, beschränkbaren potentiellen Wettbewerb ausschließen.[415]

Allerdings schließt der Arbeitsgemeinschaftsgedanke[416] eine Wettbewerbsbeschränkung nur soweit aus, wie sich die Kooperation auf das für den Marktzugang zwingend notwendige Maß beschränkt. Dabei ist die Feststellung, inwieweit ein wirtschaftlich realistischer und faktisch möglicher potentieller Wettbewerb gegeben ist, notwendigerweise dynamisch, da durch technische Innovationen vormals als nicht wirtschaftlich machbar erscheinende Handlungsalternativen zu realistischen Möglichkeiten werden können. Durch solche Veränderungen

---

412. STAUDT ET AL Großexperiment, S. 147.
413. Vgl. dazu § 5 C III. 2.) a) auf Seite 117.
414. So aber FINCKH Regulierte Selbstregulierung, 166 ff.
415. Im Ergebnis wohl ebenso SCHMIDT-PREUSS VerpackVO u. KartR, Lieberknecht FS, 549, (556). Vgl. auch BKARTA Tätigkeitsbericht 1991/92, BT-Drs. 12/5200, S. 38, das jedoch, obgleich es von »zwangsläufigen Wettbewerbsbeschränkungen« spricht, dennoch von beschränkbarem Wettbewerb ausgeht.
416. Vgl. § 5 C III. 2.) a) auf Seite 118.

können sich die Grenzen wettbewerbsrechtlich zulässiger Kooperation verschieben, und Wettbewerbsbeschränkungen entstehen, wo vorher mangels potentiellen Wettbewerbs keine festzustellen waren.[417]

Das gleiche gilt bei Änderung der rechtlichen Rahmenbedingungen. Vormals einen Markt ausschließende Regelungen können nach deren Änderung oder Aufhebung Handlungsmöglichkeiten eröffnen, die zuvor nicht bestanden. So verhält es sich auch im Bereich der VerpackVO. Die VerpackVO 1991 enthielt noch auf das Gesamtaufkommen der Verkaufsverpackungen bezogene Quotenvorgaben, die von befreienden Systemen erfüllt werden mußten. Schon bei nur einem zusätzlichen System in demselben Gebiet hätte keines der Systeme diese Vorgaben erfüllen können, selbst wenn sie zusammen alle Verkaufsverpackungen zu 100 % erfaßt hätten. Nachdem die zu erfüllenden Quoten durch die VerpackVO 1998 auf die an dem System teilnehmenden Verkaufsverpackungen bezogen wurden, ist dieses rechtliche Hindernis nun nicht mehr gegeben.

Aufgrund der Änderungen der rechtlichen Rahmenbedingungen ergibt sich, daß bei der Untersuchung der gegebenen Handlungsalternativen ebenfalls danach zu trennen ist, ob die VerpackVO 1991 oder die VerpackVO zugrundezulegen ist.

Zunächst ist daher auf die gegebenen Optionen bei Errichtung des DSD-Systems einzugehen (bbb)). Anschließend ist zu untersuchen, inwieweit durch den Betrieb des DSD-Systems nach der Novelle der VerpackVO 1998 neu eröffnete Handlungsmöglichkeiten beschränkt wurden bzw. werden (ccc)[418]).

In beiden Fällen ist bei der Bestimmung der Möglichkeit der Marktteilnahme der Hersteller und Vertreiber im Rahmen von § 6 III VerpackVO in Erinnerung zu rufen, daß für eine Systemanerkennung nach § 6 III VerpackVO eine haushaltsnahe und insbesondere flächendeckend (mindestens im jeweiligen Bundesland) erfolgende Erfassung erforderlich ist. Weiterhin ist für Vertreiber und Hersteller erforderlich, daß sie eine Befreiung für alle Verkaufsverpackungen erlangen können. Da die weitaus meisten Vertreiber bzw. Hersteller ihre Produkte bundesweit anbieten, wird diese Befreiung in den meisten Fällen darüber hinaus bundesweit benötigt.

---

417. Ebenso FINCKH Regulierte Selbstregulierung, 169.
418. Siehe § 5 C III. 5.) b) bb) ccc) auf Seite 164.

bbb) potentieller Nachfragewettbewerb bei Errichtung des DSD-Systems

Theoretisch denkbar wäre nach den Vorgaben der VerpackVO 1991 die Einrichtung mehrerer Systeme mit verschiedenen Entsorgern im Entsorgungsbezirk (bspw. je Hersteller bzw. Vertreiber). Abgesehen von den ökonomischen Schwierigkeiten und den wohl kaum von einem Hersteller bzw. Vertreiber finanzierbaren erforderlichen Aufwendungen für eine Flächendeckung, stellte dieser Ansatz bei Errichtung des DSD-Systems keine Alternative dar, da solche Hersteller- bzw. Vertreiber-Systeme bei Konkurrenz innerhalb desselben Bundeslandes die nötigen Erfassungsquoten nach der VerpackVO 1991 nicht hätten erreichen können. Jeweils herstellereigene § 6 III-Systeme für die eigenen Verpackungen schieden somit aus.

Jeweils herstellereigene befreiende Systeme stellten damit – sofern sie finanziell überhaupt von einem Hersteller hätten errichtet werden können – ebenfalls keine Handlungsalternative zum Dualen System der DSD-GmbH dar.

α) potentieller Wettbewerb im Rahmen kollektiver Systeme

Da somit von den in der VerpackVO 1991 eröffneten rechtlich zulässigen Handlungsalternativen faktisch lediglich die Beteiligung an einem kollektiven befreienden Entsorgungssystem nach § 6 III VerpackVO als wirtschaftlich zweckmäßig und kaufmännisch vernünftige Vorgehensweise verblieb, ist zu fragen, ob durch das System der damaligen DSD-GmbH eine über das für die Markteröffnung notwendige Maß hinausgehende Verhaltensabstimmung der Hersteller und Vertreiber erfolgte. Für ein solche überschießende Abstimmung wäre Voraussetzung, daß sich wirtschaftlich realistische Handlungsalternativen im Rahmen einer kollektiven Systemlösung nach § 6 III VerpackVO finden lassen, die einen potentiellen Nachfragewettbewerb der Hersteller bzw. Vertreiber ermöglicht hätten.

Ein potentieller Nachfragewettbewerb erfordert somit, daß die Hersteller bzw. Vertreiber über kollektive Systeme nach § 6 III Verpack-VO mittelbar[419] als Nachfrager hätten auftreten können, wobei dies

---

419. Das wäre ausreichend für ein zwar verkürzten, aber noch weiter beschränkbaren potentiellen Wettbewerb vgl. ZIMMER in: I/M GWB, § 1 Rn. 200, IMMENGA in: I/M GWB 2. Aufl., § 1 Rn. 236 nach denen ein unmittelbares Auftreten im Markt nicht erforderlich ist.

rechtlich zulässig, faktisch möglich, wirtschaftlich sinnvoll und kaufmännisch vernünftig erscheinen müßte, so daß ein Nachfragewettbewerb mit hinreichender Wahrscheinlichkeit zu erwarten gewesen wäre.[420]

αα) Teil-Systeme ohne eigene Systemanerkennung

Die theoretisch möglichen regionalen bzw. stofflichen Teilsysteme hätten sowohl ohne oder jeweils mit eigener Systemanerkennung nach § 6 III VerpackVO tätig sein können.

Sofern die regionalen bzw. stofflichen Teilsysteme dabei nicht jeweils selbst die für die Erbringung der Befreiung nach § 6 III VerpackVO notwendige Systemanerkennung erlangt hätten, sondern sich in einem bundesweiten Gemeinschaftsunternehmen zusammengeschlossen hätten, wobei lediglich letzteres die Systemanerkennung besessen hätte, hätte sich im Vergleich zur Situation des DSD-Systems jedoch lediglich eine andere – nun zweistufige – Organisation des Gesamtsystems ergeben,[421] die kein Mehr an Nachfragewettbewerb bedeutet hätte. Die Bündelung der Nachfrage der Hersteller bzw. Vertreiber wäre nämlich wie bisher über das einzige von der Primärpflicht befreiende bundesweite Gesamtsystem erfolgt. Auch aus Sicht der Anbieter der Sammel- und Sortierleistung wäre es dabei geblieben, daß ihnen das jeweilige regionale oder stoffliche Teilsystem als einziger Nachfrager gegenüber gestanden hätte. Zu einer mittelbaren Nachfrage der Verpflichteten wäre es nicht gekommen.

Das gleiche gilt, wenn sich Hersteller und Vertreiber statt primär über Zeichennutzungsverträge ausschließlich über Gesellschaftsverträge zu (Teil-)Systemen zusammengeschlossen hätten, die dann bundesweit ein Gesamtsystem mit der nötigen Systemanerkennung gebildet hätten.[422] Auch hier würde sich nur in der Art der Teilnahme etwas ändern. Die Nachfragebündelung wäre genauso erfolgt.

Bei einer Koordinierung der regionalen bzw. stofflichen Teilsysteme über landesweite Gemeinschaftsunternehmen, wobei ebenfalls nur das letztere eine Systemanerkennung besitzt, hätte dies lediglich eine andere Organisationsform der landesweiten Teilsysteme dargestellt, die im folgenden noch behandelt wird (*ββ*)).

---

420. Vgl. § 5 C III. 2.) a) auf Seite 117.
421. F INCKH Regulierte Selbstregulierung, S. 108 Fn. 73, kritisch auch R IESEN-KAMPFF BB 1995, 833, (839 Fn. 66).
422. So aber wohl V ELTE Duale Abfallentsorgung und Kartellverbot, S. 136.

Auch bei regionalen bzw. stofflichen Teilsystemen, die »im Verbund« die für die Systemanerkennung erforderlichen Anforderungen der VerpackVO erfüllen,[423] wäre es nicht möglich gewesen, das (Teil-)System zu wechseln.[424] Die jeweiligen (Teil-)Systeme hätten nämlich in regionaler und in stofflicher Hinsicht auf verschiedenen Märkten operiert.[425] Ein System bspw. für Glas ist nämlich kein Konkurrenzsystem für die Papierentsorgung und umgekehrt, da ihre Leistungen nicht austauschbar sind.[426] Auch hier hätte daher dem jeweiligen (spezialisierten) Entsorger nur ein System gegenüber gestanden, wie es auch im Rahmen des DSD-Systems der Fall ist.

Eine Wechselmöglichkeit für die Hersteller bzw. Vertreiber hätte ebenfalls nicht bestanden. Mangels Einwirkungsmöglichkeit auf die Nachfrage nach Entsorgungsleistungen hätte eine mittelbare Nachfrage der Hersteller bzw. Vertreiber folglich nicht erfolgen können.[427]

Hinsichtlich der regionalen Teilsysteme gelten die zu den landesweiten Teilsystemen gemachten Ausführungen entsprechend. Hier kommt darüber hinaus hinzu, daß die regionalen Lösungen zwar rechtlich ebenfalls die Möglichkeit gehabt hätten, eine Systemanerkennung zu erlangen, dies aber für sie unüberwindliche wirtschaftliche Schwierigkeiten bereitet hätte. Sie hätten sich daher – ohne jeweils ein § 6 III System darzustellen – zumindest landesweit zu einem gemeinsamen System mit Systemanerkennung zusammenfinden müssen. Dann jedoch ergeben sich auf der Stufe dieses Zusammenschlusses gegenüber landesweiten Systemen keine Unterschiede.

ββ) Teil-Systeme mit eigener Systemanerkennung

Eine geringere Nachfragebündelung und damit ein mittelbarer Nachfragewettbewerb könnte sich jedoch ergeben, wenn die Teil-Systeme jeweils selbst eine Befreiungsleistung hätten erbringen können, also selbst jeweils eine eigene Systemanerkennung zumindest für ein Bundesland besessen hätten.

423. WEIDEMANN DVBl. 1992, 1568, (1572); ob mehrere »Teil-«Systeme die Flächendeckung erfüllen, ist dabei zweifelhaft. Abl. SCHMIDT-PREUSS DVBl. 2001, 1095, (1102); VGH KASSEL Beschluß v 20. 8. 1999 – 8 TG 3140/98 NVwZ 2000, 92, 96.
424. A. A. jedoch ohne Darstellung wie ein Wechsel funktionieren soll VELTE Duale Abfallentsorgung und Kartellverbot, S. 137.
425. FINCKH Regulierte Selbstregulierung, S. 109.
426. BECKMANN WuW 2002, 16, (20).
427. A. A. VELTE Duale Abfallentsorgung und Kartellverbot, S. 137.

Diese § 6 III-Systeme hätten zunächst jeweils regional, stofflich oder im jeweiligen Bundesland exklusiv tätig sein können. Für die Systemanerkennung hätten sie die erforderliche landesweite Flächendeckung gegebenenfalls in Kooperation mit anderen regionalen Systemen erreichen müssen. Denkbar wäre auch gewesen, die Abstimmung mit anderen Systemen bis zu einer bundesweiten Systemanerkennung nach § 6 III VerpackVO auszudehnen. Jedes der Teilsysteme hätte in dieser Konstellation lediglich in seinem Gebiet bzw. für seine Fraktion eigene Entsorger beauftragt und hätte die Befreiungsleistung für die übrigen Gebiete von den jeweiligen anderen Systemen eingekauft.

Es ist jedoch fraglich, inwieweit dies ein Mehr an Nachfragewettbewerb der Hersteller bzw. Vertreiber bedeutet hätte, der nach den dargestellten Kriterien wirtschaftlich zweckmäßig und kaufmännisch vernünftig gewesen wäre.

Sofern in der Literatur in der Möglichkeit, die genannten Teilsysteme einzurichten, potentieller Wettbewerb gesehen wird,[428] wird dieser bzw. das Konkurrenzverhältnis jedoch lediglich behauptet bzw. unterstellt.[429] Meist wird die Prüfung möglicher Alternativen nach der Feststellung der rechtlichen Zulässigkeit und zum Teil auch der faktischen Machbarkeit beendet, ohne zumindest die abstrakt theoretische Möglichkeit potentiellen Nachfragewettbewerbs darzulegen.

Damit die Hersteller bzw. Vertreiber mittelbar über kollektive befreiende Systeme Entsorgungsleistungen hätten nachfragen können[430] und dadurch einen potentiellen beschränkbaren Handlungsspielraum gehabt hätten, wäre jedoch erforderlich gewesen, daß sie – nachdem sie nicht selbst den Entsorgungsbetrieben als Nachfrager gegenüber treten können[431] – die Möglichkeit hatten, über das befreiende System auf den Markt für Entsorgungsleistungen einzuwirken. Denkbar wäre dies durch die Wahl des befreienden Systems, sofern die Möglichkeit bestanden hätte, dieses zu wechseln. Ob eine solche Wechselmöglichkeit im Rahmen der vorgeschlagenen Teilsysteme möglich gewesen wäre, erscheint jedoch zweifelhaft, da es voraussetzt, daß im jeweiligen Bundesland mehr als ein System die Befreiung von der Primärverpflichtung anbietet.

428. SCHOLZ/AULEHNER BB 1993, 2250, (2255); dem zustimmend VELTE Duale Abfallentsorgung und Kartellverbot, S. 136. Siehe auch FLUCK DB 1993, 211, (213 f), WEIDEMANN DVBl. 1992, 1568, (1572), SCHULTZ Probleme des Wettbewerbs, 141, (146), SCHIER ZLR 1993, 431, (444).
429. SCHOLZ/AULEHNER BB 1993, 2250, (2255).
430. Darin sieht VELTE Duale Abfallentsorgung und Kartellverbot, S. 136 einen beschränkbaren Restwettbewerb.
431. Vgl. § 5 C III. 5.) b) aa) auf Seite 150.

ααα) potentieller Nachfragewettbewerb bei auf ein Bundesland
beschränkten befreienden Landessystemen

Bei nach Bundesländern getrennten Systemen hätte das jeweilige System in Bundesland A die Befreiungsleistung nämlich nicht in Bundesland B anbieten können und umgekehrt, da es an der jeweiligen Systemanerkennung gefehlt hätte. Hersteller bzw. Vertreiber, die eine Befreiungsleistung für Bundesland A benötigen, hätten nicht zu dem System des Bundeslandes B wechseln können, da dieses ihnen keine Befreiung in Bundesland A hätte verschaffen können. Ein Systemwechsel wäre daher nicht möglich gewesen.[432] Eine mittelbare Nachfrage wäre folglich mangels Einflußnahmemöglichkeit auf die Nachfrage nach Entsorgungsleistungen nicht gegeben gewesen.

Auch aus Sicht der sehr ortsgebundenen Entsorgungsbetriebe hätten sich im Vergleich mit der Situation im Rahmen des bundesweiten Systems der DSD-AG keine wesentlichen Unterschiede ergeben. So könnten allenfalls an den Landesgrenzen positionierte Entsorger mehr als einem nachfragenden Landes-System gegenüber stehen. Die Nachfrage der Landessysteme wäre darüber hinaus auch lediglich während des kurzen Zeitraumes der Ausschreibung des Entsorgungsvertrags für das Entsorgungsgebiet gegeben, da die Entsorgungsverträge aufgrund der nötigen Investitionen des Entsorgungsbetriebs für Sammlung und Sortierung eine befristete[433] regionale Monopolstellung einräumen müssen. Ob im Rahmen der Ausschreibung Neueinsteiger[434], die eine Entsorgungslogistik erst aufbauen und amortisieren müßten, gegenüber den bisherigen Entsorgern mit bereits (weitgehend) amortisierten Anlagen tatsächlich eine realistische Chance haben, erscheint darüberhinaus sehr zweifelhaft.

In dieser Konstellation fehlt es somit an einem potentiellen Handlungsspielraum, der durch Satzung und Zeichennutzungsverträge hätte beschränkt werden können. Auch für die Anbieter von Entsorgungsleistungen ergäbe sich keine Verbesserung, da ihnen weiterhin

---

432. Davon geht aber VELTE Duale Abfallentsorgung und Kartellverbot, S. 137 aus, ohne das klar gesagt wird, wie das konkret hätte aussehen sollen.

433. Die nötige Dauer hängt insbesondere davon ab, inwieweit bereits amortisierte Anlagen usw. vorhanden sind. Die Kommission geht im Rahmen des Art. 81 EG davon aus, daß eine Vertragslaufzeit zunächst bis Ende 2003 in der Aufbauphase faktisch zwingend war (KOMMISSION Entscheidung v. 17. 9. 2001 Az.: K(2001) 2672 ABl. EG 2001 L 319, Tz. 155).

434. Darunter wären auch Entsorger zu verstehen, die ihre Tätigkeit auf benachbarte Entsorgungsgebiete ausweiten wollen.

nur ein System als Nachfrager gegenüber steht. Als sehr ortsgebundene Betriebe könnten allenfalls einige Entsorgungsbetriebe an der Landesgrenze zu einem anderen Bundesland für beide Landessysteme tätig werden und hätten insofern mehr als einen Nachfrager. Dies jedoch nur dann, wenn ihre Sammel- und Sortieranlagen so gelegen sind, daß der weitere Transport aus den benachbarten Entsorgungsgebieten ohne zu hohe Kosten möglich ist. Andernfalls wären sie gegenüber lokalen Betrieben nicht wettbewerbsfähig.

Folglich wäre die Einrichtung von einem Teilsystem pro Bundesland zwar rechtlich und faktisch möglich gewesen. Ein mittelbares Einwirken der Hersteller bzw. Vertreiber auf die Nachfrage nach Entsorgungsleistungen und damit ein stärkerer Nachfragewettbewerb hätte sich daraus jedoch nicht ergeben.[435]

βββ) potentieller Nachfragewettbewerb bei mehreren befreienden Systemen in demselben Gebiet

Ein mittelbarer Nachfragewettbewerb der Hersteller bzw. Vertreiber, hätte also erfordert, daß mehrere befreiende Systeme innerhalb desselben Gebietes ihre Befreiungsleistungen anbieten.

So sahen SCHOLZ/AULEHNER[436] im Zusammenspiel mit dem DSD-System eine Möglichkeit, daß schon vor der VerpackVO bestehende, u. U. auf spezielle Stoffe (bspw. Glas) spezialisierte Entsorgungsbetriebe, die sich gegebenenfalls auf lukrative Bereiche hätten beschränken können,[437] mit eigenen Kennzeichen als befreiende Systeme hätten auftreten können. Auf diese Weise sollte Konkurrenz mit der DSD-AG möglich sein. Diese Konkurrenz wäre wohl auch ausreichend, um einen mittelbaren Nachfragewettbewerb der Hersteller bzw. Vertreiber anzunehmen, da danach zumindest gewisse Überlappungen von Tätigkeitsbereichen dieser Systeme mit der DSD gegeben gewesen wären und somit eine Systemwahl bzw. ein Systemwechsel möglich erschiene.[438]

---

435. A. A. VELTE Duale Abfallentsorgung und Kartellverbot, S. 136 f.
436. SCHOLZ/AULEHNER BB 1993, 2250, (2255); sich anschließend BAARS NVwZ 2000, 42, (45).
437. Sog. »Rosinenpicken«; dies als mit der VerpackVO unvereinbar ablehnend SCHMIDT-PREUSS DVBl. 2001, 1095, (1102); i. Erg. ebenso VGH KASSEL Beschluß v 20. 8. 1999 – 8 TG 3140/98 NVwZ 2000, 92, 96.
438. Ähnlich auch FLUCK DB 1993, 211, (212 f.), der von Teilsystemen ausgeht. Es bleibt jedoch unklar, wie das konkret aussehen soll und, ob diese eine Systemanerkennung nach der VerpackVO haben oder nicht.

Dennoch stellt dieser Ansatz keine Alternative dar. Vorausgesetzt wird nämlich die Zulässigkeit und der Bestand des DSD-Systems für die übrigen, nicht lukrativen Bereiche, welche im Rahmen der kartellrechtlichen Prüfung gerade in Frage stehen. Eine Alternative zu dem DSD-System stellt dieser Ansatz damit nicht dar.

Aufgrund der Quotenvorgaben der VerpackVO 1991 bestand diese Option – wie schon ausgeführt wurde – bei Errichtung des DSD-Systems faktisch auch nicht.

Ein Systemwettbewerb hätte sich jedoch ergeben können, wenn bei Errichtung der DSD-GmbH statt des bundesweiten DSD-Systems, mehrere nur landesweit agierende Systeme eingerichtet worden wären. Diese hätten unter der Geltung der VerpackVO 1991 – nach der vorangegangenen Darstellung – zwar nicht zueinander im Wettbewerb gestanden, durch die Novelle der VerpackVO 1998 hätte sich dann aber möglicherweise ein Wettbewerb dieser Landessysteme ergeben können, wenn das befreiende System in Bundesland A seine ausgeübte Tätigkeit gegen das bestehende befreiende System im Bundesland B ausgeweitet hätte, um dort ebenfalls als Anbieter eines befreienden Systems aufzutreten. Als solches hätte es den Herstellern bzw. Vertreibern dann ebenfalls eine Wechselmöglichkeit anbieten können. Außerdem hätte es beim Aufbau und dem Betrieb der eigenen Entsorgungsinfrastruktur als weiterer Nachfrager gegenüber den Entsorgungsunternehmen auftreten können.

Auch dieser Ansatz erscheint jedoch kaum realistisch. Abgesehen davon, daß (zumindest solange das bisherige System nicht vollständig verdrängt ist) dann doch wieder mehrere Systeme dem Verbraucher gegenüber gestanden hätten, was zu unüberwindlichen faktischen Akzeptanzproblemen beim Verbraucher geführt hätte,[439] wäre mit kaum lösbaren Schwierigkeiten bei der Systemanerkennung zu rechnen. Der Bewerber um die Systemanerkennung hätte nämlich sofort die hohen Quotenvorgaben der VerpackVO erfüllen müssen, ohne dafür Übergangsfristen nutzen zu können, wie es beim Aufbau des Dualen Systems der DSD-GmbH/AG der Fall war.[440] Die Vorgaben sind zwar nun bei mehreren Systemen nicht mehr unmöglich zu erreichen, wie nach der VerpackVO 1991, da die Bezugsgröße nunmehr die am jeweiligen System teilnehmende Menge an Verkaufsverpackungen ist. Dennoch dürfte es einem neuen Systembetreiber sehr schwer fallen, aus dem Stand die für die Systemanerkennung erforderlichen Quoten zu erfüllen.

---

439. Vgl. § 5 C III. 5.) b) bb) auf Seite 164 und § 5 C III. 5.) b) aa) auf Seite 150.
440. FINCKH Regulierte Selbstregulierung, S. 109.

Entscheidend ist aber, daß vorausgesetzt werden müßte, daß schon bei Errichtung des DSD-Systems absehbar war, daß es zu einer Änderung der VerpackVO kommen würde, die den Systemwettbewerb innerhalb desselben Bundeslandes ermöglichen würde. Davon kann aber nicht ausgegangen werden, so daß insgesamt ein potentieller Nachfragewettbewerb mehrerer befreiender Systeme in demselben Gebiet bei Gründung der DSD-GmbH zu fernliegend und damit nicht realistisch zu erwarten war.

Andere Konstellationen, die es den Verpflichteten ebenfalls ermöglicht hätten, einen Systemwechsel vorzunehmen, aber die gerade dargestellten Probleme vermeiden, sind nicht ersichtlich. Immer wäre für eine mittelbare Nachfrage Voraussetzung, daß es mehrere Systeme gibt, die bundesweit oder zumindest mit hinreichenden Überschneidungen eine Befreiungsleistung anbieten, da nur dann eine Wechselmöglichkeit bzw. eine Systemwahl für die Hersteller/Vertreiber gegeben wäre. Aufgrund der genannten Quotenvorgaben war eine wie auch immer geartete Überlappung befreiender Systeme aber ausgeschlossen.

Mangels Möglichkeit für einen Systemwettbewerb war folglich auch ein potentieller mittelbarer Nachfragewettbewerb der Hersteller bzw. Vertreiber unmöglich.[441]

β) Zwischenergebnis

Bei Errichtung des DSD-Systems bestand für die Rücknahmeverpflichteten keine Möglichkeit, die durch das DSD-System erfolgte Bündelung ihrer Nachfrage nach Entsorgungsleistungen zu vermeiden.[442] Eine mittelbare Nachfrage nach Entsorgungsleistungen über Systeme nach § 6 III VerpackVO 1991 wäre auch bei alternativen Gestaltungen von befreienden Systemen nicht möglich gewesen.[443] Eine solche Ausübung der Nachfrage der Hersteller bzw. Vertreiber scheitert dabei daran, daß durch die Quotenvorgaben der VerpackVO 1991 jede faktische Möglichkeit einer Konkurrenz befreiender Systeme ausgeschlossen wurde, und damit auch ein mittelbares Einwirken der Hersteller bzw. Vertreiber unmöglich gewesen wäre, weil ohne

441. A. A. VELTE Duale Abfallentsorgung und Kartellverbot, S. 137.
442. HOLTOFF-FRANK Kartellrechtliche Probleme, S. 175, 224, der jedoch trotz der Annahme, daß die Vorgaben der VerpackVO konkurrierende Systeme verhinderten und somit das DSD-Monopol in der VerpackVO angelegt ist, von einem Kartellrechtsverstoß ausgeht.
443. A. A. VELTE Duale Abfallentsorgung und Kartellverbot, S. 137.

Systemkonkurrenz die dafür erforderliche Systemwahl- und System-
wechselmöglichkeit nicht bestanden hätte.

Die Errichtung des DSD-, oder eines vergleichbaren Systems war
somit im Sinne des Arbeitsgemeinschaftsgedankens die einzige Möglichkeit, ein befreiendes System nach § 6 III VerpackVO einzurichten.[444] Mangels beschränkbarer Handlungsalternativen liegt daher
in der Errichtung des DSD-Systems durch die Satzung und die Zeichennutzungsverträge keine Wettbewerbsbeschränkung vor.[445]

*ccc) Möglichkeit eines Nachfragewettbewerbs der Verpflichteten
nach der Novelle gem. § 6 III VerpackVO*

Nachdem Satzung und Zeichennutzungsverträge für die Errichtung
des DSD-Systems keine Wettbewerbsbeschränkung enthalten, ist nun
zu untersuchen, ob sich nach der Novelle der VerpackVO 1998 im
Betrieb des DSD-Systems eine Wettbewerbsbeschränkung feststellen
läßt.

Theoretisch sind auch hier wiederum hersteller- bzw. vertreiber-
betriebene befreiende Systeme denkbar. Da die neuen Quotenvorgaben diese Möglichkeit nun gegenüber der VerpackVO 1991 eröffnet
haben[446], könnten diese Systeme auch innerhalb desselben Entsor-
gungsbezirks und mit eigenen Entsorgern tätig sein.

Praktisch ist das jedoch kein ökonomisch realistischer Ansatz. Neben den höheren Kosten, die kaum ein Hersteller/Vertreiber in der
für eine Flächendeckung erforderlichen Höhe allein aufbringen könnte,[447] träten auch hier die schon diskutierten Akzeptanzprobleme
beim Verbraucher in den Vordergrund. Mehrere Systeme – über unterschiedliche Kennzeichnung[448] – erforderten eine weitere Trennung
durch den Verbraucher, der seine weitere Inanspruchnahme mangels Verpflichtung wahrscheinlich verweigern würde, sowie die Aufstellung einer Vielzahl von Sammelbehältern.[449] Auch hier gilt, daß

---

444. So wohl auch RIESENKAMPFF BB 1995, 833, (839).
445. A. A. VELTE Duale Abfallentsorgung und Kartellverbot, S. 137; wohl auch
    SCHMIDT-PREUSS VerpackVO u. KartR, Lieberknecht FS, 549, (S. 559 f.).
446. Vgl. § 5 C III. 5.) b) bb) auf Seite 155.
447. RIESENKAMPFF BB 1995, 833, (839), der insofern auf die vergleichbare
    Situation bei Arbeitsgemeinschaften für Großprojekte hinweist.
448. Vgl. § 5 C III. 5.) b) aa) auf Seite 150.
449. COSSON Duale Systeme – Probleme des Wettbewerbs, 157, (160): Es ist
    blauäugig, anzunehmen der Verbraucher werde jede Verpackung auf ihre je-
    weilige Systemzugehörigkeit überprüfen. Vgl. auch RIESENKAMPFF BB 1995,
    833, (839 Fn. 66).

der Verbraucher eine stoffliche Trennung, wie sie auch im Rahmen des Dualen Systems erfolgt[450], in gewissem Umfang als ökologisch sinnvoll nachvollziehen kann und dann meist auch dementsprechend handelt. Er wird aber wohl kaum einsehen, warum er sich die Mühe machen soll, stoffgleiche Verkaufsverpackungen nur wegen unterschiedlicher Systemnutzung mal dem einen System und mal dem anderen System zuzuführen. Das schon jetzt bestehende Problem der Fehlwürfe würde sich dabei potenzieren. Auch logistisch wären mehrere Systeme in demselben Entsorgungsbezirk unwirtschaftlich. So ist für die Sammlung und Sortierung eine betriebliche Infrastruktur erforderlich, die erst ab einer gewissen Menge und in einer gewissen Größe[451] (einigermaßen) zu angemessenen Kosten arbeiten kann.

Somit bleibt festzuhalten, daß es an der Schnittstelle zum Verbraucher aus den faktischen Gegebenheiten heraus nötig ist, möglichst wenige Systeme, d. h. im Ergebnis pro Abfallart bzw. Materialfraktion maximal eines, in Erscheinung treten zu lassen, und diese Systeme in ihrer Zuständigkeit für den Verbraucher klar und einsichtig zu trennen. Im Gegensatz dazu sind mehrere Systeme mit eigener Erfassung weder wirtschaftlich sinnvoll noch kaufmännisch vernünftig und können daher nicht als potentieller Wettbewerb angesehen werden. Aus dem vorgenannten ergibt sich somit, daß im Entsorgungsbereich an der Schnittstelle zum Verbraucher eine natürliche Monopolstellung[452] gegeben ist, die zumindest eine regionale Kooperation mit den regionalen Monopolen unvermeidlich macht.[453]

Jeweils herstellereigene befreiende Systeme stellen damit auch nach der Novelle der VerpackVO keine Handlungsalternative zum Dualen System der DSD-AG dar.

450. Meist Papier und Glas neben dem »gelben Sack« bzw. der »gelben Tonne«.
451. »Economies of scale« vgl. BUNTE in: LANGEN/BUNTE GWB, Einführung zum GWB Rn. 75.
452. BENZLER et al. Wettbewerbskonformität, S. 32 und 60, BARTLING WuW 1995, 183, (187); auch HOLTOFF-FRANK Kartellrechtliche Probleme, S. 204, geht wegen der Kostendegression davon aus, daß die haushaltsnahe Erfassung am effektivsten durch Gebietsmonopole erbracht wird und folglich nur ein Wettbewerb um Entsorgungsgebiete bestehen kann. Auch BASTIANS kommt zu dem Ergebnis, daß nur ein Müllwagen die kostengünstigste Methode darstellt (BASTIANS Verpackungsregulierung, S. 86).
453. SCHULTZ Probleme des Wettbewerbs, 141, (151), VELTE Duale Abfallentsorgung und Kartellverbot, S. 135, BENZLER et al. Wettbewerbskonformität, S. 60; auch RIESENKAMPFF BB 1995, 833, (839 insb. Fn. 66), der jedoch weitergehend davon ausgeht, daß nur eine bundesweite Kooperation dem Bedürfnis der Hersteller/Vertreiber nach Befreiung von ihren Rücknahmepflichten gerecht wird, die bundesweit und nicht nur regional gewollt ist.

α) potentieller Nachfragewettbewerb im Rahmen kollektiver Systeme
nach § 6 III VerpackVO

Hinsichtlich der Beurteilung des Betriebs des DSD-Systems nach der Novelle der VerpackVO 1998 könnte ein solcher potentieller Nachfragewettbewerb gegeben sein. Durch die neuen Quotenregelungen ist nunmehr ein Systemwettbewerb theoretisch möglich. Fraglich ist jedoch, wie alternative Gestaltungen aussehen könnten.

Hierzu kommen von den bereits angesprochenen Konstellationen zunächst einmal nur diejenigen in Betracht, die neben dem bestehenden DSD-System möglich erscheinen. Ferner scheiden nach den vorangegangenen Ausführungen Konstellationen aus, die schon bei Errichtung des DSD-Systems nicht praktikabel waren. Im Ergebnis können also nur noch die Gestaltungsmöglichkeiten denkbare Handlungsalternativen darstellen, die jetzt realisierbar wären.

Wie zum Zeitpunkt der Errichtung des DSD-Systems, ist auch jetzt die Errichtung befreiender Systeme nur mindestens für das Gebiet eines Bundeslandes rechtlich möglich. Da nunmehr aber das bundesweite DSD-System besteht, kommt es in dem Gebiet eines neuen Systemanbieters automatisch zu einem Systemwettbewerb mit der DSD-AG. Dieses vorhandene System muß somit immer mit berücksichtigt werden.

Wegen der bundesweiten Erfassungsinfrastruktur der DSD-AG ist es auf Grund der zu erwartenden Akzeptanzprobleme für weitere Systemanbieter nicht möglich, eine eigene Infrastruktur mit eigenen Entsorgern aufzubauen.[454] Es bleibt folglich nur die Mitbenutzung der Sammelbehälter der durch die DSD-AG beauftragten Entsorger.[455]

Auch ohne eigene Entsorger müßte ein neuer Systemanbieter die Entsorgung und insbesondere auch die Quotenerfüllung entsprechend § 6 III VerpackVO sicherstellen. Dies muß er für die Erlangung und die Erhaltung der Systemanerkennung auch belegen.[456] Dazu bestehen grundsätzlich zwei Möglichkeiten. Entweder müßte die eigent-

---

454. § 5 C III. 5.) b) aa) auf Seite 150 und § 5 C III. 5.) b) bb) auf Seite 164.

455. Die Systemanerkennung erfordert keine eigene Infrastruktur (vgl. § 5 C III. 5.) b) bb) auf Seite 151). Auch die DSD-AG hat keine eigenen Entsorgungskapazitäten, sondern bedient sich der beauftragten Entsorger, die sich ihrerseits Subunternehmer bedienen können.

456. Dabei bestehen für neue Systemanbieter keine Übergangsregelungen hinsichtlich der Quotenvorgaben, wie sie der DSD-AG bei der Errichtung ihres Systems zu Gute kamen (vgl. auf Seite 162).

liche Entsorgungsdienstleistung direkt von der DSD-AG eingekauft werden, oder das hinzukommende System kauft die Entsorgungsleistungen im jeweiligen Entsorgungsgebiet von dem bereits für das DSD-System tätigen Entsorger direkt ein, so daß letzterer dann für mehrere Systeme tätig wäre.

In beiden Fällen darf die DSD-AG den Zugang des Konkurrenten nicht verhindern. Sie muß zu entsprechenden Konditionen die Entsorgungsdienstleistung ihres Systems auch anderen Systemen überlassen und darf ihre Entsorger nicht daran hindern, auch für andere Systeme tätig zu werden. Falls die DSD-AG sich weigern sollte, oder ihre Entsorger zu hindern versuchte, könnte dagegen über § 19 GWB wegen Mißbrauchs einer marktbeherrschenden Stellung vorgegangen werden, da nur die DSD-AG über eine private[457] Sammel- und Sortierinfrastruktur verfügt und folglich ein Monopol unterhält. Die Infrastruktur muß sie daher zu angemessenen Konditionen auch Konkurrenten zur Verfügung stellen. Im Falle des direkten Einkaufs der Entsorgungsleistungen müßte der beauftragte Entsorger ebenfalls eine Mitbenutzung durch den neuen Systembetreiber ermöglichen, da er während der Laufzeit des Entsorgungsvertrags ein Gebietsmonopol innehat.[458]

Fraglich ist nun, ob dieser denkbare Ansatz wirtschaftlich realistisch betrachtet auch langfristig umgesetzt werden kann, da er mit höherem Koordinationsaufwand verbunden ist. Schließlich ist der zu betreibende Aufwand für die Erlangung der Systemanerkennung recht hoch. Andererseits muß nicht unbedingt gleich eine bundesweite Systemanerkennung erreicht werden. Es reichte, zunächst die Tätigkeit in einem Bundesland aufzunehmen und sie dann auszuweiten. Der dazu nötige Aufwand, der sich für die Systemeinrichtung zunächst auf die Vertragsabschlüsse mit dem vorhandenen System oder den jeweiligen Entsorgern beschränken würde, wäre finanziell und vom Risiko her wohl zu bewältigen.[459] Die Einrichtung eines

---

457. Die Mitbenutzung der öffentlich-rechtlichen Infrastruktur ist von der Landbell AG und dem Lahn-Dill-Kreis versucht worden, wurde jedoch auf Betreiben der DSD-AG als mit der VerpackVO unvereinbar untersagt (vgl. VGH KASSEL Beschluß v 20. 8. 1999 – 8 TG 3140/98 NVwZ 2000, 92 und VG GIESSEN Urteil vom 31. 1. 2001 – 6 E 1972/97, NVwZ 2002, 238) und daraufhin von der Landbell AG aufgegeben.

458. Über diesen Ansatz hat die Landbell AG mittlerweile in Hessen eine Systemzulassung erhalten (o. V. FAZ vom 6. August 2003, S. 41).

459. Bereitet aber auch Schwierigkeiten, weil sofort im jeweils gesamten Bundesland eine Tätigkeit erforderlich ist (HAAS Konzept Lahn-Dill-Kreis, 76, (S. 77)).

weiteren Systems neben der DSD-AG erscheint daher als eine realistische Möglichkeit. Dies wird auch dadurch bestätigt, daß die Landbell AG in Hessen eine Systemanerkennung angestrebt[460] und erhalten hat.[461]

Entscheidend ist jedoch, ob durch die nun mögliche Wahl bzw. durch den möglichen Wechsel des Systems auf die Nachfrage auf dem Entsorgungsmarkt eingewirkt würde, wie es für eine mittelbare Marktbeteiligung der verpflichteten Hersteller bzw. Vertreiber erforderlich ist. Da das Verbot der Beschränkung des Nachfragewettbewerbs durch Bündelung der Nachfrage tendenziell den Schutz der Anbieter bezweckt,[462] müßte sich ferner aus Sicht der Entsorger an der Nachfragesituation eine Änderung dahingehend ergeben, daß sie nun auf andere Nachfrager ausweichen könnten.

Sofern das neue System die Befreiungs- oder die Entsorgungsleistung von dem vorhanden System einkauft, stünde dem jeweiligen Entsorgungsbetrieb weiterhin nur dieses Teilsystem gegenüber. Er hätte auch nur mit diesem als einzigem Nachfrager eine vertragliche Beziehung. Mehr Nachfragewettbewerb wäre daher nicht gegeben. Da sich die Systemwahl der Hersteller bzw. Vertreiber nicht auf den Entsorgungsmarkt auswirkt, besteht bei dieser Variante keine mittelbare Nachfrage, die beschränkbar wäre.

Anders könnte dies aber sein, wenn das neue System die vorhandene Entsorgungsinfrastruktur mitbenutzt, indem es selbst mit den jeweiligen Entsorgern des vorhanden Systems Verträge schließt, da der Entsorger dann mit mehreren Systemen Verträge unterhielte. Die Systemwahl der Hersteller bzw. Vertreiber würde sich nun insofern auf die Nachfrage nach Entsorgungsleistungen auswirken, als die jeweils lizenzierten Mengen nun im Rahmen der verschiedenen Verträge zwischen den Systemen und dem Entsorger einer Verwertung nach der VerpackVO zugeführt würden. Dabei erscheint es möglich, daß es hinsichtlich der zwischen dem Entsorger und dem jeweiligen System ausgehandelten Konditionen über die Erbringung der Entsorgungsleistung zu einem Preiswettbewerb der Systeme kommen könnte.

Andererseits wäre der Entsorger verpflichtet, mit allen interessierten Systemen Verträge abzuschließen, da er aufgrund des natürlichen

---

460. HAAS Konzept Lahn-Dill-Kreis, 76, (S. 77).
461. O.V. FAZ vom 6. August 2003, S. 41; ob sie langfristig Erfolg haben wird ist abzuwarten. Nach RUMMLER Neue Anforderungen der VerpackVO, 9, (S. 12) hält das Umweltministerium eine Etablierung eines echten Konkurrenzsystems zur DSD-AG für relativ unwahrscheinlich.
462. ZIMMER in: I/M GWB, § 1 Rn. 350 u. 160 f., vgl. Fn. 335 auf Seite 137.

Monopols bei der Sammlung[463] der einzige Anbieter während der Vertragslaufzeit ist. Ein Wechsel der Nachfrager ist für ihn daher genauso wenig möglich wie für neue Systeme, die nicht die Möglichkeit haben, andere als die bereits tätigen Entsorger zu beauftragen.

Damit ergäbe sich für den Entsorger zwar keine erweiterte Nachfrage, aber er kann demjenigen System bevorzugt Quotennachweise verkaufen, welches ihm die besseren Konditionen bietet, während andere Systeme nur insoweit Quotennachweise erhalten, wie er solche übrig hat. Die Systemwahl der Hersteller bzw. Vertreiber kann sich damit auch gegenüber dem Entsorger auswirken, da die Menge der nachgefragten Quotennachweise davon abhinge, in welchem Umfang die Hersteller bzw. Vertreiber die verschiedenen befreienden Systeme nutzen.

β) Ergebnis

Ein mittelbares Auftreten der Hersteller bzw. Vertreiber als Nachfrager im Markt für Entsorgungsleistungen über den dargestellten Systemwettbewerb erscheint daher möglich. Wegen der Wahlmöglichkeiten im Rahmen des denkbaren Systemwettbewerbs läge die erforderliche Auswirkung auf die Nachfrage nach Entsorgungsleistungen, die für ein mittelbares Auftreten der Hersteller bzw. Vertreiber als Nachfrager erforderlich ist, vor. Obgleich mit einem höheren Verwaltungsaufwand und erhöhter Kompliziertheit zu rechnen wäre, kann der dargestellte Ansatz nicht als unrealistisch angesehen werden. Aufgrund der möglichen Gewinne für Systemanbieter kann es wirtschaftlich zweckmäßig und kaufmännisch vernünftig sein, konkurrierende Systeme einzurichten. Zumindest solange nicht mehrere bundesweit tätige befreiende Systeme existieren, ist aber wohl mit erheblichen Schwierigkeiten für neu hinzutretende Systemanbieter zu rechnen, da sie gegen die gefestigte Stellung der DSD-AG angehen müssen. Außerdem sind nur auf einzelne Bundesländer beschränkte Lösungen für die meisten Hersteller bzw. Vertreiber aufgrund des für sie dann höheren Verwaltungsaufwands nicht besonders interessant.

Obgleich somit bei Errichtung des DSD-Systems keine Alternative zu dem bundesweiten System der DSD-AG bestand,[464] haben sich nun durch die Novellierung der VerpackVO neue Handlungsalternativen für die Hersteller bzw. Vertreiber eröffnet. Es besteht folglich

---

463. BASTIANS Verpackungsregulierung, S. 86.
464. Anders VELTE Duale Abfallentsorgung und Kartellverbot, S 137.

ein potentieller Markt für Entsorgungsleistungen und damit auch ein potentieller Wettbewerb, der durch Satzung oder Zeichennutzungsverträge beschränkt werden kann.

c) (spürbare) Beschränkung bezweckt oder bewirkt:

Nachdem nunmehr ein Handlungsspielraum festgestellt wurde, und somit ein potentieller Nachfragewettbewerb nach Entsorgungsleistungen besteht, muß nun geprüft werden, ob dieser Nachfragewettbewerb durch die angesprochenen Vereinbarungen, insbesondere Satzung bzw. Zeichennutzungsverträge, einer Beschränkung unterworfen wird, die bezweckt oder bewirkt ist und spürbare Außenwirkungen hat.

aa) bezweckte oder bewirkte Beschränkung

Eine festgestellte Wettbewerbsbeschränkung müßte von den Beteiligten beabsichtigt (»bezweckt«) oder ohne ausdrückliche Vereinbarung Folge ihres Verhaltens sein (»bewirkt«). Dabei sind die schon dargelegten Kriterien anzuwenden.[465]

Die außerhalb der Satzung und der Zeichennutzungsverträge in Form von »gentleman's agreements« bestehenden Absprachen der Hersteller bzw. des Handels, ihre Verpflichtungen aus der Verpack-VO nur über das DSD-System wahrnehmen zu wollen, damit dieser Preisfaktor möglichst dem Wettbewerb entzogen bleibt, bezwecken unproblematisch die Regelung des Verhaltens der Beteiligten untereinander. Diese Absprachen bewirken, daß die Beteiligten von den ihnen nun potentiell gegebenen Handlungsalternativen keinen Gebrauch machen und statt dessen ihre Nachfrage nach Entsorgungsleistungen weiterhin ausschließlich über die DSD-AG bündeln. Eine bezweckte Wettbewerbsbeschränkung liegt somit in den ungeschriebenen Absprachen vor. Eine weitere Prüfung, ob diese Beschränkung bewirkt wurde, erübrigt sich daher.

Fraglich ist jedoch, ob auch der Satzung und den Zeichennutzungsverträgen eine bezweckte oder bewirkte Wettbewerbsbeschränkung zu entnehmen ist.

Unproblematisch ist dabei zunächst die Feststellung, daß die Satzung und die Zeichennutzungsverträge als Sternverträge eine Bündelung der Nachfrage nach Entsorgungsleistungen zur Folge haben. So

---

465. Vgl. § 5 C III. 2.) b) auf Seite 120.

werden die Hersteller bzw. Vertreiber von einer individuellen Nachfrage ausgeschlossen. Auch wäre eine Errichtung eines kollektiven Entsorgungssystems wohl ohne eine solche Bündelung der Nachfrage kaum denkbar.[466] Die Satzung enthält aber keine Ausschließlichkeitsregeln, so daß die Aktionäre frei sind, auch mit Wettbewerbern der DSD-AG Verträge zu schließen.[467] Nach den vorangegangenen Feststellungen bestand außerdem, nach der hier vertretenen Auffassung hinsichtlich der Errichtung eines kollektiven Systems, keine realistische Alternative zu dem bundesweiten Dualen System. Da eine objektiv feststellbare Tendenz zur Wettbewerbsbeschränkung[468] mangels beschränkbaren Wettbewerbs daher nicht vorliegt, scheidet ein Bezwecken diesbezüglich aus.

Auch die aus damaliger Sicht zu erwartenden Folgen der Systemerrichtung gingen nicht über das unvermeidlich Maß hinaus, so daß auch ein Bewirken nicht gegeben ist.

Beschränkbarer potentieller mittelbarer Nachfragewettbewerb als Handlungsalternative ergab sich erst mit der Novellierung der VerpackVO 1998, da durch die Umstellung auf Verwertungsquoten, mehrere konkurrierende Systeme möglich wurden.

Aufgrund der nun gegebenen Möglichkeit, zwischen befreienden Systemen zu wechseln, könnte eine Beschränkung dadurch bezweckt oder bewirkt werden, wenn sich aus Satzung oder Zeichennutzungsverträgen die gemeinsame Erwartung vernünftiger Vertragsbeteiligter entnehmen ließe, daß eine Beschränkung des mittelbaren Auftretens als Nachfrager nach Entsorgungsleistungen (über potentielle konkurrierende befreiende Systeme) erfolgen sollte. Ein entsprechender Sinn der Vereinbarungen kann jedoch nicht festgestellt werden. So war die Möglichkeit konkurrierender Systeme bei Errichtung des DSD-Systems faktisch nicht gegeben,[469] so daß selbst eine Intention, die Aktionäre der DSD-AG oder die Zeichennehmer an einer mittelbaren Nachfrage nach Entsorgungsleistungen über konkurrierende Systeme zu hindern oder diese zu erschweren[470], ohne Auswirkungen geblieben wäre. Da es objektiv auch nicht vorhersehbar war, daß eine entsprechende Nachfrage überhaupt möglich würde,

466. Vgl. i. R. d. Art. 85 I EGV bzw. Art. 81 I EG, VELTE Duale Abfallentsorgung und Kartellverbot, S. 269, GÖTZ ZLR 1993, 534, (536).
467. KOMMISSION Entscheidung v. 17. 9. 2001 Az.: K(2001) 2672 ABl. EG 2001 L 319, Tz. 106.
468. Vgl. § 5 C III. 2.) b) auf Seite 120.
469. Vgl. § 5 C III. 5.) b) bb) auf Seite 153.
470. In Bezug auf die Zeichennutzungsverträge BOCK WuW 1996, 187, (191).

bestand auch objektiv keine Veranlassung, entsprechende Zwecke zu verfolgen. Schließlich hatte der Verordnungsgeber konkurrierende Systeme in der kurz zuvor ausgearbeiteten VerpackVO 1991 unmöglich gemacht, indem er auf das Gesamtverpackungsaufkommen bezogene Erfassungsquoten festsetzte. Ein Ausschluß der damals nicht vorhersehbaren Handlungsmöglichkeit, über konkurrierende Systeme mittelbar als Nachfrager aufzutreten, kann Satzung und Zeichennutzungsverträgen daher nicht entnommen werden. Das wird auch dadurch bestätigt, daß andernfalls für die Beteiligten kein Grund bestanden hätte, später über »gentleman's agreements« eine solche Beschränkung zu vereinbaren.

Außerdem bleiben etwaige sich aus der Aktionärsstellung ergebende Wettbewerbsbeschränkungen solange unberücksichtigt, wie sie sich aus der Erreichung des Gesellschaftszwecks ergeben, da andernfalls jede Gesellschaftsgründung von (potentiellen) Wettbewerbern nach § 1 GWB verboten wäre.[471] Der Umstand der Beteiligung als Aktionär alleine bezweckt daher keine Wettbewerbsbeschränkung.

Die Zeichennutzungsverträge haben zwar zur Folge, daß die Zeichennehmer ihren Bedarf an einer Befreiung von der Rücknahmepflicht bundesweit für alle von ihnen in Umlauf gebrachten Verpackungen gedeckt haben und daher keine darüber hinausgehenden Nachfrageaktivitäten entfalten. Diese Bedarfsdeckung stellt aber keine bewirkte Wettbewerbsbeschränkung dar, da es den Zeichennehmern frei steht, den Vertrag zu kündigen und zu Konkurrenten zu wechseln, falls es diese gibt und sie meinen, dort günstigere Konditionen zu erlangen.

Mangels einer Alternative zur Errichtung des DSD-System bei Abschluß des Gesellschaftsvertrages (nun Satzung), sowie bei Abschluß der Zeichennutzungsverträge (außer in Hessen) bis heute, kann den beiden Vereinbarungen daher nicht entnommen werden, daß mit deren Abschluß eine Wettbewerbsbeschränkung bezweckt oder bewirkt werden sollte. Die Wettbewerbsbeschränkung hinsichtlich konkurrierender Systeme ist daher nur dem »gentleman's agreement« zuzurechnen.

bb) spürbare Außenwirkungen

Die Beschränkung der wirtschaftlichen Handlungsfreiheit der Beteiligten muß eine spürbare Außenwirkung auf die Marktverhältnisse in

---

471. Allg. Meinung vgl. Rittner Wettbewerbs- und Kartellrecht, § 7 Rn. 30 (S. 202) m. w. N.

dem Sinne entfalten, daß die Marktchancen von Konkurrenten oder der Marktgegenseite beeinflußt werden.[472] Zur Feststellung der dafür erforderlichen Veränderung ist ein Vergleich zwischen den Marktverhältnissen mit der Vereinbarung und den Verhältnissen ohne diese Vereinbarung erforderlich.[473] Entsprechend der bisherigen Rechtsprechung des BGH[474] und der auch für das deutsche Recht maßgeblichen Rechtsprechung des EuGH, ist dabei der wirtschaftliche und rechtliche Gesamtzusammenhang zu berücksichtigen; dieser wird neben anderem durch die erfaßten Produkte, und die Marktstellung der Beteiligten bestimmt.[475] Welcher Art die Auswirkungen sind, ist dabei unerheblich.[476] Auch sind keine zu hohen Anforderungen zu stellen, da lediglich nur theoretisch denkbare Marktbeeinflussungen ausgeschlossen werden sollen.[477]

Hier ist aufgrund des Marktanteils des DSD-Systems von über 95 % und der fast vollständigen Teilnahme der Hersteller bzw. Vertreiber daran unproblematisch von einer Spürbarkeit auszugehen, da die bestehenden Verhältnisse zementiert werden.

cc) Ergebnis

Eine Wettbewerbsbeschränkung wegen Verhinderung einer mittelbaren Nachfrage nach Entsorgungsleistungen der Hersteller und Vertreiber über konkurrierende befreiende Systeme ergibt sich zwar nicht aus der Satzung und den Zeichennutzungsverträgen, sie liegt aber unproblematisch in den entsprechenden »gentleman's agreements« der Hersteller und Vertreiber, ihre Nachfrage ausschließlich im Rahmen

---

472. Diese Anforderungen gelten auch nach Aufgabe des Tatbestandsmerkmals der »Eignung zur Beeinflussung der Marktverhältnisse« in § 1 GWB a. F. fort.

473. So auch im EG-Wettbewerbsrecht EuGH Urteil v. 30. 6. 1966 Rs. 56/65 »Maschinenbau Ulm« Slg. 1966, 282, (303).

474. BGH Urteil vom 24. 6. 1980 – KZR 22/79 »Fertigbeton II«, WuW 1980, 204 = WuW/E BGH 1732, 1734.

475. BUNTE in: LANGEN/BUNTE GWB, § 1 Rn. 153, 192; EuGH Urteil v. 28. 2. 1991 Rs. C-234/89 »Delimitis/Henniger Bräu«, Slg. 1991, I-935, 984, Tz. 14 ff. mit Verweis auf EuGH Urteil v. 12. 12. 1967 Rs. 23/67 »Brasserie de Haecht I«, Slg. 1967, 543.

476. KG Beschluß vom 26. 2. 1986 – 1 Kart. 7/85 (»Selex-Tania«) WuW 1986, 801 = WuW/E OLG 3737, 3746 oder auch BGH Beschluß v. 11. 12. 1997 – KVR 7/96 »Europapokalheimspiele« BGHZ 137, 297 = WuW 1998, 163 = WuW/E DE-R 17, 19 f.

477. BGH Beschluß vom 9. 3. 1999, KVR 20/97 – »Lottospielgemeinschaft«, WuW 1999, 601 = WuW DE-R 289, 295.

des DSD-Systems auszuüben, vor. Diese Absprachen haben auch spürbare Außenwirkungen.

6.) Wettbewerbsbeschränkung wegen Verhinderung des Marktzutritts konkurrierender befreiender Systeme nach § 6 III VerpackVO

Hinsichtlich der Möglichkeit eines Marktzutritts konkurrierender befreiender Systeme nach § 6 III VerpackVO ist im Vorangegangenen schon einiges gesagt worden. Dabei stand jedoch die Frage im Mittelpunkt, inwieweit die Hersteller bzw. Vertreiber über befreiende Systeme mittelbar als Nachfrager auf den Markt für Entsorgungsleistungen einwirken können. Obgleich auch dabei Auswirkungen auf den Marktzutritt konkurrierender Systeme festzustellen sind, soll hier noch separat auf die Frage eingegangen werden, ob die Beteiligten auch ihre Nachfrage nach Befreiungsleistungen beschränkt haben und damit einen Marktzutritt konkurrierender Systeme nach § 6 III VerpackVO verhindern oder erschweren. Relevanter Markt ist damit nicht wie zuvor der Markt nach Entsorgungsleistungen, sondern der Markt nach Befreiungsleistungen.

a) spürbare Beschränkung bezweckt

Daß seit der Novelle der VerpackVO ein beschränkbarer Handlungsspielraum der Hersteller bzw. Vertreiber besteht, wurde festgestellt. Fraglich ist nun, inwieweit dieser Handlungsspielraum durch Satzung und Zeichennutzungsverträge in Bezug auf die Nachfrage nach Befreiungsleistungen beschränkt wurde.

Eine Wettbewerbsbeschränkung läge dann vor, wenn sich die Hersteller bzw. Vertreiber darauf geeinigt hätten, keine Verträge mit Konkurrenten des DSD-Systems abzuschließen. Da die Systemgebühren in die Preiskalkulation der Produkte eingehen, hätten sie diesen Faktor von dem unter ihnen bestehenden Wettbewerb ausgenommen und somit den Wettbewerb unter sich beschränkt.[478]

---

478. Insoweit besteht kein Streit. Streitig ist die reine Beschränkung von Drittwettbewerb, also wenn die Beteiligten nicht zwischen ihnen bestehenden Wettbewerb beschränken. Ebenfalls zu unterscheiden ist, wenn nicht im Wettbewerb stehende Unternehmen Vereinbarungen schließen, die Dritte am Marktzutritt hindern. Insoweit fehlt es schon am nötigen Konkurrenzverhältnis (BUNTE in: LANGEN/BUNTE GWB, § 1 Rn. 172 f.).

In Satzung und Zeichennutzungsverträgen ist eine ausschließliche Beschränkung auf das DSD-System nicht festgelegt.[479] Wegen der Monopolstellung der DSD-AG auf dem Markt für befreiende Systeme nach § 6 III VerpackVO und insbesondere durch die schon mehrfach erwähnte früher aufgrund der Quotenvorgaben in der Verpack-VO 1991 gegebene Unmöglichkeit, konkurrierende Systeme innerhalb desselben Gebiets einzurichten, ist ein Marktzutritt konkurrierender Systeme jedoch erst seit der Novelle der VerpackVO 1998 möglich.

Aus der Anknüpfung der Zeichennutzungsgebühren an die mit dem »Grünen Punkt« gekennzeichneten Verpackungsmengen ergab sich jedoch ein faktischer Druck, bei Teilnahme am DSD-System auch alle Verpackungen darüber zu lizenzieren, der in Verbindung mit der Auslistungsvereinbarung noch verstärkt wurde. Eine Teilnahme an einem konkurrierenden System – bspw. für ein Bundesland, falls dort ein solches existiert,[480] – bei weiterer Kennzeichnung mit dem »Grünen Punkt« wäre danach nur unter Fortzahlung der Lizenzgebühren an die DSD-AG auch für die dann über dieses konkurrierende System[481] entsorgten Verkaufsverpackungen möglich gewesen. Aufgrund der Anknüpfung der Lizenzgebühren an die Kennzeichnung der Produkte, und nicht – wie es die Kommission verlangte[482] – an der tatsächlichen Erbringung der Befreiungsleistung, wäre diese Kostenbelastung ohne Gegenleistung nur bei Verzicht auf die Kennzeichnung mit dem »Grünen Punkt«, und damit nur bei getrennten Herstellungs- und Distributionslinien vermeidbar. Dieser Weg wäre jedoch nicht nur mit hohen Kosten verbunden, sondern es wäre auch kaum möglich, eine derart genaue Steuerung der Entsorgungswege vorzunehmen, daß die jeweils über die verschiedenen Systeme lizenzierten Verpackungen auch ausschließlich über diese entsorgt werden.[483] Es ist schließlich der Endverbraucher, der letztendlich entscheidet, welchen Entsorgungsweg er wählt.

479. So auch KOMMISSION Entscheidung v. 17. 9. 2001 Az.: K(2001) 2672 ABl. EG 2001 L 319, Tz. 106.

480. War bisher nicht der Fall, ist aber mittlerweile von der Landbell AG in Hessen eingerichtet (o. V. FAZ vom 6. August 2003, S. 41).

481. Das kann ein befreiendes System nach § 6 III VerpackVO oder eine Selbstentsorgerlösung, wie im Rahmen des Ausstiegs der Drogerien *dm* und *Schlecker* dargestellt (vgl. § 5 C III. 5.) a) bb) auf Seite 140), sein.

482. KOMMISSION Entscheidung v. 20. 4. 2001 Az.: K(2001) 1106 ABl. EG 2001 L 166, nach Tz. 167.

483. KOMMISSION Entscheidung v. 20. 4. 2001 Az.: K(2001) 1106 ABl. EG 2001 L 166, Tz. 146.

Wie schon im Rahmen der Möglichkeit von Selbstentsorgerlösungen dargestellt,[484] besteht dieser Druck aufgrund der durch die Kommissionsentscheidung vom April 2001[485] bewirkten Zusatzvereinbarung zum Zeichennutzungsvertrag[486] nun auch im Fall konkurrierender § 6 III Systeme nicht mehr.

Unabhängig davon handelt es sich bei der Regelung der Gebühren um eine Vereinbarung, die die Entgeltberechnung für die Befreiungsleistung, also den Leistungsaustausch zwischen Zeichennehmer und DSD-AG, betrifft. Es handelt sich um keine Vereinbarung zwischen den Herstellern bzw. Vertreibern. Zwar ist zu berücksichtigen, daß es sich bei den Zeichennutzungsverträgen um Sternverträge handelt, die Gebührenerhebung betrifft aber dennoch das Austauschverhältnis. Etwaige wettbewerbsschädliche Auswirkungen werden gegebenenfalls durch das Verbot der mißbräuchlichen Ausnutzung einer marktbeherrschenden Stellung in § 19 GWB erfaßt. Auch die Kommission hat die Entgeltberechnung nur unter diesem Aspekt nach der entsprechenden Regelung des Art. 82 EG beurteilt.[487] Anders könnte dies nur beurteilt werden, wenn die Gestaltung der Gebührenberechnung auf eine Absprache der Hersteller bzw. Vertreiber, auf diese Weise eine Marktabschottung zu erreichen, zurückzuführen ist.

Eine Verhinderung des Marktzutritts konkurrierender Systeme ergibt sich daher nicht aus der Satzung und den Zeichennutzungsverträgen.

Da zwischen den Verpflichteten jedoch ein »gentleman's agreement« darüber besteht, Konkurrenten der DSD-AG – sei es als Selbstentsorgerlösungen, sei es als konkurrierende Systeme – zu verhindern, liegt darin eine Wettbewerbsbeschränkung vor, da aktuelle und potentiell zukünftig gegebene Handlungsalternativen eingeschränkt werden.

Maßnahmen der DSD-AG zur Verhinderung dieser Konkurrenz fallen zwar nicht unter § 1 GWB, sondern wären unter den Mißbrauch einer marktbeherrschenden Stellung nach § 19 GWB zu fassen. Das

---

484. § 5 C III. 5.) a) bb) auf Seite 140.
485. KOMMISSION Entscheidung v. 20. 4. 2001 Az.: K(2001) 1106 ABl. EG 2001 L 166; eine gerichtliche Überprüfung steht noch aus.
486. DSD Zusatzvereinbarung zum Zeichennutzungsvertrag Stand 31. 1. 2003.
487. KOMMISSION Entscheidung v. 20. 4. 2001 Az.: K(2001) 1106 ABl. EG 2001 L 166; Vgl. auch KOMMISSION Entscheidung v. 17. 9. 2001 Az.: K(2001) 2672 ABl. EG 2001 L 319, Tz. 37 und insb. Tz. 76 wonach die Zeichennutzungsverträge nicht von dieser Entscheidung erfaßt sind und daher nicht nach Art. 81 EG geprüft wurden.

Verhalten der DSD-AG ist hier jedoch, obgleich sie als Aktiengesellschaft rechtlich verselbständigt ist, für die Beurteilung des Vorliegens einer Wettbewerbsbeschränkung durch die Hersteller und Vertreiber relevant. So unterliegt die DSD-AG weitreichenden Einflußnahmen durch die sie tragenden Wirtschaftskreise, so daß aus ihrem Verhalten gewisse Rückschlüsse auf Absprachen der Hersteller bzw. Vertreiber gezogen werden können.

In diesem Rahmen bewirkt die Beteiligung wesentlicher Teile der Hersteller und Vertreiber als Aktionäre der DSD-AG, daß die Einflußnahme auf die DSD-AG eine Wettbewerbsbeschränkung durch das »gentleman's agreement« fördert und erleichtert. Ohne die wirtschaftliche Machtposition der Hersteller und Vertreiber wäre nämlich keine vergleichbare Einflußmöglichkeit auf die Konditionengestaltung des Systems gegeben. Auch wäre das Interesse, zu potentiellen anderen Systembetreibern zu wechseln, wohl größer, wenn Hersteller bzw. Vertreiber nicht bereits als Träger an an diesem System beteiligt wären, sondern das System lediglich über Zeichennutzungsverträge nutzten. Die Errichtung des DSD-Systems war jedoch damals nur über eine Zusammenarbeit der Hersteller und Vertreiber möglich, so daß insofern – anders als heute – keine Alternative bestand und folglich aus der zugrundezulegenden damaligen Sicht keine Wettbewerbsbeschränkung gegeben ist. Ferner wäre ein Systemaufbau z. B. durch ein Gemeinschaftsunternehmen der Entsorger – selbst wenn er möglich gewesen wäre – wettbewerbsrechtlich vermutlich die schlechtere Alternative gewesen.[488] Schließlich hätten sich die Entsorger dann als befristete Gebietsmonopolisten auf der Anbieterseite und als Systemträger auf der Nachfrageseite wiedergefunden, ohne zumindest einer gewissen Kontrolle durch die DSD-GmbH/AG und die primär Verpflichteten zu unterliegen.[489]

Daraus ergibt sich, daß nur aus dem festgestellten »gentleman's agreement« der Hersteller bzw. Vertreiber, keine konkurrierenden Systeme zu nutzen, eine beabsichtigte und damit bezweckte Wettbewerbsbeschränkung folgt.

488. HOLTOFF-FRANK Kartellrechtliche Probleme, S. 204 fordert ebenfalls die Trennung zwischen Betrieb des Systems und Leistungserbringung, womit die Beteiligung der Entsorger unvereinbar wäre. In diese Richtung auch FRENZ GewArch 1994, 145, (145).
489. Dennoch dient die auf die DSD-GmbH/AG zugeschnittene VerpackVO primär Erwerbsinteressen der Entsorger (BARTLING WuW 1995, 183, (189), WEIDEMANN DVBl. 1992, 1568, (1570)).

b) Ergebnis

Eine Wettbewerbsbeschränkung wegen Verhinderung des Marktzutritts konkurrierender befreiender Systeme nach § 6 III VerpackVO
liegt daher zwar nicht in Satzung und Zeichennutzungsverträgen
vor, ergibt sich aber aus dem entsprechenden »gentleman's agreement« der Hersteller und Vertreiber, welche jedwede Konkurrenz
zum DSD-System verhindern wollen. Diese Absprache hat auch spürbare Außenwirkungen.

Eine bezweckte spürbare Wettbewerbsbeschränkung liegt daher
hinsichtlich der Verhinderung des Marktzutritts konkurrierender Systeme vor.

7.) Wettbewerbsbeschränkung, den Preiswettbewerb der Hersteller bzw. Vertreiber zu regeln

Die in den vorigen Ausführungen festgestellte Wettbewerbsbeschränkung dient jedoch nicht nur dem Schutz der DSD-AG vor Konkurrenz, sondern besteht auch, um auf diesem Wege den Preisfaktor
der Entsorgungskosten für die Verkaufsverpackungen vom Wettbewerb weitgehend freizustellen. Im Ergebnis verbleiben danach nur
noch Handlungsalternativen hinsichtlich der Optimierung der Verkaufsverpackungen in Bezug auf die Gebührenstaffel der DSD-AG.

Dies stellt eine Einschränkung von Handlungsalternativen der Hersteller bzw. Vertreiber auf den jeweiligen Produktmärkten dar.

Weil diese Beschränkung Ziel der genannten Absprachen ist, wurde
sie auch bezweckt. Spürbare Außenwirkungen sind, nachdem über
95 % der Verkaufsverpackungen durch das DSD System erfaßt sind,
unproblematisch gegeben.

Folglich sind bezweckte spürbare Wettbewerbsbeschränkungen
auch in dem »gentleman's agreement« der Hersteller bzw. Vertreiber, den Preiswettbewerb untereinander zu beschränken, gegeben.

8.) Wettbewerbsbeschränkung hinsichtlich Nachfrage nach Verwertungsleistungen und hinsichtlich der Sekundärrohstoffmärkte durch das System der DSD-AG

Die Satzung und die Zeichennutzungsverträge könnten eine Wettbewerbsbeschränkung auf der Verwertungsstufe bezweckt oder bewirkt
haben. Untrennbarer Bestandteil des Dualen Systems ist nämlich
laut der Präambel der Satzung der DSD-AG der Abschluß von Ab-

nahme- und Garantievereinbarungen und von Verwertungsverträgen. Diese fallen nach den obigen Ausführungen zwar selbst nicht unter § 1 GWB.[490] Hier fragt sich jedoch, ob Satzung und Zeichennutzungsverträge selbst wettbewerbsbeschränkende Abreden enthalten, die auf der Verwertungsstufe den Wettbewerb beschränkt.

a) Bestehen eines aktuellen relevanten Marktes

Wie schon ausgeführt gab es vor Inkrafttreten der VerpackVO im haushaltsnahen Bereich keinen Wettbewerb nach Entsorgungsleistungen für Verkaufsverpackungen und damit auch keinen Nachfragewettbewerb nach Verwertungsleistungen bzw. Angebotswettbewerb hinsichtlich Sekundärrohstoffen; denn deren Entsorgung oblag zwingend den kommunalen Gebietskörperschaften.[491] Es bestanden zwar – ohne staatlichen Eingriff funktionierende – Sekundärrohstoffmärkte insbesondere für Altpapier, Glas und Aluminium.[492] Wie auf der Entsorgungsstufe standen den Unternehmen, soweit diese Materialien aus privaten Haushaltungen stammten, jedoch die kommunalen Gebietskörperschaften als Monopolist gegenüber, so daß kein Angebotswettbewerb bestand.

Durch die VerpackVO wurde den Herstellern und Vertreibern neben der Rücknahmepflicht auch aufgegeben, die so gesammelten Verkaufsverpackungen einer Verwertung zuzuführen. Dabei wird über den Anhang I zu § 6 VerpackVO festgesetzt, daß bestimmte Mengen stofflich zu verwerten sind. Es erfolgte somit auch hier eine Marktöffnung, die jedoch anders als im Entsorgungsbereich Hersteller und Vertreiber nicht nur zu Nachfragern nach Verwertungsleistungen, sondern auch – sofern die sortierten Fraktionen einen Marktwert erzielen – zu Anbietern von Wertstoffen auf den Sekundärrohstoffmärkten werden läßt.

Wie bereits festgestellt wurde, ist es im Entsorgungsbereich nie zu einem aktuellen Wettbewerb gekommen.[493] Da die für einen Wettbewerb im Verwertungsbereich erforderliche Erfassung nach § 6 I VerpackVO durch die Hersteller und Vertreiber selbst aktuell nicht erfolgt, hat auch ein Wettbewerb der von der Verwertungsverpflich-

---

490. Vgl. § 5 C II. 7.) auf Seite 115.
491. Vgl. § 5 C III. 5.) a) auf Seite 137.
492. B K art A Beschluß vom 24. 6. 1993 WuW 1994, 63 »Entsorgung von Transportverpackungen« = WuW/E, 2561, (2561), V e l t e Duale Abfallentsorgung und Kartellverbot, S. 139.
493. Siehe § 5 C III. 5.) a) aa) auf Seite 138.

tung des § 6 II VerpackVO betroffenen Hersteller und Vertreiber nicht stattgefunden.

Nach Abschaffung der sog. »Schnittstelle Null« besteht aber ein Wettbewerb der Entsorger hinsichtlich der Vermarktung der Materialfraktionen Glas, Papier/Pappe und Metalle, da nunmehr nach den Entsorgungsverträgen für den beauftragten Entsorger seit 1.1.1996 die Wahl besteht, die genannten Fraktionen selbst zu vermarkten, oder sie dem jeweiligen Garantiegeber kostenlos zu überlassen.[494] Lediglich im Bereich Kunststoffe und kunststoffgebundene Verbunde ist eine Selbstvermarktung auch weiterhin ausgeschlossen,[495] und besteht also kein aktueller Markt.

b) Bestehen eines potentiellen relevanten Marktes

Wiederum könnte es jedoch durch die Etablierung des Dualen Systems zu einer Beschränkung des potentiellen Wettbewerbs zwischen Herstellern bzw. Vertreibern gekommen sein. Dann müßte für diese ein Wettbewerb im Markt wirtschaftlich zweckmäßig und kaufmännisch sinnvoll erscheinen.[496]

aa) Möglichkeit des individuellen Marktauftretens durch Hersteller und Vertreiber

Für die Frage, ob eine Verwertung von Verkaufsverpackungen durch die Systembeteiligten außerhalb des Dualen Systems stattfinden könnte, muß berücksichtigt werden, daß die Verwertung von Verkaufsverpackungen nach § 6 II VerpackVO zunächst deren Erfassung erfordert. Die Möglichkeit, Verwertungsleistungen nachzufragen und u. U. Wertstoffe auf den Sekundärrohstoffmärkten anzubieten, hängt also davon ab, inwieweit ein individuelles Auftreten der Hersteller bzw. Vertreiber auf der Entsorgungsstufe stattfindet bzw. stattfinden könnte.

Wie ausgeführt ist eine individuelle Rücknahme oder Drittbeauftragung weder wirtschaftlich zweckmäßig noch kaufmännisch ver-

---

494. Letzteres entspricht der früheren »Schnittstelle Null«. vgl. KOMMISSION Entscheidung v. 17.9.2001 Az.: K(2001) 2672 ABl. EG 2001 L 319, Tz. 110 f.
495. Vgl. KOMMISSION Entscheidung v. 17.9.2001 Az.: K(2001) 2672 ABl. EG 2001 L 319, Tz. 110 f.
496. Gndl. BGH Urteil vom 13.12.1983 – KRB 3/83 (»Bauvorhaben Schramberg«) WuW 1984, 612 = WuW/E BGH 2050, 2051, ZIMMER in: I/M GWB, § 1 Rn. 143, IMMENGA in: I/M GWB 2. Aufl., § 1 Rn. 192.

nünftig.[497] Auch eine über mehrere kollektive Systeme organisierte Erfassung und Sortierung, obwohl theoretisch möglich, führt nicht zu einem Wettbewerb und damit auch nicht zu einer Wettbewerbsbeschränkung in diesem Bereich.[498]

Damit eine individuelle Verwertungsnachfrage sowie u. U. ein Auftreten in den Sekundärrohstoffmärkten durch Hersteller und Vertreiber erfolgen kann, wäre denkbar, daß die zunächst über das DSD-System gesammelten Verpackungsabfälle nachfolgend nach Herstellern und Vertreibern getrennt und diesen zugeordnet werden. Der dazu angesichts des hohen Durchmischungsgrades nötige immense Aufwand führt jedoch dazu, daß diese Möglichkeit als ökonomisch unzweckmäßig und kaufmännisch unsinnig ausscheidet.

Möglich wäre weiter, eine Aufteilung der erfaßten Verkaufsverpackungen nach dem Verhältnis der durch die jeweiligen Hersteller/Vertreiber in Umlauf gebrachten Mengen vorzunehmen, und dabei auf eine Zuordnung der jeweils selbst vertriebenen Verpackungsabfälle zu verzichten. Diese Variante ist zwar schon eher praktisch durchführbar, der Aufwand dafür wäre aber ebenfalls noch sehr hoch, da nach einer solchen Mengen-Aufteilung noch eine Material-Sortierung zu erfolgen hätte, die nun – sehr ineffizient von jedem Hersteller bzw. Vertreiber getrennt vorgenommen werden müßte. Letzteres erforderte zumindest unnötige und teure Transporte, damit die Sortieranlagen in einigermaßen sinnvollen Größen betrieben werden könnten. Auch diese Variante scheidet daher als unsinnig aus.

Folglich könnte eine Zuordnung nach dem Verhältnis der vertriebenen Mengen allenfalls *nach* einer Material-Sortierung erfolgen. Jeder Hersteller bzw. Vertreiber wäre dann hinsichtlich seines Anteils an den jeweiligen Materialfraktionen für die Zuführung zu einer Verwertung verantwortlich. So könnte den Herstellern bzw. Vertreibern ermöglicht werden, die Zuführung der lizenzierten Verkaufsverpackungen zu einer Verwertung durch Vorlage einer Garantieerklärung des Abnehmers selbst zu regeln. Diese Möglichkeit war in den Zeichennutzungsverträgen ursprünglich auch einmal enthalten, findet sich aber in der aktuellen Fassung nicht mehr. Sie war jedoch auch damals schon ausgeschlossen, sobald die DSD-GmbH selbst eine Garantieerklärung besaß.[499] Um wirtschaftlich interessant zu sein und zu

---

497. Vgl. § 5 C III. 5.) b) aa) auf Seite 145.
498. Vgl. § 5 C III. 5.) b) bb) auf Seite 156.
499. Vgl. Velte Duale Abfallentsorgung und Kartellverbot, S. 141.

einem Wettbewerb zu führen, dürfte die DSD-AG jedoch nur subsidiär die Verwertung durchführen und müßte außerdem den erlangten Kostenvorteil weitergeben.

Hersteller bzw. Vertreiber dürften zwar nur selten Interesse daran haben, sich selbst um die Verwertung zu kümmern, da es nicht zu ihrem Kerngeschäft gehört. Auch ist es für sie meist ineffizient, anstatt das System der DSD-AG zu nutzen und damit nur einmalig und für größere Mengen die Verwertung zu regeln, dies mehrfach für kleinere Mengen selbst zu tun. Diese Beurteilung ändert sich aber dann, wenn bestimmte Hersteller bzw. Vertreiber nur Verkaufsverpackungen solcher Fraktionen vertreiben, die sich mit Gewinn verwerten lassen, oder wenn, möglicherweise für die Verwertung von Produktionsabfällen, bereits Verwertungswege für die jeweiligen Fraktionen bestehen.

Im Ergebnis wäre insofern in manchen Fällen ein wirtschaftlich sinnvolles individuelles Marktauftreten der Hersteller bzw. Vertreiber denkbar, das einen potentiellen Wettbewerb bedeutet.

bb)   Möglichkeit einer Marktteilnahme im Rahmen von § 6 III VerpackVO

Analog zur Entsorgungsstufe bestünde weiter die Möglichkeit, daß die betroffenen Hersteller und Vertreiber ihre Nachfrage nach Verwertungsdienstleistungen bzw. u. U. ein Auftreten auf den Sekundärrohstoffmärkten über mehrere kollektive Systeme bündelten. Dabei reichte nach der VerpackVO eine lediglich branchenweite, regionale oder materialbezogene Systembildung aus, sofern insgesamt eine den Vorgaben entsprechende Verwertung erfolgt.

Auch hier könnte für die Hersteller bzw. Vertreiber – nun im Rahmen einer Zusammenarbeit – eine Wettbewerbsmöglichkeit darin bestehen, die Zuführung der lizenzierten Verkaufsverpackungen zu einer Verwertung durch Vorlage einer Garantieerklärung des Abnehmers selbst zu regeln.

Nachdem dies bereits für Hersteller bzw. Vertreiber individuell in machen Fällen eine ökonomisch und kaufmännisch vernünftige Möglichkeit darstellen kann, muß dies erst recht gelten, wenn diesbezüglich kooperiert wird.

Ein potentieller Wettbewerb der Hersteller bzw. Vertreiber um die Nachfrage nach Verwertungsleistungen bzw. hinsichtlich der Sekundärrohstoffmärkte ist somit gegeben.

cc) Möglichkeit einer Nachfrage nach Verwertung und
Vermarktung der Sekundärrohstoffe durch Entsorger

Die Hersteller bzw. Vertreiber könnten weiterhin in einem potentiellen Wettbewerbsverhältnis mit den von der DSD-AG beauftragten Entsorgern stehen, da die Verwertung und Vermarktung der Sekundärrohstoffe auch von den Entsorgern vorgenommen werden kann. Dieses Vorgehen erscheint auch wirtschaftlich zweckmäßig und kaufmännisch sinnvoll, da hinsichtlich einiger Fraktionen die Erzielung positiver Marktpreise möglich ist. Dies wird dadurch belegt, daß für einige Materialien schon vor der VerpackVO funktionierende Sekundärrohstoffmärkte existierten.

Eine mögliche Nachfrage nach Verwertung und Vermarktung der Sekundärrohstoffe durch die Entsorger besteht also. Dabei stehen sie im Wettbewerb zu den Herstellern bzw. Vertreibern.

c) Beschränkung spürbar bezweckt oder bewirkt

aa) hinsichtlich Hersteller bzw. Vertreiber

Der Zeichennutzungsvertrag sieht in § 2 vor, daß die DSD-AG auch die komplette Verwertung organisiert. Ein Zugang zu den sortierten Materialfraktionen besteht damit für die Hersteller bzw. Vertreiber nicht. Nach der Satzung bilden die Elemente des Dualen Systems darüber hinaus eine untrennbare Einheit.[500] Folglich habe sich die Hersteller bzw. Vertreiber durch die Teilnahme am DSD-System der festgestellten Möglichkeit einer selbständigen Verwertung bzw. einer eigenständigen Vermarktung der Sekundärrohstoffe begeben. Sie haben damit ihren Wettbewerb beschränkt. Dies ist auch keine überraschende, sondern eine zu erwartende Folge der Teilnahme am DSD-System. Ferner ist dies wohl auch so gewollt, so daß von einer bezweckten Wettbewerbsbeschränkung auszugehen ist.

Die Beschränkung der Hersteller bzw. Vertreiber hat jedoch nur geringe Auswirkungen auf die Marktverhältnisse. Da der Markt für Verwertungsleistungen bundesweit besteht, stehen den Verwertungsbetrieben schon jetzt die Entsorger in den verschiedenen Entsorgungsgebieten bzw. die Garantiegeber der DSD-AG gegenüber. Der Ausschluß der Hersteller bzw. Vertreiber – in dem engen Rahmen,

---

500. DSD Satzung der DSD-AG, Präambel a. E.

in dem er überhaupt realistisch zu erwarten wäre – wirkt sich daher nicht spürbar aus.[501]
Eine spürbare Wettbewerbsbeschränkung der Hersteller bzw. Vertreiber durch die Satzung bzw. Zeichennutzungsverträge erfolgt daher auf der Verwertungsstufe nicht.

bb) hinsichtlich Entsorger

Die Beschränkung des oben festgestellten potentiellen Wettbewerbs müßte durch die Satzung oder die Zeichennutzungsverträge bezweckt oder bewirkt worden sein.

Zwar war schon unter der Geltung des § 1 GWB a. F. streitig, ob auch eine Beschränkung von Drittwettbewerb vom Kartellverbot des § 1 GWB erfaßt ist.[502] Obgleich dieser Streit wegen der Neuformulierung in der Literatur meist insofern als geklärt angesehen wird, als daß die ausschließliche Beschränkung von Drittwettbewerb nun aus § 1 GWB herausfällt,[503] ist diese Frage dennoch weiterhin streitig.[504] Hier kommt es darauf jedoch nicht an, da, selbst wenn die bloße Beschränkung von Drittwettbewerb als ausreichend angesehen wird, der Satzung und den Zeichennutzungsverträgen keine Wettbewerbsbeschränkung hinsichtlich der Entsorger zu entnehmen ist.

Selbst bei Berücksichtigung des Gesamtsystems als untrennbare Einheit[505], also insbesondere der mangels Wettbewerbsverhältnis nicht selbst unter § 1 GWB fallenden Entsorgungsverträge,[506] ergibt sich nichts anderes. So sind die Entsorger nach Aufhebung der sog. »Schnittstelle Null« seit 1. 1. 1996 frei, für alle Wertstoffraktionen,

---

501. Vgl. auch V ELTE Duale Abfallentsorgung und Kartellverbot, S. 154 f.
502. B AHR WuW 2000, 954, (955 f. u. 959); dafür war insb. das BKartA siehe bspw. B K ART A Beschluß vom 29. April 1985 (»Selex-Tania«) WuW 1985, 995 = WuW/E BKartA, 2191, (2201 f.).
503. B AUMS ZIP 1998, 233, (235), S CHMIDT AG 1998, 551, (560), W ELLEN-HOFER-K LEIN WuW 1999, 557, (563 f. u. 566), H UBER in: FK II, Kurzdarstellung § 1 n. F. Rn. 50, Z IMMER in: I / M GWB, § 1 Rd. 181, 197; a. A. K AHLENBERG BB 1998, 1593, (1594), E MMERICH Kartellrecht, S. 41; ob die ausschließliche Beschränkung des »Drittwettbewerbs« nach § 1 GWB a. F. vom Kartellverbot erfaßt wurde, war streitig, vgl. H UBER in: FK II, Kurzdarstellung § 1 n. F. Rn. 15 m. w. N., 50, B AHR WuW 2000, 954, (955 ff. u. 958).
504. K AHLENBERG BB 1998, 1593, (1594) bspw. befürwortet weiterin die Anwendung des § 1 GWB, wenn die Vereinbarung darauf abzielt, Drittwettbewerb zu beschränken.
505. D SD Satzung der DSD-AG, Präambel a. E.
506. § 5 C II. 6.) auf Seite 114.

mit Ausnahme von Kunststoff und Verbunden, die Selbstvermarktung zu wählen.

In den Bereichen, in denen dies nicht möglich ist, ist eine Selbstvermarktung aufgrund der negativen Marktpreise für diese Fraktionen sowieso uninteressant. Die »Schnittstelle Null« dient außerdem dem Zweck, auch bei schwankenden oder sogar negativen Marktpreisen die Verwertung sicherzustellen, so daß insofern (im Rahmen der Entsorgungsverträge) ein anzuerkennendes Interesse gegeben wäre. Zu kritisieren wäre nach der momentanen Vertragslage lediglich, daß der Entsorger die Wahl nur einmal und dann für die gesamte Vertragslaufzeit treffen kann.[507]

Eine Wettbewerbsbeschränkung hinsichtlich der Verwertung und Vermarktung der Sekundärrohstoffe durch die Entsorger läßt sich somit, wenn man Drittwettbewerb überhaupt von § 1 GWB als erfaßt ansieht, der Satzung und den Zeichennutzungsverträgen nicht entnehmen.[508]

9.) Zwischenergebnis

Eine bezweckte oder bewirkte spürbare Wettbewerbsbeschränkung durch die Zeichennutzungsverträge und die Satzung der DSD-AG ist im Entsorgungsbereich zwar nicht gegeben. Auch bestand unter den Quotenvorgaben der VerpackVO 1991 bei Errichtung des DSD-Systems kein potentieller Wettbewerb. Eine Marktbetätigung der Hersteller bzw. Vertreiber individuell, über Kooperationen oder über verschiedene kollektive Systeme nach § 6 III VerpackVO erschien daher damals nicht wirtschaftlich zweckmäßig und kaufmännisch vernünftig. Soweit verschiedene Systeme möglich gewesen wären, hätten sie zueinander nicht im Wettbewerb gestanden, da sie auf unterschiedlichen Märkten tätig gewesen wären (regional, stofflich etc.).

Im Betrieb der DSD-AG im Rahmen der novellierten VerpackVO bestehen jedoch eine Reihe von bezweckten Wettbewerbsbeschränkungen. Zwar sind den Zeichennutzungsverträgen oder der Satzung keine wettbewerbsbeschränkenden Vereinbarungen zu entnehmen. Die nun bestehende Möglichkeit konkurrierender Systeme, über die

---

507. Dies wird auch von der Kommission kritisiert, aber vorläufig akzeptiert vgl. KOMMISSION Entscheidung v. 17. 9. 2001 Az.: K(2001) 2672 ABl. EG 2001 L 319, Tz. 110 ff.

508. Vgl. dazu auch VELTE Duale Abfallentsorgung und Kartellverbot, S. 142.

die Hersteller bzw. Vertreiber ihre Nachfrage nach Entsorgungsleistungen mittelbar ausüben könnten, wird jedoch durch »gentleman's agreements« spürbar beschränkt, indem Konkurrenzangebote zum DSD-System nicht genutzt werden sollen.

Ferner wird eine spürbare Wettbewerbsbeschränkung durch »gentleman's agreements« bezweckt, indem der Preiswettbewerb der Hersteller bzw. Vertreiber in Bezug auf den Kostenfaktor der Entsorgungskosten der Verkaufsverpackungen auf eine Optimierung innerhalb der Preisstaffel der DSD-AG beschränkt wird.

Im Verwertungsbereich wird durch die Zeichennutzungsverträge und die Satzung eine Wettbewerbsbeschränkung der Hersteller bzw. Vertreiber zwar bewirkt, da eine Verwertung bzw. Vermarktung der Sekundärrohstoffe individuell oder über Kooperationen nicht ausgeschlossen ist. Die Außenwirkungen dieser Beschränkung sind jedoch so gering, daß sie nicht hinreichend spürbar ist.

Schließlich enthält die Auslistungsvereinbarung eine bezweckte spürbare Wettbewerbsbeschränkung des Handels.

IV. Einschränkung des § 1 GWB ohne Anknüpfung an Tatbestandsmerkmale

Die schon in der Praxis des § 1 a. F. GWB vorgeschlagenen Ansätze, bestimmte Absprachen unabhängig von einzelnen Tatbestandsmerkmalen vom Kartellverbot auszunehmen, sind auch nach der Angleichung des § 1 GWB an Art. 81 I EG (Art. 85 I EGV) weiterhin aktuell, da sie auch im Rahmen des EU-Kartellrechts des Art. 81 I EG (Art. 85 I EGV) diskutiert werden.[509]

1.) Abwägung mit Umweltschutzbelangen?

Früher hatte das Bundeskartellamt Konflikten zwischen Kartellrecht und wichtigen anderen Rechtsgütern wie dem Gesundheits- und Umweltschutz dadurch Rechnung getragen, daß es zwischen Wettbewerbsschutz und den anderen Schutzgütern abgewogen hatte. So räumte es bspw. der Gefahrenabwehr bei besonders gefährlichen Produkten[510] oder dem Gesundheitsschutz bei der vertraglichen

---

509. EMMERICH Kartellrecht 8. Aufl., S. 53.
510. Hier ist insb. BUNDESKARTELLAMT Brief v. 20. 2. 1960 – B 4 – 362 324-A-344/59 – »Doppelstecker« WuW 1960, 363 = WuW/E 145, 145 ff. insb. 159, BKARTA Tätigkeitsbericht 1962, BT-Drs. 4/1220, S. 5 zu nennen. Ebenso BKARTA Tätigkeitsbericht 1964, BT-Drs. 4/3752, S. 16 (»Flüssig-

Beschränkungen der Zigarettenwerbung[511] Vorrang vor dem Kartellverbot ein.[512]

Später hat das Bundeskartellamt diese Ansicht jedoch wieder aufgegeben und vertritt sie schon seit längerem nicht mehr, da eine solche Abwägung Aufgabe des Gesetzgebers sei und es ernste Zweifel an der Vereinbarkeit dieser Praxis mit dem GWB hatte.[513]

Dem ist zuzustimmen. Wesentliches Merkmal des deutschen Kartellrechts ist, daß der zentrale Verbotstatbestand des § 1 GWB durch abschließende begrenzte Einzelausnahmetatbestände eingeschränkt wird (§§ 2–8 GWB).[514] Auch § 7 GWB, der dieses System mittlerweile teilweise durchbricht, ändert daran grundsätzlich nichts.[515]

Eine Güter- und Interessenabwägung unter Heranziehung von Umweltschutzbelangen ist daher nur im Rahmen des § 8 GWB möglich, scheidet aber ansonsten aus.[516]

Auch eine Rechtfertigung scheidet aus, da die gesetzliche Rechtsfolge des § 1 GWB ohne weiteres eintritt.[517]

---

gas«). S. a. BKARTA Tätigkeitsbericht 1976, BT-Drs. 8/704, S. 9.

511. Vgl. BUNTE in: LANGEN/BUNTE GWB, S 1 Rn. 158.

512. KLOEPFER JZ 1980, 781, (781 insb. 787).

513. BKARTA Tätigkeitsbericht 1995/96, BT-Drs. 13/10195, S. 39; vgl. auch BOCK WuW 1996, 187, (192), BURCHARDI/SACKSOFSKY JUTR 1994 Bd. 27, 23, (S. 39 f.), zust. auch FINCKH Regulierte Selbstregulierung, S. 148, BUNTE in: LANGEN/BUNTE GWB, § 1 Rn. 158; ähnlich MONOPOLKOMMISSION 11. Hauptgutachten 1994/95, BT-Drs. 13/5309, Tz. 96.

514. Für viele bspw. FABER UPR 1997, 431, (436).

515. Im Ergebnis ebenso BUNTE in: LANGEN/BUNTE GWB, § 1 Rn. 158 und 209 ff., BURCHARDI/SACKSOFSKY JUTR 1994 Bd. 27, 23, (S. 40), VON ZEZSCHWITZ JA 1978, 497, (505): »Übergesetzliche Restriktionen des Kartellverbotes zerstören die staatliche Kompetenzordnung und sind weder mit dem Gesetzesvorrang noch mit dem Gesetzesvorbehalt vereinbar«. Zustimmend: FINCKH Regulierte Selbstregulierung, S. 148, der allenfalls die teleologische Reduktion zur Konfliktvermeidung als systemgerecht betrachtet was aber keine Güterabwägung im Einzelfall erlaube. Auch ablehnend ZIMMER in: I/M GWB, § 1 Rn. 305 ff., IMMENGA in: I/M GWB 2. Aufl., § 1 Rn. 374 ff., 387 ff..

516. Im Ergebnis zustimmend: KÖHLER BB 1996, 2577, (2579), der für die Immanenztheorie plädiert, die im Schrifttum weitgehend anerkannt sei (m. w. N. siehe dort in Fn. 26); Eine Güterabwägung auch hinsichtlich Umweltschutzbelangen ebenfalls ablehnend: BUNTE in: LANGEN/BUNTE GWB, § 1 Rn. 213 ff.; in Bezug auf Art. 85 EGV PERNICE EuZW 1992, 139, (141); in der Literatur tw. a. A. vgl. VELTE Duale Abfallentsorgung und Kartellverbot, S 199; eine Rechtsgüterabwägung generell ablehnend RITTNER Wettbewerbs- und Kartellrecht, § 7 Rn. 64 (S. 214), SCHMIDT-PREUSS VerpackVO u. KartR, Lieberknecht FS, 549, (S. 559 .f. m. w. N.)

517. RITTNER Wettbewerbs- und Kartellrecht, § 7 Rn. 64 (S. 214).

2.) Immanenztheorie

Die Immanenztheorie ist in den vorangegangenen Ausführungen im Rahmen der tatbestandlichen Prüfung schon angesprochen worden. Teilweise wird aber auch eine von einzelnen Tatbestandsmerkmalen losgelöste Anwendung der Immanenztheorie vertreten,[518] so daß sie hier noch einmal angesprochen werden muß.

Nach der Immanenztheorie greift das Kartellverbot nicht ein, wenn ein anerkanntes und an sich kartellrechtsneutrales Rechtsinstitut bei Anwendung des § 1 GWB leerliefe.[519] Den vom Gesetzgeber geschaffenen oder zugelassenen Institutionen immanente (institutionell bedingte) Wettbewerbsbeschränkungen sollen danach vom Kartellverbot ausgenommen sein.[520] Folge ist eine teleologische Restriktion des Tatbestandes des § 1 GWB. Teilweise wird auch formuliert, daß kartellrechtlich nicht unzulässig sein kann, was zivilrechtlich geboten ist.[521] Dabei räume die Immanenztheorie der betreffenden Norm keinen Vorrang vor dem Kartellrecht ein, sondern ließe die für die Funktionsfähigkeit der Institution objektiv notwendigen Wettbewerbsbeschränkungen vom Kartellrecht unerfaßt.[522] Die von Tatbestandsmerkmalen des Kartellverbots losgelöste Anwendung der Immanenztheorie kommt damit einer Güterabwägung nahe. Von dieser unterscheide sie sich jedoch dadurch, daß sie nicht an Rechtsgüter, sondern an Institutionen/Organisationsmodellen für privates Handeln anknüpfe.[523]

Von der Rechtsprechung wird der Gedanke der Immanenztheorie[524] nicht von Tatbestandsmerkmalen losgelöst angewandt, sondern bei der Abgrenzung vertikaler Vereinbarungen im Rahmen des Tatbestandsmerkmals des gemeinsamen Zwecks (§ 1 GWB a. F.) benutzt.[525] Bei der Beurteilung der dabei in Austauschverträgen enthal-

---

518. BECHTHOLD NJW 1998, 2767, (2770).
519. Vgl. SCHULTZ UTR Bd. 38, 107, (S. 126); ähnlich KOCH NVwZ 1998, 1155, (1157).
520. VELTE Duale Abfallentsorgung und Kartellverbot, S. 207.
521. RIESENKAMPFF BB 1995, 833, (837 Fn. 46).
522. KÖHLER BB 1996, 2577, (2579).
523. KÖHLER BB 1996, 2577, (2579).
524. Die Rechtsprechung verwendet den Begriff »Immanenztheorie« überhaupt nicht.
525. BGH Urteil vom 14. 1. 1997 »Druckgußteile« WuW 1997, 611 = WuW/E BGH 3115, BGH Urteil vom 6. 5. 1997 »Sole« WuW 1997, 721 = WuW/E BGH 3137, BGH Urteil vom 14. 1. 1997 – KZR 35/95 – »Bedside-Testkarten«, WuW 1997, 617 = WuW/E BGH 3121; BUNTE WuW 1997,

tenen kartellrechtlich relevanten Vereinbarungen ging es dem BGH darum, den tatbestandlichen Anwendungsbereich einzuschränken, da die fraglichen Vereinbarungen seiner Ansicht nach im Ergebnis zu mehr Wettbewerb führen, und er sie daher zur Erreichung des kartellrechtsneutralen Hauptzwecks als sachlich geboten erachtet.[526] Ihm ging es also gerade nicht darum, Vereinbarungen vom Kartellverbot unerfaßt zu lassen, die über die Markteröffnung hinausgehende Wettbewerbsbeschränkungen enthalten.

Neben der Abgrenzung des Kartellverbots zu reinen Austauschverträgen wurden diese Gesichtspunkte hier bereits im Rahmen der Prüfung des Vorliegens beschränkbarer realistischer Handlungsoptionen berücksichtigt. Dort wurde bereits festgestellt, daß bei Errichtung des DSD-Systems keine realistischen Alternativen bestanden, so daß ein beschränkbarer Wettbewerb insoweit ausschied. KÖHLER[527] kommt zu entsprechenden Ergebnissen, bemüht dafür aber eine von den Tatbestandsmerkmalen losgelöste Anwendung der Immanenztheorie.[528] Da KÖHLER sowohl die Auslistungsvereinbarung als nicht immanent ansieht, als auch alle sonstigen nicht notwendigen Wettbewerbsbeschränkungen dem Kartellrecht unterwirft, wären Vereinbarungen, jetzt mögliche Konkurrenzsysteme nicht zu nutzen, danach wohl ebenfalls als nicht durch die Immanenztheorie gedeckt anzusehen.

Da hier somit nur noch die über das notwendige Maß hinausgehenden Wettbewerbsbeschränkungen zur Diskussion stehen, welche die Immanenztheorie nicht vom Kartellverbot ausnehmen will, scheidet eine auch diese umfassende Restriktion des Kartellverbotes aus.

857, (859), SCHMIDT AG 1998, 551, (556 f.); KAHLENBERG BB 1998, 1593, (1594) plädiert daher für eine Anknüpfung an das neue Tatbestandsmerkmal »zwischen miteinander im Wettbewerb stehender Unternehmen«.

526. Im Sinne dieses Markterschließungsgedankens argumentiert auch der EuGH. Der Gedanke taucht auch im Rahmen der Beurteilung von Arbeitsgemeinschaften auf. Vgl. BUNTE in: LANGEN/BUNTE GWB, § 1 Rn. 196.

527. KÖHLER BB 1996, 2577, (2578 f, insb. 2580 f.): Zulässig seien nach Immanenztheorie alle Wettbewerbsbeschränkungen des Systems nach § 6 III VerpackVO, die diesem immanent seien. Dies betreffe alle Absprachen zwischen Herstellern, Vertreibern und Entsorgern, die für die Funktionsfähigkeit des Systems erforderlich sind, um eine zuverlässige Abfallentsorgung sicherzustellen.

528. Ebenso für eine Freistellung zugelassener Abfallrückführungssysteme, soweit sie im Rahmen der umweltrechtlichen Zielsetzung bleiben COSSON Neue Verpackungsverordnung, 42, (S. 43).

3.) Rule of Reason

Für eine Rule of Reason, wonach erwünschte Wettbewerbsbeschränkungen nicht vom Kartellverbot erfaßt werden, wie sie in anderen Rechtsordnungen (wie der USA[529]) ohne eine System der Einzelausnahmen notwendig ist, ist im deutschen Recht mit seinen enumerativen Einzelfreistellungstatbeständen kein Raum.[530] Ferner lassen sich die hier festgestellten Wettbewerbsbeschränkungen wohl kaum als erwünscht auffassen.

4.) staatliche Veranlassung als Restriktion des § 1 GWB

a) Vollziehung des öffentlichen Willens als höherrangiges Rechtsgut

Teilweise wird in der Literatur die Meinung vertreten, daß Vereinbarungen, die der Vollziehung des öffentlichen Willens dienen, vom Kartellverbot freizustellen seien.[531] Dabei wird argumentiert, daß einer öffentlich-rechtlichen Regelung zuvorgekommen bzw. diese vermieden werde, und daher eine das GWB ausschließende Zuordnung zum öffentlichen Recht auch für die Vereinbarung erfolgen müsse.[532]

Abgesehen davon, daß diesem Ansatz schon deshalb nicht zu folgen ist, weil es der Bundesregierung andernfalls frei stünde, nach Belieben an den in § 2 bis 14 GWB geregelten Kartellverfahren vorbei Wettbewerbseingriffe vorzunehmen,[533] führt dieser Gedanke hier auch deshalb nicht weiter, da die festgestellten Wettbewerbsbeschränkungen nicht der Vollziehung des öffentlichen Willens dienen. Weder die weiterhin praktizierte Auslistung noch die Weigerung, Konkurrenzsysteme zu nutzen, oder die Vereinbarung, den Preisfaktor der

---

529. Dort entspricht sie einer allgemeinen Vernünftigkeitsregel vgl. KLOEPFER JZ 1980, 781, (786).

530. EMMERICH Kartellrecht, S. 56, KLOEPFER JZ 1980, 781, (786), PASCHKE UTR Bd. 38, 35, (S. 51), BUNTE WuW 1997, 857, (864), FABER UPR 1997, 431, (436); i. Erg. ebenso SCHMIDT-PREUSS VerpackVO u. KartR, Lieberknecht FS, 549, (S. 558. f.); BGH Beschluß v. 11.12.1997 – KVR 7/96 »Europapokalheimspiele« BGHZ 137, 297 = WuW 1998, 163 = WuW/E DE-R 17, 22; KG Beschluß vom 26.2.1986 – 1 Kart. 7/85 (»Selex-Tania«) WuW 1986, 801 = WuW/E OLG 3737, 3746; MONOPOLKOMMISSION 11. Hauptgutachten 1994/95, BT-Drs. 13/5309, Tz. 961 (S. 403); vgl. auch: Begr. zum RegE GWB 1998, BT-Drs. 13/9720, S. 33 (r. Sp.).

531. BAUDENBACHER JZ 1988, 689, (694), BROHM DÖV 1992, 1025, (1027); vgl. dazu FINCKH Regulierte Selbstregulierung, S. 150.

532. BROHM DÖV 1992, 1025, (1027).

533. VELTE Duale Abfallentsorgung und Kartellverbot, S. 204.

Entsorgungskosten von Wettbewerb freizustellen, sind von einem öffentlichen Willen umfaßt. Ein solcher könnte allenfalls in Bezug auf die Errichtung des Dualen Systems – welches mangels realistischer Alternative schon nicht gegen § 1 GWB verstößt[534] – angenommen werden. Selbst dagegen spräche jedoch, daß die Novelle der Verpack-VO die Quotenvorgaben an befreiende Systeme gerade deshalb geändert hat, um den bisher real unmöglichen Systemwettbewerb zu ermöglichen und damit die faktische Notwendigkeit einer umfassenden Teilnahme an der Dualen Abfallentsorgung zu beseitigen.

b) Vertrauenstatbestand

Teilweise wird auch eine Freistellung vom Kartellverbot aufgrund schützenswerten Vertrauens in die Rechtmäßigkeit des DSD-Systems wegen dessen staatlicher Veranlassung gesehen.[535]

Auch eine solche Ausnahme vom Kartellverbot kann jedoch nicht bestehen, weil andernfalls eine unzuständige Verwaltung durch die Schaffung von Vertrauen in den Anwendungsbereich des § 1 GWB eingreifen könnte, da sie durch ihr Verhalten die enumerativen Ausnahmetatbestände der §§ 2–8 GWB aushebeln könnte.[536] Daher käme eine Anwendung schon deshalb nicht in Betracht.

Selbst wenn eine Freistellungsmöglichkeit bejaht würde, führte dies hier jedoch nicht weiter. Da die schriftliche Fixierung der Auslistungsvereinbarung im Gesellschaftsvertrag der DSD-GmbH auf Hinweis des Bundeskartellamtes unterblieb, fehlt es bereits an einem Vertrauen in die kartellrechtliche Zulässigkeit der Auslistungsvereinbarung. Auch die erst lange nach der Errichtung des DSD-Systems geschlossene Vereinbarung, keine konkurrierenden Systeme zu nutzen, wäre nicht durch ein schützenswertes Vertrauen gedeckt, da sie nicht als von staatlicher Seite veranlaßt angesehen werden kann; denn da die Ermöglichung alternativer Systeme gerade Ziel der Novellierung der VerpackVO 1998 war, ergibt sich, daß eine staatliche Veranlassung gerade auf das Gegenteil abzielte. Dasselbe gilt für die Vereinbarung, den Preisfaktor der Entsorgung vom Wettbewerb freizustellen. Ferner hätte ein solcher Vertrauenstatbestand wohl auch nur für die

---

534. Ebenso für Art. 81 I EG KOMMISSION Entscheidung v. 17. 9. 2001 Az.: K(2001) 2672 ABl. EG 2001 L 319, Tz. 108.
535. WOLF BB 1989, 160, (166).
536. KLOEPFER JZ 1980, 781, (785); zustimmend auch FINCKH Regulierte Selbstregulierung, S. 151.

Frage einer Sanktion Auswirkungen, nicht jedoch für die Wirksamkeit des Kartells[537].

V. Zwischenergebnis

Eine von den Tatbestandsmerkmalen losgelöste weitergehende Einschränkung des Kartellverbotes scheidet somit aus.

Der Tatbestand des § 1 GWB ist damit hinsichtlich der Auslistungsvereinbarungen und der Absprache, keine konkurrierenden Systeme zu nutzen, sowie der Einigung, die Entsorgungskosten als Preisfaktor vom Wettbewerb freizustellen, erfüllt.

VI. Auswirkung der Kommissionsentscheidung vom 17. September 2001 auf die nationale kartellrechtliche Beurteilung

Am 17. September 2001 hat die Kommission der EG entschieden, daß sie keinen Anlaß sieht, gegen die Satzung der DSD-AG und die Garantieverträge einzuschreiten. Weiterhin hat sie die Leistungsverträge (Entsorgungsverträge) hinsichtlich der darin enthaltenen Ausschließlichkeitsbindungen freigestellt.[538] Obgleich einer Prüfung des EG Kartellrechts hier nicht vorgegriffen werden soll, fragt sich dennoch, inwieweit diese Entscheidung auf die nationale kartellrechtliche Beurteilung Auswirkungen hat. Dabei ist zunächst zu ermitteln, welchen Rechtscharakter die Unterlassung des Einschreitens hat.

1.) Rechtscharakter

Die Kommission erkennt hinsichtlich der Satzung keine spürbare Wettbewerbsbeschränkung auf dem Markt für die Organisation der Rücknahme und Verwertung der beim privaten Endverbraucher anfallenden Verkaufsverpackungen gem Art. 81 I EG und kommt somit zu dem Ergebnis, daß die Errichtung der DSD-AG auf der Grundlage der Satzung keine Wettbewerbsbeschränkung darstellt.[539] Sie erteilt insofern also keine Freistellung nach Art. 81 III EG, sondern ein sog. Negativattest.

---

537. VELTE Duale Abfallentsorgung und Kartellverbot, S. 205.
538. KOMMISSION Entscheidung v. 17. 9. 2001 Az.: K(2001) 2672 ABl. EG 2001 L 319.
539. KOMMISSION Entscheidung v. 17. 9. 2001 Az.: K(2001) 2672 ABl. EG 2001 L 319, Tz. 107 f.: Aus dem Betrieb könnten sich jedoch solche ergeben.

Hinsichtlich der Verwertungsstufe (Leistungsverträge (=Abnahmeverträge) und Garantieverträge) sieht sie nach Aufgabe der »Schnittstelle Null« hinsichtlich aller Materialien (außer Kunststoffen und Verbunden) ebenfalls keine spürbare Wettbewerbsbeschränkung. Die Bestimmung, daß die Wahl der Vermarktungsart bis zum Ende der Vertragslaufzeit nicht geändert werden darf, wird bis zum 31. Dezember 2003 toleriert.[540] Auch hinsichtlich der noch bestehenden »Schnittstelle Null« für Kunststoffe und Verbunde sieht die Kommission bis Ende 2003, wegen des bisher durchgehend negativen Marktpreises dieser Materialien und der erforderlichen Vergabe im Wettbewerb nach der VerpackVO, ebenfalls keine Wettbewerbsbeschränkung[541] und erteilt insofern ebenfalls ein Negativattest.

Nachdem die Abnahme- und Garantieverträge nach deutschem Kartellrecht aufgrund der Unterscheidung zwischen horizontalen- und vertikalen Vereinbarungen bereits nicht dem Kartellverbot des § 1 GWB unterfallen,[542] ist dieser Punkt hier irrelevant.

Hinsichtlich der Ausschließlichkeitsbindung in den Entsorgungsverträgen wird eine spürbare Wettbewerbsbeschränkung gesehen.[543] Trotzdem hat die Kommission, insbesondere wegen Unvermeidbarkeit, eine Freistellung unter Auflagen nach Art. 81 III EG bis Ende 2003 erteilt.[544] Sowohl die Leistungs- und Entsorgungsverträge an sich, als auch die darin enthaltenen Ausschließlichkeitsbindung fallen aber nach deutschem Kartellrecht nicht unter § 1 GWB.[545] Die Leistungsverträge unterliegen insbesondere der Kontrolle nach § 16 GWB. Auch insofern ist die Entscheidung für das hier interessierende Kartellverbot nach § 1 GWB nicht von Interesse.

Es fragt sich jedoch, inwieweit die Negativatteste hinsichtlich der Satzung auf die Beurteilung nach deutschem Kartellrecht Auswirkungen haben.

---

540. KOMMISSION Entscheidung v. 17. 9. 2001 Az.: K(2001) 2672 ABl. EG 2001 L 319, Tz. 110.
541. KOMMISSION Entscheidung v. 17. 9. 2001 Az.: K(2001) 2672 ABl. EG 2001 L 319, Tz. 114.
542. Vgl. § 5 C II. 7.) auf Seite 115.
543. KOMMISSION Entscheidung v. 17. 9. 2001 Az.: K(2001) 2672 ABl. EG 2001 L 319, Tz. 132.
544. KOMMISSION Entscheidung v. 17. 9. 2001 Az.: K(2001) 2672 ABl. EG 2001 L 319, Tz. 150, Art. 2 u. 3 der Entssch..
545. Vgl. § 5 C II. 6.) auf Seite 114.

2.) Auswirkungen

Nach BUNTE ist das nationale Kartellrecht bei Vorliegen eines Negativattests nach Art. 2 VO Nr. 17/62, der hier ausweislich der Entscheidung der Kommission vorliegt,[546] oder eines »comfort letters«, ebenso wie bei der Nichtanwendbarkeit des Art. 81 I EG, unstreitig in seiner Anwendung frei.[547]

3.) Ergebnis

Die Kommissionsentscheidung vom 17. September 2001 berührt die hier vertretene nationale kartellrechtliche Beurteilung der Satzung nicht.

VII. Exkurs: Legalisierung

Da mangels schriftlicher Niederlegung der festgestellten wettbewerbsbeschränkenden Vereinbarungen eine Legalisierung nach den §§ 2 ff. GWB ausscheidet, können sie nur knapp als Exkurs für den Fall dargestellt werden, daß eine schriftliche Fixierung erfolgt oder die Errichtung bzw. der Betrieb des DSD-Systems – anders als hier vertreten – als kartellrechtswidrig angesehen werden sollte.

1.) §§ 2–6 GWB

Eine Freistellung nach den §§ 2–6 GWB kommt nicht in Betracht, da tatbestandliche Anknüpfungspunkte fehlen.

2.) § 7 GWB

Anders als in den bisher angesprochenen Vorschriften des GWB, hat die sechste Novelle des GWB zu der neuen Vorschrift des § 7 GWB geführt, die insbesondere im Zusammenhang mit der hier besprochenen Problematik besonders relevant erscheint, und als Auffangtatbestand formuliert ist.[548] So bestimmt § 7 I GWB nun

---

546. KOMMISSION Entscheidung v. 17.9.2001 Az.: K(2001) 2672 ABl. EG 2001 L 319, vor Tz. 1.
547. BUNTE in: LANGEN/BUNTE GWB, Einführung zum GWB Rn. 85, Einführung zum EG-Kartellrecht Rn. 77 u. Art. 81 Rn. 178.
548. BECHTHOLD NJW 1998, 2767, (2770); nach KRETSCHMER WuW 1998, 654, (654) ist sie Art. 85 III EGV (= Art. 81 III EG) nachgebildet.

ausdrücklich, daß u. a. Vereinbarungen und Beschlüsse, die zu einer Verbesserung der Rücknahme oder Entsorgung von Waren beitragen, vom Bundeskartellamt vom Kartellverbot des § 1 freigestellt werden können, wenn bestimmte Voraussetzungen erfüllt sind. § 7 GWB sieht dabei eine Abwägung mit den abfallrechtlichen Zielen des KrW-/AbfG bei der kartellrechtlichen Freistellung vor.[549] Diese Regelung wurde gemäß der Begründung zum Regierungsentwurf explizit deshalb eingefügt, um eine Freistellung von Vereinbarungen und Beschlüssen zu erreichen, die der Erfüllung von Rücknahme- und Entsorgungspflichten aus dem KrW-/AbfG in Verbindung mit seinen Verordnungen dienen.[550]

EMMERICH zieht daraus den Schluß, daß daher nun für eine Duldung der Wettbewerbsbeschränkungen in diesem Bereich durch die Kartellbehörden kein Raum mehr sei, sondern daß es nun einer Freistellung nach § 7 GWB im Einzelfall bedarf.[551] Auch der Gesetzgeber ging von dieser Annahme aus.[552] Bisher geduldete Entsorgungsgemeinschaften müßten daher nun eine Freistellung nach § 7 GWB beantragen.[553]

Trotz der Absicht des Gesetzgebers, insbesondere für Fälle wie des hier behandelten Duale Systems, mit § 7 GWB eine Freistellungsmöglichkeit zu schaffen, entbindet dies nicht davon, zunächst festzustellen, ob nach den Tatbestandsvoraussetzungen des § 7 GWB im Fall des DSD-Systems eine Freistellung möglich wäre.

Sofern die Errichtung bzw. der Betrieb des DSD-Systems als kartellrechtswidrig angesehen wird, wäre dabei insbesondere problematisch, daß eine Freistellung nur möglich ist, wenn dadurch keine marktbeherrschende Stellung geschaffen bzw. verfestigt wird. Bei der Feststellung der marktbeherrschenden Stellung kann dabei zwar auf die Bestimmung des § 19 GWB zurückgegriffen werden, aber auch ohne Heranziehung des § 19 GWB ergibt sich, daß die DSD-AG unproblematisch eine marktbeherrschende Stellung innehat. Folglich scheitert eine Freistellung nach § 7 GWB, selbst wenn die übrigen

549. BUNTE in: LANGEN/BUNTE GWB, § 1 Rn. 335.
550. Begr. zum RegE GWB 1998, BT-Drs. 13/9720, S. 33 (r.Sp), S. 48 (r.Sp.), s. a. EMMERICH Kartellrecht, S. 55.
551. EMMERICH Kartellrecht, S. 55 f.; ebenso BUNTE in: LANGEN/BUNTE GWB, § 1 Rn. 207, 336, ZIMMER in: I/M GWB, § 1 Rd. 313.
552. Begr. zum RegE GWB 1998, BT-Drs. 13/9720, S. 33.
553. BUNTE in: LANGEN/BUNTE GWB, § 1 Rn. 336.

Voraussetzungen des § 7 GWB vorlägen[554], an dieser Grenze.[555] Eine Freistellung nach § 7 GWB ist daher nicht möglich.[556]

3.) § 8 GWB

Eine Legalisierung nach § 8 GWB im Wege der Ministererlaubnis[557] wäre für die festgestellten Wettbewerbsbeschränkungen wohl nicht möglich.
Eine Ministererlaubnis käme nur in Betracht, wenn die Errichtung bzw. der Betrieb des DSD-Systems an sich – anders als hier vertreten – als gegen das Kartellverbot verstoßend betrachtet würde. In diesem Rahmen wäre eine Ministererlaubnis wohl auch rechtlich möglich.[558] Sie ist aber bisher weder beantragt worden,[559] noch erfolgt. Weil es sich bei der Ministererlaubnis ferner, trotz der rechtlichen Voraussetzungen, im wesentlichen um eine politische Entscheidung handelt, soll sie hier auch deshalb nicht weiter verfolgt werden.

554. Auch diese sind nicht ohne weiteres gegeben. So fragte sich angesichts der hohen Kosten des DSD-Systems auch im europäischen Vergleich, worin die angemessene Beteiligung des Verbrauchers am Gewinn zu sehen wäre.
555. So auch SCHUMACHER WuW 2002, 121, (130).
556. Das sieht wohl auch das BKartA so. vgl. SCHMITZ Presseerklärung von ULF BÖGE in NN v. 29. 8. 2002.
557. FINCKH Regulierte Selbstregulierung, S. 152; vgl. dazu sehr ausführlich VELTE Duale Abfallentsorgung und Kartellverbot, 215 ff.
558. Zu diesem Ergebnis gelangt VELTE Duale Abfallentsorgung und Kartellverbot, 259, der darunter auch die Auslistungsvereinbarung als freistellbar faßt, weil sie zur Vermeidung von Trittbrettfahrern unter den Herstellern erforderlich sei.
559. Wobei die Beantragung einer Ministererlaubnis ohne Untersagungsverfügung des BKartA mangels Rechtsschutzbedürfnisses auch bisher nicht möglich ist. Da bisher lediglich eine nicht abschließende Tolerierung erfolgt, fehlt es an einer negativen Entscheidung des BKartA. Dies könnte sich jedoch demnächst ändern, da das BKartA bekannt gegeben hat, daß es ein förmliches Verfahren gegen die DSD-AG eingeleitet hat. In den diesbezüglichen Presseberichten klingt an, daß das BKartA dazu neigt, einen Kartellverstoß festzustellen, und daß es sich an einer Freistellung nach § 7 GWB wegen der marktbeherrschenden Stellung der DSD gehindert sieht (vgl. SCHMITZ Presseerklärung von ULF BÖGE in NN v. 29. 8. 2002, siehe dazu auch unter § 5 C VII. 2.) auf der vorherigen Seite). Andererseits, hat das BKartA nachfolgend das Untersagungsverfahren erneut vorerst eingestellt (o. V. FAZ vom 23. Juli 2003, S. 9) und fährt mit der bisherigen Tolerierungspraxis bis 2006 fort (vgl. o. V. FAZ vom 20. Juni 2003, S. 19).

4.) Ergebnis

Eine Legalisierung nach den §§ 2–8 GWB scheidet daher aus.

VIII. Rechtsfolge

Wie im früheren Recht enthält auch § 1 GWB 1998 ein grundsätzliches Kartellverbot (Ausnahmen in §§ 2–8 GWB). Die Formulierung des § 1 GWB ist im Rahmen der 6. Novelle 1998 neu gefaßt worden, wobei sie an Art. 81 I EG (Art. 85 I EGV) angeglichen wurde.[560] Während § 1 I 1 a. F. GWB regelte, daß Verträge, die Unternehmen oder Vereinigungen von Unternehmen zu einem gemeinsamen Zweck schließen, und Beschlüsse von Vereinigungen von Unternehmen unwirksam sind, »*soweit* sie geeignet sind, die Erzeugung oder die Marktverhältnisse für den Verkehr mit Waren oder gewerblichen Leistungen durch Beschränkung des Wettbewerbs zu beeinflussen«, bestimmt § 1 GWB nun, daß Vereinbarungen zwischen miteinander im Wettbewerb stehenden Unternehmen, Beschlüsse von Unternehmensvereinigungen und aufeinander abgestimmte Verhaltensweisen[561], die eine Verhinderung, Einschränkung oder Verfälschung des Wettbewerbs bezwecken oder bewirken, verboten sind. Das »Kartellverbot« ergab sich damit bisher nach § 38 I Nr. 1 GWB a. F. erst beim »Sichhinwegsetzen« über die Unwirksamkeit des Kartellvertrages. § 1 GWB spricht nun ausdrücklich ein Kartellverbot aus. Die Rechtsfolge der Unwirksamkeit des Kartellvertrages ergibt sich damit nun aus § 134 BGB[562].

Die Auslistungsvereinbarung, die Vereinbarung, keine konkurrierenden Systeme zu nutzen, sowie die Absprache, den Preisfaktor der Entsorgung weitestgehend dem Wettbewerb zu entziehen, sind als »gentleman's agreements« von vornherein nicht auf eine rechtliche Wirksamkeit ausgelegt. Die Rechtsfolge der Nichtigkeit aus § 134 BGB kann daher auch keine rechtliche Wirksamkeit entziehen, so

---

560. Begr. zum RegE GWB 1998, BT-Drs. 13/9720, S. 30 f.

561. Früher war eine entsprechende Regelung für abgestimmte Verhaltensweisen in § 25 I GWB a.F. enthalten.

562. Begr. zum RegE GWB 1998, BT-Drs. 13/9720, S. 46 f, HUBER in: FK II, § 1 n. F. Kurzdarstellung Rn. 3, KAHLENBERG BB 1998, 1593, (1594); weitere Sanktionen folgen aus §§ 32 bis 34 und § 81 GWB, sowie bei Submissionskartellen § 298 StGB (i. d. F. des Gesetzes zur Bekämpfung der Korruption vom 13. 8. 1997 (BGBl. I, S. 2038)) i. V. m. § 82 GWB. Siehe dazu EMMERICH Kartellrecht, S. 56.

daß nur ein kartellbehördliches Vorgehen bei Praktizierung dieser Absprachen möglich ist.

1.) Gesamtbetrachtung hinsichtlich Rechtsfolge?

Schon im Rahmen der Prüfung der Tatbestandsmerkmale wurde der Gesamtzusammenhang der Vereinbarungen berücksichtigt. Eine isolierte Betrachtung fand somit nicht statt. Es fragt sich nun, wie sich der Gesamtzusammenhang der Vereinbarungen auf die Rechtsfolge des § 1 GWB auswirkt.

Grundsätzlich sind von der Nichtigkeitsfolge des § 1 GWB nur diejenigen Vertragsbestimmungen betroffen, die gegen das Kartellverbot verstoßen.[563] Dies ergab sich nach § 1 GWB a. F. schon aus dem Wortlaut, da dort die Unwirksamkeit nur vorgesehen war, »*soweit*«[564] sich eine Wettbewerbsbeschränkung ergab. Die neue Fassung in § 1 GWB formuliert dies zwar nicht mehr so, es ist aber auch weiterhin so zu handhaben, da nicht ersichtlich ist, daß mit der Gesetzesänderung auch eine Änderung insoweit beabsichtigt war. Selbst im Falle einer Gesamtbetrachtung, die das Vertragssystem der DSD-AG inklusive aller mündlichen Abreden als eine Einheit, und damit wie eine einheitliche Vereinbarung betrachtet, wären danach grundsätzlich nur die gentleman's agreements selbst, von der Nichtigkeitsfolge des § 1 GWB umfaßt.

Aus § 139 BGB ergibt sich zwar, daß eine Gesamtnichtigkeit eintritt, wenn nach dem Willen der Beteiligten davon auszugehen ist, daß die Vereinbarung nicht ohne den nichtigen Teil zustandegekommen wäre. Nachdem die Boykottierung konkurrierender Systeme erst lange nach der Errichtung des DSD-Systems vereinbart wurde, kann jedoch kaum angenommen werden, daß der Bestand und der weitere Betrieb des DSD-Systems nach dem Willen der Beteiligten von der Umsetzung dieser Vereinbarung abhängen sollte. Obgleich das Interesse des Handels an der Auslistungsvereinbarung bei Errichtung des DSD-Systems groß war, so ist dessen Notwendigkeit durch die Novelle der VerpackVO nicht mehr in gleichem Maße gegeben. Beide Vereinbarungen existieren ferner nur als »gentleman's agreements« und entfalten damit von vornherein keine rechtlichen Wirkungen, so

---

563. ZIMMER in: I/M GWB, § 1 Rn. 328, BUNTE in: LANGEN/BUNTE GWB, § 1 Rn. 225, SCHMIDT-PREUSS VerpackVO u. KartR, Lieberknecht FS, 549, (562).
564. Darauf bezieht sich wohl auch noch RITTNER Wettbewerbs- und Kartellrecht, § 7 Rn. 66 (S. 215).

daß das Vertragssystem der DSD-AG, soweit es rechtliche Wirkungen entfaltet, auch nicht von ihnen abhängen kann.

Eine Ausstrahlung der Nichtigkeitsfolge des § 1 GWB auf das übrige Vertragssystem der DSD-AG käme jedoch dann in Frage, wenn sich die Kartellrechtswidrigkeit der Auslistungsvereinbarung, der Vereinbarung, keine konkurrierenden Systeme zu nutzen, bzw. die Entsorgungskosten vom Preiswettbewerb freizustellen, nur im Zusammenhang mit den übrigen Teilen des Vertragssystems ergäbe und diese allein keine sinnvolle Regelung ergeben.[565] Eine Teilbarkeit mit der Folge der Gesamtnichtigkeit scheidet somit insbesondere dann aus, wenn die wettbewerbswidrige Vereinbarung den Kern des Rechtsgeschäfts bildet. Dies geht soweit, daß bei untrennbarem wirtschaftlichem Zusammenhang mit einem anderen Vertrag, dieser ebenfalls von der Nichtigkeitsfolge umfaßt ist.[566]

Hier könnte dies insbesondere die Satzung sein, da die Beteiligung der wichtigsten Hersteller und Vertreiber an der DSD-AG Voraussetzung für die Einflußnahme auf die Konditionen der DSD-AG ist. Handelte es sich bei der DSD-AG nicht um ein Gemeinschaftsunternehmen, so daß die Hersteller und Vertreiber ohne Trägerschaft nur über die Zeichennutzungsverträge am DSD-System teilnehmen, wäre die Bestimmung der Geschäftspolitik der DSD-AG über die Dachverbände von Handel und Industrie nicht möglich.

Andererseits enthält die Satzung der DSD-AG eine salvatorische Klausel[567], so daß sich daraus zumindest ergibt, daß die Beteiligten eine Gesamtnichtigkeit vermeiden wollten.[568] Das ist zumindest soweit zu beachten, wie es nicht zu offensichtlich unsinnigen Ergebnissen führt,[569] so daß anzunehmen wäre, daß die Parteien trotz der salvatorischen Klausel keinen teilweisen Fortbestand gewollte hätten, oder eine Teilnichtigkeit dem Schutzzweck des § 1 GWB widerspricht. Für all dies liegen keine Anhaltspunkte vor. Hier ergibt sich daher, daß eine Gesamtnichtigkeit ausscheidet.

Nachdem sich schließlich weder aus dem Zweck des Kartellverbotes noch aus dem Willen des Gesetzgebers herleiten läßt, daß auch

---

565. Vgl. zur Unteilbarkeit: BUNTE in: LANGEN/BUNTE GWB, § 1 Rn. 227, BGH Urteil v. 22. 7. 1999 – KZR 48/97 »Besschränkte Ausschreibung« WuW 1999, 1103 = WuW/E DE-R 349, 352.
566. OLG SCHLESWIG Urteil v 28. 3. 1996 – 2 U 54/95, MDR 1996, 931, 931 f.
567. Vgl. dazu BUNTE in: LANGEN/BUNTE GWB, § 1 Rn. 228.
568. DSD Satzung der DSD-AG, § 28.
569. Nach HUBER/BAUMS in: FK IV, § 1 a. F. Rn. 672 ist eine salvatorische Klausel grundsätzlich beachtlich.

kartellrechtlich nicht zu beanstandende Bestandteile von der Nichtigkeitsfolge erfaßt sein sollen, ist davon auszugehen, daß nur die fraglichen Vereinbarungen von den Rechtsfolgen des § 1 GWB umfaßt sind,[570] und damit Satzung und Zeichennutzungsverträge in ihrer Gültigkeit nicht tangiert werden.

2.) Ergebnis

Die Unwirksamkeitsfolge des § 1 GWB erstreckt sich damit nur soweit, wie die Vereinbarungen dessen Tatbestand erfüllen. Nichtig sind damit nur die Abreden und Bestimmungen, die gegen § 1 GWB verstoßen, während die übrigen Vereinbarungen davon grundsätzlich nicht erfaßt sind.[571] Da auch davon ausgegangen werden kann, daß die Parteien der Auslistungsvereinbarung und der Boykottabrede hinsichtlich konkurrierender Systeme den Fortbestand des DSD-Systems nicht von der Wirksamkeit dieser Abreden abhängig machen wollten, scheidet eine Gesamtnichtigkeit auch der übrigen dem System zugrunde liegenden Verträge (Satzung und Zeichennutzungsverträge) aus.

IX. Gesamtergebnis

Die Satzung der DSD-AG und die Zeichennutzungsverträge als horizontal abgestimmte Vertikalverträge (Sternverträge) stellen nach der hier vertretenen Ansicht zwar Vereinbarungen zwischen Konkurrenten i. S. d. § 1 GWB dar; diese bewirken jedoch keine spürbaren Wettbewerbsbeschränkungen, da der fehlende Wettbewerb nicht auf die Vereinbarungen zurückzuführen ist, sondern aufgrund der Vorgaben der VerpackVO eingetreten sind. Diese Vorgaben bewirkten eine Marktöffnung nur insoweit, daß – trotz des theoretisch rechtlich gegebenen weiteren Handlungsspielraums – wirtschaftlich sinnvoll lediglich ein privates Monopol (DSD-AG) an die Stelle des bisherigen Öffentlich-rechtlichen treten konnte.[572]

---

570. ZIMMER in: I/M GWB, § 1 Rn. 328, HUBER/BAUMS in: FK IV, § 1 a. F. Rn. 668 a. E.; auch im EG-Kartellrecht wird so verfahren, soweit eine Trennbarkeit gegeben ist (vgl. ZIMMER aaO.).
571. BUNTE in: LANGEN/BUNTE GWB, § 1 Rn. 225.
572. A. A. unzul. Kartell: BARTLING WuW 1995, 183, (189) (mit Hinweis auf die Verflechtungen zwischen DSD-AG und Entsorgungswirtschaft. Es bestehe zwar keine Gesellschafterstellung, die Entsorgungswirtschaft sei aber im Aufsichtsrat vertreten, der nach § 15 III der Satzung die grnds. Richtung der Gesellschaftspolitik durch Weisung bestimmt. Anm.: Dies ist mitleir-

Daß es nach weiterer Marktöffnung durch die Änderung der Quotenvorgaben in der VerpackVO 1998 noch nicht zu dem nun auch wirtschaftlich möglichen Wettbewerb gekommen ist, ist zu einem großen Teil auf die durch die zuvor durch die Vorgaben der VerpackVO 1991 geschaffenen Marktverhältnisse zurückzuführen. Wettbewerbsbeschränkungen sind diesbezüglich den Zeichennutzungsverträgen und der Satzung nicht zu entnehmen.

Soweit außerhalb der genannten Verträge Abreden getroffen wurden, Konkurrenzsysteme bei deren Zulassung als befreiende Systeme nicht zu nutzen, und die Entsorgungskosten vom Preiswettbewerb freizustellen, so greift das Kartellverbot insofern ein. Aufgrund der fehlenden schriftlichen Fixierung dürfte es jedoch nicht einfach sein, dies nachzuweisen.

Ferner erfüllt die Auslistungsvereinbarung des Handels den Tatbestand des § 1 GWB. Auch hier dürfte es wegen der fehlenden schriftlichen Fixierung schwierig sein, deren Praktizierung nachzuweisen.

Bei den Leistungs- und Entsorgungsverträgen sowie den Abnahme- und Garantieverträgen fehlt es an einem Wettbewerbsverhältnis auch bei einer Gesamtbetrachtung der Verträge der jeweiligen Kategorie, so daß sie als Vertikalvereinbarungen nicht § 1 GWB unterfallen.

D   Die bisherige Behandlung durch das Bundeskartellamt

Das Bundeskartellamt hat der DSD-GmbH schriftlich mitgeteilt, daß – gestützt auf die Auslistungsvereinbarung des Handels – einen Verstoß gegen Art. 85 I EGV[573] »naheliegend sei«.[574] Da es sich nicht um eine förmliche Entscheidung handelte, hat es sich jedoch nicht festgelegt, ob § 1 GWB erfüllt ist. Auch hat das Bundeskartellamt auf dessen genauere Prüfung verzichtet. Trotz des naheliegenden Kartellverstoßes hat es auf eine Untersagung im Rahmen seines Aufgreif-

---

weile geändert, da die Aufsichtsratsposten aufgegeben wurden vgl. o.V. FAZ vom 29. April 2003, Wirtschaftsteil S 13), FLUCK DB 1993, 211, (214), STRECKER/BERNDT VerpackVO 1991, S. 92, BKARTA Tätigkeitsbericht 1993/94, BT-Drs. 13/1660, S. 128; monopolartige Strukturen: KIETHE/SPROLL ZIP 1994, 275, (277), SCHOLZ/AULEHNER BB 1993, 2250, (2254 ff.), SCHULTZ Probleme des Wettbewerbs, 141, (S. 150); vgl. auch bez. der starken Stellung als Nachfrager von Entsorgungsleistungen: BKARTA Tätigkeitsbericht 1991/92, BT-Drs. 12/5200, S. 132 f., TETTINGER DVBl. 1995, 213, (218), WUPPERMAN ZAU 1993, 448, (452).

573. Jetzt Art. 81 I EG.

574. BKARTA Schreiben vom 27. 8. 1991, Gesch-Z.: B 10-763400-A-7/90 abgedr. in WuW 1992, 32, (33 f.)

ermessens verzichtet,[575] sondern erklärt, es werde das DSD-System tolerieren, weil die DSD-GmbH zur Umsetzung des § 6 III VerpackVO gegründet worden sei und ihre Tätigkeit den Zielen des § 1 Verpack-VO dienen könne und solle.[576]

Ein Einschreiten werde daher solange nicht erfolgen, wie diese Tätigkeit

- den Zielen des § 1 VerpackVO dient und der weiteren technischen und wirtschaftlichen Entwicklung umweltfreundlicher Verpackungssysteme, insbesondere Mehrwegverpackungen, nicht entgegenwirkt[577]

- und das System nicht diskriminierend gehandhabt wird, sowie den zwischenstaatlichen Handel, insbesondere Importe und Reimporte, nicht wesentliche behindert.[578]

Im Ergebnis wurde also eine Duldung zugesagt, solange die sich aus den Vorgaben der VerpackVO zwangsläufig ergebenden Wettbewerbsbeschränkungen so gering wie möglich gehalten werden.[579]

I. Rechtmäßigkeit und Folgen der Tolerierungspraxis

Zunächst erweckt das Vorgehen des Bundeskartellamts den Verdacht, daß das Aufgreifermessen als »Flucht« vor dem rechtsstaatlich gebundenen Untersagungsverfahren genutzt wurde, um die (politisch)

---

575. BOCK WuW 1996, 187, (192 f.), SACKSOFSKY WuW 1994, 320, (320).

576. BKARTA Schreiben vom 27. 8. 1991, Gesch-Z.: B 10-763400-A-7/90 abgedr. in WuW 1992, 32, (33 f.), vgl. VELTE Duale Abfallentsorgung und Kartellverbot, S. 166.

577. Die Entwicklung neuer Sortier- und Verwertungsverfahren wird (leider) nicht genannt. In diesem Bereich ist es durch die Aufgabe des Konzepts der Landbell AG zur Verhinderung neuer Verfahren gekommen. Genaugenommen erfolgte dies jedoch durch die VerpackVO, da sich die von der DSD-AG erreichte gerichtliche Untersagung darauf stützt, daß eine Mitbenutzung der öffentlich-rechtliche Entsorgungsinfrastruktur ohne getrennte Erfassung mit der VerpackVO nicht vereinbar sei (VGH KASSEL Beschluß v 20. 8. 1999 – 8 TG 3140/98 NVwZ 2000, 92, VG GIESSEN Urteil vom 31. 1. 2001 – 6 E 1972/97, NVwZ 2002, 238; siehe dazu Fn. 340 auf Seite 138).

578. BKARTA Tätigkeitsbericht 1991/92, BT-Drs. 12/5200, S. 132, BOCK WuW 1996, 187, (191), KÖHLER BB 1996, 2577, (2578), BKARTA Schreiben vom 27. 8. 1991, Gesch-Z.: B 10-763400-A-7/90 abgedr. in WuW 1992, 32, (33 f.).

579. BKARTA Tätigkeitsbericht 1991/92, BT-Drs. 12/5200, S. 131 ff., BUNTE in: LANGEN/BUNTE GWB, § 1 Rn. 210 ff., 330 ff., BUNTE in: LANGEN/BUNTE GWB Voraufl., § 1 Rn. 117 ff., 227 ff., HOLTOFF-FRANK Kartellrechtliche Probleme, S. 184 f.

»gewünschte« Entscheidung für das DSD-System nicht verhindern zu müssen.

Obgleich das Bundeskartellamt eine Rechtsgüterabwägung mit den Belangen des Allgemeinwohls[580] ausdrücklich ablehnt,[581] erfolgt eine Verlagerung dieser ausdrücklich abgelehnten Güterabwägung unter Berücksichtigung des Umweltschutzes von der Tatbestands- auf die Ermessensebene. Im Ergebnis bedeutet dies, daß die zuvor abgelehnte Abwägung an anderer Stelle doch vorgenommen wird. Anders als bei der früheren Rechtsgüterabwägung erfolgt hier jedoch eine rein ergebnisorientierte Entscheidung, ohne zuvor eine eingehende Prüfung des § 1 GWB vorzunehmen.

Dieses Vorgehen ist im Hinblick auf seine Rechtmäßigkeit äußerst fragwürdig, da hier der Eindruck entsteht, daß über die Ermessensentscheidung eine unpopuläre Entscheidung vermieden werden sollte. Es ist jedoch gerade Aufgabe des Bundeskartellamts, den Wettbewerb auch dann zu verteidigen, wenn dies unpopulär ist. Eine solche Nutzung des Ermessens ist mit dem Rechtstaatsprinzip unvereinbar.[582]

Die Duldungspraxis des Bundeskartellamts führt zu einigen unbefriedigenden Ergebnissen.[583] Da das Bundeskartellamt vom Vorliegen der Tatbestandsvoraussetzungen des § 1 GWB ausgeht, ergibt sich, auch ohne eine Untersagungsverfügung schon nach § 1 GWB, daß die entsprechenden Vereinbarungen nach § 134 BGB nichtig sind. Daran ändert auch die Tolerierung nichts.[584] Im Ergebnis bedeutet dies, daß ein unbefriedigender Schwebezustand fortbesteht, weil nicht entschieden wurde, ob ein Verstoß gegen § 1 GWB vorliegt. Die Praktizierung der Absprachen hängt daher vom Willen aller (!) Beteiligten ab.[585] Der Schwebezustand kann, weil auf eine sorgfältige Prüfung verzichtet wurde und auch eine Untersagung fehlt, auch kaum sinnvoll beseitigt werden.

---

580. Vgl. dazu § 5 C IV. 1.) auf Seite 186.
581. Vgl. auch HOLTOFF-FRANK Kartellrechtliche Probleme, S. 183.
582. BOCK WuW 1996, 187, (193), VELTE Duale Abfallentsorgung und Kartellverbot, S. 172; ablehnend auch DREHER WuW 1998, 656, (657).
583. Auch nach HOLTOFF-FRANK Kartellrechtliche Probleme, S. 225 sei dies kein befriedigender Dauerzustand; ebenso FABER UPR 1997, 431, (438), KÖHLER BB 1996, 2577, (2578).
584. Nichtigkeitsfolge bleibt: ZIMMER in: I/M GWB, § 1 Rd. 313; nach § 1 GWB a. F.: KÖHLER BB 1996, 2577, (2578), SCHULTZ Probleme des Wettbewerbs, 141, (S. 149), VELTE Duale Abfallentsorgung und Kartellverbot, S. 172, 205, SCHMIDT-PREUSS VerpackVO u. KartR, Lieberknecht FS, 549, (562).
585. RITTNER Wettbewerbs- und Kartellrecht, § 7 Rn. 65 (S. 215).

II. Aktuelle Entwicklungen

Jüngst hat das Bundeskartellamt erklärt, daß, insbesondere aufgrund des Boykottverfahrens[586] gegen die DSD-AG, neue Erkenntnisse vorliegen. Es hat daher eine kartellrechtliche Überprüfung des DSD-Systems eingeleitet.[587] Dieses Verfahren hat es mittlerweile aber wieder ausgesetzt.[588] Weil somit eine neue Sachlage gegeben ist, erübrigt sich die Frage, ob das Tolerierungsschreiben zu einer Selbstbindung geführt hat, die ein Aufgreifen bei gleichbleibender Sach- und Rechtslage ausgeschlossen hätte.[589]

Im Rahmen des neuerlichen Aufgreifens hat das Bundeskartellamt erklärt, daß das DSD-System in der gegenwärtigen Form gegen § 1 GWB verstoße, weil es ein Nachfragekartell mit 95 % Marktanteil bei Verpackungen darstelle. Es plane daher, das DSD-System nur noch bis Ende 2006 zu tolerieren.[590]

III. Stellungnahme

Die Tolerierungspraxis ist ungeeignet, eine Lösung des Spannungsverhältnisses zwischen Produktverantwortung und Wettbewerb bzw. Umweltschutz und Wettbewerb zu liefern.[591] Statt dessen hat sie eine als kartellrechtswidrig erkannte Situation fortbestehen lassen, so daß sich diese weiter verfestigen konnte. Ferner wird die nötige grundlegende Richtungsänderung wegen der getätigten immensen Investitionen um so schwieriger.

Besser wäre es daher gewesen, allenfalls eine vorläufige bzw. befristete Duldung mit der Begründung vorzunehmen, daß man sich noch in einer Experimentier- und Testphase befinde und zunächst den Entsorgungsmarkt beobachten wolle. Die in dem an die DSD-GmbH gerichteten »comfort letter« vom 27.8.1991[592] ausdrücklich erklärte Tolerierung war nicht erforderlich, da eine Tolerierung auch ohne schriftliche Erklärung möglich gewesen wäre.

---

586. BKartA Pressemitteilung vom 23.1.2003.
587. Schmitz Presseerklärung von Ulf Böge in NN v. 29.8.2002.
588. Vgl. o.V. FAZ vom 20. Juni 2003, S. 19.
589. Vgl. dazu Velte Duale Abfallentsorgung und Kartellverbot, S. 166 ff., Schmidt-Preuss VerpackVO u. KartR, Lieberknecht FS, 549, (S. 562).
590. o.V. FAZ vom 29. April 2003, Wirtschaftsteil S 13.
591. Velte Duale Abfallentsorgung und Kartellverbot, S. 173.
592. BKartA Schreiben vom 27.8.1991, Gesch-Z.: B 10-763400-A-7/90 abgedr. in WuW 1992, 32, (33 f.).

Die Einleitung eines Untersagungsverfahrens gegen die DSD-AG wäre insgesamt zu begrüßen, da es endlich die Chance eröffnete, mehr Wettbewerb herbeizuführen. Noch besser wäre natürlich, wenn sich der Verordnungsgeber dadurch veranlaßt sähe, die VerpackVO im Hinblick auf mehr Wettbewerb grundlegend umzugestalten, so daß die aktuell zementierten Strukturen aufgesprengt werden, und neue Erkenntnisse berücksichtigt werden können. Eine mögliche marktnahe Lösung wird nachfolgend auch im Hinblick auf ihre Übertragbarkeit noch dargestellt werden.

E Ergebnis und eigene Stellungnahme/Bewertung

Im Ergebnis ergibt die Prüfung Kartellverstöße hinsichtlich der Auslistungsvereinbarung, der Vereinbarung, die Entsorgungskosten vom Preiswettbewerb freizustellen, und der Boykottierung konkurrierender Systeme. Ein Kartellverstoß läßt sich jedoch hinsichtlich der Errichtung des DSD-Systems durch Satzung und Zeichennutzungsverträge nicht feststellen.[593] Diesbezüglich sind die Wettbewerbsprobleme nämlich schon in den nur durch Kooperation zu erfüllenden Vorgaben im Konzept der VerpackVO angelegt, da die kollektive Wahrnehmung der Produktverantwortung prinzipiell der Logik des Wettbewerbs widerspricht.[594] Dabei ist insbesondere die flächendeckende endverbrauchernahe Erfassung für das Entstehen der gegenwärtigen Monopolstellung der DSD-AG verantwortlich,[595] wobei die Auslistungsvereinbarung das Monopol letztlich erzwingt. Die Verpackungshersteller sind zwar frei, aus dem System auszutreten, dies würde aber ihren wirtschaftlichen Ruin bedeuten, weil sie ihre Produkte nicht mehr über den Handel absetzen könnten.[596]
Die angestrebte Internalisierung externer Kosten zur Abfallvermeidung – so wettbewerbspolitisch plausibel und interessant dieser An-

593. A. A. BARTLING WuW 1995, 183, (189), BKARTA Tätigkeitsbericht 1993/94, BT-Drs. 13/1660, S. 128, FLUCK DB 1993, 211, (214), STRECKER/BERNDT VerpackVO 1991, S. 92.
594. BECKMANN UPR 1996, 41, (48); auch mit dem Kerngedanken der Produktverantwortung läßt es sich nur schwer in Einklang bringen, da dazu eine individuelle, nicht eine kollektive Zuordnung erforderlich ist. MONOPOLKOMMISSION 11. Hauptgutachten 1994/95, BT-Drs. 13/5309, Tz. 75: »Im Kern setzt [die VerpackVO Kartelle und Konzentrationen] voraus«.
595. COSSON Neue Verpackungsverordnung, 42, (S. 42); diese führt auch zu den sehr hohen Logistikkosten (CHRISTILL energetische Kunststoffverwertung, 51, (S. 58)).
596. KRAUSE Anforderungen und Chancen, S. 40.

satz auch ist – hat sich weder in der VerpackVO noch in der Praxis durchgesetzt, da die Einführung flächendeckender Entsorgungssysteme – insbesondere das der DSD-AG – den wettbewerblich nutzbaren Anreiz zur Abfallvermeidung weitgehend wieder neutralisiert hat.[597] Statt dessen wurde ein zentrales System zur Finanzierung öffentlicher und privater Entsorgungsleistungen geschaffen,[598] das zwar von allen in Anspruch genommen wird, aber von niemandem kontrolliert werden kann.[599] Nachdem eine Herausforderung im Wettbewerb, die marktwirtschaftliche Anreize zur Abfallvermeidung schaffen könnte, durch die Systemlösung schon im Keim erstickt oder doch zumindest stark beschränkt wird,[600] darf bezweifelt werden, ob sich so das Ziel einer abfallarmen Wirtschaft erreichen läßt.[601] Das ursprünglich proklamierte Ziel »Wettbewerb um mehr Umweltschutz« wird so jedenfalls nicht erreicht oder auch nur gefördert.

§ 6 VERPACKUNGSVERORDNUNG UND EU-WETTBEWERBSRECHT

Das europäische Kartellverbot ist in Art. 81 I EG[1] geregelt. Danach sind wettbewerbsbeschränkende Vereinbarungen zwischen Unternehmen verboten. Der Wortlaut der Vorschrift entspricht in weiten Teilen der des § 1 GWB, da die deutsche Vorschrift dem Art. 81 I EG angeglichen werden sollte.[2]

Daneben ist in Art. 82 EG[3] ein Mißbrauchsverbot geregelt, welches jetzt in Angleichung daran auch im nationalen Recht in § 19 GWB als Verbot ausgestaltet ist.[4]

---

597. BKARTA Tätigkeitsbericht 1993/94, BT-Drs. 13/1660, S. 127, WEBER RdE 1995, 91, (96), BECKMANN UTR Bd. 30, 91, (93 u. 118).
598. BKARTA Tätigkeitsbericht 1993/94, BT-Drs. 13/1660, S. 127, WEBER RdE 1995, 91, (96).
599. WEBER RdE 1995, 91, (96).
600. Vgl. WEBER RdE 1995, 91, (97).
601. BECKMANN UTR Bd. 30, 91, (100).
1.   Ex Art. 85 I EGV.
2.   Vgl. Fn. 116 auf Seite 89.
3.   Ex Art. 86 EGV.
4.   MÖSCHEL in: I/M GWB, § 19 Rn. 2; die Prüfung des Art. 82 EG unter § 6 D auf Seite 228 im Hinblick auf die Kommissionsentscheidung (KOMMISSION Entscheidung v. 20.4.2001 Az.: K(2001) 1106 ABl. EG 2001 L 166) zu den Zeichennutzungsverträgen verläuft daher nach § 19 GWB im deutschen Recht entsprechend.

Die durch die VerpackVO geschaffene Situation des DSD-Systems ist nun im Hinblick auf beide Tatbestände zu prüfen.[5]

A Anwendbarkeit des EG-Kartellrechts des Art. 81 EG

Wie im deutschen Recht müßte der Kartellverbotstatbestand des Art. 81 EG jedoch zunächst anwendbar sein.

So ergibt sich aus Art. 2 EG, daß der Umweltschutz ein integraler Bestandteil der Gemeinschaftspolitiken ist, da danach das wirtschaftliche Wachstum umweltverträglich zu sein hat. Auch in Art. 3 lit. l EG ist die Umwelt als Ziel genannt. Ferner ist die Kommission nach Art. 93 III EG auf ein hohes Umweltschutzniveau verpflichtet. Ein Vorrang des Umweltschutzes vor dem Wettbewerbsrecht kann dem jedoch nicht entnommen werden, da der Umweltschutz in Art. 3 lit. l EG nur gleichrangig mit anderen Vertragszielen genannt ist. Dort ist gleichrangig der Schutz des Wettbewerbs genannt (Art. 3 lit. g EG).[6]

Ebenfalls entsprechend dem deutschen Recht scheidet auch eine Verdrängung des Wettbewerbsrechts durch die VerpackRL aus, da diese zum einen schon in Art. 7 VerpackRL verlangt, daß Entsorgungssysteme keine Wettbewerbsverzerrungen verursachen dürfen. Zum anderen kann die Richtlinie als sekundäres Gemeinschaftsrecht nicht die primärrechtlichen Wettbewerbsregeln der Art. 81 f. EG verdrängen.[7]

5.   So auch die Kommission der EG. KOMMISSION Entscheidung v. 17. 9. 2001 Az.: K(2001) 2672 ABl. EG 2001 L 319 betrifft nur die Satzung, Entsorgungsverträge (Leistungsverträge) sowie die Garantieverträge. Die Zeichennutzungsverträge sind in KOMMISSION Entscheidung v. 20. 4. 2001 Az.: K(2001) 1106 ABl. EG 2001 L 166 in Bezug auf Mißbrauch einer marktbeherrschenden Stellung (Art. 82 EG) behandelt worden, wobei es sich dabei ausschließlich darum ging, die DSD-AG zu verpflichten, eine Entgelt nur für solche Verpackungen zu fordern, für die auch tatsächlich eine Entsorgungsleistung bzw. Befreiungsleistung von der DSD-AG erbracht wird. Das ist nötig, damit Selbstentsorgerlösungen (vgl. § 5 C III. 5.) a) bb) auf Seite 140) hinsichtlich bestimmter Verpackungen bzw. in bestimmten Bereichen möglich sind. Diese Entscheidung befindet sich noch im Verfahren vor dem EuG. Die Zusatzvereinbarung zum ZNV dient der vorläufigen Umsetzung, sie ist aber schwer zu handhaben und läßt die Gebühren nur bei Nachweis einer Quoten erfüllenden anderweitigen Verwertung entfallen.
6.   Zur Frage des Umweltschutzes und dessen Verhältnis zum Wettbewerbsrecht vgl. ausführlich VELTE Duale Abfallentsorgung und Kartellverbot, S. 289 ff.; nach DREHER WuW 1998, 656, (662) ist der Wettbewerb vorrangiges Prinzip des EG-Vertrages und steht daher über anderen Politiken.
7.   So auch VELTE Duale Abfallentsorgung und Kartellverbot, S. 296.

B Tatbestand des Art. 81 EG (ex Art. 85 EGV)

Im EG-Recht gibt es die im deutschen Recht vorhandene Unterscheidung zwischen Horizontal- und Vertikalvereinbarungen (§§ 1 und 14 ff. GWB) nicht,[8] da nach Art. 81 I EG nicht erforderlich ist, daß eine möglicherweise wettbewerbsbeschränkende Vereinbarung zwischen Unternehmen geschlossen wurde, die miteinander im Wettbewerb stehen.[9] Beide Vereinbarungen werden daher gleich behandelt.[10] Art. 81 I EG erfaßt damit sowohl die klassischen Kartelle zwischen Konkurrenten, als auch Vertriebsabreden von Unternehmen verschiedener Wirtschaftsstufen. Umfaßt sind damit auch Preis- und Konditionenbindungen, Ausschließlichkeitsbindungen und Lizenzverträge, die im deutschen Recht nicht in § 1 GWB sondern in den §§ 14 ff. GWB geregelt sind.[11]

I. Vereinbarung zwischen Unternehmen

Der Begriff der Vereinbarungen in Art. 81 EG wird sehr weit ausgelegt. Die Form ist unerheblich. Ebenso ist eine rechtliche Verbindlichkeit nicht erforderlich.[12] Da die Formulierung ins deutsche Kartellrecht aus dem EG-Recht übernommen wurde und die Auslegung dort entsprechend erfolgt,[13] kann auf die Ergebnisse dieser Prüfung zurückgegriffen werden. Wie im deutschen Recht unterfällt den Vereinbarungen damit auch das sog.»gentleman's agreement«,[14] sofern die Nichteinhaltung faktisch wirtschaftlich, gesellschaftlich oder moralisch sanktioniert ist.[15]

---

8.   BUNTE in: LANGEN/BUNTE GWB, Art. 81 Rn. 2, WIEDEMANN in: WIEDEMANN Handbuch des Kartellrechts, § 2 Rn. 1.
9.   WIEDEMANN in: WIEDEMANN Handbuch des Kartellrechts, § 2 Rn. 1.
10. BUNTE WuW 1997, 857, (857).
11. EMMERICH Kartellrecht, S. 390 f. m. w. N.
12. BUNTE in: LANGEN/BUNTE GWB, Art. 81 Rn. 19 f.
13. Vgl. § 5 C I. auf Seite 89; EMMERICH Kartellrecht, S. 388 f.
14. EMMERICH EuR 1971, 295, (312).
15. KOMMISSION Entscheidung v. 21.12.1988 »PVC« ABl. 1989 L 74, 1, (Tz. 30 ff.) KOMMISSION Entscheidung v. 21.12.1988 »LDPE« ABl. 1989 L 74, 21, (Tz. 37); BUNTE in: LANGEN/BUNTE GWB, Art. 81 Rn. 20; Alternativ und im Ergebnis irrelevant können die »gentleman's agreements« auch unter das Tatbestandsmerkmal der abgestimmten Verhaltensweisen gefaßt werden. Darunter fallen alle Formen der bewußten Verhaltenskoordinierung. Eine Abgrenzung ist wegen der identischen Rechtsfolgen nicht erforderlich (BUNTE aaO.); so auch im deutschen Recht vgl. § 5 C I. auf Seite 89.

Der Unternehmensbegriff des Art. 81 EG ist umfassend und weit auszulegen.[16] Auch insofern ergeben sich gegenüber dem Unternehmensbegriff des § 1 GWB keine Unterschiede,[17] so daß die Beteiligten am Vertragssystem der DSD-AG ohne weiteres als Unternehmen zu qualifizieren sind.

Die Satzung, Zeichennutzungsverträge, Leistungsverträge und Garantieverträge sind demnach Vereinbarungen zwischen Unternehmen.[18] Auch die nach ihrer Streichung aus dem Entwurf des Gesellschaftsvertrages der DSD-GmbH als »gentleman's agreement« fortbestehende Auslistungsvereinbarung hinsichtlich nicht mit dem »Grünen Punkt« gekennzeichneter Verkaufsverpackungen,[19] und die Absprachen, keine konkurrierenden Systeme zu nutzen sowie den Preisfaktor der Entsorgung weitestgehend vom Wettbewerb freizustellen, fallen auch nach EG-Recht unter den Begriff der »Vereinbarung« nach Art. 81 I EG. Daß es an einer rechtlichen Verbindlichkeit oder schriftlichen Fixierung fehlt, ist unerheblich, weil wegen der oligopolistischen Marktstruktur eine faktische Sanktionierung gegeben ist, wenn einzelne Hersteller bzw. Vertreiber der Absprache zuwider handeln. Wie weit mit der Sanktionierung gegangen wird, hat das jüngst durchgeführte Boykottverfahren des Bundeskartellamtes gezeigt.[20] Auch diesbezüglich liegt daher eine Vereinbarung zwischen Unternehmen vor.

---

16. EMMERICH Kartellrecht, S. 385.
17. BUNTE in: LANGEN/BUNTE GWB, Art. 81 Rn. 5; vgl. daher § 5 C I. auf Seite 90.
18. Ebenso, jedoch ohne Prüfung der Zeichennutzungsverträge KOMMISSION Entscheidung v. 17. 9. 2001 Az.: K(2001) 2672 ABl. EG 2001 L 319, Tz. 81 f.; in Bezug auf den Gesellschaftsvertrag (jetzt Satzung) GÖTZ ZLR 1993, 534, (536).
19. Zwar hat die Kommission die Auslistungsvereinbarung keiner Prüfung als »gentleman's agreement« unterzogen, sondern sich mit dem Hinweis begnügt, diese sei nun nicht mehr in der Satzung enthalten (KOMMISSION Entscheidung v. 17. 9. 2001 Az.: K(2001) 2672 ABl. EG 2001 L 319, Tz. 166). Dies ist im Rahmen der Entscheidung auch folgerichtig, da es in der Entscheidung um die Erteilung eines beantragten Negativattestes bzw. einer Einzelbefreiung ging, die hinsichtlich ungeschriebener Vereinbarungen nicht beantragt waren. Eine davon losgelöste kartellrechtliche Prüfung muß jedoch auch auf diese eingehen.
20. BKARTA Pressemitteilung vom 23. 1. 2003; danach wurde sowohl zum Boykott von »Selbstentsorgerlösungen«, wie sie von dm und Schlecker genutzt werden (BellandVision GmbH), als auch von konkurrierenden befreienden Systemen aufgerufen. In letzterem Fall hat die DSD-AG die Entsorger dazu bewegen können, eine Vereinbarung einzugehen, nicht für andere Systeme tätig werden zu wollen.

II. spürbare Wettbewerbsbeschränkung bezweckt oder bewirkt

Der Wettbewerb müßte durch die Vereinbarungen spürbar[21] eingeschränkt worden sein. Die lit. a bis e des Art. 81 I EG stellen dabei – wie sich aus dem Wortlaut ergibt – nicht abschließende Regelbeispiele dar.

Ebenso wie § 1 GWB unterscheidet der Wortlaut des Art. 81 EG zwischen Verhinderung, Einschränkung und Verfälschung des Wettbewerbs. Wie schon im Rahmen der Prüfung des § 1 GWB ausgeführt, wurde die Formulierung des Art. 81 EG in das deutsche Recht übernommen.[22] Die Kommission faßt die »Einschränkung« als Unterfall der Verhinderung von Wettbewerb auf und subsumiert unter die Variante der Wettbewerbsverfälschung die selteneren Fälle der nur mittelbaren Marktbeeinflussung. Der EuGH betrachtet hingegen die Verfälschung als Oberbegriff. Eine genaue Abgrenzung ist jedoch aufgrund der identischen Rechtsfolgen im Ergebnis überflüssig.[23]

1.) Voraussetzungen der Wettbewerbsbeschränkung

Da kein Wettbewerbsverhältnis zwischen den beteiligten Unternehmen erforderlich ist,[24] ist der Tatbestand als Generalklausel gegen alle Wettbewerbsbeschränkungen zu verstehen.[25] Ob es sich um horizontale oder vertikale Absprachen in Austauschverträgen handelt ist – anders als im deutschen Recht – ohne Belang.[26] Es können daher auch Absprachen, die nicht den Wettbewerb zwischen den Parteien beschränken, sondern der reinen Beschränkung von Drittwettbewerb dienen, berücksichtigt werden.[27] Solche Absprachen unterfallen nach herrschender Meinung im deutschen Recht nicht dem Kartellverbot des § 1 GWB. Im Rahmen des Art. 81 EG können daher auch

---

21. RITTNER Wettbewerbs- und Kartellrecht, § 7 Rn. 86 (S. 221).
22. Vgl. die Ausführungen dort: § 5 C III. auf Seite 115.
23. Vgl. BUNTE in: LANGEN/BUNTE GWB, Art. 81 Rn. 59.
24. Unzutreffend daher FRITZSCHE ZHR 1996, 31, (34), der meint es sei allg. Ansicht es müsse potentieller Wettbewerb zwischen den Parteien bestehen; siehe nur EuGH Urteil v. 13..7. 1966 Rs. 56/64 »Grundig/Consten« Slg. 1966, 322, 387, der klarstellt, daß es nicht auf ein Wettbewerbsverhältnis zwischen den Parteien ankommt.
25. RITTNER Wettbewerbs- und Kartellrecht, § 7 Rn. 74 (S. 218).
26. BUNTE in: LANGEN/BUNTE GWB, Art. 81 Rn. 51.
27. KOMMISSION Entscheidung v. 10.7.1985 »EATE« ABl. 1985 L 219, 35, (Tz. 39 f.), BUNTE in: LANGEN/BUNTE GWB, Art. 81 Rn. 62, EMMERICH Kartellrecht, S. 393 f.

die Leistungs- bzw. Entsorgungsverträge, sowie die Abnahme- und Garantieverträge, die als Vertikalvereinbarungen jeweils nicht dem § 1 GWB unterfallen,[28] auf enthaltene Wettbewerbsbeschränkungen überprüft werden.

Bei der Beurteilung, ob eine Vereinbarung eine Wettbewerbsbeschränkung enthält, darf diese nicht aus dem Gesamtzusammenhang gerissen werden, sondern muß das Bestehen gleichartiger Vereinbarungen zwischen den Beteiligten oder Dritten berücksichtigen.[29] Die Entscheidung »Delimitis/Hennigerbräu«[30] macht dabei deutlich, daß dabei nicht nur das Vertragsnetz eines Anbieters, sondern auch entsprechende Vertragsnetze anderer Anbieter in demselben Markt mit zu berücksichtigen sind. Die Betrachtung ist also sehr weitreichend und umfaßt auch kumulative Wirkungen sowie wirtschaftliche und rechtliche Begleitumstände. Es kommt dann darauf an, welchen Beitrag dabei die jeweils untersuchten Vereinbarungen haben.

Wie im Rahmen des § 1 GWB ist für das Vorliegen einer Wettbewerbsbeschränkung nach dem EuGH und der Kommission darauf abzustellen, ob die Marktteilnehmer in ihrer wirtschaftlichen Handlungs- und Entscheidungsfreiheit eingeschränkt werden.[31] Eine Beeinträchtigung dieser Freiheiten führt jedoch nur dann zu einer Wettbewerbsverfälschung, wenn die fragliche Absprache geeignet ist, die Marktverhältnisse zu verändern. Um dies festzustellen ist zu prüfen, wie sich die Wettbewerbssituation ohne die Vereinbarung darstellen würde, also inwiefern diese sich von der gegebenen Situation unterscheidet.[32]

Etwas stärker als im deutschen Recht kann aber (zusätzlich oder ausschließlich) auch auf die Beschränkung der Handlungsalternativen Dritter abgestellt werden. Damit würde der Zweck des Kartellverbo-

---

28. Vgl. § 5 C II. 6.) auf Seite 113 f.; nach deutschem Recht sind sie grundsätzlich zulässig und unterliegen lediglich einer Mißbrauchsaufsicht (EMMERICH in: I/M GWB, § 16 Rn 89).

29. EuGH Urteil v. 12.12.1967 Rs. 23/67 »Brasserie de Haecht I«, Slg. 1967, 543, 555; EuGH Urteil v. 28.2.1991 Rs. C-234/89 »Delimitis/Henniger Bräu«, Slg. 1991, I-935, 986, BUNTE in: LANGEN/BUNTE GWB, Art. 81 Rn. 62.

30. EuGH Urteil v. 28.2.1991 Rs. C-234/89 »Delimitis/Henniger Bräu«, Slg. 1991, I-935, 986 Tz. 23 ff.

31. EuGH Urteil v. 14.7.1981 Rs. 172/80 »Banküberweisungsgebüren« Slg. 1981, 2021, 2031, vgl. BUNTE in: LANGEN/BUNTE GWB, Art. 81 Rn. 39 ff.

32. EuGH Urteil v. 10.7.1980 Rs. 99/79 »Lankôme« Slg. 1980, 2511, 2536 Tz. 24; BUNTE in: LANGEN/BUNTE GWB, Art. 81 Rn. 40.

tes stärker betont.[33] Auch die EG Organe verhalten sich diesbezüglich jedoch nicht einheitlich.

a) beschränkbarer potentieller Wettbewerb

Wie im Rahmen des § 1 GWB ist dabei jedoch zu beachten, daß nur soweit faktisch bzw. rechtlich mögliche Handlungsalternativen bestehen, diese auch durch Vereinbarung beschränkt werden können. Obgleich zwar jede Form von Wettbewerb, also auch potentieller und zukünftiger Wettbewerb, durch Art. 81 I EG geschützt ist, muß der dazu nötigen Prognose eine realistische wirtschaftliche Betrachtungsweise zugrundeliegen, und eine hinreichende Wahrscheinlichkeit für das Eintreten einer Wettbewerbsbeschränkung gegeben sein.[34] Weiterhin ist – entsprechend dem deutschen Recht – durch Rechtsprechung und Verwaltung anerkannt, daß keine Wettbewerbsbeschränkung vorliegt, wenn eine Absprache wettbewerbsfördernd wirkt, weil nur über eine Kooperation ein neuer Markt erschlossen werden kann, oder ein Marktzutritt möglich ist.[35] Der Arbeitsgemeinschaftsgedanke ist daher wie im deutschen Recht auch im Rahmen des Art. 81 I EG anwendbar.[36]

Wie im Rahmen des § 1 GWB stellt dies keine Abwägung wettbewerbsfördernder und wettbewerbshemmender Wirkungen von Vereinbarungen nach einer »rule of reason«[37] dar, da damit lediglich neuer Wettbewerb geschaffen wird. Eine Einschränkung von bestehendem oder die Behinderung von potentiellem Wettbewerb darf nicht erfolgen.[38]

b) Spürbarkeit

Die Wettbewerbsbeschränkung muß zu einer spürbaren Einschränkung der wirtschaftlichen Handlungsfreiheit der an der Vereinbarung

33. EMMERICH Kartellrecht, S. 391 f.
34. BUNTE in: LANGEN/BUNTE GWB, Art. 81 Rn. 53.
35. Auch der EuGH hat entscheidend auf die Markterschließung abgestellt: EuGH Urteil v. 30.6.1966 Rs. 56/65 »Maschinenbau Ulm« Slg. 1966, 282, (304); vgl. BUNTE in: LANGEN/BUNTE GWB, Art. 81 Rn. 41; vgl. dazu auch VELTE Duale Abfallentsorgung und Kartellverbot, S. 307.
36. BUNTE in: LANGEN/BUNTE GWB, Art. 81 Rn. 41; vgl. zum deutschen Recht § 5 C III. 2.) a) auf Seite 118.
37. Dies ist im amerikanischen anti trust Recht der Fall.
38. BUNTE in: LANGEN/BUNTE GWB, Art. 81 Rn. 41; ebenso im Rahmen des § 1 GWB vgl. § 5 C III. 2.) a) auf Seite 119.

beteiligten Unternehmen oder von Dritten im Binnenmarkt führen.[39] Die Feststellung erfolgt durch einen Vergleich der wettbewerblichen Situation mit und ohne die fragliche Vereinbarung. Dabei sind alle für die Feststellung der Wettbewerbsbeschränkung relevanten Umstände zu beachten.

c) bezweckt oder bewirkt

Nach Art. 81 I EG muß die spürbare Wettbewerbsbeschränkung durch die Vereinbarung bezweckt oder bewirkt worden sein. Nachdem diese Formulierung durch die 6. GWB Novelle in das deutsche GWB übernommen worden ist, ergeben sich hier gegenüber den Anforderungen im nationalen Recht keine Unterschiede.

Wie im deutschen Recht verfolgt der EuGH hinsichtlich der Alternative des »Bezweckens« eine Auslegung, die objektiven Kriterien folgt, also nicht auf die oft nur schwer mögliche subjektive Sichtweise der Beteiligten abstellt. Nach der Angleichung des § 1 GWB an die Formulierung des Art. 81 I EG erfolgt die Auslegung in beiden Rechtsordnungen entsprechend.

2.) Marktabgrenzung

Die Marktabgrenzung erfolgt im EG-Recht grundsätzlich wie im deutschen Recht.[40] Lediglich hinsichtlich der geographischen Abgrenzung des relevanten Marktes ist aufgrund des europarechtlichen Bezuges hinzuzufügen, daß wegen der früheren starken staatlichen Organisation wesentliche Unterschiede zwischen den Mitgliedstaaten bestehen. Trotz gewisser Internationalisierungstendenzen ist die Entsorgungswirtschaft sowohl angebots-, als auch nachfrageseitig stark national geprägt und organisiert. In geographischer Hinsicht ist daher das Bundesgebiet zugrundezulegen.[41]

---

39. RITTNER Wettbewerbs- und Kartellrecht, § 7 Rn. 86 (S. 221).
40. Vgl. § 5 C III. 3.) auf Seite 125.
41. KOMMISSION Entscheidung v. 17.9.2001 Az.: K(2001) 2672 ABl. EG 2001 L 319, Tz. 101 ff.

*3.) Wettbewerbsbeschränkung durch die Vereinbarung, nicht mit
dem » Grünen Punkt« gekennzeichnete Verpackungen auszulisten*

a) Wettbewerbsbeschränkung in Deutschland

Eine Wettbewerbsbeschränkung durch das »gentleman's agreement«
der Handelsunternehmen hinsichtlich des Nachfragewettbewerbs gegenüber den Herstellern und des Angebotswettbewerbs gegenüber
den Konsumenten liegt entsprechend den Feststellungen zu § 1 GWB
vor.[42]

*b) Wettbewerbsbeschränkung hinsichtlich des Marktzutritts
ausländischer Unternehmen zum deutschen Markt*

Eine Wettbewerbsbeschränkung zu Lasten Dritter könnte darin bestehen, daß ausländische Hersteller aufgrund der Auslistungsvereinbarung des Handels befürchten mussen, nicht mehr nach Deutschland
exportieren zu können, wenn ihre Verkaufsverpackungen nicht mit
dem »Grünen Punkt« gekennzeichnet sind. Sie haben zwar nach dem
Zeichennutzungsvertrag ebenfalls die Möglichkeit, ihre Verpackungen über das Duale System der DSD-AG zu entsorgen, der Zeichennutzungsvertrag sieht jedoch in § 3 (1) vor, daß jede angemeldete, den
Inlandsverbrauch betreffende Verpackung mit dem »Grünen Punkt«
gekennzeichnet werden muß. Dies bedeutet, daß der ausländische Hersteller möglicherweise eine getrennte Produktionslinie für Produkte
fahren muß, die auf dem deutschen Markt vertrieben werden sollen. Das »gentleman's agreement« des Handels, nur noch mit dem
»Grünen Punkt« gekennzeichnete Produkte zu vertreiben, könnte
daher aufgrund der damit verbundenen Kosten eine Diskriminierung
ausländischer Hersteller gegenüber der inländischen Konkurrenz darstellen und damit gegen das Regelbeispiel des Art. 81 I lit. d EG
verstoßen.[43]
  Die DSD-AG ist diesbezüglich einer Entscheidung der Kommission zuvorgekommen, indem sie für ausländische Hersteller eine Befreiung von der Verpflichtung des § 3 I Zeichennutzungsvertrag vorgesehen hat und ihnen anstelle der Kennzeichnung eine »Bescheinigung
für den Handel« ausstellte. Damit ließ die DSD-AG es ausreichen,

---

42. Vgl. § 5 C III. 4.) auf Seite 134.
43. Vgl. BOCK WuW 1996, 187, (194), BURCHARDI/SACKSOFSKY JUTR
    1994 Bd. 27, 23, (44).

daß der »Grüne Punkt« außerhalb der Verpackung angebracht wurde.[44] Schon vorher lag jedoch keine Diskriminierung vor, da zwar bei größeren Stückzahlen die Stückkosten sinken, dieser Umstand aber ebenfalls für inländische Hersteller untereinander gilt und folglich keine Ungleichbehandlung erfolgt.[45] Im Gegenteil: Es erfolgte nun eine Diskriminierung der inländischen Hersteller, die Kosten für die Kennzeichnung haben, während ausländische Hersteller ohne Kennzeichnung auskommen können.[46]

Eine Verstoß gegen Art. 81 I lit. d EG ist daher nicht gegeben. Die DSD-AG ist von der Erteilung der »Bescheinigung für den Handel« inzwischen wieder abgerückt.[47]

4.) Wettbewerbsbeschränkung durch Bündelung der Nachfrage nach Entsorgungsleistungen

Wie schon ausgeführt wurde, gab es vor Inkrafttreten der Verpack-VO 1991 aufgrund der Monopolstellung der öffentlich-rechtlichen Abfallentsorgung keinen Nachfragewettbewerb nach Entsorgungsleistungen.[48] Auch mit deren Inkrafttreten ist es zu einem Nachfragewettbewerb der Hersteller bzw. Vertreiber nach Entsorgungsleistungen im Rahmen einer Selbstentsorgerlösung nach § 6 I, II VerpackVO nicht gekommen, da das DSD-System bereits eingerichtet war, und damit eine Befreiungsmöglichkeit bestand.[49] Auch im weiteren Verlauf und durch die Novelle der VerpackVO 1998 hat sich daran nichts wesentliches geändert, da bisher nur in Randbereichen in geringem Umfang alternative Lösungen versucht wurden.[50]

In Frage kommt daher auch im Rahmen des EG-Rechts nur die Möglichkeit einer Beschränkung eines potentiellen Nachfragewettbewerbs der Hersteller bzw. Vertreiber.

Dann müßten die Beteiligten rechtlich, faktisch, technisch, organisatorisch und finanziell die betriebswirtschaftlich nicht ganz fernlie-

---

44. Vgl. BOCK WuW 1996, 187, (194); Eine Entscheidung der Kommission unterblieb daher.
45. VELTE Duale Abfallentsorgung und Kartellverbot, S. 272.
46. VELTE Duale Abfallentsorgung und Kartellverbot, S. 272; zur Inländerdiskriminierung siehe STREINZ ZLR 1990, 487, (487 ff.).
47. Vgl. VELTE Duale Abfallentsorgung und Kartellverbot, S. 272.
48. Vgl. § 5 C III. 5.) a) auf Seite 137.
49. Vgl. § 5 C III. 5.) a) aa) auf Seite 138.
50. Vgl. § 5 C III. 5.) a) bb) auf Seite 138.

gende Möglichkeit haben, jederzeit oder zumindest alsbald zueinander in Wettbewerb zu treten.[51]

Zunächst handelt es sich bei dem DSD-System um kein staatlich angeordnetes Zwangskartell.[52] Auch sonst liegt keine rechtliche Reduzierung des Handlungsspielraums auf Null vor. Folglich ist die mit dem Dualen System der DSD-AG verbundene Bündelung der Nachfrage der Hersteller bzw. Vertreiber nicht rechtlich zwingend vorgeschrieben.[53]

Aus faktischen Gründen ergeben sich jedoch für den überwiegenden Teil der Verkaufsverpackungen Einschränkungen des den Herstellern bzw. Vertreibern durch die VerpackVO eröffneten Handlungsspielraums. So ist eine individuelle Rücknahme und Verwertung im Rahmen der § 6 I, II VerpackVO organisatorisch und logistisch meist nicht wirtschaftlich durchführbar. Dies gilt auch im Rahmen einer Drittbeauftragung über § 11 VerpackVO.[54] Eine individuelle Nachfrage der Hersteller bzw. Vertreiber nach Entsorgungsleistungen ist damit nicht möglich.[55] Eine Wettbewerbsbeschränkung scheidet daher insoweit aus.

a) potentieller Nachfragewettbewerb im Rahmen von § 6 III VerpackVO 1991

Auch innerhalb der damit verbleibenden Handlungsalternative einer Teilnahme an einem befreienden System nach § 6 III VerpackVO war eine Nachfrage der Hersteller bzw. Vertreiber nach Entsorgungsleistungen bei Errichtung des DSD-Systems nicht möglich. Herstellereigene § 6 III-Systeme kamen aus faktischen Gründen nicht als realistische Alternative in Betracht.[56] Eine mittelbare Nachfrage über verschiedene sich nicht überlappende (bspw. je Bundesland) kollektive befreiende Systeme schied ebenfalls aus, da eine mittelbare Einwirkung auf die Nachfrage nach Entsorgungsleistungen in

---

51. KOMMISSION Entscheidung v. 13. 7. 1990 IV/32.009 »Elopak/Metal Box – Odin)« ABl. 1990 L 209, 15, (Tz. 18 f., 24, insb. 31), KOMMISSION Entscheidung v. 27. 7. 1990 »ECR 900« IV/32.688 ABl. 1990 L 228, 31, (33); vgl. auch FRITZSCHE ZHR 1996, 31, (34 f.).
52. Vgl. § 5 B I. auf Seite 76.
53. Vgl. dazu die Ausführungen zum deutschen Recht § 5 C III. 5.) b) aa) auf Seite 144.
54. Vgl. § 5 C III. 5.) b) aa) auf Seite 145.
55. Vgl. § 5 C III. 5.) b) aa) auf Seite 150.
56. Vgl. § 5 C III. 5.) b) bb) auf Seite 156.

alternativen Systemgestaltungen ebensowenig gegeben wäre,[57] wie im Rahmen des Systems der DSD-AG. Ferner gab es keine rechtliche Pflicht zur Systemgründung, so daß nicht mehr Systeme gefordert werden konnten, als sie von den finanzierenden Unternehmen gegründet wurden.[58] Mehrere konkurrierende Systeme in demselben Gebiet schieden schon durch die auf das Gesamtaufkommen an Verkaufsverpackungen bezogenen Erfassungsquoten der VerpackVO 1991 aus.[59]

Da somit spürbarer beschränkbarer Wettbewerb nicht gegeben war, stellte die Errichtung des DSD-Systems keine Wettbewerbsbeschränkung im Sinne des Art. 81 I EG dar.[60]

b) potentieller Nachfragewettbewerb über befreiende Systeme nach der Novelle der VerpackVO

Nach der Novelle der VerpackVO 1998 hat sich daran insofern etwas geändert, als nun durch die Änderung der Quotenvorgaben konkurrierende befreiende Systeme möglich sind. Folglich wäre ein potentieller mittelbarer Nachfragewettbewerb über kollektive Systeme möglich.[61]

c) spürbare Beschränkung bezweckt oder bewirkt

Wie im deutschen Recht läßt sich auch für das europäische Recht den Zeichennutzungsverträgen und der Satzung eine bezweckte oder bewirkte Wettbewerbsbeschränkung nicht entnehmen.[62] Die Beschrän-

---

57. Vgl. § 5 C III. 5.) b) bb) auf Seite 163; a. A. VELTE Duale Abfallentsorgung und Kartellverbot, S. 267.
58. KÖHLER BB 1996, 2577, (2580).
59. § 5 C III. 5.) b) bb) auf Seite 153.
60. A. A. VELTE Duale Abfallentsorgung und Kartellverbot, S. 266 f., der auch im Rahmen der VerpackVO 1991 von einer Möglichkeit zu mittelbarer Nachfrage nach Entsorgungsleistungen über konkurrierende Systeme ausgeht. Worin die Konkurrenz zu sehen ist und wie die Erfassungsquoten von mehreren Systemen erfüllt werden sollen, bleibt jedoch unklar.
61. Vgl. dazu ausführlich die Darstellung zum deutschen Recht § 5 C III. 5.) b) bb) auf Seite 166 bis 169.
62. Auch die Kommission hat eine spürbare Wettbewerbsbeschränkung durch die Satzung der DSD-AG verneint (KOMMISSION Entscheidung v. 17.9.2001 Az.: K(2001) 2672 ABl. EG 2001 L 319, Tz. 106 ff.). Die Zeichennutzungsverträge haben von Seiten der Kommission bisher nur zu Art. 82 EG zu einer Entscheidung geführt (KOMMISSION Entscheidung v. 20.4.2001 Az.: K(2001) 1106 ABl. EG 2001 L 166; in KOMMISSION Entscheidung v. 17.9.2001 Az.: K(2001) 2672 ABl. EG 2001 L 319, Tz. 76 ist auch ausdrücklich klargestellt, daß diese Entscheidung die Zeichennutzungsverträge nicht erfaßt.). Diesbezüglich ist noch ein Verfahren beim EuG anhängig, wenngleich der Versuch

kung des potentiellen Nachfragewettbewerbs ergibt sich daher wie im deutschen Recht aus der als »gentleman's agreement« bestehenden Absprache, keine Konkurrenzsysteme der DSD-AG zu nutzen und die Entsorgungsnachfrage ausschließlich über die DSD-AG zu bündeln.[63]

5.) Wettbewerbsbeschränkung wegen Verhinderung des Marktzutritts konkurrierender befreiender Systeme nach § 6 III VerpackVO

Denkbar wäre auch auf europäischer Ebene eine Wettbewerbsbeschränkung durch Verhinderung bzw. Erschwerung des Marktzutritts konkurrierender befreiender Systeme durch das Vertragssystem der DSD-AG, wie es schon im nationalen Kartellrecht diskutiert wurde.

Für ein mögliches Konkurrenzsystem käme als denkbare Konstellation die Mitbenutzung der bestehenden Sammelbehälter, d. h. insbesondere die Beauftragung der bereits für die DSD-AG tätigen Entsorger, in Betracht.[64]

a) Durch die Satzung

Die Errichtung der DSD aufgrund der Satzung enthält nach Streichung der Auslistungsvereinbarung keine spürbare Wettbewerbsbeschränkung, da in der Satzung keinerlei Ausschließlichkeitsbindungen enthalten sind. Die Aktionäre der DSD-AG sind daher frei, auch Verträge mit konkurrierenden befreienden Systemen zu schließen. Folglich besteht insofern keine Wettbewerbsbeschränkung. Auch die Kommission hat daher insofern ein Negativattest erteilt, gleichzeitig aber darauf hingewiesen, daß der Betrieb des Systems zu Wettbewerbsbeschränkungen im Sinne des Art. 81 I EG führen kann.[65]

b) Durch die Zeichennutzungsverträge

Die Zeichennutzungsverträge enthalten ebenfalls keine Ausschließlichkeitsbindung. Die Lizenznehmer sind daher frei, ihren Vertrag mit

---

der DSD-AG, im einstweiligen Rechtsschutz eine Aussetzung zu erreichen, gescheitert ist (EuG DVBl. 2002, 249; zum Streitpunkt vgl. § 6 D II. 1.) auf Seite 230).

63. Vgl. § 5 C III. 5.) c) auf Seite 170 ff.

64. Vgl. dazu im nationalen Recht: § 5 C III. 6.) auf Seite 174.

65. KOMMISSION Entscheidung v. 17. 9. 2001 Az.: K(2001) 2672 ABl. EG 2001 L 319, Tz. 106 ff.; vgl. auch im deutschen Recht § 5 C III. 6.) a) auf Seite 175.

der DSD-AG zu kündigen und ihre Verkaufsverpackungen über konkurrierende befreiende System zu entsorgen.[66] Auch steht es einem Hersteller bzw. Vertreiber grundsätzlich frei, nur einen Teil seiner Verkaufsverpackungen über das Duale System der DSD-AG zu lizenzieren und für Teilmengen oder den Rest Verträge mit Wettbewerbern zu schließen[67]. Insofern ergeben sich aus den Zeichennutzungsverträgen auch keine weitergehenden Ausschließlichkeitsbindungen als aus der Satzung.

Allerdings könnte sich aufgrund der Kennzeichnung mit dem »Grünen Punkt« nach den Zeichennutzungsverträgen aus wirtschaftlichen Umständen mittelbar eine Beschränkung ergeben, sofern nicht vollständig zu einem Wettbewerber gewechselt werden soll. Dies ist im Rahmen des deutschen Kartellrechts angesprochen worden.[68] Die Kommission hat darüber im Rahmen des Art. 82 EG insbesondere im Hinblick auf die Teilnahme an Selbstentsorgerlösungen entschieden.[69] Das dortige Problem stellt sich jedoch auch, wenn mit Teilmengen an einem konkurrierenden § 6 III-System teilgenommen werden soll. Wie im nationalen Recht betrifft die Gebührengestaltung jedoch die Ausgestaltung des Leistungsverhältnisses zwischen der DSD-AG und dem Zeichennehmer. Zwar fallen nach dem EG-Kartellrecht auch vertikale Vereinbarungen unter Art. 81 I EG. Die Gestaltung von Geschäftsbedingungen ist jedoch durch Art. 82 EG erfaßt und bezweckt einen Schutz vor davon ausgehenden Wettbewerbsverzerrungen. Auch ist zu beachten, daß zwar jeder Austauschvertrag zumindest für einen Vertragspartner eine Beschränkung des Wettbewerbs enthält, da er durch die eingegangenen Verpflichtungen seine Ressourcen bindet. Austauschverträge führen im Allgemeinen auch zum Wegfall einer aktuellen Nachfrage, da mit dem Vertrag meist eine Deckung des Bedarfs angestrebt wird. Wollte man diese Auswirkungen auf den Wettbewerb aber als Beschränkungen ausreichen lassen, so enthielten alle Austauschverträge Wettbewerbsbeschränkungen. Sie müssen daher als unvermeidlich angesehen werden. Dies kann im Wege des Immanenzgedankens oder über das Kriterium der Spürbarkeit erfolgen.[70] Erst wenn darüber

---

66. DSD Zeichennutzungsvertrag Stand 1.1.2002, § 11.
67. Diese müssen nicht notwendigerweise befreiende Systeme sein. Es können auch Selbstentsorgerlösungen genutzt werden. Vgl. § 6 I S. 1 VerpackVO.
68. § 5 C III. 6.) a) auf Seite 175.
69. KOMMISSION Entscheidung v. 20.4.2001 Az.: K(2001) 1106 ABl. EG 2001 L 166.
70. Letzteren Weg geht wohl der EuGH; vgl. BUNTE in: LANGEN/BUNTE

hinausgehende Beschränkungen angestrebt werden, können sie als Wettbewerbsbeschränkung dem Art. 81 I EG unterfallen. Eine Wettbewerbsbeschränkung ist daher den Zeichennutzungsverträgen auch nach europäischem Recht nicht zu entnehmen.

6.) Beschränkung des Wettbewerbs auf dem Markt für Verwertungsleistungen und des Angebots von Sekundärrohstoffen

Eine Wettbewerbsbeschränkung könnte sich durch Satzung und Zeichennutzungsverträge daraus ergeben, daß Hersteller bzw. Vertreiber ihre Nachfrage nach Verwertungsleistungen bündeln und sich der Möglichkeit begeben, bei positivem Marktpreis, selbst Sekundärrohstoffe zu vermarkten.

Wie schon im Rahmen des § 1 GWB ausgeführt wurde, erfolgte zu Beginn des DSD-Systems diesbezüglich eine spürbare Wettbewerbsbeschränkung. Nach Aufgabe der »Schnittstelle Null« für alle Materialfraktionen mit positivem Marktpreis, ist die verbleibende Wettbewerbsbeschränkung schon auf dem deutschen Markt nicht spürbar.[71] Da die Spürbarkeit im Rahmen des EG-Rechts auf den europäischen Markt bezogen ist, und der deutsche Markt nur ein Teil desselben darstellt, ergibt sich, daß die Spürbarkeit auf dem europäischen Markt erst recht nicht gegeben ist.[72]

7.) Wettbewerbsbeschränkung durch »gentleman's agreement«, den Preiswettbewerb der Hersteller und Vertreiber zu regeln

Hinsichtlich des »gentleman's agreement«, den Preiswettbewerb der Hersteller und Vertreiber zu regeln, liegen die Voraussetzungen für eine bezweckt oder bewirkte spürbare Wettbewerbsbeschränkung wie im deutschen Recht vor.[73]

GWB, § 1 Rn. 195; für einen teleologischen Ausschluß von beschränkenden Nebenabreden in Unternehmenskaufverträgen, die kartellrechtsneutral und funktionsnotwendig sind, sofern dadurch mehr Wettbewerb bewirkt wird: EuGH Urteil v. 11.7.1985 Rs. 42/84 »Remia« Slg. 1985, 2545, LS 1 u. Tz. 19, der im Fall diese Voraussetzungen jedoch nicht als gegeben ansieht.

71. Vgl. § 5 C III. 8.) c) aa) auf Seite 183.

72. Velte Duale Abfallentsorgung und Kartellverbot, S. 280 f.; im Ergebnis ebenso: Kommission Entscheidung v. 17.9.2001 Az.: K(2001) 2672 ABl. EG 2001 L 319, Tz. 110, 116.

73. Vgl. § 5 C III. 7.) auf Seite 178.

8.) Leistungsverträge (Entsorgungsverträge)

Anders als im deutschen Recht unterfallen auch die Leistungsverträge (Entsorgungsverträge) dem Kartellverbot des Art. 81 EG, da dieser nicht zwischen horizontalen- und vertikalen Verträgen differenziert. Folglich fallen Ausschließlichkeitsbindungen in Vertikalverträgen, die im Rahmen des GWB nur einer Mißbrauchsaufsicht unterliegen (§ 16 GWB), im EG-Recht dem Kartellverbot.

a) Ausschließlichkeitsbindung

Ursprünglich waren die Entsorgungsaufträge in den Entsorgungsgebieten der DSD-AG ohne Ausschreibung und mit einer festen Laufzeit von über zehn Jahren ausschließlich an einen Entsorger vergeben worden. Dieser hatte damit für die Laufzeit ein Gebietsmonopol inne. Im Rahmen der Erlangung eines Negativattestes von der Kommission wurde die Laufzeit der Verträge auf Ende 2003 begrenzt.[74] Weiterhin ist nunmehr in § 6 III VerpackVO geregelt, daß die Entsorgungsaufträge im Wettbewerb zu vergeben sind.

Eine Wettbewerbsbeschränkung kann in der Ausschließlichkeitsbindung nur dann gesehen werden, wenn nach den genannten Kriterien damit zu rechnen ist, daß ohne eine solche Ausschließlichkeitsbindung ein Markt für die endverbrauchernahe Entsorgung (Sammlung und Sortierung) von Verkaufverpackungen bestünde. Andernfalls würde die Ausschließlichkeitsbindung ein Mehr an Wettbewerb bewirken, weil nur so ein Marktzutritt möglich ist.

Im Fall des DSD-Systems waren während des Aufbaus hohe Investitionskosten für die Entwicklung von Sortiertechniken sowie dem Aufbau von Sammel- und Sortieranlagen zur Erreichung der Quotenvorgaben der VerpackVO erforderlich. Ein Entsorger, der eine entsprechende Dienstleistung anbieten will, wird nur dann zu diesen Investitionen bereit sein, wenn er annehmen kann, neben einer Amortisation auch einen angemessenen Gewinn zu erwirtschaften. Dies kann er nur, wenn er für einen gewissen Zeitraum als alleiniger Entsorger tätig sein kann. Die in den Entsorgungsverträgen enthaltene Ausschließlichkeitsbindung zugunsten des Entsorgers ist daher zur Markterschließung in gewissem Rahmen zwingend notwendig.

---

74. KOMMISSION Entscheidung v. 17.9.2001 Az.: K(2001) 2672 ABl. EG 2001 L 319, Tz. 55; vgl. SIMON Entsorga 2002, 14, (14).

Die in den Leistungsverträgen vereinbarte Ausschließlichkeitsbindung wurde jedoch zumeist schon 1992 vereinbart und hat nun eine Laufzeit bis Ende 2003. Sie schottet daher den Markt für eine ungewöhnlich lange Zeit ab.[75] Zwar erlaubt sie eine langfristige Planung und aufgrund längerer Abschreibungszeiträume auch eine wirtschaftlichere Kalkulationsgrundlage. Diese Gesichtspunkte stellen jedoch für einen Marktzutritt keine tragbare Argumentation dar, da dabei allgemeine Wirtschaftlichkeitserwägungen nur dann einfließen dürfen, wenn sie einen Marktzutritt überhaupt verhindern.[76] Folglich stellt die sehr lange Laufzeit eine Wettbewerbsbeschränkung dar. Diese ist auch spürbar, da der sowieso schon nur während der kurzen Zeit einer Neuvergabe im Rahmen einer Ausschreibung gegebene Wettbewerb mit anderen Entsorgern für sehr lange Zeit vollständig ausgeschlossen wird.[77]

Eine spürbare Wettbewerbsbeschränkung liegt also in der überlangen Ausschließlichkeitsbindung vor.

b) Vermarktung der sortierten Materialfraktionen

Wie bereits ausgeführt wurde, waren die Entsorger ursprünglich durch die Entsorgungsverträge dazu verpflichtet, die sortierten Materialfraktionen unentgeltlich an die Garantiegeber abzugeben (sog. »Schnittstelle Null«). Dies hatte schwerwiegende Auswirkungen auf bereits funktionierende Sekundärrohstoffmärkte (insbesondere Glas, Papier) in Deutschland und auch auf dem europäischen Markt. In Deutschland fielen für die Entsorger dieser Materialfraktionen nicht nur große Mengen weg, da diese nun über das DSD-System entsorgt wurden. Schlimmer war, daß die Marktpreise für diese Sekundärrohstoffe, aufgrund der kostenlosen Abgabe durch die Entsorger des DSD-Systems und aufgrund der großen Mengen, derart einbrachen, daß nicht mehr profitabel gearbeitet werden konnte. Nicht dem DSD-System angeschlossene Entsorger, denen für die Sammlung

---

75. KOMMISSION Entscheidung v. 17. 9. 2001 Az.: K(2001) 2672 ABl. EG 2001 L 319, Tz. 129 f.

76. Vgl. § 6 B II. 1.) a) auf Seite 212; vgl. ebenso im deutschen Recht § 5 C III. 2.) a) auf Seite 119.

77. Ebenso KOMMISSION Entscheidung v. 17. 9. 2001 Az.: K(2001) 2672 ABl. EG 2001 L 319, Tz. 131 f., 140; Die DSD-AG hat gegen die, nur unter der Auflage, daß die Verträge zum Ende 2003 auslaufen, erteilte Freistellung der Kommission Klage erhoben. Eine Entscheidung steht noch aus (DSD-AG Geschäftsbericht 2001, S. 18).

und Sortierung Kosten entstanden, die sie – im Gegensatz zu den DSD-Entsorgern – durch den Verkauf der Sekundärrohstoffe erwirtschaften mußten, konnten daher sowohl in Deutschland als auch in anderen europäischen Staaten gegen diese »Dumpingpreise« nicht konkurrieren[78] und wurden verdrängt.

Nachdem die »Schnittstelle Null« nunmehr für alle Fraktionen, die einen positiven Marktpreis erzielen, aufgegeben wurde,[79] treten die ausgeführten Wettbewerbsverzerrungen nicht mehr auf.

Folglich besteht mittlerweile hinsichtlich der Leistungsverträge keine spürbare Wettbewerbsbeschränkung mehr.[80] Auch die Kommission sieht nach Abschaffung der »Schnittstelle Null« bis zum Ende der Laufzeit der Leistungsverträge Ende 2003 keine spürbare Wettbewerbsbeschränkung.[81]

9.) Abnahme- und Garantieverträge

Nach Abschaffung der »Schnittstelle Null« ist ein Wettbewerb im Bereich der Abnahme- und Garantieverträge möglich. Es liegt insofern keine spürbare Wettbewerbsbeschränkung vor.[82]

10.) Zwischenergebnis

Eine spürbare Wettbewerbsbeschränkung liegt damit bei horizontalen Vereinbarungen in den »gentleman's agreements« des Handels, nicht mit dem »Grünen Punkt« gekennzeichnete Produkte auszulisten, keine konkurrierenden Systeme zu nutzen und den Preisfaktor der Entsorgung vom Preiswettbewerb freizustellen, vor. Bei den vertikalen Verträgen stellt die überlange Bindung der DSD-AG durch die Ausschließlichkeitsbindung in den Entsorgungsverträgen ebenfalls eine spürbare Wettbewerbsbeschränkung dar.

Die festgestellten Wettbewerbsbeschränkungen wirken sich auch »innerhalb des gemeinsamen Marktes« (Art. 81 I EG) aus, da der deutsche Markt Teil des gemeinsamen Marktes ist.

---

78. BURCHARDI/SACKSOFSKY JUTR 1994 Bd. 27, 23, (46 f.).
79. Vgl. § 5 C III. 8.) a) auf Seite 180.
80. Ebenso im deutschen Recht vgl. § 5 C III. 8.) c) aa) auf Seite 183.
81. KOMMISSION Entscheidung v. 17.9.2001 Az.: K(2001) 2672 ABl. EG 2001 L 319, Tz. 114 ff.
82. So auch KOMMISSION Entscheidung v. 17.9.2001 Az.: K(2001) 2672 ABl. EG 2001 L 319, Tz. 120.

III. Eignung zur Beschränkung des zwischenstaatlichen Handels

Voraussetzung für das Kartellverbot des Art. 81 I EG ist weiter, daß die fragliche Vereinbarung geeignet ist, den Handel zwischen den Mitgliedstaaten (spürbar) zu beeinträchtigen. Diese sog. Zwischenstaatlichkeitsklausel dient primär dazu, den Anwendungsbereich des nationalen Kartellrechts von dem des EG-Kartellrechts abzugrenzen.[83]

Eine solche Eignung ist nach ständiger Rechtsprechung des EuGH gegeben, wenn sich anhand einer Gesamtheit objektiver rechtlicher oder tatsächlicher Umstände mit hinreichender Wahrscheinlichkeit voraussehen läßt, daß die fragliche Vereinbarung unmittelbar oder mittelbar, tatsächlich oder potentiell den Handel zwischen den Mitgliedstaaten beeinflussen und der Verwirklichung der Ziele eines einheitlichen Marktes abträglich sein kann.[84] Es ist ausreichend, wenn eine andere Entwicklung – auch eine Förderung des Handels – herbeigeführt wird.[85] Lediglich Sachverhalte mit nur regionaler oder lokaler Bedeutung fallen heraus.[86] Für das bundesweite Monopol der DSD-AG von besonderer Relevanz ist, daß auch rein nationale Kartelle eine Eignung zur Handelsbeeinträchtigung aufweisen können. So hat der EuGH bereits mehrfach entschieden, daß Kartelle, die sich auf das gesamte Gebiet eines Mitgliedsstaates erstrecken, schon ihrem Wesen nach geeignet sind, den Handel zwischen den Mitgliedstaaten zu beeinträchtigen.[87]

Auch in Fällen, in denen ein an sich kleines Unternehmen mit unbedeutender Marktposition mit einer größeren Anzahl dritter Unternehmen gleichartige Verträge abschließt (sog. »Bündeltheorie«[88]),

---

83. WIEDEMANN in: WIEDEMANN Handbuch des Kartellrechts, § 2 Rn. 4.

84. EuGH Urteil v. 9. 7. 1969 Rs. 5/69 »Völk« Slg. 1969, 295, LS 2, EuGH Urteil v. 13..7. 1966 Rs. 56/64 »Grundig/Consten« Slg. 1966, 322, 389 EuGH Urteil v. 10. 7. 1980 Rs. 99/79 »Lankôme« Slg. 1980, 2511, LS 4, Tz. 23; siehe auch STOCKMANN in: WIEDEMANN Handbuch des Kartellrechts, § 7 Rn. 24 f. m. w. N., WIEDEMANN in: WIEDEMANN Handbuch des Kartellrechts, § 2 Rn. 4.

85. So reicht nach EuG Urteil v. 24. 10. 1991 Rs. T-2/89 »Petrofina« Slg. 1991, II-1087, Tz. 226 jede Ablenkung der Handelsströme.

86. WIEDEMANN in: WIEDEMANN Handbuch des Kartellrechts, § 2 Rn. 4.

87. Siehe nur EuGH Urteil v. 17. 10. 1972, Rs. 8/72 »VCH« Slg. 1972, 977, LS 3, Tz. 28/30.

88. WIEDEMANN in: WIEDEMANN Handbuch des Kartellrechts, § 2 Rn. 4; siehe dazu auch EuGH Urteil v. 28. 2. 1991 Rs. C-234/89 »Delimitis/Henniger Bräu«, Slg. 1991, I-935, ab Tz. 15, insb. Tz. 20; oder auch »Sternverträge« genannt.

kann eine Eignung zur Marktbeeinflussung gegeben sein.[89] Insgesamt wird das Tatbestandsmerkmal somit vom EuGH sehr weit ausgelegt, so daß eine Anwendung des Art. 81 I EG nur sehr selten daran scheitert.[90]

Danach ist eine Eignung zur Beschränkung des zwischenstaatlichen Handels hier unproblematisch sowohl für die Auslistungsvereinbarung und die übrigen gentleman's agreements, als auch für die Ausschließlichkeitsbindung in den Entsorgungsverträgen gegeben. Bei derart hohen Marktanteilen sind objektiv Auswirkungen auf den Wettbewerb in der Gemeinschaft zu erwarten.[91] Daß sich das DSD-System auf die Bundesrepublik Deutschland beschränkt, steht dem nicht entgegen.[92] Ferner betreffen die genannten Absprachen sowohl das DSD-System selbst als auch importierte Produkte, die ebenfalls einbezogen werden. Dadurch ergeben sich Auswirkungen auch auf Hersteller bzw. Vertreiber aus anderen Mitgliedstaaten.[93] Außerdem können befreiende Systeme auch von ausländischen Systemanbietern betrieben werden, so daß die Absprache, keine anderen Systeme als das der DSD-AG zu nutzen, insofern auch Auswirkungen auf den zwischenstaatlichen Wettbewerb hat. Die Ansicht von THOMÉ-KOZMIENSKY[94], wonach es an einer »Eignung« fehle, weil die Tätigkeit der DSD-AG auf das Bundesgebiet beschränkt sei, ist daher abzulehnen.[95]

---

89. So im Rahmen der Bierbezugsverträge entschieden. Danach führe das Bestehen gleichartiger Verträge zu einem Sachverhalt, der zusammen mit anderen eine Gesamtheit wirtschaftlicher und rechtlicher Begleitumstände bilden könne, die bei der Beurteilung des Vertrags zu berücksichtigen seien. EuGH Urteil v. 12. 12. 1967 Rs. 23/67 »Brasserie de Haecht I«, Slg. 1967, 543, LS 1, 555, EuGH Urteil v. 30. 4. 1998 Rs. C-230/96 »Soco« Slg. 1998 I-2055, Tz. 50 im Bereich von Kfz. Vertriebsverträgen.
90. WIEDEMANN in: WIEDEMANN Handbuch des Kartellrechts, § 2 Rn. 4; VELTE Duale Abfallentsorgung und Kartellverbot, S. 305 ff. diskutiert ausführlich, inwieweit im Rahmen der Zwischenstaatlichkeitsklausel eine Berücksichtigung von Umweltbelangen möglich ist, folgt dem dann jedoch ebenfalls nicht, weil Art. 81 EG rein wettbewerbsrechtlich konzipiert ist und keinen Bezug auf außerwettbewerbliche Gesichtspunkte wie den Umweltschutz nimmt (aaO. S. 306).
91. Vgl. EuGH Urteil v. 11. 7. 1985 Rs. 42/84 »Remia« Slg. 1985, 2545, Tz. 22, EuGH Urteil v. 11. 7. 1989 Rs. 246/86 »Belasco« Slg. 1989, 2117, (insb. Tz. 37).
92. Vgl. EuGH Urteil v. 17. 10. 1972, Rs. 8/72 »VCH« Slg. 1972, 977, LS 3, Tz. 28/30.
93. VELTE Duale Abfallentsorgung und Kartellverbot, S. 278.
94. TOMÉ-KOZMIENSKY Die Verpackungsverordnung, S. 171.
95. Ebenso VELTE Duale Abfallentsorgung und Kartellverbot, S. 277.

Die hier zugrundegelegte weite Auslegung des EuGH wird in der Literatur zwar auch kritisiert, im vorliegenden Fall kann jedoch nicht von nur geringfügigen Wettbewerbsbeschränkungen ausgegangen werden, so daß hier auch bei engerer Auslegung eine Eignung zur Beschränkung des zwischenstaatlichen Handels gegeben wäre.[96] Aufgrund der nahezu vollständigen Beteiligung des Handels[97] an der Auslistungsvereinbarung in Deutschland, die damit weit über der Orientierungsgröße des EuGH für die Spürbarkeit von 5 %[98] liegt, und dem mit über 95 % Marktanteil des DSD-Systems im Bereich der haushaltsnahen Entsorgung von Verkaufsverpackungen, sind die Handelsbeeinträchtigungen nämlich sogar deutlich spürbar.[99]

IV. Einschränkung des Anwendungsbereichs ohne Anknüpfung an Tatbestandsmerkmale

1.) Güterabwägung zwischen Umweltschutz und europäischem Kartellrecht

Eine Güterabwägung zwischen Umweltschutz und Kartellrecht scheidet wie im deutschen Kartellrecht aus,[100] da in Art. 81 III EG ein abschließender Ausnahmetatbestand zum Kartellverbot des Art. 81 I EG geregelt ist.[101]

96. Zur Kritik an der weiten Auslegung siehe VELTE Duale Abfallentsorgung und Kartellverbot, S. 276.
97. Es reichen 5 % in einem Mitgliedstaat meist aus vgl. BUNTE in: LANGEN/BUNTE GWB, Art. 81 Rn. 102.
98. EuGH Urteil v. 25. 10. 1983 Rs. 107/82 »AEG Telefunken« Slg. 1983, 3151, Tz. 58, EuGH Urteil v. 1. 2. 1978 Rs. 19/77 »Miller Internationale« Slg. 1978, 131, Tz. 9–15; 5 % ist auch die nach der unverbindlichen Bagatellbekanntmachung für horizontale Absprachen von der Kommission zur Konkretisierung genutzte Orientierungsgröße für die Spürbarkeit. Für vertikale Vereinbarungen ist die Grenze 10 %. Wegen der vielfältigen und unbestimmten Rückausnahmen ist die Bagatellbekanntmachung jedoch in der Praxis nur von geringer Bedeutung vgl. WIEDEMANN in: WIEDEMANN Handbuch des Kartellrechts, § 2 Rn. 5.
99. Auch im EG Kartellrecht ist dies ungeschriebene Tatbestandsvoraussetzung vgl. GÖTZ ZLR 1993, 534, (537), FRITZSCHE ZHR 1996, 31, (36 f.).
100. Vgl. § 5 C IV. 1.) auf Seite 187.
101. Allg. Ansicht BOCK WuW 1996, 187, (196), PASCHKE UTR Bd. 38, 35, (S. 54 f.), RIESENKAMPFF BB 1995, 833, (838), PERNICE EuZW 1992, 139, (141); nach VELTE soll dies zwar nicht für so zwingend sein, weil keine dem § 8 GWB entsprechende Freistellungsmöglichkeit für außerwettbewerblich motivierte Vereinbarungen vorhanden sei, er folgt der allgemeinen Ansicht jedoch nach ausführlicher Diskussion ebenfalls (VELTE Duale Abfallentsorgung und Kartellverbot, S. 310–323).

2.) Rule of Reason

Auch nach europäischem Kartellrecht scheidet eine »rule of reason« aus, da diese zum einen nur positive Wirkungen einer Wettbewerbsbeschränkung berücksichtigen könnte, nicht aber als allgemeiner Freistellungsgrund herangezogen werden kann. Die Anwendung einer »rule of reason« scheitert aber insbesondere daran, daß sie mit der Systematik des Vertrags nicht vereinbar ist,[102] weil in Art. 81 III EG – anders als im amerikanischen Recht – ein Freistellungstatbestand für erwünschte Kartelle existiert.[103]

V. Ergebnis und Rechtsfolgen

Auch im EG-Recht ergeben sich aus der Satzung und den Zeichennutzungsverträgen keine spürbaren Wettbewerbsbeschränkungen, so daß Art. 81 I EG insofern nicht eingreift.

Nachdem die »Schnittstelle Null« weitestgehend aufgegeben wurde, enthalten auch die Abnahme- und Garantieverträge keine spürbare Wettbewerbsbeschränkung mehr.[104]

In Bezug auf die Leistungsverträge (Entsorgungsverträge) ist Art. 81 I EG jedoch aufgrund der Ausschließlichkeitsbindung erfüllt.

Art. 81 I EG ist ferner erfüllt für die als »gentleman's agreements« bestehenden Vereinbarungen, keine konkurrierenden Systeme zu nutzen, nicht mit dem »Grünen Punkt« versehene Produkte auszulisten sowie den Preisfaktor der Entsorgungskosten vom Wettbewerb weitestgehend freizustellen.

Wie im deutschen Recht ergibt sich auch im EG-Wettbewerbsrecht eine Nichtigkeit in Bezug auf die wettbewerbsbeschränkenden Teile einer Vereinbarung. Auch nach dem EG-Recht kann die Nichtigkeit jedoch ausstrahlen, wenn der verbleibende Rest nicht selbständig Bestand haben kann.[105] Inhaltlich ergeben sich daher gegenüber dem

---

102. So auch, wegen der herausragende Stellung des Wettbewerbs im EG-Vertrag DREHER WuW 1998, 656, (664).
103. VELTE Duale Abfallentsorgung und Kartellverbot, S. 309 f., SCHMIDT-PREUSS VerpackVO u. KartR, Lieberknecht FS, 549, (S. 567).
104. Bis Ende 2003 so auch: KOMMISSION Entscheidung v. 17.9.2001 Az.: K(2001) 2672 ABl. EG 2001 L 319, Tz. 114; a.A. BOCK WuW 1996, 187, (193 ff.), RIESENKAMPFF BB 1995, 833, (839 f.), BURCHARDI/SACKSOFSKY JUTR 1994 Bd. 27, 23, (44. f.).
105. EuGH Urteil v. 30.6.1966 Rs. 56/65 »Maschinenbau Ulm« Slg. 1966, 282, (LS. 9, 304).

deutschen Recht keine Unterschiede, so daß die dortigen Ausführungen entsprechend auch hier gelten.[106]

C Legalisierung

I. der Leistungsverträge nach Art. 81 III EG

Anders als im deutschen Recht kennt das EG-Wettbewerbsrecht keine abschließenden Aufzählung von Einzelausnahmen, sondern enthält in Art. 81 III EG eine Freistellungsmöglichkeit für viele Arten von wettbewerbsbeschränkenden Vereinbarungen, sofern sie die festgelegten Voraussetzungen einhalten.

Hinsichtlich der für eine Amortisation und eines angemessenen Profits erforderlichen Vertragslaufzeit erscheint es angemessen, mit der Kommission[107] eine Laufzeit der Entsorgungsverträge bis Ende 2003 und danach jeweils Laufzeiten von maximal drei Jahren[108] als notwendig anzusehen und insoweit vom Kartellverbot freizustellen.

II. der »gentleman's agreements«

Wie im deutschen Recht scheidet eine Legalisierung der »gentleman's agreements« sowohl wegen deren fehlender schriftlicher Fixierung, als auch wegen Fehlens der Legalisierungsvoraussetzungen im übrigen aus.

D Exkurs: Mißbrauch marktbeherrschender Stellung (Art 82 EG)

Obgleich die Zeichennutzungsverträge nicht gegen das Kartellverbot des Art. 81 I EG verstoßen, könnten sie den Verbotstatbestand des Art. 82 EG[109] erfüllen.

---

106. Vgl. § 5 C VIII. auf Seite 197.
107. KOMMISSION Entscheidung v. 17. 9. 2001 Az.: K(2001) 2672 ABl. EG 2001 L 319, Tz. 141 ff.
108. KOMMISSION Entscheidung v. 17. 9. 2001 Az.: K(2001) 2672 ABl. EG 2001 L 319, Tz. 157.
109. Nach MÖSCHEL in: I/M GWB, § 19 Rn. 2 ist nun in Angleichung an Art. 82 EG auch im deutschen Recht ein Verbotstatbestand geregelt, so daß eine Prüfung nach § 19 I GWB analog der hiesigen verläuft (jedoch ohne das Tatbestandsmerkmal der Geeignetheit zur Beeinflussung des zwischenstaatlichen Handels; § 19 GWB gibt auch mehr Hinweise zur Feststellung der marktbeherrschenden Stellung.).

Art. 82 EG untersagt eine Ausnutzung einer beherrschenden Stellung auf dem Gemeinsamen Markt oder auf einem wesentlichen Teil desselben.[110]

I. Marktbeherrschende Stellung

Für die Feststellung einer beherrschenden Stellung ist erforderlich, daß zunächst der relevante Markt sachlich und geographisch abgegrenzt wird. Auch hier gilt das schon im deutschen Recht zur Abgrenzung herangezogene »Bedarfsmarktkonzept«,[111] so daß auf die dort gefundenen Ergebnisse verwiesen werden kann.[112]

Ob ein Unternehmen auf dem so festgestellten relevanten Markt eine beherrschende Stellung inne hat, hängt davon ab, ob es den Wettbewerb unberücksichtigt lassen kann, ohne daß ihm daraus Nachteile entstehen,[113] es sich also in nennenswertem Umfang gegenüber Abnehmern, Wettbewerbern und Verbrauchern unabhängig verhalten kann.[114]

Wann dies der Fall ist, muß im Rahmen einer Gesamtbetrachtung ermittelt werden. Zu berücksichtigen ist dabei neben dem Marktanteil des Unternehmens auch der Marktanteil von Konkurrenten und die Größe des Vorsprungs gegenüber diesen. Ein stabiler Marktanteil von 50 % und mehr gilt dabei regelmäßig als ausreichend.[115] Unerheblich ist, ob das Unternehmen dabei Gewinne macht. Selbst bei Verlusten kann eine marktbeherrschende Stellung gegeben sein.[116]

110. WIEDEMANN in: WIEDEMANN Handbuch des Kartellrechts, § 2 Rn. 8.
111. EuGH Urteil v. 9.11.1983 Rs. 322/81 »Michelin« Slg. 1983, I-3461, 3505 Tz. 37, EuGH Urteil v. 2.3.1994 Rs. C-53/92 »Hilti« Slg. 1994, I-667, 697 Tz. 8; vgl. WIEDEMANN in: WIEDEMANN Handbuch des Kartellrechts, § 2 Rn. 8.
112. Vgl. § 5 C III. 3.) auf Seite 125.
113. WIEDEMANN in: WIEDEMANN Handbuch des Kartellrechts, § 2 Rn. 8.
114. EuGH Urteil v. 14.2.1978 Rs. 27/76 »United Brands (Chiquita)« Slg. 1978, 207, 286 Tz. 63, 66.
115. EuGH Urteil v. 3.7.1991 Rs. 62/86 »AKZO/ECS« Slg. 1991, I-3359, 3453 Tz. 60; vgl. auch DE BRONETT in: WIEDEMANN Handbuch des Kartellrechts, § 22 Rn. 19, wonach bei ca. 90 % Marktanteil eindeutig eine beherrschende Stellung gegeben ist. Nach EuG Urteil v. 12.12.1991 T-30/89 »Hilti« Slg. 1991, II-1439, 1481 Tz. 91 f. ist ein Anteil von 70–80 % ein »klares Indiz«. Dies wurde in EuGH Urteil v. 2.3.1994 Rs. C-53/92 »Hilti« Slg. 1994, I-667, 693 bestätigt.
116. DE BRONETT in: WIEDEMANN Handbuch des Kartellrechts, § 22 Rn. 17; EuGH Urteil v. 14.2.1978 Rs. 27/76 »United Brands (Chiquita)« Slg. 1978, 207, Tz. 126/128; vgl. auch EuGH Urteil v. 3.7.1991 Rs. 62/86 »AKZO/ECS« Slg. 1991, I-3359, 3455 Tz. 70 ff.

Die DSD-AG besitzt als bisher einziges (bundesweit) befreiendes System auf dem Markt für befreiende Systeme einen Marktanteil von 100 %.[117] Es hat somit eine beherrschende Stellung inne.[118] Diese besteht in der Bundesrepublik Deutschland, dem bevölkerungsreichsten Mitgliedstaat der EU, und damit in einem wesentlichen Teil der Gemeinschaft[119].

II. Mißbrauch

Die DSD-AG müßte diese Stellung mißbräuchlich ausgenutzt haben. Dabei wird zwischen Ausbeutungsmißbrauch gegenüber Abnehmern und Kunden sowie Behinderungsmißbrauch gegenüber (potentiellen) Wettbewerbern unterschieden.[120] Im Fall der Zeichennutzungsverträge kommen beide Varianten in Betracht.

1.) Ausbeutungsmißbrauch

Ausbeutungsmißbrauch ist gegeben, wenn das Unternehmen seine beherrschende Stellung dazu ausnutzt, eine nicht wettbewerbskonforme Leistung oder Gegenleistung anzubieten bzw. zu erlangen. Dazu muß ein Vergleich des wirtschaftlichen Wertes von Leistung und Gegenleistung angestellt werden, was im Einzelfall zu schwierigen Problemen führen kann.[121]

Für die DSD-AG kommt ein Ausbeutungsmißbrauch durch die Stellung unangemessener Preis- und Geschäftsbedingungen in Betracht.

So knüpft die DSD-AG in ihren Zeichennutzungsverträgen die Berechnung des Lizenzentgelts an die Menge der mit dem »Grünen Punkt« gekennzeichneten Verkaufsverpackungen, die im Bundesgebiet vertrieben werden,[122] und verpflichtet ihre Vertragspartner den »Grünen Punkt« auf allen im Bundesgebiet in Verkehr gebrachten angemeldeten Verkaufsverpackungen anzubringen.[123]

---

117. KOMMISSION Entscheidung v. 20. 4. 2001 Az.: K(2001) 1106 ABl. EG 2001 L 166, Tz. 95; inwieweit die jüngste Zulassung der Landbell AG als befreiendes System in Hessen etwas ändert kann bisher nicht beurteilt werden.
118. Ebenso KOMMISSION Entscheidung v. 20. 4. 2001 Az.: K(2001) 1106 ABl. EG 2001 L 166, Tz. 97.
119. Ausreichend ist zumindest jeder mittlere oder größere Mitgliedstaat (vgl. WIEDEMANN in: WIEDEMANN Handbuch des Kartellrechts, § 2 Rn. 8).
120. WIEDEMANN in: WIEDEMANN Handbuch des Kartellrechts, § 2 Rn. 9.
121. DE BRONETT in: WIEDEMANN Handbuch des Kartellrechts, § 22 Rn. 38.
122. DSD Zeichennutzungsvertrag Stand 1. 1. 2002, § 4 (1) und § 5 (1).
123. DSD Zeichennutzungsvertrag Stand 1. 1. 2002, § 3.

Die Gegenleistung der DSD-AG besteht darin, den Lizenznehmer von der individuellen Rücknahmepflicht zu befreien.[124] Dazu ist die haushaltsnahe Entsorgung und Verwertung nach den Vorgaben der VerpackVO durch die DSD-AG sicherzustellen. Dabei soll das Lizenzentgelt ausschließlich der Abdeckung der möglichst verursachergerecht zuzuordnenden Kosten des Systems sowie der Entsorgung und Verwertung dienen.[125]

Ausnahmen davon sind nur durch schriftliche Vereinbarung möglich, auf deren Abschluß aber kein Anspruch besteht und die an keinerlei Kriterien gebunden sind, so daß es allein im Ermessen der DSD-AG steht, darauf einzugehen.[126]

Dies alles führt dazu, daß Zeichennehmer, die einen Teil der von ihnen vertriebenen Verkaufsverpackungen entweder über Selbstentsorgerlösungen oder über konkurrierende befreiende Systeme entsorgen wollen, diese Verpackungen nicht mit dem »Grünen Punkt« kennzeichnen dürfen, sofern sie nicht zusätzlich das Lizenzentgelt an die DSD-AG zahlen wollen. Dazu wäre jedoch nicht nur eine getrennte Produktionslinie erforderlich, sondern auch getrennte Distributionslinien, um zumindest in etwa sicherzustellen, daß nur Verpackungen in das DSD-System gelangen, die entsprechend gekennzeichnet sind. Dies ist nicht nur mit einem wirtschaftlich unzumutbaren Aufwand verbunden, sondern es ist auch faktisch für den Hersteller bzw. Vertreiber kaum kontrollierbar, wie die von ihm in Verkehr gebrachten Verkaufsverpackungen letztendlich entsorgt werden.[127] Darüber entscheidet nämlich der Endverbraucher,[128] der keinerlei Verpflichtung unterliegt, überhaupt an der privaten Entsorgung von Verkaufsverpackungen mitzuwirken oder entsprechende Kennzeichnungen zu beachten.

Die geschilderte Situation ergibt sich weiterhin genauso, wenn ein Hersteller bzw. Vertreiber sich entscheidet, für bestimmte Verpackun-

---

124. DSD Zeichennutzungsvertrag Stand 1. 1. 2002, § 2.
125. Vgl. DSD Zeichennutzungsvertrag Stand 1. 1. 2002, § 4 (3); siehe auch DSD Satzung der DSD-AG, § 26, wonach eine Gewinnausschüttung an die Aktionäre ausgeschlossen ist.
126. Vgl. DSD Zeichennutzungsvertrag Stand 1. 1. 2002, § 4 (1) S. 2; KOMMISSION Entscheidung v. 20. 4. 2001 Az.: K(2001) 1106 ABl. EG 2001 L 166, Tz. 112; auch die Kommission setzt mit ihrer Argumentation an diesem Punkt an.
127. Vgl. dazu im Einzelnen auch KOMMISSION Entscheidung v. 20. 4. 2001 Az.: K(2001) 1106 ABl. EG 2001 L 166, Tz. 103–106; dazu auch FRENZ WuW 2002, 962, (962 ff.).
128. So auch KOMMISSION Entscheidung v. 20. 4. 2001 Az.: K(2001) 1106 ABl. EG 2001 L 166, Tz. 107, 145; FRENZ WuW 2002, 962, (964).

gen innerhalb Deutschlands überhaupt nicht am DSD-System teilzunehmen, er aber in anderen Mitgliedstaaten an einem System teilnimmt, das ebenfalls das Zeichen »Grüner Punkt« verwendet. Dieses Vorgehen ist auch nicht durch die VerpackVO vorgeschrieben.[129] Selbst wenn sich eine Notwendigkeit zur Kennzeichnung solcher Verpackungen, die an einem befreienden System teilnehmen ergibt, kann daraus nicht geschlossen werden, daß nicht an einem solchen System teilnehmende Verpackungen nicht gekennzeichnet werden dürfen.[130]

Auch zeichenrechtliche Erwägungen greifen nicht durch,[131] da die Kennzeichnung sowieso nur eine Entsorgungsoption für den Verbraucher darstellt, der diese Option aber nicht nutzen muß. Eine von der DSD-AG befürchtete Verwässerung der Zeichenwirkung mit der Folge, daß die Quotenvorgaben nicht erreicht werden könnten,[132] ist daher nicht zu befürchten. Allenfalls könnte der Verbraucher eine gegebene Entsorgungsoption außerhalb der DSD-Systems – nämlich die aufgrund fehlender Systembeteiligung vorhandene Rückgabemöglichkeit im Laden – nicht erkennen. Dies hätte aber allenfalls zur Folge, daß dem DSD-System mehr Verpackungen zugeführt werden als an ihrem System teilnehmen, wodurch ihr die Quotenerfüllung erleichtert würde. Es bestünde eher die Gefahr, daß der DSD-AG vermehrt nicht lizenzierte Verkaufsverpackungen zugeführt werden und dadurch die Finanzierung des Systems nicht mehr sichergestellt wäre.[133] Diese Gefahr besteht aber unabhängig von der Kennzeichnung, da auch nicht mit dem »Grünen Punkt« gekennzeichnete Verpackungen und Nicht-Verpackungen in das System der DSD geraten können.[134] Sollte dies erfolgen, kann die DSD-AG gem. Anhang I (zu § 6) 3. (5) VerpackVO dafür eine Entschädigung verlangen. Dieses Verlangen ist auch wirkungsvoll durchsetzbar, da Selbstentsorger ei-

---

129. So aber die DSD-AG vgl. Kommission Entscheidung v. 20.4.2001 Az.: K(2001) 1106 ABl. EG 2001 L 166, Tz. 136.

130. Kommission Entscheidung v. 20.4.2001 Az.: K(2001) 1106 ABl. EG 2001 L 166, Tz. 137.

131. So aber die DSD-AG vgl. Kommission Entscheidung v. 20.4.2001 Az.: K(2001) 1106 ABl. EG 2001 L 166, Tz. 143 ff.

132. Die DSD-AG sieht darin die Gefahr eines Zusammenbruchs des Systems wegen nicht erreichter Quoten (vgl. Kommission Entscheidung v. 20.4.2001 Az.: K(2001) 1106 ABl. EG 2001 L 166, Tz. 143 ff.).

133. So auch die DSD-AG vgl. Kommission Entscheidung v. 20.4.2001 Az.: K(2001) 1106 ABl. EG 2001 L 166, Tz. 147.

134. Vgl. oben schon die Problematik der »Fehlwürfe« § 5 C III. 5.) b) aa) auf Seite 149.

ner ebenso strengen Quotenverpflichtung und -kontrolle unterliegen. Diesen Weg zu beschreiten, ist nicht unzumutbar.[135]

Weiterhin richtet sich der Umfang der Tätigkeit der Entsorger nicht danach, ob eine Verpackung mit dem »Grünen Punkt« gekennzeichnet ist oder nicht, sondern danach, in welchem Maß die Leistungen des DSD-Systems in Anspruch genommen werden. Eine Störung des Gleichgewichts zwischen Lizenzeinkünften und Entsorgungskosten ist daher nicht zu befürchten.[136]

Da die DSD-AG das Lizenzentgelt somit unabhängig davon verlangt, ob ihre vertragliche Befreiungs- und Entsorgungsleistung in Anspruch genommen wird – was bei normalem Wettbewerb nicht möglich wäre[137] – stellt sie unangemessene Preis- und Geschäftsbedingungen,[138] weil der Grundsatz der Verhältnismäßigkeit nicht beachtet wird.[139]

Ausbeutungsmißbrauch ist somit gegenüber Lizenznehmern, die nur für eine Teilmenge ihrer Verkaufsverpackungen eine Befreiungsleistung in Anspruch nehmen, solange gegeben, wie die DSD-AG die Berechnung des Lizenzentgelts ausschließlich von der Zeichennutzung abhängig macht.[140]

2.) Behinderungsmißbrauch

Weiterhin mißbraucht die DSD-AG ihre beherrschende Stellung damit auch gegenüber potentiellen Wettbewerbern, weil die Berechnung des Lizenzentgelts anhand der Zeichennutzung dazu führt, daß für die Unternehmen eine Teilnahme an einem nicht bundesweit tätigen befreienden System und Selbstentsorgerlösungen wirtschaftlich unattraktiv wird. So müßten sie entweder eine eigene Produktions- und Distributionslinie einrichten oder sie müßten Lizenzgebühren an

---

135. KOMMISSION Entscheidung v. 20.4.2001 Az.: K(2001) 1106 ABl. EG 2001 L 166, Tz. 148.

136. KOMMISSION Entscheidung v. 20.4.2001 Az.: K(2001) 1106 ABl. EG 2001 L 166, Tz. 152; so aber die DSD-AG vgl. aaO. Tz. 151.

137. DE BRONETT in: WIEDEMANN Handbuch des Kartellrechts, § 22 Rn. 50; EuGH Urteil v. 14.2.1978 Rs. 27/76 »United Brands (Chiquita)« Slg. 1978, 207, Tz. 248/257.

138. Ebenso KOMMISSION Entscheidung v. 20.4.2001 Az.: K(2001) 1106 ABl. EG 2001 L 166, Tz. 112 f.

139. EuGH Urteil v. 14.2.1978 Rs. 27/76 »United Brands (Chiquita)« Slg. 1978, 207, Tz. 184/194.

140. Ebenso KOMMISSION Entscheidung v. 20.4.2001 Az.: K(2001) 1106 ABl. EG 2001 L 166, Tz. 113.

die DSD-AG entrichten, obwohl sie bereits Vergütungen an ein konkurrierendes befreiendes System gezahlt hätten. Die doppelte Kostenbelastung der über das konkurrierende System entsorgten Verpackungen wirkt damit faktisch wie eine Ausschließlichkeitsbindung und erschwert Wettbewerbern, die nicht ebenfalls eine bundesweite Befreiung anbieten, den Marktzutritt.[141]

Der Mißbrauch ist darüber hinaus auch als besonders schwerwiegend anzusehen, da bisher am Marktrand nur kleine Anbieter bestehen und damit der geringe Restwettbewerb weiter behindert wird.[142]

III. Zwischenstaatlichkeitsklausel

Die auch in Art. 82 EG enthaltene Zwischenstaatlichkeitsklausel ist ebenso wie im Rahmen des Art. 81 I EG auszulegen[143] und damit auch hier gegeben.

IV. Ergebnis und Rechtsfolgen

Ein Mißbrauch einer marktbeherrschenden Stellung nach Art. 82 EG durch die DSD-AG liegt somit vor.

Die Überprüfung der Zeichennutzungsverträge hat daher auch von Seiten der Kommission zu einer Entscheidung nach Art. 82 EG geführt,[144] gegen die die DSD-AG rechtliche Schritte eingeleitet hat. Das Verfahren vor dem EuG ist noch anhängig. Der Versuch der DSD-AG, im einstweiligen Rechtsschutz eine Aussetzung zu erreichen, ist jedoch gescheitert.[145]

§ 7 VERGLEICH MIT DEM MARKTNAHEN KONZEPT IN GROSSBRITANNIEN

In Anbetracht der dargestellten wettbewerblichen Probleme des deutschen Lösungsansatzes, ist es für die Frage, wie sich diese vermeiden

---

141. KOMMISSION Entscheidung v. 20. 4. 2001 Az.: K(2001) 1106 ABl. EG 2001 L 166, Tz. 115 f.
142. KOMMISSION Entscheidung v. 20. 4. 2001 Az.: K(2001) 1106 ABl. EG 2001 L 166, Tz. 116, 154.
143. WIEDEMANN in: WIEDEMANN Handbuch des Kartellrechts, § 2 Rn. 10; vgl. daher dort § 6 B III. auf Seite 224.
144. KOMMISSION Entscheidung v. 20. 4. 2001 Az.: K(2001) 1106 ABl. EG 2001 L 166; die Argumente der Kommission i. Erg. ablehnend SCHMIDT-PREUSS DVBl. 2001, 1095, (1102).
145. EuG DVBl. 2002, 249.

lassen, interessant, das deutsche System mit dem in Großbritannien praktizierten marktnahen Ansatz zu vergleichen. Dabei können hier jedoch nur kurz dessen grundlegende Regelungen dargestellt und in ihren wesentlichen Unterschieden mit der deutschen Regelung verglichen werden.[1]

A   Überblick über die Regelung

Anders als die deutsche Regelung basiert das britische Modell nicht auf der Idee der (»engen«) Produktverantwortung, sondern auf dem Prinzip der Produzentenverantwortung[2] (»shared responsibility«). Danach sind alle Unternehmen, die mit Verpackungen arbeiten, verpflichtet, anteilsmäßig nach ihrer Verpackungsmenge an der Erreichung der durch die VerpackRL vorgegebenen Quotenziele mitzuwirken. Dadurch soll von der Verpackungsregulierung ein Lenkungsimpuls auf die ganze Herstellung- und Vertriebskette ausgehen. Dies ist anders als in der deutschen VerpackVO, welche über Rücknahmepflichten primär die Vertreiber unter Druck setzt, um diese zu veranlassen, auf vorgelagerte Vertriebsstufen und damit schließlich auf die Hersteller einzuwirken (im Wege der Auslistungsandrohung).

Dabei gehen die Quotenvorgaben in Großbritannien nicht über die Minimalvorgaben der VerpackRL[3] hinaus, so daß die Art der Verwertung weitestgehend freigestellt bleibt, also insbesondere nur geringe stoffliche Verwertungspflichten bestehen.

In der britischen Regelung wird zwar nach Verkaufs-, Transport- und Umverpackungen differenziert, daraus ergeben sich jedoch, wie in der zugrundeliegenden VerpackRL, keine Rechtsfolgen. Das hat den Vorteil, daß eine aufwendige und teure Erfassung und Verwertung von Verkaufsverpackungen aus dem Hausmüll nicht erforderlich ist, sondern zunächst eine Verwertung dort erfolgen kann, wo sie am effizientesten möglich ist, nämlich etwa bei industriellen Transport- und Umverpackungen.

---

1.   Für eine ausführliche Darstellung mit Vergleich der deutschen und britischen Regelung siehe BASTIANS Verpackungsregulierung.
2.   Zur Begrifflichkeit vgl. Fn. 151 auf Seite 46. Das der britischen Regelung zugrundeliegende Prinzip knüpft – wie im Ergebnis z.T. auch das deutsche – *nicht* an den eigenen Produkten an. Nach der Verwendung des Begriffs durch BAUERNFEIND käme dies dem von diesem verwendeten Begriff »Produktverantwortung im weiteren Sinn« nahe (BAUERNFEIND Rücknahme- und Rückgabepflichten, S. 124 f.).
3.   Vgl. § 4 C auf Seite 44.

Das Bestreben nach einer möglichst effizienten Verwertung zeigt sich auch darin, daß die für die Verwertung geltenden Quotenvorgaben – wiederum anders als in Deutschland – nicht auf bestimmte Verpackungsmaterialien bezogen sind, sondern entsprechend der VerpackRL nur insgesamt in bestimmten Quoten erreicht werden müssen. Ferner müssen die verpflichteten Unternehmen nur teilweise entsprechende Mengen der von ihnen selbst verwendeten Art von Verpackungsmaterialien verwerten. Der größte Teil der Verwertungspflicht läßt sich also auch mit der Verwertung fremder Verpackungsmaterialien erreichen. Folglich werden zunächst die Materialien verwertet, auf die das jeweilige Unternehmen leicht Zugriff erlangen kann und die leicht verwertbar sind (d. h. insbesondere Verpackungspapier).

Zwar besteht nach der britischen Regelung durch den Anschluß an ein kollektives System (»compliance scheme«) ebenfalls eine Möglichkeit, sich von dieser individuellen Verwertungsverpflichtung zu befreien. Da diese »complience schemes« jedoch nicht zu einer flächendeckenden haushaltsnahen Erfassung verpflichtet sind, gibt es – trotz der noch recht jungen Verpackungsregulierung in Großbritannien – mehrere konkurrierende Systeme, deren Wettbewerb speziell überwacht wird, und die für ihre Zulassung eine Wettbewerbsunbedenklichkeitsbescheinigung vorlegen müssen.[4] Die Tätigkeit der kollektiven Systeme unterscheidet sich – außer durch die Bündelung – nicht wesentlich von den Aufgaben, die auch von den Verpflichteten erfüllt werden müßten, so daß die Systembeteiligung ähnlich einem »Outsourcing« erfolgt.

Von besonderer Bedeutung ist, daß die verpflichteten Unternehmen neben der eigenen Verwertung und dem »Outsourcing« noch eine dritte Möglichkeit haben, ihrer Verpflichtung nachzukommen. So können sie fremde Verwertungserfolge ankaufen und sich als eigene zurechnen lassen. Dies erfolgt über sog. »Packaging Recovery Notes« (»PRN«), die frei am Markt gehandelt werden können.[5]

Sowohl die kollektiven Systeme, als auch die »PRN« bewirken dabei außerdem eine Vereinfachung des Verwaltungsaufwands für die Umweltbehörden. Durch die Systeme wird nämlich die Anzahl der zu überwachenden Beteiligten reduziert, während sich die Kontrolle

---

4. Zu den Voraussetzungen der Systemanerkennung in GB: BASTIANS Verpackungsregulierung, S. 123.
5. Dazu existiert eine elektronische Börse, die »Environment Exchange«; siehe zum Handel mit »PRN« BASTIANS Verpackungsregulierung, S. 115 f.

bei den »PRN« im wesentlichen auf die regelmäßige Akkreditierung der Aussteller der »PRN« beschränkt.[6]

B Vorteile und Nachteile gegenüber der deutschen Regelung

I. »Packaging Recovery Notes«

Schon der knappe Überblick über den britischen Regelungsansatz läßt bereits auf den ersten Blick erkennen, daß dort bei der Konzeption besonderer Wert auf eine effiziente Ressourcenallokation gelegt wurde, und dafür den Kräften des Marktes weite Wirkungsmöglichkeiten eingeräumt wurden. Am augenfälligsten ist dabei die Schaffung eines national einheitlichen Marktes für Verwertungsnachweise über die »PRN.« Wegen der geschaffenen Nachfrage der verpflichteten Unternehmen nach »PRN«, wird die Verwertung ein lohnendes Geschäft.[7] Aufgrund der Standardisierung der »PRN« als marktfähiges Produkt hat der Verwerter ein Interesse daran, dieses günstiger als die Konkurrenz »zu produzieren«. Da der Preis das einzige Unterscheidungskriterium darstellt, kann er die »PRN« dann nämlich besser verkaufen.[8]

Das wirkt sich sowohl auf die dem Verwerter freigestellte Beschaffung der zu verwertenden Verpackungen aus, als auch auf die Verwertung selbst. So werden Verpackungen zunächst dort einer Verwertung zugeführt werden, wo sowohl deren Erfassung als auch deren Verwertung kostengünstig möglich ist. Die in Deutschland primär betriebene Verwertung von Verkaufsverpackungen aus privaten Haushalten mit dem dafür erforderlichen hohen logistischen Aufwand erfolgt daher in Großbritannien nicht. Sie würde erst dann und nur insoweit erfolgen, wie gebrauchte Verpackungsmaterialien nicht auf einfachere Weise zu erlangen sind.[9]

Im Hinblick auf die Verwertung wird erreicht, daß selbst bei schlechten Absatzmöglichkeiten für die gewonnenen Sekundärrohstoffe auch ohne eine »Schnittstelle Null« eine kostendeckende und gewinnbringende Verwertung möglich ist, da Kosten und Gewinn bei fallenden Marktpreisen für Sekundärrohstoffe vermehrt über die

---

6. Zu dem Vorangegangenen siehe BASTIANS Verpackungsregulierung, S. 102 f.
7. BASTIANS Verpackungsregulierung, S. 117.
8. BASTIANS Verpackungsregulierung, S. 118.
9. BASTIANS Verpackungsregulierung, S. 119.

»PRN« gedeckt werden, die dann entsprechend im Preis steigen.[10] Verpackungsmaterialien, die nur teuer verwertbar sind, oder für deren Sekundärrohstoffe keine positiven Marktpreise erzielbar sind, werden von den Verwertern erst dann und nur insoweit einer Verwertung zugeführt werden, wenn der Markt den dafür höheren Preis für die »PRN« zu zahlen bereit ist.

Ferner wird eine Verwertung – da deren Kosten zum großen Teil von Reinheitsgrad und Sortenreinheit der zu verwertenden Materialien abhängt – zunächst dort erfolgen, wo größere Mengen verhältnismäßig sortenrein anfallen, also bei Industrie- und Umverpackungen. In Deutschland wird dieser effektivere Weg wegen der Trennung der Quotenvorgaben zwischen Verkaufs-, Transport- und Umverpackungen dagegen versperrt. Darüberhinaus wird eine aufwendige Verwertung von verschmutzten und in kleinen Mengen anfallenden Verkaufsverpackungen durch die weiteren Vorgaben der VerpackVO erzwungen.[11]

Aus alledem ergibt sich, daß die Kosten der Verpackungsverwertung in Großbritannien deutlich geringer sind als in Deutschland, weil eine effizientere Allokation der Verwertungsanstrengungen erfolgt.[12] Die Allokation geschieht dabei weitestgehend über das Wirken der Marktkräfte und nicht über gesetzliche Regelungen wie in Deutschland.

Weil sich die Marktkräfte freier entfalten können, ergibt sich jedoch, daß sich die Kosten der Verwertung für die Unternehmen schwerer kalkulieren lassen. Außerdem befinden sich die Unternehmen – anders als im Rahmen der Absprachen beim DSD-System[13] – auch für diesen Preisfaktor in einem Wettbewerb mit ihren Konkurrenten. Die Preisänderungen der »PRN« führen nämlich zu einer größeren Unsicherheit über die zu erwartenden Verwertungskosten. Dem steht jedoch gegenüber, daß durch den Wettbewerb auch insgesamt geringere Kosten zu erwarten sind.

Die kosteneffizientere Vorgehensweise kommt dabei im Ergebnis auch der Umwelt zu Gute, weil die gegenüber der teureren Lösung in Deutschland freigesetzten finanziellen Mittel nicht zuletzt auch für den Umweltschutz genutzt werden können. In jedem Fall wird mit den »PRN« eine kostengünstige und umweltgerechte Erreichung der

---

10. In diese Richtung auch BASTIANS Verpackungsregulierung, S. 117.
11. BASTIANS Verpackungsregulierung, S. 119.
12. BASTIANS Verpackungsregulierung, S. 119.
13. Vgl. dazu § 5 C I. 3.) auf Seite 94.

Verwertungsquoten gefördert.[14] Welche Höhe diese Quoten haben, ist dafür unerheblich.

II. Handlungsalternativen der Verpflichteten im Vergleich zur deutschen Regelung

Aus der knappen Darstellung der Handlungsoptionen der Verpflichteten ergibt sich, daß diese nicht nur rechtliche Alternativen darstellen. Die verschiedenen Möglichkeiten – also die eigene Verwertung (Selbstentsorgung), die Zurechnung fremder Verwertungserfolge[15] (im wesentlichen über die dazu geschaffenen »PRN«) und die Teilnahme an kollektiven Systemen – eröffnen vielmehr realistische und faktisch sinnvoll nutzbare Handlungsoptionen für die Verpflichteten.

Dies wird primär dadurch erreicht, daß den Unternehmen nur die zu erreichenden Verwertungsziele vorgegeben sind. So sind sie insbesondere darin frei, wie sie an die zu verwertenden Verpackungsmaterialien gelangen, wenn sie sich zu einer Selbstentsorgung entscheiden.

Die als Druckmittel konzipierten Rücknahmepflichten in der deutschen VerpackVO schreiben für die Selbstentsorgung hingegen einen Erfassungsweg zwingend vor, so daß selbst in der Art und Zusammensetzung identische Verpackungsmaterialien nicht zur Pflichterfüllung herangezogen werden können, wenn sie auf anderem Weg erfaßt werden. Der Vergleich mit der britischen Lösung zeigt dabei, daß diese insbesondere aus Umweltschutzgesichtspunkten widersinnige Regelung der deutschen VerpackVO nicht erforderlich ist. Schließlich kommt es aus ökologischer Sicht nur darauf an, daß die Verpackungsmaterialien umweltverträglich verwertet werden. Aus welchen Quellen sie stammen, ist hingegen irrelevant.

All dies hat zur Folge, daß in Großbritannien direkte Vertragsbeziehungen zwischen den Verpflichteten und Verwertern existieren. Ein Nachfragewettbewerb findet daher statt, während dies in Deutschland durch die faktisch zwangsläufige Systembeteiligung so gut wie ausgeschlossen ist. Durch die im Rahmen der Selbstentsorgung erzielbaren marktnahen Preise erhält das verpflichtete Unternehmen einen unmittelbaren wirtschaftlichen Anreiz, möglichst leicht und damit kostengünstig verwertbare Verpackungsmaterialien zur Verwertung anzubieten. Es hat daher ein eigenes Interesse daran, die Verpackungs-

---

14. BASTIANS Verpackungsregulierung, S. 123.
15. Diese werden bspw. zum Verkauf angeboten, wenn der Anbieter seine Verpflichtung übererfüllt hat.

materialien möglichst sortenrein zu halten, so daß eine Vermischung mit anderen Materialien sowie Verbunde vermieden werden.[16]

Weitere Handlungsoptionen ergeben sich für die Verwerter dadurch, daß die englische Verpackungsverordnung eine stoffliche Verwertung nur in geringem Umfang fordert und die Verwertungsart im übrigen freistellt. Damit die sich dann im Markt als effizient ergebende Verwertungsmethode auch zu umweltverträglichen Ergebnissen führt, sind die in der VerpackRL enthaltenen Anforderungen an die Gestaltung von Verpackungen unverändert übernommen worden.[17]

Insgesamt führen die vielfältigen Handlungsmöglichkeiten zu einer auch langfristig flexiblen Lösung der Verwertung von Verpackungsmaterialien[18]. Wesentliche Steuerungsmittel sind die Kräfte des bestehenden Wettbewerbs.

C Beurteilung der britischen Lösung im Vergleich zur deutschen VerpackVO

I. Grundlegend unterschiedlicher Ansatz

Die deutsche und die britische Regelung unterscheidet sich grundlegend in ihrem Ansatz und den angestrebten Zielen.[19]

Während die deutsche VerpackVO von dem Gedanken der (»engen«) Produktverantwortung ausgeht, hat die britische Regelung den in der VerpackRL angelegten Gedanken des Verursacherprinzips nur zu einer Produzentenverantwortung ausgeformt.

In Großbritannien war ferner lediglich angestrebt, eine möglichst kosteneffiziente Umsetzung der VerpackRL zu erreichen. Dies äußert sich auch in den nicht über die Minimalanforderungen der VerpackRL hinausgehenden Quotenvorgaben. In der VerpackVO wurden dagegen schon lange vor der VerpackRL deutlich höhere Quotenvorgaben für ein hohes Umweltschutzniveau festgelegt.

---

16. BASTIANS Verpackungsregulierung, S. 111 f.
17. BASTIANS Verpackungsregulierung, S. 129.
18. Dieser Ansatz würde wohl auch bei Nicht-Verpackungen funktionieren. Denkbar wäre also auch eine allgemein an Materialien, also unabhängig von ihrem Einsatz zu Verpackungszwecken, anknüpfende Verwertungspflicht, die über die dargestellten Möglichkeiten erfüllt werden könnte.
19. Siehe dazu und einem Vergleich ausführlich: BASTIANS Verpackungsregulierung, S. 145–165.

II. Folgen aus den unterschiedlichen Ansätzen

1.) deutsche Produktverantwortung gegenüber britischer Produzentenverantwortung

Aus dem zugrundeliegenden Gedanken der (»engen«) Produktverantwortung folgen in der deutschen VerpackVO die individuellen Rücknahmeverpflichtungen entlang der Vertriebskette, die zumindest theoretisch das Grundkonzept der VerpackVO darstellen.[20] Selbst danach wäre jedoch die abschließend Festlegung, wie die Rücknahme zu erfolgen hat, nicht erforderlich gewesen.

Da die Verpflichtungen in Deutschland an das *eigene* Produkt, im Verpackungsbereich also an die *eigenen* Verpackungen, anknüpfen, hat diese »enge« Produktverantwortung weiter zur Folge, daß auch die zu erreichenden Verwertungsquoten – zumindest bei der Selbstentsorgerlösung – nur durch die zurückgenommenen Verkaufspackungen erfüllt werden können.[21] Quotenfehlbeträge von anderen Verpflichteten, die ihre Quoten übererfüllt haben, können nicht angekauft werden.[22]

Durch die geschaffenen Bedingungen hat das theoretische Grundkonzept der VerpackVO jedoch praktisch nie eine Rolle gespielt, da die von allen gewollte Systemlösung faktisch die einzige sinnvolle Handlungsmöglichkeit darstellt. In deren Rahmen bedeutet die Produktverantwortung aber kaum mehr als eine kollektive Verantwortung aller Produzenten, die im Ergebnis einer Produzentenverantwortung ähnelt.

Da in Großbritannien von vornherein von einer Produzentenverantwortung ausgegangen wurde, sind die Regelungen dort nicht wie

---

20. Grund dafür könnten Gerechtigkeitserwägungen sein, die sich mit dem Satz zusammenfassen lassen, »jeder soll gefälligst seinen eigenen Dreck selbst wegräumen«. Im Sinne auch eines effektiven Umweltschutzes ist ein solcher Ansatz jedoch nicht sinnvoll, da er eine Arbeitsteilung verhindert. Dies gilt jedoch nur solange, wie es darum geht, die von einem anderen erbrachte gleichwertige Leistung einzukaufen (so auch BASTIANS Verpackungsregulierung, S. 156).

21. Teilw. wird auch vertreten, daß es sogar nur die selbst zurückgenommenen Verkaufsverpackungen sein müssen. (Mitteilung Deutschlands auf Anfrage der Kommission vgl. KOMMISSION Entscheidung v. 17. 9. 2001 Az.: K(2001) 2672 ABl. EG 2001 L 319, Tz. 15).

22. Im Rahmen der »Selbstentsorgerlösung« der Drogerieketten *dm* und *Schlecker* wird eine solche Verrechnung über die BellandVision GmbH versucht (BELLANDVISION Selbstentsorger-Konzeption BellandVision, BELLANDVISION Abrechnungsstandard, BELLANDVISION Grafische Darstellung des Leistungspakets).

in Deutschland durch Vorgaben eingeengt. Im Ergebnis konnte somit eine kosteneffiziente Umsetzung der VerpackRL erreicht werden, die wettbewerbsrechtliche Probleme nicht erwarten läßt. Falls wettbewerbsbeschränkende Absprachen auftreten sollten, könnte diesen wegen der vielfältigen Handlungsmöglichkeiten auch leichter entgegengewirkt werden.

2.) unterschiedliche Umweltschutzziele

Die ambitionierten Umweltschutzziele der deutschen VerpackVO haben zu sehr detaillierten Vorgaben über die Art und Menge der Verwertung geführt. So erfolgte eine – auch im KrW-/AbfG nicht enthaltene – weitgehende Festlegung auf eine stoffliche Verwertung,[23] die auch gegebenenfalls umweltfreundlichere Verwertungsarten ohne Ausnahme ausschließt und damit einen Innovationswettbewerb auf die stoffliche Verwertung begrenzt. Die weitgehende Freistellung der Verwertungsmethode führt in Großbritannien dagegen dazu, daß die jeweils wirtschaftlichste Methode gewählt wird und sich somit ein entsprechender Wettbewerb um die wirtschaftlichste Methode ausbildet.

Die Aufsplittung der Verwertungsquoten nach Materialfraktionen mit jeweils eigenen Verwertungsquoten erzwingt außerdem eine Verwertung von Materialien, auf die im Vergleich zu anderen aus Kostengründen besser verzichtet werden sollte. Zwar erscheint diese Mindestverwertung (auf hohem Niveau) für jede Materialfraktion zunächst im Sinne des Umweltschutzes wünschenswert. Sie errichtet jedoch künstliche Schranken zwischen den verschiedenen Materialfraktionen und verhindert dadurch ein freies Spiel der Marktkräfte. Dies führt zu entsprechend wirtschaftlich ineffizienten Ergebnissen. Ohne materialspezifische Quoten könnten die Verpflichteten hingegen immer die am günstigsten zu verwertenden Materialien zuerst verwerten. Entsprechende Verwertungsergebnisse wie bei materialspezifischen Quoten ließen sich auch durch höhere Gesamtverwertungsquoten erreichen, da dann, – nach Ausschöpfung aller sinnvollen Verwertungsmöglichkeiten bei billiger verwertbaren Materialien – auch auf teurer zu verwertende Fraktionen zurückgegriffen werden müßte.[24] Dies hätte dann sogar einen insgesamt höheren Umweltschutzeffekt zur Folge.

---

23. Vgl. § 4 A I. 1.) auf Seite 23.
24. Siehe dazu ausführlich mit anschaulichen Grafiken BASTIANS Verpackungsregulierung, S. 151 ff.

Obgleich wegen der lediglich möglichst kostengünstigen Umsetzung der VerpackRL in Großbritannien nur Minimalquoten gefordert werden, könnten höhere Verwertungsquoten ohne Systembruch auch in der englischen Vorgehensweise festgesetzt werden. Zwar müßte dann auch eine vermehrte Verwertung der Verpackungsabfälle aus Verkaufsverpackungen erfolgen, was zu deutlich höheren Kosten führen würde; aber auch dann würden die Marktkräfte dafür sorgen, daß immer die effizientesten Mittel angewandt werden. Eine getrennte Erfassung fände also nur dann und nur dort statt, wo dies ökonomisch sinnvoll ist.[25] Innovative neue Verwertungsmethoden, die eine getrennte Erfassung überflüssig machen, könnten sich leichter durchsetzen.[26]

Die hohen Verwertungsquoten sowie die flächendeckende Erfassung sind daher nicht für die Erreichung hoher Umweltschutzziele erforderlich. Sie führen, wie gezeigt, allerdings zu kaum vermeidbaren wettbewerbsrechtlichen Problemen und ineffizienten Strukturen.

III. Übernahme in die deutsche VerpackVO

Bereits aus diesem kurzen Vergleich ergibt sich, daß es insbesondere in wettbewerblicher Hinsicht wünschenswert wäre, den britischen Ansatz weitestgehend zu übernehmen.

Trotz der grundsätzlich unterschiedlichen Ansätze wären praktisch keine Inkompatibilitäten zu erwarten, da die Produktverantwortung im Bereich der Verkaufsverpackungen im praktischen Ergebnis sehr einer Produzentenverantwortung ähnelt. Da auch wegen der Vielzahl der Verpackungen kein sinnvoller Ansatz ersichtlich ist, die »enge« Produktverantwortung umzusetzen, sollte sie in der VerpackVO auch der Idee nach zugunsten der Produzentenverantwortung aufgegeben werden. Einen Einfluß auf die Zielerreichung der VerpackVO hätte dies nicht.

Da sich aus der Darstellung der »PRN« ergibt, daß sich aus der Anrechnung fremder Verwertungserfolge eine starke Förderung des Wettbewerbs ergibt, sollte insbesondere dieses Element übernommen werden. Selbst wenn an stoffspezifischen Verwertungsquoten

---

25. Angesichts der hohen logistischen Kosten für eine separate Erfassung und der Erfahrung in Deutschland ist dies wohl eher unwahrscheinlich.

26. Negativbeispiel der Erschwerung von Neuerungen in Deutschland, ist die Verhinderung des »Trockenstabilatverfahrens« durch die DSD-AG, die sich dafür erfolgreich auf die Regelungen der VerpackVO stützen konnte. Vgl. Fn. 340 auf Seite 138.

und einer weitgehend ausschließlich stofflichen Verwertung festgehalten würde, ließe sich dieser Ansatz nutzen. Es ergäben sich bei stoffspezifischen Quoten dann auch entsprechend stoffspezifische »PRN«. Soweit nur anteilig verschiedene Verwertungsmethoden genutzt werden können, müßten die »PRN« noch einmal danach differenziert werden, so daß im Ergebnis jeweils unterschiedliche »PRN« gehandelt werden müßten. Das grundsätzliche System bliebe dabei jedoch erhalten.

Weitere »PRN« ergäben sich, wenn auch an der Trennung zwischen Verkaufs-, Transport- und Umverpackungen festgehalten würde. Besser wäre jedoch bei der Übernahme des britischen Regelungsansatzes diese Trennung aufzugeben, da sie aus Umweltschutzgesichtspunkten – ebensowenig wie materialspezifische Quoten – keine Berechtigung hat und einer effektiven Allokation durch den Markt entgegensteht.[27]

Für die befreienden Systeme sollten schließlich die flächendeckende und getrennte Erfassung als verbliebene Quelle der wettbewerblichen Probleme zumindest im Erfassungsbereich[28] aufgegeben werden. Diese Art der Erfassung – insbesondere die zwingende Trennung gegenüber dem öffentlich-rechtlichen Erfassungssystem[29] – läßt sich nämlich aus Umweltschutzgesichtspunkten ebenfalls nicht rechtfertigen, so daß es einer verbindlichen Regelung nicht bedarf, sondern die Ausgestaltung der Erfassung den Marktkräften überlassen bleiben kann und sollte.

Die höheren Umweltschutzziele der geltenden VerpackVO lassen sich über entsprechende Verwertungsquoten auch im Rahmen des britischen Lösungsansatzes erzielen. Wie schon erwähnt, sollte dabei – und das gilt unabhängig von der Übernahme der britischen Lösung – auf Vorgaben in Bezug auf die Verwertungsart, sowie auf materialspezifische Quotenvorgaben verzichtet werden, damit über den Markt ein effizienter Ausgleich zwischen Umweltschutz und Wirtschaftlichkeit gefunden werden kann.[30]

---

27. Vgl. § 7 C II. 2.) auf Seite 242; siehe dazu auch ausführlich mit anschaulichen Grafiken BASTIANS Verpackungsregulierung, S. 151 ff.
28. Siehe dazu die Ausführungen ab S. 67 und ab S. 206.
29. So VGH KASSEL Beschluß v 20. 8. 1999 – 8 TG 3140/98 NVwZ 2000, 92 und VG GIESSEN Urteil vom 31. 1. 2001 – 6 E 1972/97, NVwZ 2002, 238; die ist für die Praxis – und damit für möglichen Wettbewerb – zugrundezulegen, selbst wenn gute Argumente dagegen sprechen. Die Erfahrungen der Landbell AG bei dem Versuch der Einführung des »Trockenstabilatverfahrens« als echte Systemkonkurrenz über die Mitbenutzung des öffentlich-rechtlichen Erfassungssystems zeigen dies eindrücklich (vgl. Fn. 340 auf Seite 138).
30. Ebenfalls für eine Übernahme: BASTIANS Verpackungsregulierung, S. 171.

TEIL 4: AUSBLICK UND ZUSAMMENFASSUNG

§ 8 PFLICHTPFAND UND DSD-SYSTEM

A wirtschaftliche und ökologische Auswirkungen

Durch die nun geltenden Pfandpflichten für bestimmte Getränkeverpackungen ergeben sich negative Auswirkungen in mehrfacher Hinsicht.

Zum einen wird die bisher über das DSD-System erfolgte Entsorgung dieser Getränkeverpackungen noch teurer und ineffizienter,[1] als sie ohnehin schon war, da nun für den Verbraucher durch den Rücktransport der Verpackungen hohe Kosten entstehen.[2] Dies um so mehr, als bisher der Rücktransport zu genau dem Vertreiber erfolgen muß, bei dem die Verpackung erworben wurde,[3] und zusätzliche Belege (Kassenbon u. ä.) aufbewahrt und vorgelegt werden müssen. Seit 1. Oktober 2003 können bepfandete Verpackungen zwar auch bei anderen Händlern gegen Erstattung des Pfandes zurückgegeben werden, wenn die Verpackung der Art, Form und Größe nach solchen Verpackungen entspricht, die der Händler im Sortiment führt. Durch entsprechende Umgestaltung der Verpackungen haben viele Ketten jedoch bisher erreicht, diese Rücknahmepflicht für Fremd-Pfand-Verpackungen zu vermeiden.[4]

Zum anderen fallen diese Getränkeverpackungen nun aus dem DSD-System heraus. Dadurch entfallen sie nicht nur als Finanzierungsquelle, sondern es gehen auch Anteile relativ leicht stofflich verwertbarer Materialfraktionen (Glas, Metall, größere Kunststoffbehälter) für das DSD-System verloren, so daß sich die Kostenstruktur ungünstig verändert.[5]

Aber auch für die außerhalb des DSD-Systems erfolgende Sammlung von Altglas[6], einem der Recyclingmärkte, der auch schon vor

---

1. SCHMITZ NN v. 6.1.2003, o. V. FAZ vom 10. April 2002, S. 18.
2. Dies hat bisher dazu geführt, daß ein nicht unerheblicher Teil der Pfand-Verpackungen unter Verzicht auf das Pfand entsorgt wurde, und somit dem Handel Pfandentgelte in Höhe von 375 Millionen Euro wohl auf Dauer verbleiben (KROEGER Spiegel-Online 2.10.2003).
3. KARENFORT/SCHNEIDER EuZW 2003, 587, (588).
4. KROEGER Spiegel-Online 2.10.2003.
5. o. V. FAZ vom 10. April 2002, S. 18, SCHMITZ NN v. 6.1.2003.
6. Diese erfolgt seit 1974 in Deutschland in getrennter Sammlung.

der VerpackVO, DSD-System und staatlicher »Regulierung« funktionierte, sind möglicherweise (weitere) Auswirkungen zu befürchten, da mit dem Pflichtpfand weitere Rückgänge der darüber gesammelten Glasabfälle zu erwarten sind.[7]

Ob die umweltpolitischen Ziele des Pflichtpfands erreicht werden, ist hingegen zweifelhaft. So werden die durch die Pfandpflicht zurückgebrachten Getränkeverpackungen, die nicht wiederverwendet werden müssen, meist gleich nach der Rückgabe zur Volumenreduzierung zerkleinert und dann – genauso wie bisher im Rahmen des DSD-Systems – an Verwerter weitergegeben. Das ökologische Verwertungsergebnis ändert sich also nicht, nur der Erfassungsaufwand wird wesentlich größer.

Da für die Rücknahme der bepfandeten Getränkeverpackungen bisher noch kein System besteht, wie es bei Mehrweg Verpackungen der Fall ist, wird kurzfristig, wohl wie beabsichtigt, eine vermehrte Nutzung von Mehrwegverpackungen erfolgen. Insbesondere wenn die VerpackVO – wie momentan wohl geplant – so geändert wird, daß die Pfandpflicht unabhängig von der Mehrwegquote bestehen bleibt und, wie es euphemistisch heißt, »zur Vereinfachung« auf weitere Getränkeverpackungen ausgeweitet wird, wäre mit ziemlicher Sicherheit mit dem Aufbau eines solchen Einweg-Pfandsystems zu rechnen.

Bei Einführung eines Pfandsystems ergäbe sich bei Einwegverpackungen kein höherer Aufwand des Verbrauchers als bei Mehrweg-Systemen. Der Aufwand für den Verbraucher wäre im Gegenteil sogar geringer. Denn während die Verpackung bei Rückgabe im Fall von Mehrweg-Systemen unversehrt bleiben muß, damit sie wiederverwendet werden kann, ist dies bei Einwegverpackungen nicht erforderlich. Auch für den Vertreiber ergeben sich aus der vermehrten Nutzung von Einweg-Pfand-Verpackungen Vorteile, da er diese nach Rücknahme zerkleinern kann, während er sie bei Mehrweg-Systemen vor Beschädigung und Zerstörung geschützt lagern muß. Ferner müssen Mehrweg-Verpackungen unversehrt zur Wiederbefüllung transportiert und dort gereinigt werden. All dies ist bei Einweg nicht erforderlich. Trotz Bepfandung wäre es somit für den Vertreiber wirtschaftlich sinnvoll, auf Mehrweg-Systeme zu verzichten. Folglich ist keineswegs sicher, daß das sog. »Dosenpfand« die Mehrwegquote langfristig stützt. Zumindest ist jedoch zu erwarten, daß sich die jeweiligen Vertreiber auf ein System festlegen werden, so daß jeweils kein Nebeneinander von Einweg- und Mehrweg zu erwarten ist.

---

7. Kaimer/Schade Zukunftsfähige Hausmüllentsorgung, S. 127.

Schließlich dürfte der im Rahmen des Pflichtpfandes erforderliche Rücktransport der Getränkeverpackungen mit zusätzlichen Umweltbelastungen verbunden sein, da dafür vermutlich vermehrt der private PKW genutzt wird.

Das Pflichtpfand führt daher ökologisch zu keinen Verbesserungen, sondern nur zu stark erhöhten Entsorgungskosten für den Verbraucher.

B Auswirkungen auf den Wettbewerb

Inwieweit ein Pfandsystem kartellrechtlich relevante Absprachen enthält, kann bislang noch nicht beurteilt werden.

So wird ein Pfandsystem zwar auch von Seiten der Politik gefordert,[8] da die bisherige Situation den Zorn des Verbrauchers heraufbeschwört. Es ist aber bisher rechtlich der Wirtschaft freigestellt, ob sie ein solches System einrichtet.[9] Durch die ab 1. Oktober 2003 geltende Pflicht grundsätzlich auch Fremdverpackungen gegen Pfanderstattung zurückzugeben, wurde allerdings erwartet, daß es zu einer Systembildung kommen würde.[10]

Zumindest läßt sich feststellen, daß sobald es zu einer Einrichtung eines Pfandsystems kommt, diese im Ergebnis – wie schon zuvor das DSD-System – durch die faktischen Vorgaben erzwungen wurde. Die Pfanderstattung für Fremdverpackungen bedeutet nämlich, daß langfristig manche Händler mehr Pfand auszahlen müssen, als sie zuvor an Pfand für die eigenen Verpackungen erhalten haben, während dies bei anderen Händler umgekehrt ist. Mangels Ausgleichs untereinander hätte dies weitreichende wirtschaftliche Konsequenzen.[11] Dies beträfe insbesondere kleinere und verbrauchernahe Händler,[12] die sich diese wirtschaftliche Belastung in Anbetracht des relativ hohen Pfandwertes am wenigsten leisten können. Um solche inakzeptablen Wettbewerbsverzerrungen auszugleichen müßte daher wohl wie erwartet bzw. erhofft ein gemeinsames Pfandsystem aufgebaut werden.

Abgesehen von den vorangegangenen Wettbewerbsverzerrungen und der Gefahr weiterer Absprachen im Rahmen eines Pfandsys-

---

8. KROEGER Spiegel-Online 2. 10. 2003.
9. Vorgaben für dessen Ausgestaltung bestehen nicht (KARENFORT/SCHNEIDER EuZW 2003, 587, (588)).
10. KROEGER Spiegel-Online 2. 10. 2003.
11. KARENFORT/SCHNEIDER EuZW 2003, 587, (588).
12. KARENFORT/SCHNEIDER EuZW 2003, 587, (588).

tems können in wettbewerblicher Hinsicht auch positive Auswirkungen des »Dosenpfandes« festgestellt werden. Diese sind darin zu sehen, daß die Vertreiber die zurückgenommenen Getränkeverpackungen nun selbst entsorgen müssen. Sie müssen daher – anders als im DSD-System – selbst Entsorgungsleistungen nachfragen und folglich in einen Nachfragewettbewerb eintreten. Dieser Gewinn an Wettbewerb ist aber mit dem zusätzlichen hohen Aufwand für den Rücktransport durch den Verbraucher sehr teuer erkauft. Gleiches gilt für die Reduzierung des sog. »littering«[13]. Die eingesparten Kosten die öffentlich-rechtlichen Reinigungsbetriebe stehen in keinem Verhältnis zu den Kosten und dem Aufwand die dem Verbraucher abverlangt werden.

§ 9 VERORDNUNGEN FÜR ALTFAHRZEUGE UND ELEKTROGERÄTE

Im Hinblick auf die Produktverantwortung bei Altfahrzeugen (AltfahrzeugG sowie die AltfahrzeugVO) und Elektroaltgeräten (geplante ElektroaltgeräteVO[1]) lassen sich aus den hier gezogenen Schlußfolgerungen nur begrenzt Parallelen ziehen. So bestehen grundlegende Unterschiede zur Situation der VerpackVO, da Altfahrzeuge im Vergleich zu Verkaufsverpackungen nur sehr selten anfallen, leicht einem Hersteller zuzuordnen sind sowie in geringeren Stückzahlen anfallen. Bei Elektrogeräten verhält sich dies im wesentlichen genauso. Eine Umsetzung von (»enger«) Produktverantwortung und Verursacherprinzip ist daher für diese Produkte deutlich einfacher möglich, und es bedarf daher nicht unbedingt eines kollektiven Systems. Probleme ergeben sich in diesen Bereichen eher aus der deutlich längeren Lebensdauer der Produkte. Diese erfordert, daß die Entsorgung der schon vertriebenen Produkte (Alt-Altgeräte[2] bzw. Alt-Altfahrzeuge) und die Verantwortung für Produkte nicht mehr existierender Her-

---

13. Darunter wird die »Vermüllung« der Landschaft durch weggeworfene Einwegverpackungen verstanden.
1. Eine entsprechende RL ist bereits verabschiedet worden (Richtlinie 2002/96/EG des Europäischen Parlaments und des Rates vom 27. Januar 2003 über Elektro- und Elektronik-Altgeräte, sog. WEEE-Richtlinie), die seit Februar 2003 in Kraft ist (vgl. HILF FAZ v. 26. März 2003, S. 25).
2. Zur Zulässigkeit der Rücknahme von Alt-Altgeräten: OSSENBÜHL Entsorgung von Elektrogeräten, S. 57–69; allgemein zum Rückwirkungsverbot auch BAUERNFEIND Rücknahme- und Rückgabepflichten, S. 227 ff., vgl. dazu auch § 3 E auf Seite 17.

steller (Fremdgeräte[3] bzw. Fremdfahrzeuge) zu lösen ist. Es besteht daher ein grundsätzlich unterschiedlicher Regelungsbedarf.[4]

Ein Problem – wenn auch in anderer Ausprägung – stellt jedoch auch hier die Erfassung dar, die in hinreichendem Maß für kleinere Hersteller unmöglich mit der nötigen Dichte von Sammelstellen bundesweit möglich ist, wenn sie nicht über die Vertreiber erfolgt. Ein gewisser Grad an Kooperationen ist daher, sofern nicht über die Vertreiber erfaßt wird, auch hier nötig. Die trotz langwieriger Bemühungen bisher in deutschem Recht nicht bestehende Elektronikaltgeräte-Verordnung hat jedoch schon im Vorfeld zu verschiedenen kleineren Lösungen mit entsprechendem Innovationswettbewerb geführt. Durch die geplanten flächendeckenden Erfassungssysteme wäre er wohl erstickt worden.[5] Leider ist aller Wahrscheinlichkeit nach damit zu rechnen, daß wiederrum zu viel reglementiert werden wird, und dieser Wettbewerb wieder erstickt wird.

Wenn die Rücknahmepflicht dabei nicht auf die eigenen Produkte beschränkt bleibt, erfolgte – auch um eine Zuordnung zu einzelnen Herstellern nicht vornehmen zu müssen – eine Abkehr von (»enger«) Produktverantwortung und Verursacherprinzip, so daß dieser Weg nach Möglichkeit zu vermeiden ist. Auch würde die Wirksamkeit der Marktkräfte ausgehebelt, da besonders umweltfreundliche Produktgestaltungen dann dem Hersteller zugute kommen, der das Produkt später zurücknimmt, nicht aber – wie es sein sollte – dem, der das Produkt hergestellt hat. Folglich ist durch den Zwang zur Rücknahme auch von Fremdprodukten ein Marktversagen vorprogrammiert. Wiederum käme es zu einem Wettbewerb um *weniger* Umweltschutz, da die Folgen dieses Verhaltens zu einem gewissen Teil von anderen zu tragen wären.

Leider sind auch in diesen Bereichen Quotenvorgaben geregelt worden (§ 5 AltfahrzeugVO[6])[7]. Neben dem Umstand, daß es sich dabei um planwirtschaftliche und wettbewerbsfremde Elemente handelt, können diese insbesondere bei Altfahrzeugen leicht zu unbeabsich-

---

3. Zur Zulässigkeit der Rücknahme von gleichartigen Fremdgeräten: OSSEN-BÜHL Entsorgung von Elektrogeräten, S. 17–50; zur Rückwirkungsproblematik auch BECKMANN UTR Bd. 30, 91, (108).
4. BECKMANN UTR Bd. 30, 91, (104).
5. SCHULTZ UTR Bd. 38, 107, (132).
6. BGBl. I 1997, 1666 Stand: Neugefaßt durch Bek. v. 21.6.2002 BGBl. I 2214.
7. *AltfahrzeugVO § 5 Entsorgungspflichten*
    (1) Die Wirtschaftsbeteiligten stellen sicher, daß bezogen auf das durchschnittliche Fahrzeugleergewicht aller pro Jahr überlassenen Altfahrzeuge folgende Zielvorgaben erreicht werden:

tigten, ökologisch kontraproduktiven Ergebnissen führen. So wäre es nämlich für einen Hersteller wirtschaftliche sinnvoll, einfach auszubauende oder einfach verwertbare Teile so zu konstruieren, daß sie besonders schwer sind, damit er dann einfacher und kostengünstiger die geforderten Verwertungsquoten erreicht, ohne kleine und schwierig verwertbare Teile ausbauen zu müssen. Die ökologische Gesamtbilanz eines Autos wird jedoch nur zu einem geringen Teil durch dessen Verwertung am Ende der Gebrauchszeit bestimmt. Ein nicht unerheblicher Teil ergibt sich auch aus dem Treibstoffverbrauch während der Nutzung. Dieser wird bei höherem Gewicht ebenfalls höher sein, als bei einem leichter konstruierten Fahrzeug. Die meist schon aufwendigere Leichtbauweise, die für den Treibstoffverbrauch Vorteile hat, bedeutet aber gleichzeitig, daß die Verwertungsquote nun vermehrt durch Teile erreicht werden muß, die bei einer schwereren Konstruktion nicht hätten verwertet werden müssen. Wegen der Ignorierung der ökologischen Gesamtbetrachtung über die Lebensdauer des Produkts bei Quotenvorgaben, könnten diese hier somit zu ökologisch kontraproduktiven Resultaten führen.[8]

Wie sich aus der Formulierung in § 5 I AltfahrzeugVO außerdem ergibt, ist für die Quotenvorgabe nicht der einzelne Hersteller Adressat der Regelung, sondern die Wirtschaftsbeteiligten insgesamt, so daß wiederum eine Zusammenarbeit der Hersteller vorausgesetzt wird. Daher zeichnen sich auch hier bereits wettbewerbsrechtliche Schwierigkeiten ab.[9] Ferner werden die Hersteller zur Einrichtung

---

1. spätestens ab 1. Januar 2006

   a) Wiederverwendung und Verwertung mindestens 85 Gewichtsprozent,

   b) Wiederverwendung und stoffliche Verwertung mindestens 80 Gewichtsprozent und

2. spätestens ab 1. Januar 2015

   a) Wiederverwendung und Verwertung mindestens 95 Gewichtsprozent,

   b) Wiederverwendung und stoffliche Verwertung mindestens 85 Gewichtsprozent.

   . . .

8. SCHÄPER Vortrag im Rahmen der Sondertagung »Produktverantwortung: Chancen – Verwirklichungsformen – Fehlentwicklungen« des Instituts für Umwelt und Technikrecht vom 19. bis 20. März 2002 : Produktverantwortung aus Sicht eines Industrieunternehmens – Zielkonflikt ökologischer Prioritäten: Recyclingquoten versus Leichtbau auch abgedruckt in ALBER et al. UTR 63.

9. In diese Richtung auch STAUDT ET AL Großexperiment, S. 275; Zur kartellrechtlichen Beurteilung insbesondere in der Altautoentsorgung siehe MÜLLER Produktverantwortung und ihre Durchsetzung.

eines flächendeckenden Rücknahmesystems verpflichtet (§ 3 III Alt-fahrzeugVO)[10]. Wie schon die VerpackVO gezeigt hat, kann diese Anforderung meist nur über Kooperationen erfüllt werden, so daß eine weitere Gefahr von Wettbewerbsbeschränkungen gegeben ist. (Zwangs-)Systeme ohne Alternative vermeiden nach der hier vertretenen Ansicht zwar kartellrechtliche Probleme auf Seiten der Systemteilnehmer, da aufgrund der rechtlichen Vorgaben keine andere Handlungsmöglichkeiten gegeben wären. Die Auswirkungen auf den Wettbewerb, genaugenommen die Verhinderung desselben, kann deshalb jedoch nicht positiver beurteilt werden. Ein Wettbewerb um mehr Umweltschutz wird so jedenfalls nicht gefördert, sondern zuverlässig verhindert.

Die bestehenden oder geplanten »freiwilligen« Selbstverpflichtungen sind jedoch in kartellrechtlicher Hinsicht gegenüber der Verpack-VO deutlich kritischer zu beurteilen, da eine zumindest bisher aufgrund (noch) vorhandener Handlungsalternativen individuelle (»engen«) Produktverantwortung der Hersteller eher möglich erscheint und daher durch die Selbstverpflichtungen kartellrechtlich relevante Wettbewerbsbeschränkungen erfolgen.

Im Ganzen hat es daher den Anschein, daß für geplante Verordnungen aus den Fehlern der VerpackVO nicht gelernt wurde und kaum mehr Raum für die Entfaltung von Wettbewerb belassen bleibt.

§ 10 UMSETZUNG DER PRODUKTVERANTWORTUNG IN VERPACKVO

Das sichtbarste Beispiel ist dabei die VerpackVO. Mit beispiellosem Aufwand wurde ein privates Sammelsystem geschaffen, dessen Ausgestaltung nicht durch die Marktkräfte bestimmt wurde, sondern im wesentlichen durch detaillierte Regelungen der VerpackVO vorbestimmt wurde. Dabei wurden nicht nur die zu erreichenden Er-

---

10. *AltautoVO § 3 Rücknahmepflichten*

. . .

(3) Die Hersteller von Fahrzeugen sind verpflichtet, einzeln oder gemeinsam, selbst oder durch Beauftragung Dritter flächendeckend Rückgabemöglichkeiten durch anerkannte Rücknahmestellen oder von ihnen hierzu bestimmte anerkannte Demontagebetriebe zu schaffen. Die Rücknahmestellen müssen für den Letzthalter in zumutbarer Entfernung erreichbar sein. Die Flächendeckung ist dann ausreichend, wenn die Entfernung zwischen Wohnsitz des Letzthalters und Rücknahmestelle oder von einem Hersteller hierzu bestimmten anerkannten Demontagebetrieb nicht mehr als 50 Kilometer beträgt.

. . .

gebnisse im einzelnen geregelt, ohne dabei gesamtökologische Überlegungen einzubeziehen. Schlimmer ist jedoch, daß auch die Art der Zielerreichung an den entscheidenden Stellen so vorgegeben wurde, daß alternative und innovative neue Lösungsansätze weitestgehend unmöglich gemacht werden. Diese Zementierung des dualen Entsorgungswegs führt nicht nur zu hohen Kosten, sondern läuft auch dem Umweltschutz zuwider.

Besonders hinderlich für den Wettbewerb erweist sich dabei die Festlegung auf eine zwingend flächendeckende Erfassung durch befreiende Systeme. Begründet wird dies zwar mit dem plausibel klingenden Postulat, nur so könne eine zusätzliche private Entsorgung auch in dünn besiedelten Gebieten sichergestellt, und ein »Rosinenpicken« verhindert werden. Dabei wird jedoch verkannt, daß gerade das verächtlich als »Rosinenpicken« bezeichnete Konzentrieren auf Gebiete, in denen eine duale Entsorgung effektiv möglich ist, ein wesentliches Merkmal einer Selbststeuerung durch Marktkräfte ist. Diese Selbststeuerung würde dafür sorgen, daß eine duale Entsorgung nur dort stattfände, wo sie sinnvoll möglich ist, und dort unterbleibt, wo dies nur unter hohen Kosten ermöglicht werden kann. Die Grenzziehung hinge dabei davon ab, welche Bereiche zur Zielerreichung einbezogen werden müssen.

Ein weiteres Hindernis für den Wettbewerb ist die zwingend getrennte duale Ausgestaltung, die eine ggf. kostengünstigere Erfassung im Rahmen der öffentlich-rechtlichen Entsorgung verhindert.[1]

Im Ganzen ist daher festzustellen, daß den Selbststeuerungskräften des Marktes aus ideologischen Gründen und wegen der Interessen der betroffenen Industrien, kaum Wirkungsfreiräume belassen wurden. Wenn dies gewollt gewesen wäre, hätte es nämlich ausgereicht, die zu erzielenden Entsorgungsergebnisse zu regeln und es dann dem Markt zu überlassen, wie diese erreicht werden. Wenn es dabei aus ökologischen oder volkswirtschaftlichen Gesichtspunkten zu nicht hinnehmbaren Fehlentwicklungen gekommen wäre, oder aus einem Kontrollbedürfnis eine völlige Selbststeuerung unerwünscht ist, wäre es immer noch vorzugswürdig gewesen, dann zumindest mehrere auch realistisch nutzbare Handlungsalternativen vorzusehen. Denn es bestünde dann zwar ein stärker geregelter Markt, aber die Marktkräfte könnten zumindest noch in diesem Rahmen ihre Wirkung entfalten. Die in Deutschland geschaffenen Regelungen sind je-

---

1.   Siehe dazu VGH KASSEL Beschluß v 20. 8. 1999 – 8 TG 3140/98 NVwZ 2000, 92; vgl. Fn. 340 auf Seite 138.

doch – trotz großer Worte, die das Gegenteil bezeugen sollen – von einem grundsätzlichen Mißtrauen in die Selbststeuerungskräfte des Marktes gekennzeichnet.

§ 11 ERFORDERLICHE ÄNDERUNGEN BZW. MÖGLICHE LÖSUNGSANSÄTZE FÜR VERPACKUNGSENTSORGUNG

Statt Selbststeuerung durch den Markt, was jedoch ein funktionierenden Wettbewerb erfordert, wurde, durchaus vorausgesehen, bei der Erfassung ein privates Monopol neben dem vorherigen öffentlich-rechtlichen Entsorgungsmonopol geschaffen. Daß damit höhere Effizienz erreicht werden würde, war nicht ernstlich zu erwarten. Denn die Suche nach neuen und effizienten Lösungen setzt einen Wettbewerbsdruck voraus, der bei Monopolen – unabhängig ob staatliche oder private – naturgemäß fehlt.

Wenn man schon der Meinung war, auf ein Monopol im Rahmen der Erfassung nicht verzichten zu können, so wäre es besser gewesen, dies im öffentlich-rechtlichen Bereich zu belassen, da es dort besser kontrolliert werden kann.[1] Ein privates Monopol ist in jedem Fall die denkbar schlechteste und auch teuerste Lösung. Das DSD System hat diese allgemeine Erkenntnis (erneut) unter Beweis gestellt.

A   gemeinsame Erfassung über öffentlich-rechtliche Entsorgung

Wie dargestellt ist das bisheriges System (Verkaufsverpackungen privat über Duales System und Rest über öffentlich-rechtliche Hausmüllentsorgung) ineffizient, da es die – oft fehlerhafte – Trennung durch den Verbraucher erfordert. Bei der bisherigen Fehlwurfquote unterscheidet sich die bisher erforderliche Sortierung nicht wesentlich von der, die bei einer gemeinsamen Erfassung erforderlich wäre.[2] Besser wäre daher – wenn schon an einer haushaltsnahen Erfassung festgehalten werden soll – eine gemeinsame Erfassung über den Hausmüll ohne zweites System (wie in Frankreich praktiziert[3]) und anschließende Aufbereitung, Trennung etc. (das bisher verhinderte Trockenstabilat Verfahren wäre ein Beispiel). Die Kostenverteilung ließe sich über die Feststellung der prozentualen Mengenanteile zwischen kom-

---

1. Dazu auch BECKMANN UTR Bd. 30, 91, (106).
2. KAIMER/SCHADE Zukunftsfähige Hausmüllentsorgung, S. 86 mit einer bundesweiten Fehlerquote von 12 % 1998 mit Maximalwerten von bis zu 50 %.
3. Dazu QUEITSCH KrW-/AbfG, S. 70 Rn. 135.

munaler Entsorgung und den systemangehörigen (sofern man diesen Ansatz beibehält) Verpackungen erreichen.[4] Lediglich für Glas und Papier, sowie Gefahrstoffe und u. U. Bioabfälle, sollte möglicherweise weiterhin eine Getrenntsammlung erfolgen.[5]

Auf diese Weise bliebe es dort, wo nach den vorangegangenen Ausführungen ein Monopol oder zumindest ein Oligopol unvermeidlich ist – nämlich der haushaltsnahen Erfassung – beim Entsorgungsmonopol der zuständigen Gebietskörperschaften. Dort wo ein Wettbewerb möglich ist, nämlich in der anschließenden Verwertung, kann und sollte er genutzt werden. Ökologische Nachteile sind damit nicht notwendigerweise verbunden.

Die vorgeschriebene stoffliche Verwertung – für andere Materialien wie Metalle oder Glas sowieso irrelevant – sollte aufgegeben werden, um die wirtschaftlich und ökologisch optimale Lösung zu ermöglichen.[6] Insbesondere die Kunststoffverwertung nach der VerpackVO durch das DSD-System ist hochgradig ineffizient. So machen Kunststoffe nur 1,5 % des jährlichen deutschen Verbrauchs an Erdöl,[7] welches überwiegend energetisch genutzt wird, aus. Eine energetische Nutzung statt einer stofflichen Verwertung würde ebenfalls eine gewisse Ressourcenschonung bewirken und erlaubt ebenfalls, die im Kunststoff enthaltene Prozeßenergie zu nutzen.[8] Insbesondere aber ließe sich durch die eingesparten Gelder – bei der gegenwärtige Verwertung entstehen Kosten von über 5 EUR pro eingespartem Liter Erdöl – an anderer Stelle ein größerer ökologischer Nutzen erzielen.[9]

B Zulassen der Selbststeuerungskräfte des Marktes

Der bessere Weg wäre aber, den Selbststeuerungskräften des Marktes endlich einmal eine Chance zu geben. Schließlich lassen sich die

4. KAIMER/SCHADE Zukunftsfähige Hausmüllentsorgung, S. 12 f.
5. KAIMER/SCHADE Zukunftsfähige Hausmüllentsorgung, S. 17, 91; So besteht bei Glas und Papier/Kartonagen nur eine Fehlwurfquote von durchschnittlich bundesweit unter 2 % (KAIMER/SCHADE Zukunftsfähige Hausmüllentsorgung, S. 86).
6. KAIMER/SCHADE Zukunftsfähige Hausmüllentsorgung, S. 12.
7. Vgl. SRU Umweltgutachten 2000, Tz. 865.
8. Für eine energetische Nutzung zumindest von kleinteiligen Kunststoffverpackungen auch SRU Umweltgutachten 2000, Tz. 869.
9. KAIMER/SCHADE Zukunftsfähige Hausmüllentsorgung, S. 89 f., vgl. zur Kunststoffverwertung und der ökobilanziellen Beurteilung der verschiedenen Verfahren, sowie verschiedenen Reformvorschlägen auch SRU Umweltgutachten 2000, Tz. 860 ff.

Früchte einer Privatisierung nur ernten, wenn nicht wettbewerbliche Wirkungsmechanismen ausgehebelt werden,[10] wie es jedoch bislang erfolgt.

Eine bessere Selbststeuerung könnte bspw. durch die Übernahme des Lösungsansatzes in Großbritannien erfolgen. Ein wesentliches Element ist dabei, die Zulassung der Zurechnung fremder Verwertungsleistungen und die Aufgabe detaillierter Regelungen dazu, wo und wie die Materialien erfaßt und verwertet werden.

Zwar werden in Großbritannien noch keine vergleichbar hohen Verwertungsquoten erreicht, dies ließe sich aber durch andere Quotenvorgaben – so schlecht Quoten auch sind – ändern. Bei höheren Quotenvorgaben, wird die Kosteneffizienz, die das britische System auszeichnet, jedoch wohl zum Teil hingegeben. Es wäre daher grundsätzlich zu überlagen, ob hohe Verwertungsquoten wirklich gesamtökologisch sinnvoll sind, oder ob nicht eine weniger vollständige Verwertung von Verpackungsabfall hinnehmbar ist, wenn damit deutliche Kosteneinsparungen erreichbar sind, und die eingesparten Mitteln an anderer Stelle einen besseren Umweltschutz ermöglichen. Insofern sei auf die einführenden Bemerkungen verwiesen, wonach im Rahmen einer marktwirtschaftlichen Lösung nach einer optimalen Lösung zu suchen ist, die ökologische und ökonomische Belange zum Ausgleich bringt. Eine solche optimale Lösung wird kaum jemals das Maximum technisch Machbare in der einen wie in der anderen Richtung darstellen, sondern wird beide so zu maximieren suchen, daß insgesamt, und nicht nur im Hinblick auf einen einzelnen Belang, das bestmögliche Ergebnis erzielt wird.

C   Weiterer Handlungsbedarf

Im Bereich Verpackungen Abstriche am Umweltschutz aus Kostengesichtspunkten hinzunehmen, kann durchaus Sinn machen, wenn an anderer Stelle noch weitgehend unausgeschöpfte Umweltschutzpotentiale vorhanden sind. Es macht ökologisch wenig Sinn, mit immensem Aufwand möglichst jeden Joghurtbecher zu verwerten und damit entsprechend geringen Nutzen für die Umwelt zu erzielen, wenn an anderer Stelle bspw. Kunststoffabfälle tonnenweise keinerlei Verwertungsvorschriften unterliegen.

Diese Bereiche, mit ebenfalls hohen Abfallaufkommen, werden, da es sich nicht um Verpackungen handelt, bislang erst gar nicht erfaßt,

---

10. Burchardi/Sacksofsky JUTR 1994 Bd. 27, 23, (S. 31).

obwohl oft eine hochwertige Verwertung und nicht selten mit geringerem Auffand möglich wäre, weil meist eine sortenreine Erfassung und Verwertung möglich ist.

Ebenso wie bislang in vielen Fällen eine Fehlallokation von Ressourcen zu Lasten der Umwelt stattfindet, weil die Marktpreise die wirklichen Kosten nicht zutreffend wiedergeben, stellt es eine Fehlallokation von wirtschaftlichen Ressourcen dar, im Verpackungsbereich mit dem Anspruch anzutreten, möglichst perfekt jede Verpackung zu erfassen, solange nicht überall sonst schon ein entsprechend hoher Umweltstandard erreicht ist.

Statt dies zu erkennen und gesamtökologisch sinnvolle Lösungswege zu suchen, versteigt sich die Politik in Deutschland immer mehr in ideologisch motivierte und zunehmend mehr ins einzelne gehende Regelungen über die Art und Weise der Entsorgung und Verwertung,[11] die den sowieso schon kaum noch vorhandenen Raum für Wettbewerb immer weiter reduzieren und aufheben. Dabei wird am Ende immer der Verbraucher mit den damit verbundenen Kosten belastet sein.[12] Wie das Beispiel Dosenpfand zeigt, stehen dem erhöhten Aufwand und den höheren Kosten jedoch keineswegs entsprechende Gewinne im Umweltschutz gegenüber.

Zumindest im Verpackungsbereich erscheint deshalb eine Problemlösung nicht durch weitere Änderungen im Detail denkbar, sondern nur durch eine grundlegende Neuorientierung. Angesichts der Milliarden an jährlichen Kosten ist es lange überfällig, das Milliardenexperiment endlich abzuschließen, und die gewonnenen Erkenntnisse für eine marktwirtschaftliche Neuregelung zu nutzen.

§ 12 FAZIT

Die bisherige Umsetzung der abfallrechtlichen Produktverantwortung insbesondere in Form von Rücknahmepflichten hat bisher die zugrundeliegende Intention, die Marktkräfte für den Umweltschutz zu instrumentalisieren, nicht umsetzen können. Die angestrebte bes-

---

11. STAUDT ET AL Großexperiment, 272 f. führt dazu zutreffend aus, daß ideologische Diskussionen im Rahmen des bestehenden Konzepts der VerpackVO geführt werden (Quoten, Dosenpfand, Mehrweg) und an den Symtomen der ordnungsrechtlichen Eingriffe herumkuriert wird, statt nach ökologisch (und ökonomisch) sinnvolleren und vor allem auch marktwirtschaftlicheren Alternativen zu suchen.

12. Daß daneben auch höhere Abfallgebühren anfallen (GAWEL Produktverantwortung, 143, (S. 156)), sei nur am Rande bemerkt.

sere Verträglichkeit von Umweltschutz und Ökonomie wird nicht erreicht, da die für eine wirksame Selbststeuerung nötigen Märkte für Umweltnutzung kaum entstehen konnten und können. Stattdessen bestehen insbesondere im Verpackungsbereich dem Rückkopplungsgedanken widersprechende, kostspielige, komplizierte (damit klein- und mittelstandsfeindliche), und wettbewerbsfeindliche, sowie wettbewerbsschädliche Regelungen.

Besonders zu kritisieren ist jedoch, daß durch dirigistische, planwirtschaftliche und konzentrationsfördernde Vorschriften ein Wettbewerb weitestgehend effektiv verhindert wird, so daß die stärksten Auswirkungen auf den Wettbewerb durch diese Vorschriften bewirkt werden. Auch betont zur Förderung des Wettbewerbs betriebene Novellierungen ändern daran nichts wesentliches.

Der sich daraus ergebende verbliebene geringe wettbewerbliche Spielraum der VerpackVO wird dabei noch durch wettbewerbsbeschränkende Absprachen der beteiligten Wirtschaftskreise zusätzlich reduziert.

Das Beispiel Großbritannien zeigt, daß dieses Ergebnis nicht zwingend ist und daß funktionierende Märkte für Umweltschutz möglich sind.

Die abfallrechtliche Produktverantwortung erweist sich daher insgesamt in ihrer praktischen Umsetzung bislang als Gefahr für den Wettbewerb, so daß auch weiterhin mit entsprechenden Wettbewerbsproblemen zu rechnen ist.[1] Die Gesamtbeurteilung der bisherigen Umsetzung der Produktverantwortung fällt daher negativ aus. Vermutlich wird sich daran jedoch in absehbarer Zeit nichts ändern, da die erforderliche Umsetzung eines komplett neuen Ansatzes realistischerweise angesichts des gegenwärtigen politischen Klimas nicht zu erwarten ist. Ein Umlenken erscheint auch wegen des vollendeten Ausbaus des DSD-Systems, extremer Investitionen und fehlendem Interesse aller Beteiligten (Hersteller, Vertreiber, Entsorger) kaum möglich.[2]

---

1. In diese Richtung auch STAUDT ET AL Großexperiment, S. 275.
2. Darauf weist PRÜFER ökologische Alternativen, S. 69 zutreffend hin.